新编21世纪
高等职业教育精品教材

经贸类通用系列

经济学基础

（第二版）

主 编 郭克锋
副主编 杨 洁 沈莉莉

JINGJIXUE
JICHU

中国人民大学出版社
·北京·

图书在版编目（CIP）数据

经济学基础 / 郭克锋主编 . -- 2 版 . -- 北京：中国人民大学出版社，2024.1
新编 21 世纪高等职业教育精品教材. 经贸类通用系列
ISBN 978-7-300-32294-0

Ⅰ. ①经… Ⅱ. ①郭… Ⅲ. ①经济学—高等职业教育—教材 Ⅳ. ① F0

中国国家版本馆 CIP 数据核字（2023）第 210770 号

新编 21 世纪高等职业教育精品教材 · 经贸类通用系列
经济学基础（第二版）
主　编　郭克锋
副主编　杨　洁　沈莉莉
Jingjixue Jichu

出版发行	中国人民大学出版社		
社　　址	北京中关村大街 31 号	**邮政编码**	100080
电　　话	010-62511242（总编室）		010-62511770（质管部）
	010-82501766（邮购部）		010-62514148（门市部）
	010-62515195（发行公司）		010-62515275（盗版举报）
网　　址	http: // www. crup. com. cn		
经　　销	新华书店		
印　　刷	北京七色印务有限公司	**版　　次**	2020 年 9 月第 1 版
开　　本	787 mm × 1092 mm 1/16		2024 年 1 月第 2 版
印　　张	19	**印　　次**	2025 年 5 月第 3 次印刷
字　　数	423 000	**定　　价**	45.00 元

PREFACE

前　言

改革开放四十多年来，我国经济取得了举世瞩目的成就。经济学一夜之间成为显学，在社会生活中扮演着越来越重要的角色。在社会主义市场经济建设的大潮中拼搏，掌握一些经济学基础知识无疑非常重要。

党的二十大报告指出："教育是国之大计、党之大计。培养什么人、怎样培养人、为谁培养人是教育的根本问题。"大学生是未来祖国建设的主力军，增强经济学的理论素养和实践认知是大学生的必备功课。但现在的大部分经济学教科书略显理论丰富，实践有所欠缺，与现实的联系稍有不足，特别是没有体现出社会主义市场经济的特色，与党的二十大精神结合不够紧密。鉴于此，我们对《经济学基础》一书进行了修订。修订后的教材的主要特色有：

- 本书坚持马克思主义指导地位，坚持正确的政治方向和价值导向，将习近平新时代中国特色社会主义经济思想全方位融入教材，以培养优秀的社会主义建设者和接班人。
- 正能量之光照耀全书。通过贯穿全书的正能量之光，本书以党的二十大精神引领教材内容，以教材内容塑造学生的社会主义核心价值观，促进学生自信自立，坚定中国特色社会主义的理想信念，坚定道路自信、理论自信、制度自信、文化自信。
- 每一章开头都有"先贤哲言"，提炼了我国先贤丰富的经济思想，展示了中华文明的精神标识和文化精髓，体现了中华文明的博大精深和源远流长。
- 语言活泼、形式多样、可读性较强。本书行文一改以往教科书严肃有余、趣味不足的特征，以比较活泼的语言深入浅出地阐释经济学知识，并结合视频形式进行传播，令学生学起来兴味盎然、意犹未尽，从而提高学习的积极性。
- 使用大量的应用分析。以往的教科书理论深度有余，与现实结合略有不足。本书结合大量日常热点案例进行应用分析，画龙点睛地提出问题，既促进了学生对理论知识的理解，又丰富了理论在现实中的运用。

学习这门课程，有助于学生掌握经济学的基本原理和方法，理解经济学的一般问题、热点问题以及各种政策选择；有助于学生从经济学视角，准确、客观地分析经济现象，培养对经济活动的兴趣；有助于学生深入参与经济活动，为实现中华民族伟大复兴的中国梦而努力奋斗。

本书由郭克锋（山东商业职业技术学院）担任主编，杨洁（山东商业职业技术学院）和沈莉莉（河南职业技术学院）担任副主编，全部章节内容由郭克锋审阅把关。由于我们对经济学知识的了解和把握有限，书中不足之处和缺点在所难免，热切希望得到读者朋友的批评指正。

编者

2024 年 1 月

CONTENTS

目 录

第一章　走进经济学

知识目标

1. 理解稀缺性的含义
2. 熟悉经济资源的含义
3. 掌握微观经济学的研究内容
4. 掌握宏观经济学的研究内容
5. 掌握计划经济与市场经济的含义

能力目标

1. 能够分清生产资源的类型
2. 能够从经济学视角观察生活中的经济现象
3. 能够简单分析经济中的问题
4. 能够辨析市场经济的本质

素养目标

1. 培养经济学思维与意识
2. 能够从经济视角观察与理解现实

【先贤哲言】

经济出自学问，经济方有本源；心性见之事功，心性方为圆满。

——《格言联璧·学问类》

国家统计局2023年1月17日公布数据显示，初步核算，2022年全年国内生产总值1 210 207亿元，按不变价格计算，比上年增长3.0%。疫情影响之下，这样的成绩更加来之不易。我国 GDP 从 1952 年的 679 亿元攀升至 2022 年的 121 万亿元，经过 70 年发展增长了 1 700 多倍。目前，我国已成为世界经济第二大国、货物贸易第一大国、外汇储备第一大国、服务贸易第二大国、使用外资第二大国、对外投资第二大国，并在移动通信、现代核电、载人航天、量子科学、深海探测、超级计算等领域取得重大科技成果。

这意味着我国的经济规模更大，塑造更有利于我国国际发展环境的能力更强，作为世界第二大经济体的地位更加巩固。约 14 亿人口的巨大国内市场，也为世界各国拓展商机提供了重要机遇。经济规模的提升，意味着人民收入增加、生活更加殷实，更是人类历史上的重大进步。

是什么因素促使我国由一个一穷二白的农业国发展成为今天的世界第二大经济体？为什么我国经济会焕发出这么旺盛的生机？为什么我国人民会爆发出如此强大的动力？学习经济学将有助于我们更好地理解这些问题。

第一节 什么是经济学

“天下没有免费的午餐”，也许会有人为你的午餐买单，对你来说午餐是免费的，但总有人为之付出成本。提供一次午餐需要投入土地、房屋、桌椅、食材，以及厨师、服务人员和管理人员的劳动等资源，而所有的资源都具有稀缺性，都需要付出一定的代价才能取得。

一、资源的稀缺性

人类要生存，就需要消费各种生活用品和服务，而且这种需求是无限的。这种无限性表现在：如果旧的欲望被满足，就会产生新的欲望。人们日常生活的各个方面都能显示出需求无限性的存在：缺吃少穿时希望能吃饱穿暖，吃饱穿暖之后希望能有点剩余，有了剩余之后希望日子更上一层楼；步行时希望有辆自行车代步，有了自行车之后想换成摩托车，有了摩托车之后又想要小轿车，有了小轿车之后还会希望有自己的游艇、私人飞机等。

人类需求的无限性无可厚非，符合人的天性，从某种意义上说，正是需求水平的不断提高和对美好生活的向往给了人们无限向上的动力，使人们努力工作，推动着社会的发展和进步。

但是，需求能否得到满足，并不取决于人们的主观愿望，而是取决于资源供给的可能性，取决于资源与产品的充足与否。相对于人类需求的无限性而言，能够满足人类需求的资源总是相对不足的，因此，人类的需求在任何时候都不可能全部得到满足。如何充分利用现有资源，使人类的需求得到最大的满足，是西方经济学要解决的根本问题。

资源可分为自由取用资源和经济资源。自由取用资源是指不用付出任何经济代价就可以获得的资源，它是价格为零的物品，如阳光、空气；经济资源具有稀缺性，人们必须付出一定成本或代价才能获得，因此，经济资源的价格大于零。

资源的稀缺性有绝对稀缺和相对稀缺两种情况。资源的绝对稀缺是指资源在时间和空间上的绝对有限性。任何资源，不管是在时间上还是在空间上都是有限的，即使是空气也是有限的，大气层以外不存在空气，只不过相对于生物的需求来讲，空气几乎是取之不尽、用之不竭的，貌似具有无限性；资源的相对稀缺是指相对人类的无限需求来说，资源总是不足的。经济资源的稀缺性主要是指相对稀缺，而自由取用资源由于其数量丰富，人们可以随便使用而不必支付任何代价。事实上，在现实社会中，自由取用资源是极为罕见的，绝大多数资源都是稀缺的，只是稀缺的程度不同而已。

经济资源又称为生产资源或生产要素，现代经济学把经济资源分成四大类型，即劳动、土地、资本和企业家才能。劳动又称为劳动力或人力资源，指劳动者的脑力和体力；土地用来代表所有自然资源，指未经过劳动加工的、由大自然提供的一切物品，如矿藏、森林、水、土地等；资本又称为资本品，包括机器设备、厂房、原材料等，它是由劳动和土地生产出来，再投入生产过程的生产资源；企业家才能是使其他经济资源组织起来，并使之具有活力的一种经济资源，主要指企业家的经营、管理和创新才能等。

二、理性行为

资源是有限的，而人类的需求是无限的，自从人类社会产生以来，有限资源与无限需求之间的矛盾就一直困扰着人们。人们的需求不仅是无限的，而且具有多样性：一方面，在众多的需求中，人们的迫切程度是不同的；另一方面，经济资源的用途是多样的，同样的投入既可以生产用于衣、食、住、行的民生用品，也可以生产飞机、大炮等军事用品。收入是有限的，如果购买了心仪的手机，可能就买不了时髦的衣服；时间是有限的，如果娱乐休闲的时间多了，学习的时间自然就少了；人的精力是有限的，如果对某一方面关注多了，对其他方面自然就会有所忽略。因此，人们必须在有限资源与无限需求的矛盾之中做出选择。

经济学假设人的行为是“理性且自利”的，即“理性经济人”假设。在经济生活中，每个人都在寻找并追求一切机会来使自己达到一种更愉悦、更幸福和更满足的状态。人们通过合理安排自己的时间、精力和金钱等各种资源来实现收益最大化。在进行选择时，人们会在成本与收益之间进行权衡：当成本既定时，追求收益最大化；当收益既定时，追求成本最小化。因此，人的选择是“理性的”或“明智的”，而不是“无脑的”或“愚蠢的”。

微课：“理性经济人”假设

消费者在决定购买什么产品和服务及如何购买时是理性的；企业在决定从事什么业务和怎么开展时是理性的；政府机关在决定提供什么公共物品和如何提供时也是理性的。

“理性行为”并不是说经济主体的选择和决策不会出现逻辑上的错误，人的选择或决策会受到个人情感、经历、情绪以及周围人群意见的影响。人有时候非常冲动，也极容易效仿他人，从而使感性压倒理性，使选择或决策不那么理性。因此，完全理性在现实中是不存在的，人都是有限理性的。但人会尽量追求理性，从而产生对自己最有利的结果。简而言之，人在选择或决策时，其头脑中期望出现某些满意的结果。

在市场机制中，自利动机推动着不同的经济主体自由做出选择。自利，就是每个经济主体努力实现自己的目标。理性的自利行为并不等于自私。人为了达到自利的结果，一般都需要先产生利他的行为。例如：要想得到高工资从而改善自己的生活，首先要努力工作，为单位和社会创造更多的价值，因此，教师需要努力教书，工人需要努力生产，农民需要努力种地，学生需要努力学习，只有这样才能为社会提供更多的价值，个人的价值才能得以提升。同样，许多人为了他人牺牲个人利益，而且不求任何金钱或物质回报，他们追求的是心理的巨大满足感，这也是自利，但并不是自私。父母为了孩子读书而省吃俭用、含辛茹苦，看到孩子学业有成而倍感欣慰，也是一样的道理。党的二十大报告指出："教育是国之大计、党之大计。培养什么人、怎样培养人、为谁培养人是教育的根本问题。育人的根本在于立德。"我们为了有个美好前程，就要好好读书，努力奋斗，利己的同时既利他又利社会，胸怀天下，砥砺前行，共同努力，实现伟大的中国梦！

应用分析

利他的"君子国"

李汝珍的小说《镜花缘》中描绘了一个"礼乐之邦"的君子国：耕者让畔，行者让路。士庶人等，无论富贵贫贱，举止言谈，莫不恭而有礼。

君子国中，人们在市场交易中，卖主力争的是要付上等货、受低价；买主力争的是要拿次等货、付高价。

问题：君子国的人们是理性的吗？

三、经济学的内涵

我国的文化博大精深，古代也有丰富的经济思想。但使经济思想系统化、理论化并最终升华成为一门现代学科，则主要是西方经济学家的贡献。简单地说，经济学就是研究选择的学问，即如何用有限的资源生产尽可能多的物品，以最大限度地满足人类的各种需求。学术化地表达就是，经济学是研究人们在稀缺条件下如何基于成本收益的原则进行选择的学科。

第二节 经济学的基本内容

根据研究内容和研究范围的不同，经济学可以分为微观经济学和宏观经济学。

一、微观经济学

微观经济学以单个经济单位为研究对象，通过研究单个经济单位的经济行为来说明价格机制如何决定社会的资源配置问题。简单地说，微观经济学是研究资源配置的，即如何将相对稀缺的资源分配在不同的用途上，使其发挥最大的作用。

为了合理配置有限的资源，使其最大限度地满足人们的需求，任何经济社会都需要解决三个基本经济问题，即生产什么、怎样生产和为谁生产。

（一）生产什么

同样的资源可以生产出不同的产品和服务。在市场经济条件下，消费者主权得以实现，市场需求是生产的基础，生产什么由消费者的货币选票决定。厂商只有按照消费者的需求来生产，才有可能实现利润最大化。

“生产什么”的问题说明了市场以需求为主导，价格机制是资源配置的一种信号与手段，而价格是由消费者的货币选票来决定的，它反映了消费者的需求，供给需要需求来引导，供给的内容由需求决定。因此从这个角度来看，需求在市场交换中居主导地位。

（二）怎样生产

即采用什么样的生产方法来组织生产，其核心是采用什么技术。在一定条件下，各种经济资源之间都存在技术替代关系。例如：棉花生产，可以采用劳动密集型生产方法，即多投入劳动，精耕细作，以此提高产量；也可以采用资本密集型生产方法，即用资本替代劳动，增加化肥和农药的使用，以此提高产量。各种生产方法不存在优劣之分，究竟应该采用哪种生产方法，要依据每个经济单位的情况和资源价格而定。

“如何生产”的问题涉及生产技术、管理与生产资源的搭配等内容，其核心是体现资源配置的效率。这就说明要提高资源配置的效率以实现资源的最优配置必须进行有效的供给管理，供给在经济运行中具有非常重要的地位。

（三）为谁生产

即生产出来的有形产品和无形服务由谁支配，如何在社会成员之间进行分配，最终由谁来消费。任何经济社会都要科学制定分配原则，形成合理的分配机制，只有这样才能促进社会的稳定发展。不同社会的分配原则和机制是不同的。在资本主义社会，资本决定分配；在社会主义社会，劳动决定分配。在我国，形成了以按劳分配为主体、多种分配方式并存的收入分配制度。

“为谁生产”就是指生产出来的成果由谁占有。从传统经济学角度分析，生产成果由生产资源所有者分享，即劳动所有者可以获得工资、资本所有者可以获得利息、土地所有者可以获得租金、企业家才能所有者可以获得利润。但工资、利息、租金、利润分配的比例是交换、消费顺利进行的基础，也是社会再生产顺利进行的基础与条件。这就说明了需求与供给只有在分配中得到统一，才能使经济活动在不断的延续过程中得到均衡与扩展。

这三个基本经济问题涉及一个社会的资源使用效率和收入分配公平的问题，即资源配置问题，是任何社会都不能回避的，它们是微观经济学的主要研究内容。

二、宏观经济学

宏观经济学以国民经济总体为研究对象，通过研究经济中各有关总量的决定及其变化，来说明资源如何才能得到充分利用。简单来说，宏观经济学是研究资源利用的，其研究内容包括充分就业、通货膨胀和经济增长。

（一）充分就业

各种资源中，劳动难以储存，如果不能利用就失去了，是最宝贵、最活跃、最具创造性的要素。劳动的浪费是最大的浪费。一般以是否充分就业来代表是否存在各种资源和要素的闲置与浪费。只有各种资源和要素都得到了充分利用，产量才能达到最佳。

（二）通货膨胀

一般而言，物价水平的持续上涨就是通货膨胀。发生通货膨胀时，市场信号扭曲，价格机制被破坏，从而会影响资源的有效配置与利用。如通货膨胀导致人们实际收入减少，购买力下降，原来 30 元钱能买 1 千克猪肉，现在只能买 0.5 千克，这必将减少人们对猪肉的需求，从而对养猪行业产生不利影响。

（三）经济增长

一个国家的经济增长不是一帆风顺的，有时好，有时坏，这就是经济波动，这种波动产生不确定性，导致经济资源不能被充分利用，从而使经济增长受到影响。

可见，资源的稀缺性产生了资源配置问题，同时涉及资源的利用问题。因此，经济学是研究稀缺资源的配置与利用的科学。

三、计划经济和市场经济

资源配置与利用包含以上六个问题，在现代经济社会中，解决这六个问题主要通过两种基本的经济体制，即计划经济和市场经济。

（一）计划经济

知识拓展：我国计划经济的由来

计划经济是根据政府计划调节经济活动的经济运行体制，主要通过计划来解决资源配置与利用问题。一般是政府按照事先制定的计划，提出国民经济和社会发展的总体目标，制定合理的政策和措施，有计划地安排重大经济活动，引导和调节经济运行方向。资源的配置和利用，包括生产什么、生产多少、怎样生产，都由政府计划决定。

计划经济是一种不同于市场经济的、高度集中的、高效率的社会经济体系。计划经济，顾名思义就是有规划、计划地发展经济，从而避免了市场经济发展的盲目性、不确定性等问题给社会经济发展造成的危害，如重复建设、企业恶性竞争、工厂倒闭、工人失业、地域经济发展不平衡、产生社会经济危机等问题。

（二）市场经济

市场经济是指通过市场来配置资源的经济运行体制。各种产品和服务的生产及销售完全由自由市场的价格机制引导，市场供求关系决定资源配置。生产什么、生产多少、怎样生产，都由市场自由决定。

市场经济具有三个基本特征：财产私有、契约自由和自我负责。

微课：市场经济的三个基本特征

1. 财产私有

财产私有并不是指所有的财产都归私人和私人企业所有，而是指任何经济主体都对自己的财产享有权利，包括国有企业、事业单位和政府机构。在市场经济中，法律保障财产权神圣不可侵犯。这一特征通过促进交易双方达成互利的经济交易，鼓励人们相互合作。在一个财产权不受保护的社会中，强者可能通过强取豪夺从弱者那里获得任何想要的东西而不用给弱者任何补偿。那么，任何人都不会主动积极地去工作。在一个财产权受到保护的社会中，任何人想要拿走你的资源都必须征得你的同意，你可以拒绝，也可以要求对方拿出你想要的资源进行交易，即对方必须提供让你感到满意的资源才能获得你的资源，从而使双方都获益。由于财产私有保证了个人的劳动成果不被他人占有，因此，企业积极经营获取利润，个人努力工作获得收入，极大地激发了经济主体的生产积极性。

2. 契约自由

契约自由保证了人们选择的权利，人们通过权衡利弊进行自由选择，任何人也不会被强迫从事或者不从事某件事情。企业家有经营的自由，可以自由地选择在哪里、从事哪项事业，购买自己所需的资源；劳动者可以自由地选择是去工作还是宅在家里，自由地选择在哪里工作以及从事什么工作，从而保证了劳动资源的充分流动性，提高了劳动的利用效率。当然，任何自由都有前提，就是要遵守法律法规，并受到道德习俗的约束。世界上没有绝对的自由，任何违反法律规定的行为都要受到制裁。即使不违反法律，但如果违背了公序良俗，也会受到道德的谴责。

3. 自我负责

自我负责即自己对选择负责任，承担自由选择的结果。自我负责源于契约自由，既然契约是人们自由选择的结果，就应该遵守契约，自我负责。企业自主经营，自负盈亏。经营得好，可以享有利润；经营失利，就要承担亏损。个人自由选择，可以选择读书或是工作，可

知识拓展：市场调节的缺陷

以选择勤奋或是懒惰，可以选择珍惜时间或是虚度光阴，但要为自己的选择承担后果。市场经济从本质上来讲就是契约经济，遵守契约才能保证市场的高效运行，愿赌服输，做了选择就要遵守。

市场经济的三个基本特征促进了经济资源的自由流动，激发了人们的工作热情和积极性，因此，市场经济的效率比较高。现在，世界上大多数国家均采用市场经济体制。

应用分析

得克萨斯州大停电

从2021年2月15日开始，横扫美国多州的极端寒潮天气使数百万美国居民受灾，全美有超过550万户家庭停电，至少31人丧生。其中得克萨斯州受到影响最大，16日当天有360多万户断电断网。有的居民被迫烧木头取暖，已有居民用壁炉取暖引发火灾导致全家死亡的案例发生，有的居民被迫离家去酒店居住，有的居民只能在家苦守。

得州坐拥美国41%的石化产量和28%的风能供应，平时供电主要靠天然气和风力，还有火电和核电，被称为美国“能源心脏”。“能源心脏”断了电，是美国电力基础设施痼疾的缩影。

一方面，投资不足导致基础设施落后是包括得州在内的美国电力系统的主要问题。

全美的电力设施都面临因投资不足而不得不勉力运行的情况，美国能源部的统计显示，现在美国70%的输电线路和变压器运行年限超过25年，60%的断路器运行年限超过30年，很多设备都已经处在运行极限，随时可能崩溃。有些电力设施服役甚至超过百年，美国随处可见的电线杆都是木质的，随便一场暴风雪，都有可能造成大面积停电。

那么，美国为什么不对电网基础设施进行投资与更新呢？

美国电力企业达3 000多家，其中联邦公有性质的企业只有6家，服务的用户只有4万户，收入只占全美电力市场的0.5%，处在可有可无的地位。与之相比，私营企业服务用户占比73%，售电量占比72%。私营企业是独立的市场主体，利润最大化导向决定了其决策优先考虑的不是应不应该，而是划不划算。美国私营电力公司宁可接受这些电力事故，也不对电网设施进行大规模的投资和维护，因为极端天气毕竟是小概率事件。

另一方面，得州电网崩溃也是美国电网碎片化的缩影。得州是美国唯一一个电力供应自成一体的州，得州电网与其他州的电网几乎没有什么联系。在此次寒潮中，得州超过34吉瓦的发电产能被“摧毁”，相当于该州预计供给电能的40%。发电产能锐减，加上难以从其他州获得电力支援，面对寒潮引发的用电需求暴增，得州电网最终不堪重负。而得州的情况在美国并非孤例。此次得州大停电是美国继2019年7月纽约州大停电和2020年8月加州大停电之后，第三次发生主要大州出现全州规模的停电事故。这些大规模停电事故的背后，是美国电力供应缺乏统一调度、难以应对突发状况的现实。

可以说，在没有一张真正意义上的国家级电网、成百上千家电网运营商各占山头的情况下，美国无论想达到电力供需平衡，还是想及时应对突发状况，都缺少紧密协调。

美国电力市场已是一个高度分散和高度私有化的市场，资本导向决定了其追求的是利润最大化，这样的市场或许对市场变动反应灵敏，但对供电的公共服务性却不能及时响应，因此导致美国缺少了全国电力调度的能力，产生了公共风险。美国电力公司本质上不是代表最广大人民的利益，代表的是股东的利益，这就是体制问题。

问题：为什么美国经常发生大规模停电？结合案例谈谈你的感想。

（三）混合经济

知识拓展：我国的市场经济体制发展历程

市场经济在资源配置上确实有其独到之处，特别是在竞争性领域能够促进经济资源的高效利用。但市场不是万能的，市场调节具有自发性、盲目性和滞后性，需要计划的有力补充。所以，现在绝大多数国家采取的都不是纯粹的市场经济体制，而是计划和市场相结合的混合经济体制。在一般性的竞争性领域，充分发挥市场的效率，在市场难以触及或不能有效发挥作用的领域，充分发挥政府这只“看得见的手”的调控作用，从而使计划与市场优势互补，协调经济发展。

应用分析

火出圈的“淄博烧烤”：“看不见的手”+“看得见的手”

进入2023年3月以来，如果要问中国圈粉最多的城市是哪一个，毫无疑问是山东省淄博市。打开网络，铺天盖地的淄博烧烤的消息与短视频扑面而来，几乎刷屏，俯拾皆是。

随着淄博烧烤的火爆，许多游客从全国各地纷至沓来，“进淄赶烤”成为网络流行语。一时间，淄博这座不以旅游知名的三线工业城市迅速蹿红网络，成为全国城市的“顶流”。

淄博市商务局于4月底公布的数据显示，自2023年3月以来，全市1 288家烧烤经营业户日均接待人数13.58万人，主城区张店重点烧烤店营业额同比增长35%左右；主城区周边区县周村、临淄重点烧烤店营业额同比增长20%以上。

其实，淄博烧烤在3月之前还是不温不火的状态。3月8日“大学生组团坐高铁去淄博撸串”登上抖音同城热搜，引起自媒体、美食博主们纷纷前去打卡。但当时的大学生打卡地不止淄博一个地方。在“特种兵式旅游”的带动下，不少地方都成为大学生的主要打卡地，从泰山到黄山，从扬州到苏州……所以，这一波淄博虽然小火了一把，却不是真正的大火。

然而，进入4月之后，淄博再度爆火。4月8日，专门打假美食分量的某博主被出圈的淄博吸引而至，在测评淄博八大局10家摊位时，发现没有一家店铺存在缺斤少两的情况，甚至有的店铺还“多送”，可以“免费尝”。该博主视频发出后，人们纷纷夸赞淄博当地人的实在、好客，从而再次把淄博烧烤推上热搜。从那以后，淄博烧烤基本上以每两天霸榜一次热搜榜的节奏，一波未平一波又起，一路走成了市场的“顶流”。

淄博烧烤的走红充分证实了市场的魅力，但如果只有市场发挥作用的话，淄博烧烤也成不了今天的“顶流”。刚开始走红的时候，面对市场的供小于求，淄博烧烤不是没有肆意加价、拉客宰客现象，但淄博市政府及时出击，以“看得见的手”规范了“看不见的手”的短期利益最大化行为，为市场保驾护航，才有了淄博烧烤后来的持续大火。而且，在几年前，淄博市政府就有意识地打造“夜经济”，把烧烤作为主要抓手并将之提上了议事日程。

相较于淄博因烧烤而走红，因面临占道经营、噪声扰民和环境污染等问题，烧烤被很多城市“嫌弃”。为了解决这一问题，自2015年起，淄博市政府实施了露天烧烤“三进”管理模式，即“进店、进场、进院”，并大力推广使用环保无烟炉具。与此同时，淄博烧烤专用烤炉也在不断改进，从而有效地解决了烧烤的油烟问题。

公开资料显示，2020年11月，当时的淄博市市长会见了十几家数字文旅企业，表示“想把淄博打造成一个网红城市”。从此，“烧烤”开始频繁出现在淄博官方媒体上，“夜经济”开始成为淄博市政府的一个重要研究课题。当年，淄博组织了“麦田音乐节”，某知名歌手现场“安利”淄博烧烤。音乐节结束，音乐节举办地孝妇河湿地公园周围，所有的烧烤摊一位难求，“淄博烧烤”第一次登上热搜。

淄博烧烤再一次受到关注，是2021年在《人生一串（第3季）》中的出镜。片子播出后，一些周边的UP主开始去淄博打卡。当时，淄博市委网信办还与《人生一串（第3季）》出品方一起合作策划了淄博站的相关活动。

2023年3月，淄博烧烤爆火以后，市政府更是快速反应，“借机借势，做大做强这张城市名片”，举全市之力维护来之不易的机会。3月10日，淄博市政府举行“淄博烧烤”美食品牌新闻发布会，宣布要设立名店“金炉奖”，在五一举办淄博烧烤节，开通烧烤专线公交、在火车站安排志愿者、成立淄博市烧烤协会、发布淄博烧烤地图，还对公交线路做出了调整，主城区42条常规公交线路覆盖33家烧烤店，又专门新增了21条定制烧烤公交专线。

自3月31日起到4月23日，国铁济南局首次开行“烧烤游”周末专线列车，每周五至周日加开济南西至淄博间G9321次、淄博至济南西间G9322次动车组列车。列车上循环播放淄博文旅宣传片，车厢两侧装饰唯美的淄博文旅挂旗，琉璃饰品、蹴鞠精灵玩偶、城市徽章等文创产品和周村烧饼、金丝鸭蛋等特色美食组成的文旅礼包……令专列充满了浓郁的、极具淄博特色的文旅氛围，变身成一节节“文旅车厢”，满载诚意飞驰而来。淄博市文化和旅游局党组书记、局长带领各区县文化和旅游局局长，以及红叶柿岩、马踏湖、周村古商城等淄博33家热门景区“代言人”，与乘客一同登上专列，变身“淄博文旅推荐官”，分别在7节车厢走到乘客身边展开互动，推介淄博美食美景。

为了迎接五一“赴淄赶烤”的大批游客，淄博市在20天内建成了占地100亩、可容纳近万人的烧烤城。此外，淄博仅用13天就建设完成八大局停车场，并在五一前夕向公众和游客免费开放。

淄博市政府主动出击，加强市场监管，优化市场环境，精细化服务。烧烤店商家及城内的出租车、网约车等，几乎每天都能收到主管部门下发的通知，要求“做好服务不宰客”，如果被发现有不规范经营、欺客宰客的行为，直接店关门、车停运。由此一来，大量商家的价格稳定在了爆火之前的水准，价格实惠。淄博市政府及时处理公众诉求和不满，不遮不掩，以诚信诚心的态度对待投诉。旅客在乘坐“烧烤专列”时，还会收到很多淄博礼物，有淄博产的苹果，还有很多当地的文旅产品，这一做法一举把淄博的形象分拉满，真正打造了“好客山东”的形象。在淄博市政府的号召下，全市上下，从每一个摊贩，到每一个市民，都在维护“淄博烧烤”这个城市品牌。淄博烧烤的成功不是一个人、一家店的成功，而是全体淄博人共同努力的结果。

一位在牧羊村的志愿者说，家乡的红火勾起了淄博市全民的自豪感。“连我的女儿现在都说，淄博这一波的热度可以下去，我们可以没流量，但热度下去决不能因为我。”这也是每个淄博人的心声。

问题：淄博烧烤为什么火出了边际？

四、实证分析和规范分析

一般而言，经济研究方法包括两种：实证分析和规范分析。

实证分析是一种不涉及价值判断，只对经济活动和经济现象进行描述和预测的经济研究方法，目的在于揭示经济现象的内在联系和有关变量之间的因果关系，分析和预测人们的经济行为后果。采用实证分析方法的经济学称为实证经济学。简单来说，实证分析就是描述经济“是什么”，将来“怎么样”，不涉及“好或坏”的判断。

规范分析则以一定的主观价值判断为前提，对经济行为和经济后果进行“好”与“不好”，“合适”与“不合适”的判断。简单来说，规范分析就是对经济活动进行价值判断，回答经济活动“应该是什么”或“应该怎么样”，并试图提供解决经济问题的正确对策和途径。凡是采用规范分析方法，并把对经济现象和经济行为的分析与价值判断结合在一起的经济理论都称为规范经济学。

微观经济学和宏观经济学不涉及价值判断，属于实证经济学。

第三节 为什么要学习经济学

我们为什么要学习经济学？学习经济学可以使我们具有哪些优势？

一、学习经济学有助于我们认识生活于其中的世界

世界是多元的，也是复杂的。纷繁、复杂、多彩的世界由各行各业、万事万物交织融合而成。早上上班时能够从路边店买到热气腾腾的豆浆和香气扑鼻的油条；中午在办公室足不出户就会有外卖员把可口的午餐送到门口；晚上下班和三两知己小饮几杯后还可以继续去 KTV 嗨唱一番；更不用说还有“万能”的淘宝、京东和拼多多满足我们的购物需求等。这一切我们都已经司空见惯，习惯到我们都忽略了“为什么这么复杂的社会能够顺畅运转”。也许你会说，付费就能买到这些产品与服务。但是，为什么在 30 年前的中国，即使付费也买不到这些东西呢？这一切背后的根源是什么呢？经济学可以回答我们——有一只“看不见的手”在默默驱动人们，指挥一切。这只“看不见的手”就是市场经济规律。学习经济学有助于我们了解多姿多彩的世界，促进我们对事物的认知，认知越深刻，做事越正确。

应用分析

“校园贷”危害校园

前些年，“校园贷”曾火爆校园。与“套路贷”相似的“校园贷”，本质是高利贷，通过虚假宣传、非法中介、恶意制造违约等方式收取高额费用，涉嫌诈骗罪，同时存在催收上涉嫌其他违法犯罪的问题。尽管不时有学生因为涉入“校园贷”被追债而退学、被拘禁甚至自杀的消息见诸报端，但它仍然像幽灵一样围绕着校园，久驱不散。

2015 年，中国人民大学信用管理研究中心调研了全国 252 所高校近 5 万名大学生，并撰写了《全国大学生信用认知调研报告》(以下简称《报告》)。

《报告》显示，在弥补资金短缺时，有 8.77% 的大学生会使用贷款获取资金，其中网络贷款几乎占一半。只要你是在校学生，在网上提交资料并通过审核后，再支付一定的手续费，就能轻松获得信用贷款。大学生金融服务成了前几年 P2P 金融发展最迅猛的产品类别之一。

巨大的需求是“校园贷”产生的根本原因，手续的便捷性是其催化剂。由于缺乏抵押品和收入来源，大学生几乎不可能从正规金融机构获得贷款，再加上快节奏的社会生活方式和不良的消费观念，推着一些大学生转向“校园贷”。但“上船容易下船难”，一旦沾上“校园贷”，高昂的“砍头息”和苛刻的还款条件使得很少有人能够全身而退。

2016 年 4 月，教育部办公厅与银监会（2018 年改革为银保监会）办公厅联合发布了《关于加强校园不良网络借贷风险防范和教育引导工作的通知》，明确要求各高校建立校园不良网络借贷日常监测机制和实时预警机制，同时建立校园不良网络借贷应对处置机制。

2017 年 9 月 6 日，教育部新闻发布会明确表示取缔校园贷款业务，任何网络贷款机构都不得向在校大学生发放贷款。

2020 年 1 月 2 日，最高人民法院发布《关于在执行工作中进一步强化善意文明执行理念的意见》，明确指出，全日制在校生因“校园贷”纠纷成为被执行人的，一般不得对其采取纳入失信名单或限制消费措施，为不慎涉入“校园贷”的大学生提供了有力的保护。

党和政府在行动，不断“斩断”伸向校园的黑手，但只要存在需求，“校园贷”的完全消失在短期就很难实现。

问题：“校园贷”有什么危害？

二、学习经济学有助于我们更理智地参与经济活动

社会经济活动是由所有经济主体的行为共同构成的。我们每个人都在参与经济活动，但经济活动中人的行为和结果各不相同。有的人利用自己的知识和信息优势合法地从事经济活动并获得财富；有的人从事自己不了解或不能承担的高风险经济活动而从中受损。世界面临不确定性，经济活动大多都伴随着风险。收益与风险是对等的，高收益必然伴随着高风险，如果被高收益遮蔽了双眼，就可能承受高风险带来的损失。掌握经济学相关知识能够使我们不被眼花缭乱的宣传欺骗，认清各种经济活动的本质，更理智地参与经济活动，从而降低我们从事经济活动的风险。

应用分析

你看中别人的收益，别人看中你的本金

在 2018 年 6 月 14 日开幕的第十届陆家嘴论坛上，时任银保监会主席郭树清发表主旨演讲时，重点提示广大投资者注意非法集资风险。郭树清表示，理财产品收益率超过 6% 就要打问号，超过 8% 就很危险，10% 以上就要做好损失全部本金的准备。郭树清指出，在打击非法集资过程中，要努力通过多种方式让人民群众认识到“高收益意味着高风险”。一旦发现承诺高回报的理财产品，就要相互提醒、积极举报，让骗局无所遁形。

在经济活动中，收益与风险是一对孪生兄弟，二者总是相伴相生，过分贪婪会让人付出代价。远至十几年前的陈相贵内蒙古“万里大造林”的骗局，近至前几年风生水起的 P2P 平台项目，还有号称无本万利的传销，无一不是打着高收益的幌子诱人上当。

问题：高收益一定伴随着高风险，高风险一定伴随着高收益吗？如何理解二者之间的关系？

三、学习经济学有助于我们更好地理解经济政策

经济活动的参与者包括个人、企业和政府。个人和企业在政府制定的市场规则之下

根据利益最大化的原则从事消费与生产活动，充分发挥了市场经济在资源配置与利用方面的高效率。但市场调节在某些领域会导致资源错配，也就是市场失灵，这时候就需要政府“拨乱反正”。例如：为什么大多数公园都是政府修建的？江河湖泊的治理为什么不由私人承担？在偏远山区修建高速公路和高速铁路看起来得不偿失，但为什么还要修？为什么只有中国有“精准扶贫”的国家政策？政府为什么要减税？学习经济学有助于我们更好地理解相关经济政策，及时了解未来的发展变化趋势，从而规避风险，顺势而为。

应用分析

商务部：2023 年把恢复和扩大消费摆在优先位置

2023 年 1 月 30 日，全国商务工作电视电话会议在京召开。

会议指出，过去一年的成绩殊为不易，根本在于习近平总书记作为党中央的核心、全党的核心掌舵领航，在于习近平新时代中国特色社会主义思想的科学指引。新时代十年，消费多年成为经济增长的第一拉动力，我国货物贸易第一大国地位不断巩固，服务贸易稳居全球第二，利用外资连续五年稳居全球第二，对外投资稳居全球前三，开放型经济新体制加快构建，参与全球经济治理能力不断提升。新时代商务领域的历史性成就和历史性变革，为我们积累了成功经验：一是坚持党的领导，二是坚持服务大局，三是坚持商务为民，四是坚持扩大开放，五是坚持系统观念，六是坚持敢斗善斗。

会议明确，做好 2023 年商务工作，要坚持系统思维，守正创新，坚定信心，更好实现优化疫情防控与推动商务发展、质的有效提升与量的合理增长、国内循环与国际循环、开放发展与维护安全的有机统一。重点做好六方面工作：一是把恢复和扩大消费摆在优先位置，二是更大力度推动外贸稳规模、优结构，三是更大力度吸引和利用外资，四是培育国际经贸合作新增长点，五是深化多双边经贸合作，六是提升维护经济安全能力。

会议要求，做好 2023 年商务工作，必须坚持和加强党对商务工作的全面领导。要全面学习、全面把握、全面落实党的二十大精神，以高质量党建引领商务高质量发展，以实际行动推动党的二十大精神在商务领域落地见效。增强坚定不移全面从严治党的政治定力，持续加强党的建设。激励干部担当作为、激发干事创业活力，以奋发有为的精神状态和“时时放心不下”的责任意识落实好各项工作任务，推动商务高质量发展。

问题：2023 年我国商务工作为什么把恢复和扩大消费摆在优先位置？

本章小结

1. 资源是稀缺的，人的选择是理性且自利的。
2. 经济学是研究稀缺资源配置和利用的科学。它包括微观经济学和宏观经济学两部分内容。微观经济学研究资源配置问题；宏观经济学研究资源利用问题。

3. 计划与市场都是资源配置的手段，各有优点和缺点。混合经济将二者结合起来，优势互补，从而协调经济健康发展。

4. 学习经济学有助于我们认识生活于其中的世界，有助于我们更理智地参与经济活动，有助于我们更好地理解经济政策。

能力训练

一、单项选择题

1. 经济资源具有（ ），人们必须付出一定的成本或代价才能获得，其价格大于零。

A. 稀缺性 B. 丰富性 C. 无偿性 D. 易得性

2. 经济学是研究人们在稀缺条件下如何出自（ ）的原则进行选择的学科。

A. 成本收益 B. 比较 C. 利益 D. 成本

3. 微观经济学研究（ ）。

A. 资源利用 B. 资源交易 C. 资源配置 D. 资源生产

4. 宏观经济学研究（ ）。

A. 资源利用 B. 资源交易 C. 资源配置 D. 资源生产

5. 市场经济的基本特征不包括（ ）。

A. 财产私有 B. 契约自由 C. 自我负责 D. 财产共有

二、思考分析题

1. 什么是经济学？

2. 市场经济的缺点是什么？如何才能弥补？

3. 我国为什么要发展社会主义市场经济？市场经济的三个基本特征是什么？

4. 改革开放以来，为什么我国在如此短的时间内取得了如此巨大的成就？

5. 为什么要学习经济学？

第二章　价格的魔力

◆ 知识目标

1. 熟悉影响需求和供给的因素
2. 掌握需求规律和供给规律
3. 理解市场均衡的含义
4. 掌握需求价格弹性的含义与类型
5. 掌握需求交叉弹性和需求收入弹性的含义
6. 掌握供给价格弹性的含义与类型
7. 掌握支持价格和限制价格的含义

◆ 能力目标

1. 能够分析影响需求与供给的因素
2. 能够运用市场均衡分析现实中的问题
3. 能够应用支持价格和限制价格分析问题
4. 能够应用弹性理论分析问题

◆ 素养目标

1. 形成市场经济思维与逻辑
2. 培养理论联系实际分析问题的能力

【先贤哲言】

夫物多则贱，寡则贵；散则轻，聚则重。

——《管子·国蓄》

需求和供给理论完美地解释了市场是如何运转的，清楚地阐释了形形色色的人、事、物是如何流畅自如地融合在一起构成丰富多彩的现实世界。掌握了价格理论，就揭开了市场机制的神秘面纱。微观经济学是研究资源配置的，资源配置依靠价格机制来完成，因此，微观经济学的核心是价格理论。

第一节　需求理论

一、需求和需求曲线

（一）需求

需求（Demand）是指消费者在某一特定时期内，在每一价格水平上愿意并且能够购买的商品数量。显然，这个定义是对于消费者而言的。对于生产者而言，需求是指其在某一特定时间内，在每一价格水平上愿意并且能够购买的资源或要素数量。我们主要以消费者为例来介绍需求理论。

需求的形成要具备两个条件：一是要有购买欲望；二是要有购买能力。二者缺一不可。需求不是特指与某一个价格相对应的具体数量，它指的是一系列价格与数量的对应关系，代表着一种需求水平或需求关系。

需求可以用表格的形式进行说明。表 2–1 是消费者在不同价格水平下对鸡蛋的需求量。可以看出，当鸡蛋的价格上升时，其需求量在下降；当鸡蛋的价格下降时，其需求量在上升。

表 2–1　消费者在不同价格水平下对鸡蛋的需求量

价格（元 / 千克）	8	9	10	11	12
需求量（千克）	100	80	70	60	50

（二）需求曲线

我们也可以把鸡蛋的价格与需求量之间负相关的变化关系用一张简单的图表示出来。用横轴 Q 代表需求量（Quantity），纵轴 P 代表价格（Price），将表 2–1 中的 5 个“价格 – 需求量组合点”描绘在图 2–1 中，并且用一条比较平滑的曲线把它们连接起来，就得到了一条向右下方倾斜的曲线 D，这就是一条需求曲线。需求曲线（Demand Curve）是反映商品价格和需求量对应关系的曲线。在图 2–1 中，需求曲线 D 向右下方倾斜，表示需求量和价格成反方向变化。

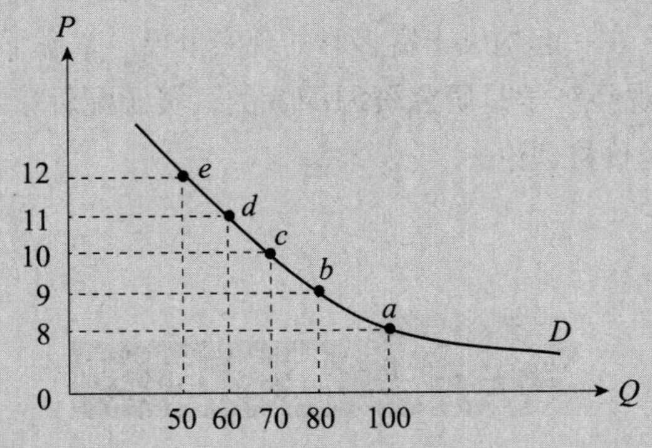

图 2-1 需求曲线

二、需求规律

微课：需求规律

从需求表和需求曲线可以看出需求规律的基本特征：价格上升，需求量下降；价格下降，需求量上升。简而言之，当其他条件不变时，需求量和价格之间存在一种负相关关系，这就是需求规律（Law of Demand）。为什么在其他条件不变时，需求量和价格之间存在负相关关系呢？我们可以用替代效应和收入效应来解释。

替代效应，是指当一种商品价格下降时，人们会用它替代其他因未降价而变得相对昂贵的商品，从而使该商品的购买量增加；反之，对该商品的购买量就会减少。

收入效应，是指当一种商品价格下降时，人们用一定量的货币（名义收入）所能购买到的商品数量会增加，即实际收入上涨，人们也会变得更加富裕；反之，人们所能购买到的商品数量会减少。

因此，当商品降价时，人们一方面会用该商品替代其他商品，增加购买量；另一方面会由于实际收入上涨而多购买该商品；反之，对该商品的购买量就会减少。

在需求规律的表述中，“其他条件不变”非常重要，只有在这个假设前提下，价格与需求量之间才存在负相关关系。这是因为，鸡蛋的需求量不仅与其自身价格相关，还与其替代品（如鹌鹑蛋、鸽子蛋、鸭蛋、鹅蛋）的价格相关。当替代品的价格变化的时候，即使鸡蛋的价格不变，其需求量也可能发生变化。

需求规律不仅符合我们的认知，也符合日常生活的实际。你是否观察到，当一种商品价格上升时，人们的购买量比涨价之前减少；当一种商品价格下降时，人们的购买量比降价之前增加？你是否经常看到某些商家通过“挥泪大甩卖”或“大降价处理”来削减库存？这些都是需求规律的表现。

需求规律指的是一般商品的规律，但也有例外情况，如炫耀性消费、吉芬商品和投机性商品。炫耀性消费最早在 1899 年由美国经济学家凡勃仑（Thorstein B. Veblen）提出。所谓炫耀性消费，指的是富裕的上层阶级通过对物品的超出实用和生存所必需的浪费性、奢侈性，向他人炫耀和展示自己的金钱财力和社会地位，以及这种地位所带来的荣耀、声望和名誉。在某种程度上，炫耀性商品，例如珠宝首饰和高档服饰等，被视为社会地位的象征。

英国经济学家罗伯特·吉芬（Robert Giffen）发现，在1845年爱尔兰发生大灾荒时，马铃薯的价格上升，需求量反而增加。具有这种特点的商品被称为吉芬商品。而像股票、债券、黄金、邮票等具有投资属性的商品则被称为投机性商品。吉芬商品价格发生波动时的需求呈现不规则变化，受心理预期影响大，有时会出现“买涨不买跌”现象，即价格上涨时，购买量反而会增加。

三、需求的变化和需求量的变化

（一）需求的变化

需求是指消费者在某一特定时间内，在每一价格水平上愿意并且能够购买的商品数量。有很多因素影响需求，概括起来主要有以下几种：

1. 购买者数量

在一个市场中，购买者数量的增加会增加需求。随着医疗技术的进步，人们的预期寿命在提高，老年人的数量越来越多，对医疗护理和养老产品的需求增加。相反，随着城镇化的推进，大量农业人口进入城市，农村和乡镇的住房需求在不断下降。

2. 收入和分配

对于大多数商品来说，随着消费者收入水平的提高，对其的需求会增加。例如：随着人们收入水平的提高，市场会需要更多的冰箱、洗衣机、空调、手机、汽车等商品。需求与人们的收入水平成同方向变化。

在同样的总收入水平下，一个经济社会收入分配越公平，人们的消费能力越强，对商品的需求越多；收入分配越不公平，贫富分化越严重，人们的消费能力越差，对商品的需求越少。极端的贫富分化最终导致经济发展受阻，人们生活水平提升受限。理想的社会是一个纺锤形社会，中间大，两头小，特别富裕的人和特别贫穷的人都很少，占社会的人口比例很小，社会中大多数人属于中间阶层。这样的社会消费能力强，需求旺盛，生产积极，经济发展水平高，人们生活水平提高快，社会繁荣。

知识拓展：我国的脱贫攻坚路

3. 消费者偏好

消费者偏好是指人们对某种商品的喜欢和偏爱程度。当某种商品的消费者偏好发生有利变化的时候，就意味着在每个价格水平下，该商品的需求增加，需求曲线右移；反之，则意味着需求下降，需求曲线左移。例如：健康的生活理念使人们更偏爱绿色、有机和低热量食品，从而降低了对碳酸饮料和油炸食品等的需求。

4. 相关商品的价格

相关商品的价格变化可能增加或减少人们对某种商品的需求，这取决于该商品是替代品还是互补品。

替代品是指可以相互替代来满足消费者同一需求的商品。例如：苹果、梨子和桃子，羊肉、猪肉和牛肉，火车、轮船和飞机等都互为替代品。猪肉价格上升，人们对猪肉的购买量就会减少，对羊肉和牛肉的购买量则会增加。因此，某种商品的替代品价格上涨会使对该商品的需求增加；反之，对该商品的需求会减少。

互补品是指同时使用才能满足消费者某一需求的商品。例如：手机和 App，燃油汽车和汽油，计算机硬件和软件等都是互补品。汽油的价格上涨，会减缓人们购买燃油汽车的步伐；对羽毛球的需求会由于羽毛球拍价格的下降而增加。因此，一种商品的需求与互补品的价格成反方向变化。

5. 对未来的预期

当某种商品未来市场行情看涨时，现在的需求则会增加。例如：当人们看到非洲猪瘟导致猪的出栏量大降的时候，将能够预期到不久的将来猪肉会涨价，因此，人们会多购买一些猪肉来减轻损失，从而增加对猪肉的需求。2011 年日本大地震，有传言称海水受到污染，海盐会受到影响而减产，导致我国部分地区抢购食盐，短时期内食盐从超市货架上断货。这些都是对未来的预期导致的。当某种商品未来市场行情看跌时，现在的需求则会减少。例如：由于政府的接连调控，人们预期房价不会再上涨甚至有可能下降时，房产的成交量甚为惨淡。

此外，社会制度、人口数量、地域风俗、政府消费政策等因素对需求也会产生影响。

（二）需求量的变化

需求量的变化与需求的变化绝对不能混为一谈。需求的变化是指在每一价格水平上的购买数量都增加或减少了，表现为整条需求曲线的向右移动（需求增加）或向左移动（需求减少）。需求变化的原因是，影响需求的一个或多个因素发生变化，改变了消费者对购买商品的看法。

如图 2–2 所示，当人们收入增加时，在每一价格水平上的购买量都增加，需求曲线从 D_0 右移到 D_1；当人们收入减少时，在每一价格水平上的购买量都减少，需求曲线从 D_0 左移到 D_2。

需求量的变化则是指影响需求的其他因素都没变，只有商品价格变化的时候，导致的消费者对商品的购买数量发生的变化。需求量的变化表现为在一条固定不变的需求曲线上，“价格 – 需求量组合点”从一个位置移动到另一个位置。

如图 2–3 所示，当某种商品价格由 P_0 上涨到 P_1 时，需求量从 Q_0 减少到 Q_1，在需求曲线上表示为 B 点向左上方移动到 A 点；当某种商品价格由 P_0 下降到 P_2 时，需求量从 Q_0 增加到 Q_2，在需求曲线上表示为 B 点向右下方移动到 C 点。可见，在同一条需求曲线上，向左上方移动是需求量减少，向右下方移动是需求量增加。

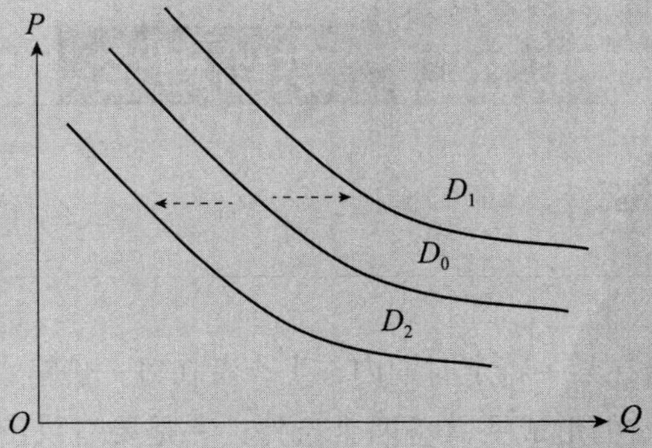

图 2–2　需求的变化

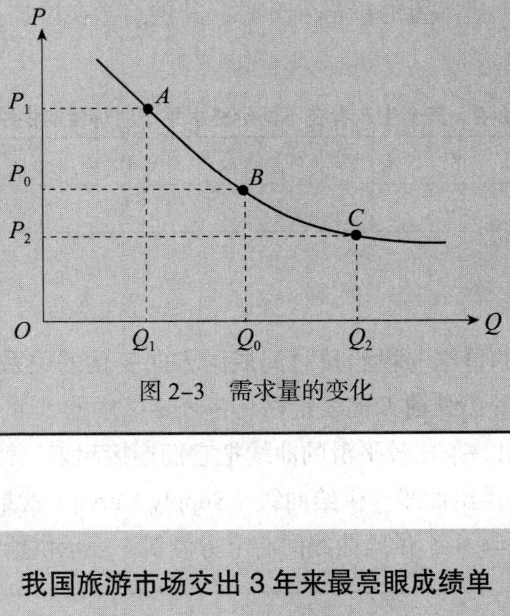

图 2–3　需求量的变化

应用分析

我国旅游市场交出 3 年来最亮眼成绩单

2020 年以来，首个不用“就地过年”的春节落下帷幕，旅游市场交出了 3 年来最亮眼成绩单。2023 年 1 月 27 日，文旅部发布统计数据，2023 年春节假期全国国内旅游出游 3.08 亿人次，同比增长 23.1%，恢复至 2019 年同期的 88.6%；实现国内旅游收入 3 758.43 亿元，同比增长 30%，恢复至 2019 年同期的 73.1%。

据多家旅游平台同日发布的数据，2023 年春节游客走得更远了、住得更久了，国内外旅行订单皆迎3年巅峰。随着出境游的有序恢复，国际旅行在这个春节迎来强势回归，旅游市场正展现强势复苏态势。

问题：为什么春节期间我国旅游市场如此火爆？

第二节 供给理论

一、供给和供给曲线

（一）供给

供给（Supply）是指在某一特定时期内，生产者在每一价格水平上愿意并且能够提供给市场的商品数量。供给的形成要具备两个条件：一是要有供给欲望；二是要有供给能力。二者缺一不可。供给不是特指与某一价格相对应的具体数量，它指的是一系列价格与数量的对应关系，代表着一种供给水平或供给关系。

供给也可以用表格的形式进行说明。表 2–2 是假设某个生产者在不同价格水平下对鸡蛋的供给量。可以看出，当鸡蛋的价格上升时，其供给量在增加；当鸡蛋的价格下降时，其供给量在减少。

表 2–2 某个生产者在不同价格水平下对鸡蛋的供给量

价格（元 / 千克）	8	9	10	11	12
供给量（千克）	50	60	70	80	90

（二）供给曲线

我们也可以把鸡蛋的价格与供给量之间成同方向变化的关系用一张简单的图表示出来。用横轴 Q 代表供给量，纵轴 P 代表价格。将表 2–2 中的 5 个“价格 – 供给量组合点”描绘在图 2–4 中，并且用一条比较平滑的曲线把它们连接起来，就得到了一条向右上方倾斜的曲线 S，这就是一条供给曲线。供给曲线（Supply Curve）就是反映商品价格和供给量对应关系的曲线。在图 2–4 中，供给曲线向右上方倾斜，表示供给量和价格成同方向变化。

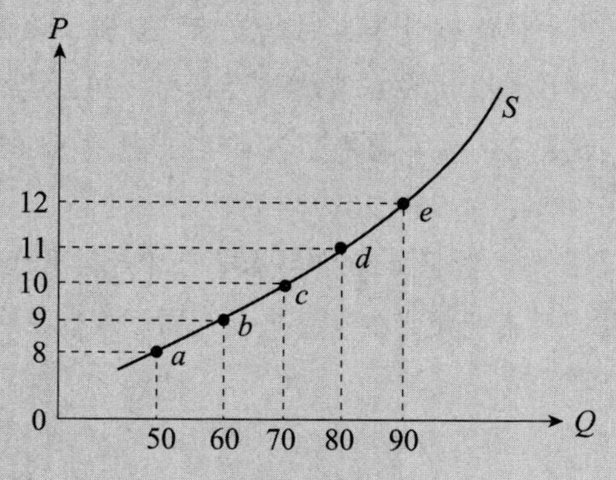

图 2–4 供给曲线

二、供给规律

从供给表和供给曲线可以看出，价格上涨时，供给量增加；价格下跌时，供给量减少。简而言之，当其他条件不变时，供给量和价格之间存在一种正相关关系，这就是供给规律（Law of Supply）。供给表和供给曲线都表明，当其他所有条件都相同时，生产者在价格较高时比在价格较低时生产更多的商品提供给市场，从而使自己获得更多的利益，这是生活中的一个基本常识。大多数商品都是符合供给规律的，但也有少数商品，在一些特殊情况下，违背了供给规律。例如：黄金、股票等具有投资属性的商品，当价格上涨的时候，由于人们预期其价格会继续上涨，从而产生了惜售心理，导致供给量反而减少。

三、供给的变化和供给量的变化

（一）供给的变化

供给规律的假设前提是其他条件不变，在这种情况下，供给量和商品价格成同方向变化。但在现实中，存在除了价格之外的因素对生产者的产量产生切实的影响。

1. 生产者的目标

生产者的目标在生命周期的不同阶段是不同的，一般假设其终极目标是利润最大化，即生产者提供多少产量取决于产量能给其带来的最大利润。根据实际情况的变化，生产者的目标可能是市场份额最大化，或争取生存下来，或兼有其他社会责任目标，其提供的产量可能有所不同。

2. 资源或要素的价格

生产者生产商品或提供服务的过程中使用的资源或要素的价格决定了其商品或服务的成本水平。资源或要素价格越高，其生产成本越高，在商品价格不变的条件下，利润空间就会缩小，甚至无利可图。利润的缩减降低了生产者在每一价格水平上提供产量的动力。例如：饲料价格的上涨抬高了养鸡的成本，生产者会减少其提供鸡肉和鸡蛋的数量。

3. 技术水平

技术水平的进步提高了生产效率，使得生产者能够用同样多的资源生产更多的商品，或者用更少的资源生产既定数量的商品，从而降低了生产者的成本，在价格不变甚至稍微降低的情况下增加了利润，从而刺激生产者增加产量。例如：与 20 年前相比，汽车的绝对价格水平没有提高多少，但汽车产量迅猛提高，这就得益于汽车行业的技术进步。计算机行业更是如此，20 年前的计算机与现在相比差得不是一星半点，但现在的计算机价格比 20 年前便宜得也不是一星半点。技术进步极大地提高了生产效率，促进了人类社会的进步。

4. 其他商品的价格

生产者通常不会只生产一种商品或只提供一种服务，其生产资源会在多种类似的商品或服务之间进行转移从而获取更多的利润。例如：一个生产休闲服的企业也可以生产西服，当“其他商品”——西服的价格上涨时，企业会减少休闲服的生产，把更多的资源转向西服生产以获取更多的利润，从而使休闲服的供给减少，西服的供给增加。

5. 企业对未来的预期

人无远虑，必有近忧。每个人都会在考虑未来的基础上选择自己的行动，企业也是如此。企业对未来的预期会影响其提供的商品数量。当企业对未来预期比较乐观时，如觉得未来需求会增加、市场份额会上升、成本会下降等，就会采取比较积极的行动来扩大生产，从而增加供给；反过来，当企业对前景预期比较悲观时，则会减少供给。

6. 政府的政策

当政府希望发展某个产业或行业时，一般会出台针对性的产业或行业政策，包括提供税收和土地优惠、放宽金融条件、实施人才激励政策等。该产业或行业受到刺激后，会呈现比较旺盛的发展态势，使供给增加。当政府觉得某个产业或行业应该受到控制的时候，会从政策上加以收紧，增加该产业或行业的风险和成本，降低其利润，供给会因此减少。

（二）供给量的变化

供给的变化和供给量的变化的区别与需求的变化和需求量的变化之间的区别非常类似。供给的变化指的是在所有的价格水平上企业愿意并且能够提供的产量都发生了变化，表示的是整个供给水平的变化，表现在图形上是整条供给曲线的平行移动。如图 2-5 所示，原来的供给曲线为 S_0，当供给增加时，供给曲线右移到 S_1 的位置；当供给减少时，供给曲线左移至 S_2 的位置。

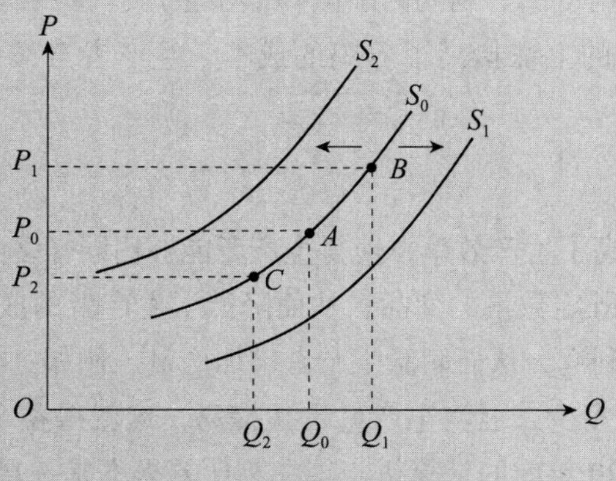

图 2-5　供给的变化和供给量的变化

供给量的变化是指在其他条件不变的情况下，商品本身价格变化所引起的供给量的变化，表现在图形上是某条固定的供给曲线上的一点到另一点的移动。如图 2–5 所示，当价格由 P_0 上升到 P_1 时，供给量从 Q_0 增加到 Q_1，在供给曲线上表示为 A 点向右上方移动到 B 点；当价格由 P_0 下降到 P_2 时，供给量从 Q_0 减少到 Q_2，在供给曲线上表示为 A 点向左下方移动到 C 点。

应用分析

神奇的"猪周期"

"猪周期"是一种经济现象，指"价高伤民，价贱伤农"的周期性猪肉价格变化怪圈。猪肉价格高使养猪利润增加，刺激养猪户养猪积极性，造成供给大幅增加，供给增加造成肉价下跌，肉价下跌到很低，造成养猪亏损，打击了养猪户养猪积极性，造成供给短缺，供给短缺又使得肉价上涨，周而复始，这就形成了所谓的"猪周期"(见图 2–6)。

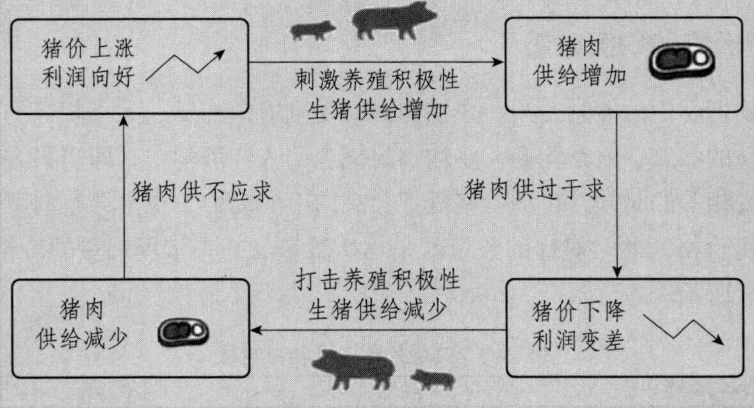

图 2–6 "猪周期"循环轨迹

"猪周期"的时间并不固定。自 2002 年 6 月以来，我国生猪价格经历了 5 个完整周期，这 5 个完整周期持续时间分别是 48 个月、36 个月、59 个月、49 个月、46 个月。2022 年 4 月，猪价触底反弹，进入第 6 轮周期，当前猪价仍处于第 6 轮周期中。前几轮周期平均为 4 年，但也会有 3 年或者 5 年的周期。

"猪周期"存在的根本原因在于生猪生产的周期性和市场信息的不完全性。生猪生产具有周期较长、途中难以改变的特性。养猪户以当前市场价格为标准预期未来收益，就会陷入"蛛网困境"。养猪户看到猪肉价格高、利润高从而想增加生猪养殖数量时，首先要增加能繁母猪的数量，才能增加仔猪的数量，再经过几个月，才能增加生猪出栏量；而且由于养猪产业的分散性，所有的养猪户都在增加生猪养殖，从而最终使生猪出栏量大增，超过需求量，使猪肉价格下跌。但由于大量生猪面临出栏，价格下跌并不能使供给减少，反而由于越来越多的生猪出栏导致供大于求越来越严重，价格进一步下跌。直到价格跌至盈亏平衡线以下，养猪户大量减少能繁母猪，生猪出栏量才会下跌，供给才会减少，价格止跌回升，再进入下一个周期。

问题：“猪周期”是怎么形成的？

第三节 均衡价格的形成

基于以上对需求和供给的分析，我们明白了需求量与价格成反方向变化，供给量与价格成同方向变化。同时，当需求增加时，价格会上涨；当供给增加时，价格会下降。但不管是作为消费者的需求方，还是作为生产者的供给方，单独任何一方都不能决定价格，价格是由双方共同决定的。

一、均衡价格和均衡数量

均衡本是物理学中的概念，当一个物体同时受到方向相反、大小相等的两个外力作用时处于静止不动的状态，就是均衡。将均衡的概念引入经济学中，即当买方想买的数量与卖方想卖的数量相等的时候，市场价格既不会有向上的动力，也不会有向下的压力，此时的价格就是均衡价格，此时对应的数量就是均衡数量。某一市场鸡蛋的价格与其需求量、供给量如表 2–3 所示。

表 2–3 鸡蛋的需求量和供给量

价格（元 / 千克）	8	9	10	11	12
需求量（千克）	100	80	70	60	50
供给量（千克）	50	60	70	80	90

通过表 2–3 可以看出，当某一市场鸡蛋的价格为 8 元 / 千克时，由于比较便宜，购买者众，需求量为 100 千克，而在如此便宜的价格下，效率不高的企业难以赚钱，因此供给者寡，供给量仅为 50 千克，此时鸡蛋供不应求，某些想吃鸡蛋而又买不到的人就会加价；当鸡蛋价格上升到 9 元 / 千克时，有些人觉得这个价格吃鸡蛋就不划算了，因此会退出或减少购买，鸡蛋的需求量下降为 80 千克，而在 8 元 / 千克时由于成本比较高难以赚钱的一些企业在 9 元 / 千克的价格下已经可以赚钱了，因此加入供给者行列，原来在 8 元 / 千克的价格下就提供鸡蛋的企业由于价格上涨能赚取更多的利润，也会加大供应量，供给量因此增加到 60 千克，但此时仍然供不应求；当鸡蛋的价格继续上涨到 10 元 / 千克时，需求量继续减少为 70 千克，供给量增加为 70 千克时，供给量等于需求量，供求达到均衡，买方不会继续加价，价格也就不会继续上涨，因此会稳定下来。

假如鸡蛋的价格为 12 元 / 千克，由于比较昂贵，人们觉得吃鸡蛋比较吃亏，因此购买者寡，需求量仅为 50 千克，但因为价格昂贵，利润丰厚，所以供给者众，供给量为 90 千克，此时鸡蛋供大于求。某些企业为了不使鸡蛋卖不出去而变质，就会选择降价，于是价格下降到 11 元 / 千克，这时某些对鸡蛋有偏好的人就会加入购买鸡蛋的队伍，需求量上升到 60 千克，某些成本较高的企业由于价格下降难以赚钱会退出供应，供给量下降为 80 千克，但仍然没有解决供需失衡问题，价格会继续下降到 10 元 / 千克。此时，需求量上升到 70 千克，供给量下降到 70 千克，供求相等，达到均衡。

因此，一种商品的均衡价格是指该商品的需求量和供给量相等时的价格。在均衡价格水平下的需求量和供给量相等的数量就是均衡数量。

我们还可以用图形的形式进一步说明均衡价格和数量的形成。如图 2–7 所示，当鸡蛋为 11 元 / 千克时，需求量为 *a* 点对应的 60 千克，供给量为 *d* 点对应的 80 千克，供大于求，生产者之间相互竞争，使价格产生向下的压力；当鸡蛋为 9 元 / 千克时，需求量为 *c* 点对应的 80 千克，供给量为 *b* 点对应的 60 千克，供小于求，消费者之间相互竞争，使价格产生向上的动力。任何低于 10 元 / 千克的价格，都会使鸡蛋的需求量大于供给量，导致需求过旺，价格上涨；任何高于 10 元 / 千克的价格，都会使鸡蛋的供给量大于需求量，导致供给过剩，价格下降。只有当鸡蛋的价格为 10 元 / 千克时，需求量等于供给量，市场才达到均衡。

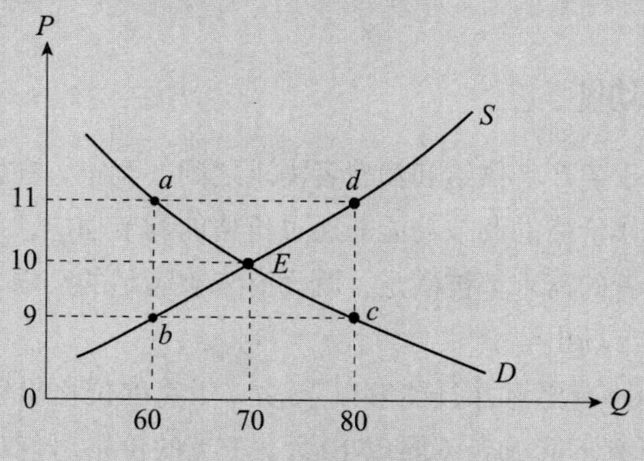

图 2–7　均衡价格的形成

应用分析

《松柏高立图 · 篆书四言联》

《松柏高立图 · 篆书四言联》（见图 2–8）成交价格为 4.255 亿元，成交于 2011 年 5 月 22 日。

图 2-8 《松柏高立图 · 篆书四言联》

《松柏高立图 · 篆书四言联》由齐白石创作于 1946 年，中间画作纵 266 厘米，横 100 厘米，所匹配的篆书“人生长寿，天下太平”对联，单幅纵 264.5 厘米，横 65.8 厘米。画面气势宏伟，有松柏围英之喻；与之匹配的篆书四言联浑厚自然、端庄大气，表达了对国家民族和平发展的美好祈望，对人间幸福、天下太平的美好祝愿。

问题：为什么一幅画能够拍卖出如此高的价格？

二、价格的调节功能

均衡价格的形成在于生产者供给和消费者需求之间的竞争，在此价格下，生产者和消费者决策一致，这被称作价格的调节功能。通过价格的调节功能，所有生产者提供的供给都卖了出去，所有消费者的需求都被满足，既没有未被满足的需求，也不存在卖不出去的供给，这种状态被称作市场出清。

在鸡蛋的案例中，所有愿意并且能够以 10 元 / 千克的价格出售鸡蛋的卖方，都能以这个价格卖出鸡蛋，所有不能或者不愿以 10 元 / 千克的价格出售鸡蛋的卖方，都将卖不出去他们的鸡蛋。同样，所有愿意并且能够以 10 元 / 千克的价格购买鸡蛋的买方，都能以这个价格买到鸡蛋，所有不能或者不愿以 10 元 / 千克的价格购买鸡蛋的买方，都将买不到鸡蛋。这种情况说明，在充分竞争的市场情况下，许多人自由决策的共同作用确定了市场出清价格，表明了市场机制的有效性。

三、需求、供给和均衡的变化

通过前面的论述，我们可以看到，市场均衡价格是通过市场需求和供给的相互作用而自发形成的。在现实中，市场价格是经常发生变化的，这种变化就来自需求和供给的变化。

（一）需求的变化对均衡的影响

当某种商品的供给不变，而对该商品的需求增加时，需求曲线向右移动，从而形成了新的均衡价格和均衡数量，与原来相比，均衡价格提高，均衡数量增加；当某种商品的供给不变，而对该商品的需求减少时，需求曲线向左移动，新的均衡价格降低，均衡数量减少。

如图 2–9 所示，供给曲线 S 不变，需求曲线 D_0 与供给曲线 S 相交于均衡点 E_0，均衡价格为 P_0，均衡数量为 Q_0；当由于某种原因，如消费者收入增加，从而导致需求增加时，需求曲线 D_0 向右移动到 D_1，与供给曲线 S 相交于新的均衡点 E_1，新的均衡价格为 P_1，新的均衡数量为 Q_1，P_1 大于 P_0，Q_1 大于 Q_0；当由于某种原因，如消费者收入减少，从而导致需求减少时，需求曲线 D_0 向左移动到 D_2，与供给曲线 S 相交于新的均衡点 E_2，新的均衡价格为 P_2，新的均衡数量为 Q_2，P_2 小于 P_0，Q_2 小于 Q_0。因此，均衡价格和均衡数量都与需求的变化方向相同。需求增加时，均衡价格和均衡数量都增加；需求减少时，均衡价格和均衡数量都减少。

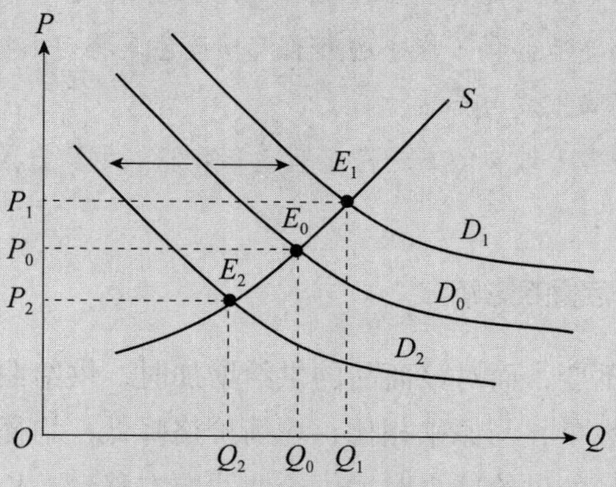

图 2–9　需求的变化对均衡的影响

应用分析

燃油车牌从“抢手”走向“烫手”

2023 年 1 月，广州 2023 年度首次车牌竞价结果出来后，因暴跌 1.3 万元引发关注。

近两年，广州燃油车牌价格持续下跌。与此同时，杭州、天津、深圳等地的燃油车牌价格也出现断崖式下跌，最大跌幅超过 5 万元，并多次出现以 1 万元底价成交的情况。

近几年，广州燃油车牌价格持续走跌。新闻显示，粤 A 个人车牌在 2018 年 6 月曾一度达到过5.2万元的顶峰，和如今相比，仅4年就跌了近4万元。

实际上，不仅广州，燃油车牌价格在国内其他几个城市也出现了不同程度的下降。

曾号称“比房还值钱”的深圳燃油车牌，2017年平均成交价达到9.5万元，如今暴跌超5万元，在3万～6万元的区间内徘徊。

2020年天津燃油车牌成交均价为1.6万元，2021、2022年接连下降，跌幅超5 000元，甚至多次出现最低成交价为起拍价1万元的情况。

杭州2023年1月的燃油车牌竞拍均价仅为1.53万元，远低于2021年5.1万元的均价。

燃油车牌的降价，不禁让人疑惑：

为什么燃油车牌贬值如此迅速？

供不应求，是燃油车牌价格曾经疯狂上涨的理由；现在，燃油车牌价格下降，也主要受到供求关系的影响。

首先，新能源汽车产量提升，绿色牌照免费，分流了大量精准用户。

其次，各地印发的针对购置新能源汽车的专项补贴、新能源汽车的普及，也促使燃油车牌更不“吃香”了。

最后，在绿色车牌分流一批消费者的同时，政府也加大了燃油车牌的投放数量。

所有这些因素，都使曾经供不应求的燃油汽车蓝色车牌走下神坛，供求关系的紧张程度得以缓解，价格下降也成为必然。

问题： 为什么以前各大城市的燃油汽车蓝色车牌能够拍卖出如此高的价格？

（二）供给的变化对均衡的影响

当某种商品的需求不变，而对该商品的供给增加时，供给曲线向右移动，从而形成了新的均衡价格和均衡数量，与原来相比，均衡价格降低，均衡数量增加；当某种商品的需求不变，而对该商品的供给减少时，供给曲线向左移动，均衡价格提高，均衡数量减少。

如图2–10所示，需求曲线D不变，供给曲线S_0与需求曲线D相交于均衡点E_0，均衡价格为P_0，均衡数量为Q_0；当由于某种原因，如生产成本下降，从而导致供给增加时，供给曲线S_0向右移动到S_1，与需求曲线D相交于新的均衡点E_1，新的均衡价格为P_1，新的均衡数量为Q_1，P_1小于P_0，Q_1大于Q_0；当由于某种原因，如生产成本上涨，从而导致供给减少时，供给曲线S_0向左移动到S_2，与需求曲线D相交于新的均衡点E_2，新的均衡价格为P_2，新的均衡数量为Q_2，P_2大于P_0，Q_2小于Q_0。因此，均衡价格与供给的变化方向相反，均衡数量与供给的变化方向相同。供给增加时，均衡价格降低，均衡数量增加；供给减少时，均衡价格上升，均衡数量减少。

总而言之，均衡价格和均衡数量与需求成同方向变化；均衡价格与供给成反方向变化，均衡数量与供给成同方向变化。

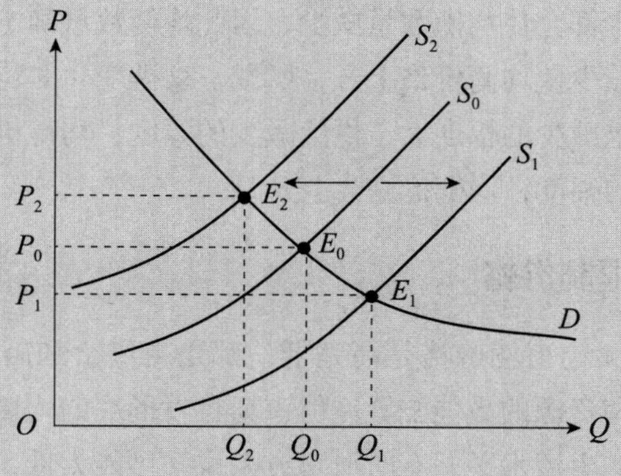

图 2-10　供给的变化对均衡的影响

（三）需求和供给同时变化对均衡的影响

当需求和供给同时变化时，其影响是单个因素变化影响的综合。

1. 需求增加，供给增加

当某种商品的需求和供给同时增加时，会对均衡有什么影响呢？让我们开动脑筋来想想。需求增加，需求曲线右移，供给增加，供给曲线右移，所以，均衡数量肯定是增加的。那么，均衡价格会产生什么变化呢？这就要看需求和供给二者的力量对比，如果需求增加的幅度大于供给增加的幅度，会产生供不应求的情况，均衡价格就会上升；如果需求增加的幅度小于供给增加的幅度，会产生供过于求的情况，均衡价格就会下降。

2. 需求增加，供给减少

当某种商品的需求增加时，需求曲线向右移动；同时，当某种商品的供给减少时，供给曲线向左移动，所以，均衡价格肯定上升，但均衡数量的变化是不确定的。如果需求增加的幅度大于供给减少的幅度，均衡数量会增加；如果需求增加的幅度小于供给减少的幅度，均衡数量会减少。

3. 需求减少，供给增加

某种商品需求减少和供给增加都会使其均衡价格下降，而且价格下降的幅度会大于任何单独因素变化的影响。但因为需求的减少会降低均衡数量，供给的增加会增加均衡数量，所以，这类变化对均衡数量的影响取决于其变化的相对幅度。如果需求减少的幅度大于供给增加的幅度，均衡数量会减少；如果需求减少的幅度小于供给增加的幅度，均衡数量会增加。

知识拓展：如何提高“劳动”的报酬

4. 需求减少，供给减少

由于需求与供给减少都会使均衡数量减少，因此均衡数量确定将会减少。但需求减少使均衡价格下降，供给减少使均衡价格上升，所以，这类变化对均衡价格的具体影响要看其变化的幅度。如果需求减少的幅度大于供给减少的幅度，均衡价格会下降；如果需求减少的幅度小于供给减少的幅度，均衡价格会上升。

四、支持价格和限制价格

在大多数市场中，无论市场价格是高是低，都是由供给和需求的力量相互作用形成的，这有利于市场稳定和资源的最佳配置。但市场自发形成的均衡价格有时对买方来说可能太高，从而影响买方的生活水平；有时对卖方来说又可能太低，从而不能激发卖方的生产积极性。因此，政府有时候会有选择地对价格的高低进行限制，以达到一定的政策目的。

（一）支持价格

微课：支持价格

支持价格也称最低限价，是政府为了扶持某一行业而设定的该行业商品的最低价格。支持价格通常高于均衡价格。当政府认为市场机制的自由运行没有为某个行业提供必要支持的时候，支持价格就会被提上议事日程。目前，世界上大多数国家都对农产品实行支持价格。

应用分析

小麦的支持价格

如图 2-11 所示，小麦的需求曲线 D 与供给曲线 S 的交点 E_0 为均衡点，市场均衡价格和均衡数量分别为 P_0 和 Q_0。但政府认为，P_0 的市场价格有点低，不足以维持农民的合理利润，影响了他们的种地积极性，有可能对农产品的自给率和供给安全产生负面影响。因此，政府决定提供支持，将小麦的最低价格定为 P_1，即支持价格高于均衡价格，需求量因价格提高而由 Q_0 减少到 Q_1，供给量因价格提高而由 Q_0 增加到 Q_2，形成了数量为 Q_1Q_2 的过剩产品，这样就导致了超额供给，部分农民生产的小麦卖不出去。由于本来在市场均衡价格下，需求量是等于供给量的，资源配置合理，因此，强制实施的支持价格破坏了自由市场的配给能力。

这时，如果政府不管，在市场形成的过剩供给的压力下，价格就会下降，政府的支持价格就无法维持。因此，政府可以采取两种方法来处理支持价格引起的过剩产品，即通过限制供给或增加需求来缩小供给过剩产量。如我国的退耕还林、退耕还草、饲料玉米的种植等政策，就是通过减少农产品供给以减少过剩产量。另外，政府还可以收购过剩农产品，存储起来或者低价出口。

支持价格不仅干扰了价格配给的能力，还影响了资源的配置。在没有支持价格的时

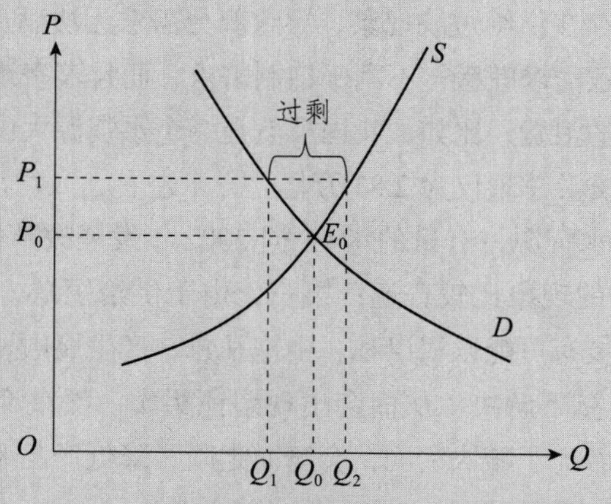

图 2-11　支持价格

候，P_0 的市场均衡价格会导致高成本小麦种植者产生经济损失，并迫使他们改种其他农作物或退出农业生产，从而维持小麦市场的均衡。但 P_1 的支持价格允许他们继续种植小麦并导致产品过剩。整个社会投入了过多的资源种植小麦，同时用于其他产品和服务的资源就少了，不利于整个社会资源的优化配置。

由于支持价格的存在，小麦制品的消费者支付了过高的价格，纳税人为政府收购过剩小麦支付了较高的税金。另外，当本来一些不利条件的土地用于种植小麦也变得有利可图时，就会导致过多的投资，继而引起潜在的资源破坏行为（破坏森林、草地来种植农作物等）。政府低价出口农产品会引起外国的抵制，甚至引起贸易战，从而破坏国际经贸关系。

问题：小麦为什么要实行支持价格？

（二）限制价格

微课：限制价格

如果政府认为某些商品的自由市场定价太高，从而会造成一些不好的影响，就会出手规定该商品的最高价格，即限制价格。限制价格也称最高限价，通常低于均衡价格。

限制价格一般是在战争或自然灾害等特殊时期使用，也有一些国家对某些生活必需品或服务长期实行限制价格政策。例如：第二次世界大战后，法国曾对煤炭、电力、煤气、交通与邮电等，英国、瑞典、澳大利亚曾对房租等实行限制价格政策。

由于限制价格政策既有积极作用又有消极作用，因此一般经济学家都反对长期使用。

限制价格的积极作用表现在：第一，有利于社会平等的实现；第二，稳定了社会秩序，有利于社会发展。自古以来，不患寡而患不均，当价格高企的时候，有人买得起有人买不起，买不起的人就会心生不满；价格降得足够低，使人人都能买得起，但买不到是自己本事不济或运气不好，不会迁怒于人，从而稳定了社会秩序。

限制价格的消极作用表现在：第一，价格低导致利润低甚至没有利润，不利于激励生产，从而使商品长期存在供给短缺现象，导致部分需求无法满足，降低了社会福利；第二，由于价格低廉，导致需求旺盛，不利于抑制需求，而且浪费现象严重，从而会在资源缺乏的时候又造成严重的浪费，比如，我国虽然是一个水资源大国，水资源总量位居世界第 6 位，但是我国淡水资源总量仅为 2.83 万亿立方米左右，人均淡水资源量只有 2 200 立方米，仅为世界人均淡水资源占有量的 1/4（据 2002 年发展改革委统计数据），但由于水的价格比较低，浪费水的现象比较普遍；第三，由于供给短缺，分配制度就要实行配给制，掌握分配权力的官员有可能以权谋私、中饱私囊，产生腐败，当人们从正规合法渠道购买不到的时候会寻求私下解决，从而会出现票证买卖、黑市交易，败坏社会风气；第四，较低价格下，生产者为了赚取利润，会铤而走险，降低产品和服务质量，从而降低成本，增加利润，导致人们福利受损。

应用分析

药品的限制价格

药品事关国计民生，根据我国药品价格管理的相关办法，国家对下列药品实行政府定价和政府指导价：生产、经营具有垄断性的药品；临床应用面广、量大的少数基本治疗药品、预防制品；一类精神药品、一类麻醉药品和避孕药具等特殊药品。

图 2–12 显示了限制价格的影响。某药品的需求曲线 D 和供给曲线 S 相交于均衡点 E_0，P_0 和 Q_0 分别为均衡价格和均衡数量。政府认为 P_0 的价格太高，老百姓负担太重，将价格限制为 P_1，即限制价格低于均衡价格，由于价格较低，该药品需求量由 Q_0 增加到 Q_2，供给量却由 Q_0 减少到 Q_1，形成了数量为 Q_1Q_2 的供给短缺。

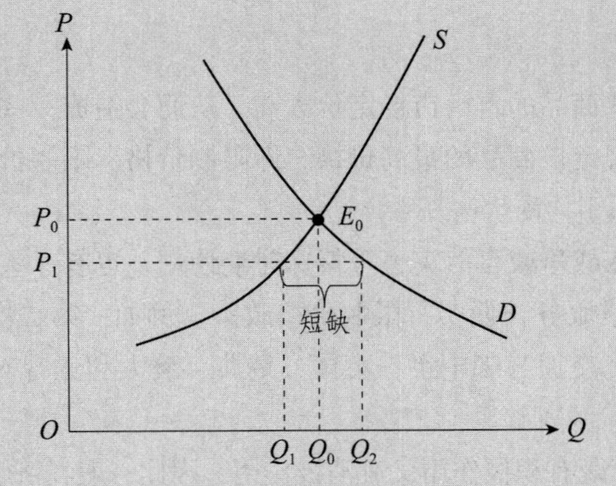

图 2–12　限制价格

政府通过限制价格，在一定程度上保证了低收入家庭的生活水平和特殊时期社会的安定，但同时产生了一系列不良的影响。

第一，限制价格导致市场机制的资源配置效率降低。P_1 的价格水平低于市场出清的均衡价格 P_0，由于生产者利润不能得到保证，其生产积极性下降，从而形成了长期的供给短缺或超额需求。正常的市场价格下应该投入该商品生产中的资源由于过低的价格转投他处，使资源配置效率下降。同时，由于限制价格降低了企业的利润，企业会通过降低商品和服务质量抵消价格限制的影响，从而导致消费者利益实质性受损。如果价格太低，企业在不能保证一定利润的情况下，会退出生产，导致某些商品有价无市。我国的某些低价药品长期没有供给，一定程度上就是受过低限制价格的影响。

第二，限制价格阻碍了市场的自由调整。在正常的市场机制下，买方之间的竞争会导致价格上涨，从而刺激生产，抑制部分需求，促使市场出清。但限制价格使市场不能自由调整，价格机制失灵。

第三，限制价格造成商品短缺，导致某些消费者由于购买不到商品而享受不到低价的好处。同时，由于商品价格低，还会导致某些购买到商品的消费者不珍惜，浪费严重。

第四，由于买方众、卖方寡，如何在众多的买方之间分配短缺的商品呢？只能实行排队制或配给制，其中又会产生权力寻租，滋生腐败，导致黑市交易盛行。

问题：现实生活中你还知道有哪些商品实施了限制价格？

第四节 弹性理论

在现实生活中，我们发现，一些商品涨价后，购买者马上会一脸冷漠地掉头而去，毫不留恋，这些商品的销售量会大幅减少；而另一些商品的购买者对价格上涨的反应却没有这么强烈，只是稍微减少一点购买量。某些商品的价格上涨会使生产者大幅提高其产量，而另一些商品的价格上涨却几乎不会引起产量的增加；当人们收入增加时，会大幅增加对某些商品的购买量，而对另一些商品的购买量几乎没有发生变化。这是为什么呢？学习弹性理论有助于我们理解这些问题。

一、需求价格弹性

微课：需求价格弹性

通过需求规律，我们知道，在其他条件不变的情况下，商品的需求量与价格成反方向变化，即一种商品的价格下降时，需求量会增加，价格上升时，需求量会减少。但是，需求量会增加或减少多少呢？这取决于消费者对价格变化的反应程度，可以用需求价格弹性来表示。需求价格弹性（Price Elasticity of Demand）简称需求弹性，指的是价格变化的比例所引起的需求量变化的比例，衡量的是需求量的变化对价格变化的反应程度。有些商品的需求量对价格的变化比较敏感，价格较小的变化就会引起需求量较大的变化，这样的商品需求价格弹性比较大；有些商品的需求量对价格的变化不太敏感，价格较大的变化只会引起需求量较小的变化，这样的商品需求价格弹性就比较小。

（一）需求价格弹性的公式

经济学上一般用 E_d（需求价格弹性系数）来表示需求价格弹性的大小。其公式为：

$$E_d=\frac{\text{需求量变化的百分比}}{\text{价格变化的百分比}}=-\frac{\Delta Q/Q}{\Delta P/P}=-\frac{\Delta Q}{\Delta P}\times\frac{P}{Q}$$

式中，E_d 表示需求弹性系数；ΔQ 表示需求量的变化量；ΔP 表示价格的变化量。由于需求量与价格成反方向变化，即如果 ΔQ 大于零，则 ΔP 小于零；如果 ΔQ 小于零，则 ΔP 大于零，因此，按该公式计算出来的弹性值总是负数。但“E_d 为 –4 比 E_d 为 –2 的弹性大”的说法很容易让人产生困惑，而“E_d 为 4 比 E_d 为 2 的商品更有弹性”的说法就比较清晰，为了避免产生歧义，在公式前加了负号，将结果变为正值，用它的绝对值来表示弹性的大小。

当我们计算某商品的需求价格弹性系数时，会出现一个问题。例如：某商品的价格沿着一条需求曲线从 4 元涨到 5 元时，需求量从 40 单位减少到 20 单位，价格的变化是上升了 25%（=1/4），而需求量的变化是减少了 50%［=（40–20）/40］，所以 E_d=50%/25%=2；但当这种商品的价格沿着需求曲线从 5 元降到 4 元时，需求量从 20 单位增加到 40 单位，价格的变化是下降了 20%（=1/5），而需求量的变化是增加了 100%［=（40–20）/20］，所以 E_d=100%/20%=5。这样就产生了一个矛盾：当商品涨价和降价的时候，其需求价格弹性是不同的。但其实不管涨价还是降价，商品的需求价格弹性应该是相同的。为了避免产生这种尴尬，需要用到一个简单的办法，就是用两个价格和两个需求量的平均值作为参照值来计算。其公式为：

$$E_d=-\frac{\dfrac{\Delta Q}{(Q_1+Q_2)/2}}{\dfrac{\Delta P}{(P_1+P_2)/2}}=-\frac{\Delta Q}{\Delta P}\times\frac{(P_1+P_2)/2}{(Q_1+Q_2)/2}$$

对于上述问题，不管是价格从 4 元涨到 5 元，还是从 5 元降到 4 元，参照价格都取 4.5［=（4+5）/2］元；相应的，不管需求量是从 40 单位减少到 20 单位，还是从 20 单位增加到 40 单位，参照需求量都取 30［=（40+20）/2］单位。因此，价格的变化百分比是 1/4.5，或 2/9；需求量的变化百分比是 20/30，即 2/3，则 E_d=（2/3）/（2/9）=3。这里的需求价格弹性系数的取值亦在刚才的 2 和 5 之间。

（二）需求价格弹性的类型

根据需求价格弹性的大小，可以将其分为五种类型：

1. 需求富有弹性

即价格变化的百分比小于需求量变化的百分比。例如：猪肉的价格下降了 10%，需求量增加了 20%，其需求价格弹性系数 E_d=20%/10%=2＞1，这种情形称为需求富有弹性，表示的意思是需求量的变化幅度大于价格的变化幅度，需求量对价格的变化比较敏感，价格比较微小的变化会引起需求量比较大的变化。如图 2–13 所示，这时的需求曲线 D_1 相对于横轴来说比较平坦。汽车、手机、家用电器、中高档服装等价值比较大、价格比较高的商品大多属于需求富有弹性的商品。

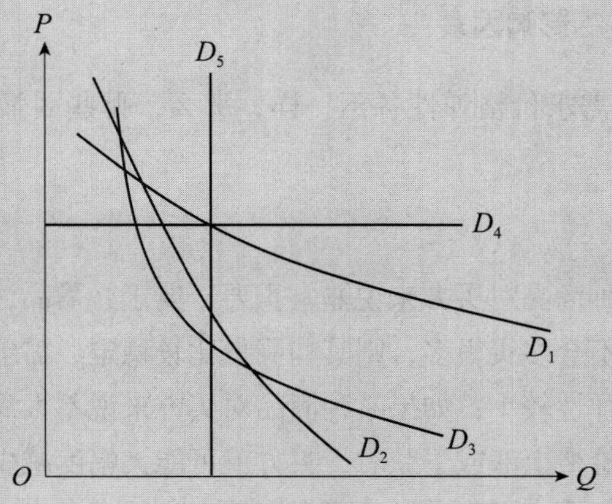

图 2–13　需求价格弹性

2. 需求缺乏弹性

即价格变化的百分比大于需求量变化的百分比。例如：大米的价格下降了 10%，需求量增加了 5%，其需求价格弹性系数 E_d=5%/10%=0.5＜1，这种情形称为需求缺乏弹性，表示的意思是需求量的变化幅度小于价格的变化幅度，需求量对价格的变化不太敏感，价格比较大的变化会引起需求量比较小的变化。如图 2–13 所示，这时的需求曲线 D_2 相对于横轴来说比较陡峭。日常生活用品，如柴米油盐等大多数价值不高、价格较低的商品属于需求缺乏弹性的商品。

3. 需求单位弹性

价格和需求量变化的百分比恰好相等即称为需求单位弹性。例如：猪肉的价格上涨了 10%，需求量减少了 10%，其需求价格弹性系数 E_d=20%/20%=1，正好是 1 单位，因此，这种情形称为需求单位弹性。如图 2–13 所示，这时的需求曲线 D_3 是正双曲线中的一条。

4. 需求完全弹性

价格的微小下降会导致买方将自己的购买量从零增加到其所能达到的极限，即价格的微小的变化引起需求量的无限大变化。例如：小麦的价格是 2 元 / 千克，小麦的卖方在这个价格条件下需求量无穷大，有多少小麦就能卖出去多少。如果某个卖方将小麦的价格提高到 2.01 元 / 千克，市场对他的小麦的需求量立即下降到零，一点也卖不出去。这时的需求价格弹性系数 E_d 无穷大（∞），这种需求是完全弹性的。如图 2–13 所示，这时的需求

曲线 D_4 是一条平行于横轴的直线。

5. 需求完全无弹性

需求量不随价格的变化而变化，无论价格是上涨还是下跌，需求量都保持不变，这种需求就是完全无弹性的需求。这时的需求曲线 D_5 是一条垂直于横轴的直线。例如：殡葬服务的需求就属于完全无弹性。

（三）需求价格弹性的影响因素

形形色色的商品的需求价格弹性各不一样，那么，哪些因素影响需求价格弹性的大小呢?

1. 商品的重要程度

一般而言，如果某种商品对买方来说非常重要，属于必需品，即使价格上涨很多也要购买，价格下跌很多也不会多买很多，则其购买量比较稳定，需求量的变化幅度小于价格的变化幅度，需求价格弹性较小；如果某种商品对买方来说不太重要，属于奢侈品，有它更好，无它也可，则当价格上涨或下跌时，买方就可能大幅度减少或增加购买量，需求价格弹性较大。例如：人们不会因为大米价格上涨就少吃很多大米，也不会因为手术费用上涨而不做手术；但人们会因为机票价格上涨而不坐飞机，也会因为珠宝首饰变贵而改变原来的购买计划。

2. 商品的可替代性

一般而言，某种商品的替代品越多，可替代性越强，则其需求价格弹性越大。对于国内航空旅行来说，由于火车旅行、自驾汽车旅行都是替代品，因此国内航空旅行的需求是有弹性的，其需求价格弹性系数可以达到 2.4。对于医生的服务来说，替代品就比较缺乏，其需求缺乏弹性，需求价格弹性系数只有 0.5 左右。

需求价格弹性还受到对商品定义范围的影响。例如：对 A 品牌鞋的需求就比对鞋类整体的需求有弹性得多，这是因为 B、C、D、E 等品牌的鞋很容易替代 A 品牌鞋。但对鞋类来说，几乎没有什么有效的替代品。

3. 商品价格占收入的比例

在其他条件相同的情况下，某种商品的价格越高、占消费者收入的比例越大，其需求价格弹性越大。例如：5 元一瓶的饮料涨价 10%，也不过涨了 0.5 元，这么小的涨幅占消费者收入的比例几乎可以忽略不计，因此其需求量的下降可能微乎其微。但如果 10 万元一辆的汽车涨价 10%，就是涨了 1 万元，可能就是很多消费者一两个月的工资，汽车需求量可能就会明显减少。

4. 消费者调节需求量的时间

一般而言，考察时间越长，需求价格弹性越大。因为消费者需要时间来对价格的变化做出反应，所以考察时间越长，消费者越容易找到合适的替代品取代价格上涨的商品，需求量的变化就越大，需求价格弹性也就越大；考察时间越短，消费者越没有足够的时间寻找替代品，需求量变化就不大，需求价格弹性也就越小。例如：当猪肉价格上涨 10% 时，由于消费惯性的存在，消费者可能不会马上大幅度减少猪肉的购买量，但他们迟早会转向羊肉、牛肉或鱼肉。

产品的耐用性也会影响需求价格弹性的大小。研究表明，对汽油的“短期”需求（E_d=0.2）比“长期”需求（E_d=0.5）更缺乏弹性。这是因为，在短期内，人们会“黏”在现有的汽车上，尽管人们因为汽油价格上涨而减少开车外出的次数，但他们还是不得不开车外出，所以对汽油的需求量虽然会减少，但不会减少太多。而长期来看，人们可以用排量更小和更节油的汽车取代原来的汽车，使汽油消费量减少更多。

5. 消费者偏好

消费者偏好即消费者对某种商品的喜欢程度。消费者越喜欢某种商品，则越不在意价格的变化，需求价格弹性越小。消费者本来就不怎么在意的商品，如果还要涨价的话，其购买量就会大减，从而需求价格弹性越大。歌迷遍地的当红歌星的演唱会门票尽管价格不菲，但仍然一票难求；如果普通人去开一场演唱会，即使收取“地板价”，大概率也不会有多少人来捧场。

表 2–4 给出了一些商品的需求价格弹性系数的估计值。

表 2–4　一些商品的需求价格弹性系数估计值

商品或服务的名称	需求价格弹性系数（E_d）	商品或服务的名称	需求价格弹性系数（E_d）
电力（家用）	0.13	汽油	0.60
面包	0.15	牛奶	0.63
香烟	0.25	家用电器	0.63
电话	0.26	电影	0.87
糖	0.30	啤酒	0.90
鸡蛋	0.32	鞋	0.91
汽车修理	0.40	牛肉	1.27
服装	0.49	羊肉	2.65

（四）需求价格弹性在生活中的应用

理解需求价格弹性对企业决策来说非常重要，同样是降价，有的商品可能使总收益增加，但有的商品可能反而使总收益减少。总收益（Total Revenue，TR）也称总收入，指在某一特定时期内，企业出售一定数量的商品所得到的全部收入的金额，即商品价格（P）与销售量（Q）的乘积。其公式为：

$$TR = P \times Q$$

在图形上，可用位于需求曲线上某一点下方的 $P \times Q$ 的矩形区域的面积来表示总收益。如图 2–14 所示，当均衡价格为 P_1，需求量为 Q_1 时，总收益即为 OP_1AQ_1（$=P_1 \times Q_1$）的面积。

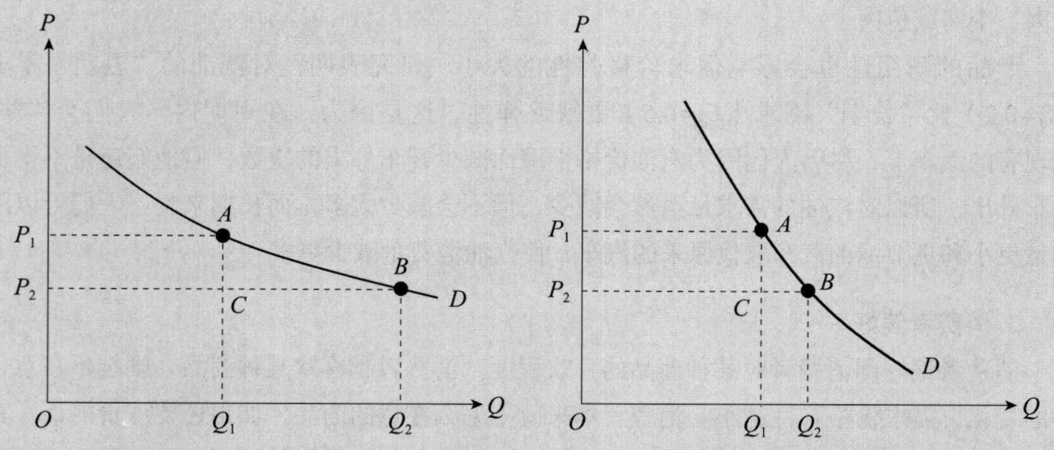

（a）富有弹性的需求曲线　　（b）缺乏弹性的需求曲线

图 2–14　需求价格弹性和总收益

因为不同商品的需求价格弹性不同，所以价格变化对总收益的影响也不同。实际上，判断某种商品的需求是富有弹性还是缺乏弹性的简单方法就是使用总收益进行检验。当价格变化时，如果总收益的变化方向和价格变化的方向相反，需求就是富有弹性的；如果总收益的变化方向和价格变化的方向相同，需求就是缺乏弹性的；如果总收益保持不变，需求就具有单位弹性。

1. 薄利多销

如果某种商品的需求价格弹性系数大于 1，说明需求是富有弹性的，需求量的变化比例大于价格的变化比例。当该商品的价格下降时，需求量增加的幅度大于价格下降的幅度，尽管每单位商品的价格下降会导致收入减少，但增加的商品需求量所增加的收益足以补偿较低价格导致的损失，从而会增加总收益；当该商品的价格上升时，需求量减少的幅度大于价格上升的幅度，虽然每单位商品的价格上涨导致收入增加，但较高的价格所增加的收益不足以补偿减少的商品需求量所造成的损失，从而会减少总收益。

如图 2–14（a）所示，需求曲线 D 比较平坦，需求富有弹性。商品价格由 P_1 下降到 P_2 时，需求量由 Q_1 增加到 Q_2，矩形 P_1ACP_2 的面积表示因价格下降而减少的收益，矩形 Q_1CBQ_2 的面积表示因需求量增加而增加的收益。显然矩形 Q_1CBQ_2 的面积大于矩形 P_1ACP_2 的面积，所以降价之后的总收益 OP_2BQ_2 大于原来的总收益 OP_1AQ_1，总收益增加。

总而言之，如果某种商品的需求是富有弹性的，则总收益与价格成反方向变化，即价格上升，总收益减少；价格下降，总收益增加。我们经常说的“薄利多销”，其经济学原理正是如此。

2. 谷贱伤农

如果某种商品的需求价格弹性系数小于 1，说明需求是缺乏弹性的，需求量的变化比例小于价格的变化比例。当该商品的价格下降时，需求量增加的幅度小于价格下降的幅度，尽管需求量增加会使销售的商品数量增加，但增加的商品需求量所增加的收益不足以补偿较低价格产生的损失，从而会减少总收益；当该商品的价格上升时，需求量减少的幅度小于价格上升的幅度，尽管需求量减少使销售的商品数量减少从而使收入下降，但较高价格所增加的收益足以补偿减少的商品需求量所造成的损失，从而会增加总收益。

如图 2–14（b）所示，需求曲线 D 比较陡峭，需求缺乏弹性。商品价格由 P_1 下降到 P_2 时，需求量由 Q_1 增加到 Q_2，矩形 P_1ACP_2 的面积表示因价格下降而减少的收益，矩形 Q_1CBQ_2 的面积表示因需求量增加而增加的收益。显然，矩形 Q_1CBQ_2 的面积小于矩形 P_1ACP_2 的面积，所以降价之后的总收益 OP_2BQ_2 小于原来的总收益 OP_1AQ_1，总收益减少。

总而言之，如果某种商品的需求是缺乏弹性的，则总收益与价格成同方向变化，即价格上升，总收益增加；价格下降，总收益减少。我们经常说的“谷贱伤农”，其经济学原理正是如此。因为谷物等农产品属于需求价格缺乏弹性的商品，所以当谷物丰收时，供给量增加会导致价格下降，但由于缺乏弹性，需求量增加并不多，因此导致农民收入下降。

应用分析

消费税和税收收入

消费税是以消费品的流转额作为征税对象的各种税收的统称，是政府向消费品征收的税项。在我国，消费税属于中央税，是除增值税、企业所得税、个人所得税外的第四大税种，在税收结构中占有重要地位。国家统计局数据显示，2018 年，我国消费税收入达 10 632 亿元，约占当期税收收入的 6.8%。消费税征税项目具有选择性，我国已对 15 类商品征收消费税，其中，烟、油、车、酒四类商品贡献了近 99% 的消费税。

政府在选择对哪些商品和服务征收消费税时，会考虑需求弹性。如果一种商品被征收 10% 的消费税，销售额是 10 万元，那么税收收入就是 1 万元。如果政府把消费税率提高到 15%，假设该商品需求富有弹性，价格上涨使销售额下降到 5 万元，税收收入将下降到 0.75（=5×15%）万元。因此，对需求富有弹性的商品实施高税收会使税收收入减少。

如果这种商品需求缺乏弹性，当消费税率从 10% 提高到 15% 时，销售额只会下降到 8 万元，税收收入就会从 1 万元增加到 1.2（=8×15%）万元。可以看出，政府之所以选择对烟、油、车、酒四类商品征收消费税，是因为对这些商品征税能产生较高的税收收入。

问题：我国是否对化妆品和贵重珠宝首饰征收消费税？为什么？

二、需求收入弹性

我们知道，影响购买量的因素并不是只有价格，还有很多其他因素也会影响人们的购买量。当收入增加或减少时，人们的购买量大概率也会受到影响。

（一）需求收入弹性的公式

需求收入弹性（Income Elasticity of Demand）指的是在一定时期内，需求量变化对收入变化的反应程度，即当收入增加或减少时，需求量变化的比例是多少。其公式为：

$$E_i = \frac{\text{需求量变化的百分比}}{\text{收入变化的百分比}} = \frac{\Delta Q/Q}{\Delta i/i} = \frac{\Delta Q}{\Delta i} \times \frac{i}{Q}$$

式中，E_i 表示需求收入弹性系数；Q 表示原来的需求量；ΔQ 表示需求量的变化值；i 表示原来的收入；Δi 表示收入的变化值。

（二）正常品和劣等品

根据需求收入弹性的公式，其值有可能为正，有可能为负。根据需求收入弹性系数正负的不同，可将商品分为正常品和劣等品。

1. 正常品

对于大多数商品来说，随着人们收入的增加，对它们的需求量也会增加。因此，计算出来的收入弹性系数 E_i 为正。商品的需求量与人们的收入成同方向变化，符合我们的生活常识，所以称需求收入弹性系数为正的商品是正常品。在正常品里，有些商品的需求收入弹性系数 $E_i>1$，是富有弹性的，这样的商品称为奢侈品，当消费者收入变化的时候，对奢侈品的需求量会有比较大的变化；有些商品的需求收入弹性系数在 0 到 1 之间，即 $0<E_i<1$，是缺乏弹性的，这样的商品称为必需品，当消费者收入变化的时候，对必需品的需求量会有比较小的变化。例如：汽车的需求收入弹性系数约为 3，而大多数农产品的需求收入弹性系数约为 0.2。

2. 劣等品

对于有些商品来说，随着人们收入的增加，对它们的需求量反而会减少。因此，计算出来的需求收入弹性系数 E_i 为负，这样的商品称为劣等品。例如：低档的商品、营养比较差的粗粮、式样陈旧的衣服、功能落后的旧家电和旧手机等都属于劣等品。

（三）恩格尔定律

19 世纪中期，德国统计学家恩斯特·恩格尔（Ernst Engel）对比利时不同收入的家庭的消费支出情况进行了调查统计，并根据对统计数据的分析，提出了恩格尔定律：在一个家庭或国家中，食物支出在收入中所占的比例随着收入的增加而减少。食物是生活必需品，其需求收入弹性系数小于 1，花费在食物上的支出是缺乏弹性的。恩格尔定律用弹性的概念来表述就是：一个家庭或国家越富裕，其食物支出的需求收入弹性就越小；反之，则越大。

一般用恩格尔系数表示食物支出总额占个人消费支出的比例。一个家庭收入越低，用于购买维持生存的食物的支出在家庭支出中所占的比例就越大；一个国家越贫穷，每个国民的平均支出中用来购买食物的支出所占的比例就越大。因此，一个家庭或国家的恩格尔系数越小，则越富裕；恩格尔系数越大，则越贫穷。

联合国一般根据该系数来划分一国贫困或富裕的档次，因此，恩格尔系数对于分析一国经济发展和消费水平有重要意义。

应用分析

我国的恩格尔系数

根据联合国粮农组织的标准，恩格尔系数在60%（不含）以上为贫困，50%（不含）～60%（含）为温饱，40%（不含）～50%（含）为小康，30%（不含）～40%（含）为富裕，30%（含）以下为最富裕，即发达国家的水平。恩格尔系数被形象地誉为"社会幸福度"晴雨表。和众多经济指标相反，恩格尔系数上升，则幸福指数朝向相反的方向。虽然恩格尔系数并不是绝对严谨，但也可以从一个侧面衡量一个家庭或一个国家的富裕程度。例如：韩国在1975年的恩格尔系数约为30%，随着40多年的经济发展，如今的恩格尔系数仅为12%，也就意味着韩国人88%的收入都用于吃喝以外的非刚性消费。1978年，我国城镇居民家庭的人均生活消费支出为311元，恩格尔系数为57.5%；农村居民家庭的人均生活消费支出为116元，恩格尔系数为67.7%。1995年，我国城镇居民家庭恩格尔系数下降到50.1%，农村居民家庭恩格尔系数下降到58.6%。1999年，又分别下降到42.1%和52.6%。2001年，我国城镇居民家庭和农村居民家庭的恩格尔系数已经分别下降到38.2%和47.7%。2012—2022年我国的恩格尔系数如表2–5所示。

表2–5 2012—2022年我国的恩格尔系数

年份	2012	2013	2014	2015	2016	2017
恩格尔系数	33.0%	31.2%	31.0%	30.6%	30.1%	29.3%
年份	2018	2019	2020	2021	2022	
恩格尔系数	28.4%	28.2%	30.2%	29.8%	30.5%	

2017年，我国恩格尔系数已经降到了30%以下，这时我国刚刚全面建成小康社会没有多久，一不小心就达到了发达国家水平。相比西方大多数国家，中国人在吃上的花样是最多的，食品品种非常丰富。在理论上，中国人在吃方面的消费比重天然应该大于同等富裕程度的其他国家。在这样的消费习惯下，中国人食品开支占总开支的比重也已经快速下降到30%以下。2021年，全国居民恩格尔系数为29.8%，2022年该数据有所升高，为2016年以来的最高值。2017年、2018年、2019年和2021年，该数据均低于

30%，2020 年和 2022 年该数据均重回到 30% 以上。

总体来看，我国居民的恩格尔系数在不断降低，反映出居民收入水平上升和消费升级的大趋势。近年来，越来越多的进口好货走进中国寻常百姓家，“中国潮牌”屡屡惊艳世界，无人商店等新模式领先全球，而中国游客探索的脚步更把中国推上世界第一出境游大国的位置……

党的二十大报告指出：“江山就是人民，人民就是江山。中国共产党领导人民打江山、守江山，守的是人民的心。治国有常，利民为本。为民造福是立党为公、执政为民的本质要求。必须坚持在发展中保障和改善民生，鼓励共同奋斗创造美好生活，不断实现人民对美好生活的向往。”

随着经济社会的发展与居民收入水平的不断提高，今天中国人对消费已不满足于“维持生活”，正向“享受生活”升级。而消费升级本身也成为中国经济发展的强劲动力，并吸引着全球投资者。

问题：为什么我国的恩格尔系数下降如此之快?

三、需求交叉弹性

需求交叉弹性（Cross Elasticity of Demand）表示在一定时期内，一种商品 X 的需求量变化对另一种商品 Y 价格变化的反映程度，即一种商品 Y 价格变化的比例所引起的另一种商品 X 需求量变化的比例。其公式为：

$$E_{XY}=\frac{\text{商品X需求量变化的百分比}}{\text{商品Y价格变化的百分比}}=\frac{\Delta Q_X/Q_X}{\Delta P_Y/P_Y}=\frac{\Delta Q_X}{\Delta P_Y}\times\frac{P_Y}{Q_X}$$

式中，E_{XY} 表示需求交叉弹性系数；Q_X 表示商品 X 原来的需求量；ΔQ_X 表示商品 X 需求量的变化量；P_Y 表示商品 Y 原来的价格；ΔP_Y 表示商品 Y 价格的变化量。需求交叉弹性一般用于研究替代品或互补品之间的价格与需求量的变动之间的关系。

（一）替代品

如果 $E_{XY}>0$，需求交叉弹性为正，即商品 X 的需求量与商品 Y 的价格成同方向变化。当商品 Y 价格上升时，购买者对商品 X 的需求量增加；当商品 Y 价格下降时，购买者对商品 X 的需求量减少。那么，商品 X 和商品 Y 为替代品。例如：当猪肉价格扶摇直上的时候，一些不那么坚定的猪肉爱好者会转向羊肉来满足自己的口腹之欲，从而导致对羊肉的购买量增加，此时猪肉和羊肉的需求交叉弹性为正。需求交叉弹性系数越大，两种商品间的替代性越强。

（二）互补品

如果 $E_{XY}<0$，需求交叉弹性为负，即商品 X 的需求量与商品 Y 的价格成反方向变化。当商品 Y 价格上升时，购买者对商品 X 的需求量减少；当商品 Y 价格下降时，购买者对

商品 X 的需求量增加。那么，商品 X 和商品 Y 为互补品。例如：打印机价格的下降促进了墨盒的销售；手机价格的下降使存储卡的购买量增加。需求交叉弹性为负时，其绝对值越大，两种商品间的互补性越强。

（三）独立品

如果 $E_{XY}=0$ 或者接近于零，意味着两种商品之间不存在相关关系或是相互独立的。例如：手机和钢笔，钢笔价格的变化对手机的需求量没有任何影响；反之亦然。

应用分析

需求交叉弹性在商业决策中的应用

需求交叉弹性反映了两种相关商品之间的关系，对于企业的产品定价具有重要的指导意义。一个企业或企业集团若生产或经营两种以上有相关关系的产品，可以采用关联定价策略，即将主要产品与配套产品组合定价。如照相机与胶卷、西装与领带、圆珠笔与笔芯、乒乓球拍与乒乓球等。一般可以采用两种定价方式：

（1）可以将价值大、使用寿命长、购买频率低的主产品价格定得低一些，而对与之配套使用的价值小、使用寿命短、购买频率高的次产品定价高一些，以追求综合和整体利益最大化。

（2）可以将价值小、使用寿命短、购买频率高的次产品价格定得高一些。这些次产品价格由于价值小、成本低，所以占消费者收入的比重小，即使价格定得高一些，也不会使需求量受到多大的影响。而且，当人们购买了主产品后，必须购买与之配套的次产品，对次产品的需求是缺乏弹性的，即使价格高，也需要购买，总不能把主产品束之高阁。

例如：游乐场通常把门票价格定得较低以吸引游客，而把各种游乐项目定价较高，来争取整体利益最大化，就是这个道理。

问题：许多企业生产具有互补性的产品，这对企业来说有什么好处？

四、供给价格弹性

价格弹性的概念也适用于供给。供给价格弹性（Price Elasticity of Supply）简称供给弹性，指的是价格变化的比例所引起的供给量变化的比例，即供给量的变化对价格变化的反应程度。有些商品的供给量对价格的变化比较敏感，这样的商品的供给价格弹性就比较大；有些商品的供给量对价格的变化不敏感，这样的商品的供给价格弹性就比较小。

（一）供给价格弹性的公式

经济学上一般用 E_s 来表示供给价格弹性系数的大小。其公式为：

$$E_s=\frac{\text{供给量变化的百分比}}{\text{价格变化的百分比}}=\frac{\Delta Q/Q}{\Delta P/P}=\frac{\Delta Q}{\Delta P}\times\frac{P}{Q}$$

式中，E_s 表示供给价格弹性系数；ΔQ 表示供给量的变化量；ΔP 表示价格的变化量。因为供给量与价格成同方向变化，所以供给价格弹性系数总是正数。

（二）供给价格弹性的类型

根据供给价格弹性的大小，可以将其分为五种类型：

1. 供给富有弹性

$E_s>1$，意味着价格每提高或每降低 10%，供给量会相应地增加或减少超过 10%，称为供给富有弹性。这时的供给曲线是一条相对横轴比较平坦的曲线，如图 2–15 中 S_1 所示。一般的劳动密集型商品，如服装、鞋袜、家用电器等日常生活用品，生产加工周期比较短，容易增加产量，当价格上涨的时候，产量会迅速大量增加，大都属于供给富有弹性的商品。

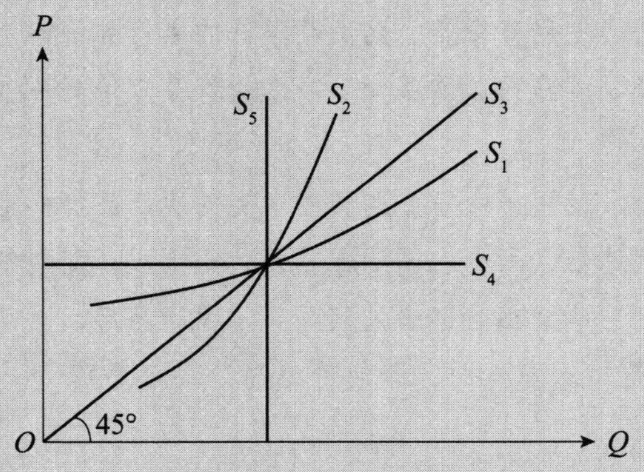

图 2–15　供给价格弹性

2. 供给缺乏弹性

$E_s<1$，意味着价格每提高或每降低 10%，供给量会相应地增加或减少不到 10%，称为供给缺乏弹性。这时的供给曲线是一条相对横轴比较陡峭的曲线，如图 2–15 中 S_2 所示。一般的资本密集型、技术密集型、生产周期比较长的商品，如飞机、汽车、轮船、冶金、化工产品等，当价格上涨的时候，产量短时期内难以大量增加，导致供给量增加的比例小于价格上涨的比例，属于供给缺乏弹性的商品。

3. 供给单位弹性

$E_s=1$，意味着价格每提高或每降低 10%，供给量会相应地增加或减少 10%，供给量变化的比例与价格变化的比例相等，称为供给单位弹性。这时的供给曲线是一条斜度为 45° 的直线，如图 2–15 中 S_3 所示。

4. 供给完全弹性

$E_s=\infty$，意味着在一定价格水平下，供给量达到无穷大，也就是既定价格下的供给量无限多，称为供给完全弹性。这时的供给曲线是一条平行于横轴的水平线，如图 2–15 中 S_4 所示。在现实生活中，这样的商品是不存在的。一般认为，不发达国家的简单劳动力的供给接近于这种情况。因为在不发达国家中，简单劳动力的供给数量众多，相对于不发达的经济对劳动力的较少需求来说严重过剩，所以，在既定工资水平下，其供给量接近无穷大。

5. 供给完全无弹性

$E_s=0$，意味着无论价格如何变动，供给量都不会变动，也就是供给量和价格高低没有关系，既不能增加也不能减少，称为供给完全无弹性。这时的供给曲线是一条垂直于横轴的直线，如图 2–15 中 S_5 所示。例如：古玩、字画等艺术品和土地数量是固定的，并不会因为价格的涨跌而变化，属于供给完全无弹性的商品。

（三）供给价格弹性的影响因素

不同的商品，其供给价格弹性不同，一般而言，影响它的主要因素有以下几种：

1. 边际成本的变化

边际成本是企业多生产一单位商品所增加的成本。什么也不能阻挡企业追求利润的脚步，商品价格上涨使企业利润增加，企业就会努力多生产商品，从而获取更多利润。但如果随着产量的增加，边际成本增长比较快，导致产量没有增加多少的时候就已经不能增加利润了，产量的增加就会减少，从而供给价格弹性就小；反之，供给价格弹性就大。例如：某种商品价格上涨了 10%，企业会多生产商品，但边际成本增长较快，当多生产了 100 单位商品，边际成本的增加已经完全抵消了价格上涨带来的好处时，企业会停止增加产量，商品供给量只增加 100 单位。但如果边际成本增长较慢，当企业多生产了 1 000 单位商品，边际成本的上涨才抵消了价格上涨带来的好处时，商品供给量就会增加 1 000 单位。

2. 所考察的时间

当商品的价格发生变化时，企业对产量的调整需要一定的时间。如果价格发生变化时马上去考察，企业还没有来得及对产量做出调整，则供给量没有变化，供给完全无弹性；如果隔上一段时间再来考察，企业已经可以通过加班加点、增加工人等措施增加一些产量，则供给量会增加一些，供给弹性变大；如果隔上一段较长时期再来考察产量的变化，则企业可能已经增加了厂房、机器设备和生产线，供给量有了很大的增加，供给弹性更大。

3. 商品的市场周期

市场周期是指价格发生变化之后，企业来不及改变产量以应对变化的那段时间。生产工艺简单或生产周期短的商品，市场周期短，供给弹性大；生产工艺复杂或生产周期长的商品，市场周期长，供给弹性小。假设一个农民把一个收获季的产出——2 000 千克豆角都运到市场售卖，豆角的供给是完全缺乏弹性的，无论价格是多少，农民都会把豆角全部卖出去。即使豆角的价格比往年高出一倍，这个农民也不能提供更多的豆角了，因为豆角是不可能一天就生产出来的。要想豆角对高价做出反应，多生产出来 2 000 千克的豆角，就需要一个完整的生产周期。反之，如果价格低于预期，但豆角容易腐烂，不好保存，这个农民也会把豆角全部卖掉，以免腐烂而造成全部损失，生产成本并不在其考虑之列。因此，在一个市场周期中，豆角的供给量是固定不变的，无论价格高低，农民都只能提供 2 000 千克豆角。

然而，并不是所有的商品都与豆角相类似。对于一些不易腐烂、容易贮存的商品，如苹果，价格下跌时，供给者可以选择不卖而把苹果存入冷库；价格上升时，供给者就可以把贮存在冷库的苹果卖出，所以苹果的供给价格弹性比豆角大得多。因此，对于容易贮存并且库存成本比较低的商品来说，不存在市场周期。

4. 生产资源的供给情况

巧妇难为无米之炊，没有生产资源，即使价格再高，也生产不出来商品。当价格上涨时，生产资源容易获得并且供给充足的商品，产量增加就比较容易，供给弹性就大；反之，供给弹性就小。

五、谁来承担税收

本杰明 · 富兰克林（Benjamin Franklin）曾经说过，世界上只有两件事情不可避免，那就是税收和死亡。维持政府的运转及提供公共服务都需要靠税收来支撑。除了个人所得税是直接向个人征收之外，大多数税都是向商品和服务征收的，而商品和服务是由生产者提供的，那是不是说税收都是由生产者承担的呢？如果这么想的话，那就太天真了。

究竟谁来承担税收呢？让我们来仔细分析。

（一）向卖方征税

如图 2–16（a）所示，需求曲线 D 和供给曲线 S_0 相交于均衡点 E_0，均衡价格为 P_0。假设政府向卖方征税，卖方出售商品的所得要向政府缴纳一笔税款。因此，卖方的成本变高，收益下降，供给曲线向左上方移动到 S_1，移动距离等于每单位商品的征税额。供给曲线 S_1 与需求曲线 D 相交于新的均衡点 E_1，均衡价格由 P_0 上升为 P_1，卖方售出每单位商品可以获得 P_1 的收入，但还要向政府支付 P_1P_2 的税收，实际所得只有 P_2 的收入。与原来的均衡相比，买方支付由 P_0 上升为 P_1，卖方所得由 P_0 下降为 P_2，P_1P_2 的税收被政府获得。表面看起来是向卖方征税，但税收实际上是由买卖双方共同承担。单位产品的税收额，买方承担金额为 P_0P_1，卖方承担金额为 P_0P_2。

（二）向买方征税

如图 2–16（b）所示，需求曲线 D_0 和供给曲线 S 相交于均衡点 E_0，均衡价格为 P_0。假设政府向买方征税，买方购买时要付出更高的价格。因此，需求曲线向左下方移动到 D_1，移动距离等于每单位物品的征税额，需求曲线 D_1 与供给曲线 S 相交于新的均衡点 E_1，均衡价格由 P_0 降为 P_2，卖方得到 P_2 的支付。买方购买每单位商品时除支付 P_2 的商品价格给卖方外，还要支付 P_1P_2 的税收，总支付金额是 P_1。与原来没有征税时相比，卖方所得由 P_0 减少为 P_2，买方支付由 P_0 上升为 P_1。虽然直接对买方征税，但税收还是由买卖双方共同承担。买方承担金额为 P_0P_1，卖方承担金额为 P_0P_2。

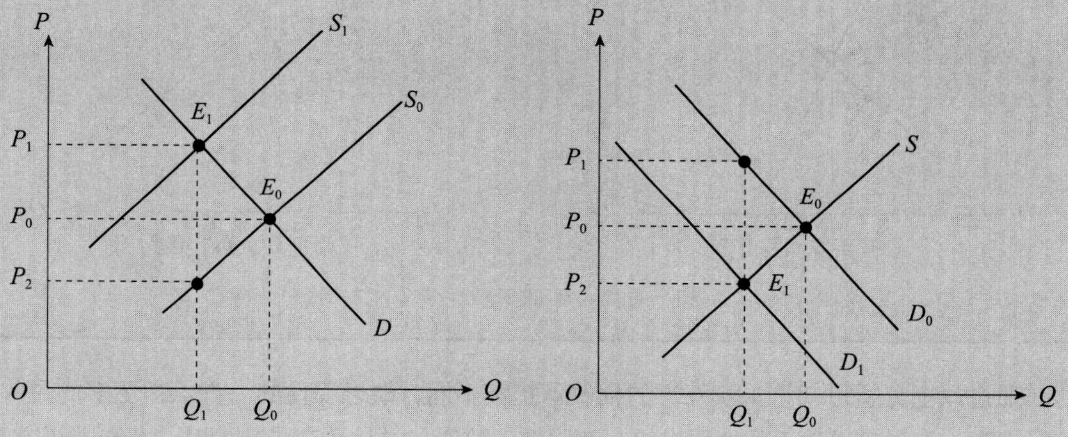

(a) 向卖方征税　　(b) 向买方征税

图 2–16　向卖方或买方征税的影响

通过以上分析可以看到，不管是向卖方征税还是向买方征税，结果都是使买方支付的金额增加，卖方得到的金额下降，即无论如何征税，其实税收都是由双方共同承担。

另外，需要指出的是，不管是向卖方征税还是向买方征税，都是对市场交易的限制，市场均衡数量都由 Q_0 减少到 Q_1，从而降低了市场经济的效率。

（三）谁承担更多

通过分析我们发现，政府对商品和服务征税，税收其实是由市场交易双方共同承担的，但到底是卖方承担的多一些，还是买方承担的多一些，取决于需求和供给的相对弹性。

如图 2–17（a）所示，供给曲线 S 比较平坦，富有弹性；需求曲线 D 比较陡峭，缺乏弹性。没有税收的时候，均衡点 E 决定了均衡价格为 OC；政府对交易征税后，卖方所得的金额由 OC 下降到 OB，买方支付的金额由 OC 上升到 OA，政府得到矩形 $ABHF$ 面积代表的税收，买方承担矩形 $ACGF$ 面积代表的税收，卖方承担矩形 $CBHG$ 面积代表的税收。

显然，买方税收承担额超过卖方。

如图 2–17（b）所示，供给曲线 *S* 比较陡峭，缺乏弹性；需求曲线 *D* 相对比较平坦，富有弹性。没有税收的时候，均衡点 *E* 决定了均衡价格为 *OC*；政府对交易征税后，卖方所得的金额由 *OC* 下降到 *OB*，买方支付的金额由 *OC* 上升到 *OA*，政府得到矩形 *ABHF* 面积代表的税收，买方承担矩形 *ACGF* 面积代表的税收，卖方承担矩形 *CBHG* 面积代表的税收。显然，卖方税收承担额超过买方。

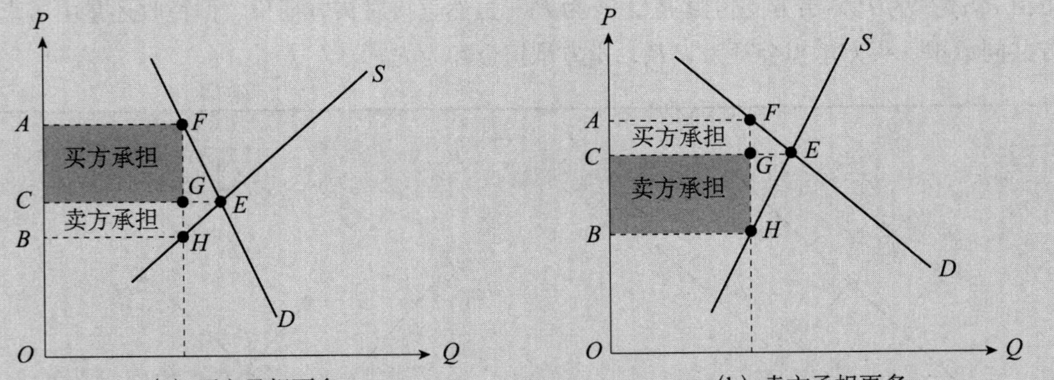

(a) 买方承担更多　　(b) 卖方承担更多

图 2–17　谁承担更多

通过以上分析可知，买卖双方的税收承担额不同，缺乏弹性的一方承担更多的税收。这是因为，如果需求缺乏弹性而供给富有弹性，政府加税导致交易减少时，意味着买方对该商品或服务难以找到合适的替代品或者因具有某种偏好导致黏性增强，卖方却可以轻松地“掉头而去”，买方为了买到该商品或服务就宁愿多付出一些代价，因此会承担更多的税收份额；如果需求富有弹性而供给缺乏弹性，意味着买方可以轻松找到替代品，卖方或者由于高沉没成本或者由于技术锁定等导致退出困难，不得不绑定在该商品或服务上，政府加税的时候，卖方就不敢加价太多，只能“打碎牙齿往自己肚子里吞”，选择自己承担更多的税收份额。

总而言之，税收由缺乏弹性从而选择机会少的一方承担更多份额。

应用分析

地球离开谁都照样转

我们经常在影视剧里听到一句话：地球离开谁都照样转！这句话传递了什么信息呢？其实，这句话一般都是用在“互怼”的场合，表达一种“你有什么了不起？（反问语气）离开你地球照样转，我的生活依旧非常好”的感受。听到这句话的主角是什么感受呢？一般是“非常愤慨，但又无能为力”。为什么会有无能为力感呢？因为地球确实离开谁都照样转，但这不是关键，关键是对方离开后确实仍然会生活得非常好。这时，主角往往会大喊一声："你会后悔的！"然后挥一挥衣袖转身潇洒离去，一边走一边在心底发誓："我会让你后悔的！"之后，主角发奋图强，华丽转身。最后又遇到当年怼他的人，而且对方往往穷困潦倒、颇不如意，在主角"地球离开我照样转，但你离开我就转得不好了"的眼神中，悔恨地越走越远……

这是影视剧中经常出现的桥段，生活中其实也不乏类似的体验。不管是在工作中，还是在生活中，如果我们是不可或缺的，则对方对我们的需求非常缺乏弹性，我们就掌握了主动权；如果我们是可以被轻易替代的，则对方对我们的需求非常富有弹性，而我们对对方的需求却非常缺乏弹性，那我们会受制于人，生活或工作在不如意的环境中，闷闷不乐。

刚开始工作的时候，作为职场新人，对公司来说我们是非常容易被替代的，公司对我们的需求富有弹性。找到一份自己中意的工作不容易，既然我们选择了这份工作，很可能是因为这是我们比较喜欢的工作，所以我们对公司的需求缺乏弹性。这就要求我们在刚开始工作的时候不要计较太多，而是要努力工作，提升自己的知识和技能。当我们业务越来越娴熟，技能越来越高超，甚至可以独当一面，在公司某个领域成为不可或缺的人的时候，公司对我们的需求就会变得非常缺乏弹性，甚至离不开我们，我们成为公司不可或缺的人，就可以提高自己的身价了。

党的二十大报告指出："教育、科技、人才是全面建设社会主义现代化国家的基础性、战略性支撑。必须坚持科技是第一生产力、人才是第一资源、创新是第一动力，深入实施科教兴国战略、人才强国战略、创新驱动发展战略，开辟发展新领域新赛道，不断塑造发展新动能新优势。"从逻辑上看，科技发展的关键在人才，如何提高人才质量？只有通过现代化教育。我们只有通过接受现代化教育，努力学习，刻苦钻研，知识、经验与技能日益增长，才能提高自己的劳动质量，在社会主义现代化建设中大展宏图！

问题：如何才能让别人更加依赖自己而不是相反？

本章小结

1. 需求是指消费者在某一特定时期内，在每一价格水平上愿意并且能够购买的商品数量。需求规律说明，其他条件相同的情况下，需求量和价格之间是一种负相关关系，在图形中它是一条向右下方倾斜的曲线。影响需求的因素发生变化时，会导致需求曲线的移动。需求曲线向右移动表示需求的增加；需求曲线向左移动表示需求的减少。需求的变化表示整个需求水平的变化，而需求量的变化表示在影响需求的其他因素不变的条件下，只有商品价格变化时导致的需求数量的变化。

2. 供给是指生产者在某一特定时期内，在每一价格水平上愿意并且能够提供的商品数量。供给规律说明，其他条件相同的情况下，供给量和价格之间是一种正相关关系，在图形中它是一条向右上方倾斜的曲线。影响供给的因素发生变化时，会导致供给曲线的移动。供给曲线向右移动表示供给的增加；供给曲线向左移动表示供给的减少。供给的变化表示每一价格水平上的供给量都发生了变化；而供给量的变化表示在影响供给的其他因素不变的条件下，只有商品价格变化时导致的供给数量的变化。

3. 需求曲线和供给曲线的交点决定了均衡价格和均衡数量。

4. 需求和供给的变化都会影响均衡价格和均衡数量：需求增加引起均衡价格和均衡数量的提高；需求减少引起均衡价格和均衡数量的降低。供给增加引起均衡价格的下降和均衡数量的增加；供给减少引起均衡价格的上升和均衡数量的减少。

5. 支持价格是政府为帮助生产者而设定的最低价格，它高于市场均衡价格，会导致产品过剩；最高限价是政府为帮助消费者而设定的最高价格，它低于市场均衡价格，会导致产品短缺。

6. 需求价格弹性表示需求量变化对价格变化的反应程度。如果需求量的变化对价格变化反应敏感，需求就是富有弹性的；反之，需求就是缺乏弹性的。“薄利多销”指的是需求富有弹性的商品，价格下降时，总收益增加；“谷贱伤农”指的是需求缺乏弹性的商品，价格下降时，总收益减少。

7. 需求收入弹性表示需求量变化对收入变化的反应程度。正常品的需求收入弹性大于零，其需求量随收入的增加而增加；劣等品的需求收入弹性小于零，其需求量随收入的增加而减少。

8. 需求交叉弹性是指一种商品 X 需求量的变化对另一种商品 Y 价格变化的反应程度。如果两种商品的需求交叉弹性系数为正，它们互为替代品；如果两种商品的需求交叉弹性系数为负，它们互为互补品。

9. 供给价格弹性是指供给量变化对价格变化的反应程度。市场周期短、容易生产、边际成本递增慢的商品供给弹性比较大；市场周期长、不容易生产、边际成本递增快的商品供给弹性比较小。

10. 政府的税收由交易双方共同承担。缺乏弹性的一方承担税收比例较大，富有弹性的一方承担税收比例较小。

能力训练

一、单项选择题

1. 燃油汽车的价格下降，对电动汽车的需求有什么影响？（　　）

A. 需求增加　　B. 需求减少　　C. 需求不变　　D. 不确定

2. 当需求减少，供给减少时，均衡价格和均衡数量会如何变化？（　　）

A. 均衡价格增加，均衡数量不确定

B. 均衡价格下降，均衡数量不确定

C. 均衡价格不确定，均衡数量增加

D. 成本均衡价格不确定，均衡数量减少

3. 下列关于政府的支持价格和限制价格的说法正确的是（ ）。

A. 支持价格通常高于均衡价格，限制价格通常低于均衡价格

B. 支持价格通常高于均衡价格，限制价格通常高于均衡价格

C. 支持价格通常低于均衡价格，限制价格通常高于均衡价格

D. 支持价格通常低于均衡价格，限制价格通常低于均衡价格

4. 下列商品中，不适合采用“薄利多销”的策略，通过降价来增加收益的商品是（ ）。

A. 大米　　B. 汽车　　C. 旅游服务　　D. 时装

5. 政府对商品和服务征税，税收是由（ ）承担的。

A. 买方　　B. 卖方　　C. 买卖双方　　D. 不确定

二、思考分析题

1. 解释需求规律。为什么需求曲线向右下方倾斜？

2. 影响需求的因素有哪些？举例说明某些因素发生变化对需求曲线有什么影响。需求的变化和需求量的变化有什么不同？

3. 以下各项对电动汽车的需求有什么影响？

（1）电动汽车变得更加时髦。

（2）电费变得更昂贵。

（3）燃油汽车的价格下降。

（4）人们收入上升，且电动汽车属于奢侈品。

（5）充电桩建设得越来越多。

4. 解释供给规律。为什么供给曲线向右上方倾斜？

5. 影响供给的因素有哪些？举例说明某些因素发生变化对供给曲线有什么影响。供给的变化和供给量的变化有什么不同？

6. 以下各项对电动汽车的供给有什么影响？

（1）汽车行业工资上涨。

（2）电池技术取得突破。

（3）燃油汽车的价格下降。

（4）政府推出对电动汽车的补贴政策。

（5）电动汽车的生产厂家增多。

7. 对于股票市场的每一只股票而言，每天卖出的股票数量等于每天所购买的股票数量。也就是说，每家企业的股票需求量都等于供给量。如果这种等量关系持续存在，为什么股票价格还会不断变化呢？

8. 试用供求曲线分析“吃苹果有利于健康”的信息对苹果市场产生的影响。

9. 利用需求价格弹性的概念，判断以下商品是富有弹性还是缺乏弹性：水、瓶装水、牙膏、两面针牙膏、钻戒、手机。

10. 以下情况下，价格的下列变化会使总收益增加、减少还是不变？

（1）价格下降且需求是缺乏弹性的。

（2）价格下降且需求是富有弹性的。

（3）价格上涨且需求是缺乏弹性的。

（4）价格上涨且供给是富有弹性的。

（5）价格上涨且供给是缺乏弹性的。

11. 2018 年 9 月 30 日，赵无极平生创作尺幅最大的油画三联作《1985 年 6 月至 10 月》（280cm × 1 000cm）在香港苏富比 2018 年秋拍“现代及当代艺术晚间拍卖”专场上，以 4.5 亿港元落槌，计入佣金后，成交价为 5.1 亿港元。这幅画的供给价格弹性如何？有人曾经提出这样一个疑问：就算一张画能够被完美复制，以至于可以蒙蔽某些专家的眼睛，为什么原画还是那么昂贵？请给出解释。

12. 电影、牙医服务和服装的需求收入弹性系数分别为 +3.4、+1、+0.5，分别表示什么意思？需求收入弹性系数为负表示什么意思？

13. 假设商品 X 和商品 Y 的需求交叉弹性系数为 –2.7，那么 X 和 Y 之间是什么关系？如果它们的需求交叉弹性系数为 +3.8，X 和 Y 之间又是什么关系呢？

第三章　消费及其效用

◆ 知识目标

1. 掌握效用和边际效用的概念
2. 熟悉并理解边际效用递减规律
3. 掌握无差异曲线的概念与性质
4. 掌握预算线的概念与性质
5. 掌握边际替代率的概念与性质
6. 理解消费者偏好
7. 理解无差异曲线分析法

◆ 能力目标

1. 能够运用边际效用递减规律解释生活中的现象
2. 能够运用等边际原则分析消费者决策
3. 能够运用无差异曲线解释消费者偏好
4. 能够运用无差异曲线与预算线解释消费者选择

◆ 素养目标

1. 培养消费意识，形成合理的消费观念
2. 能够从经济学视角分析消费问题

【先贤哲言】

若乃人尽其才，悉用其力，以少胜众者，自古及今未尝闻也。

——《淮南子·兵略训》

我们知道，市场机制的核心是价格机制，价格影响资源的配置。价格是由需求和供给共同决定的。需求由消费者的消费形成，供给由生产者的生产形成。消费者是如何消费的呢？作为消费者，我们的收入是有限的，而欲望是无穷的，如何用有限的收入最大限度满足欲望，从而达到效用最大化，是每个人都感兴趣的。那么，什么是欲望？效用又是什么呢？如何才能达到效用最大化？让我们来一一了解。

第一节 效用是什么

一、欲望

欲望（Desire）即需求，是由人的本性产生的想达到某种目的的要求，是人从心理到身体的一种渴望、满足。欲望无善恶之分，关键在于如何控制。简单来说，欲望是指缺乏的感觉与求得满足的愿望，只有缺乏的感觉而没有想要的愿望不会形成欲望；没有缺乏的感觉更不会形成欲望。不足之感与求足之欲缺一不可。欲望具有无限性和层次性两个特点。

知识拓展：不知足歌

（一）欲望的无限性

人们的欲望永远不可能完全满足，一种欲望满足之后又会产生新的欲望，即成语所说的“欲壑难填”。需要强调的是，欲望的无限性指的是欲望总体不能得到完全满足，而不是指每一种欲望都永远得不到满足。

（二）欲望的层次性

尽管从总体上来说，人类的欲望是无限的，但不同的欲望又有轻重缓急之分，可以划分为不同的层次。较低层次的欲望得到满足或基本满足之后，才会产生较高层次的欲望。美国著名心理学家亚伯拉罕·马斯洛（Abraham Maslow）在《动机与人格》一书中把人的欲望即需求划分为五个层次：

1. 生理需求

生理需求即人类对衣、食、住、行等基本生存条件的需求。这是人类首先要满足的基本欲望。生理需求得到满足之后，人会产生安全需求。

2. 安全需求

安全需求即保护自己免受身体和情感伤害，同时能保证生理需求得到持续满足的需求。例如：人们都希望老有所养，住有所居，病有所医；可以正正常常上班，平平稳稳生活，安安静静学习。

3. 社交需求

社交需求即对爱情、归属、接纳、友谊的需求。人们都希望能够被社会接纳，拥有三五知己，开心时有人分享，痛苦时有人分担，生活幸福，心有所属。

4. 尊重需求

尊重需求包括内部尊重需求和外部尊重需求。内部尊重包括自尊、自主和成就感等；外部尊重包括地位、认可和关注等。积极、主动、努力才能有所成就，从而获得自尊；提高自身实力是获得外部尊重的基础；想要获得别人的尊重首先就要尊重别人。

5. 自我实现需求

自我实现需求即成长与发展、发挥自身潜能、实现理想的需求。这是一种要成为自己能够成为的人的内驱力（追求个人能力极限的内驱力）。

生理和安全需求属于低层次的需求，可以依靠外部提供而得到满足。社交、尊重和自我实现需求属于高层次的需求，靠外部满足不了，需要自己努力去获得满足。

欲望虽然具有无限性和层次性，却是可以有不同的满足程度的，而欲望的满足程度就是效用。

二、效用

效用（Utility）是指消费者通过消费商品所感受到的满足程度。一种商品对消费者是否具有效用，取决于消费者是否有消费该商品的欲望，以及该商品是否具有给消费者带来满足的能力。效用是一种主观的心理感受，在消费活动中，人们感受到的满足程度越高，效用就越大；人们感受到的满足程度越低，效用就越小。

（一）效用的主观性

效用是人们对消费商品所感觉的欲望满足程度的一种主观评价，它会因人、因时、因地而有所不同。面对同样的事物，不同的人评价不同；面对同样的事物，同一个人在不同时间评价不同；面对同样的事物，同一个人在不同情境下评价也会不同。

应用分析

年龄不是问题，身高不是距离

有人说，在爱情面前，年龄不是问题，身高不是距离。巴西一对身高悬殊的情侣就为这句话添加了最好的注脚。

据英国媒体报道，巴西一名 2.03 米的女模特爱上了身高只有 1.63 米且比自己大 5 岁的建筑工男友。

这名 17 岁的少女叫席尔瓦，由于患有巨人症，她在 14 岁时已经长到 2.06 米。疯长的个头给她的身体带来不适，她的四肢和关节经常疼痛难忍。后来，她接受手术，摘除了脑下垂体上的一个肿瘤，身高也因此缩减了 0.03 米。即便如此，席尔瓦还是无法把自己塞进校车里，再加上同学们的取笑，她最终决定退学。

后来，她遇到了卡瓦略，卡瓦略身高只有 1.63 米，是一名建筑工人。两人虽然外形相差很大，职业也相差巨大，但由于能够彼此理解，因此很快坠入爱河。

很多人都充满困惑地询问席尔瓦为什么会爱上卡瓦略，对此她的解释是："真正吸引我的是卡瓦略的友好个性，以及他对我和其他人的方式……唯一影响我们的是，当我们手拉手出去逛街时，人们有时候会以为他是我的小弟弟甚至儿子。"

幸福是主观的心理感受，很多在外人看来匪夷所思的事情在当事人那里却有非得如此的理由。社会是多元的，价值观也是多元的。即使不符合自己的认知，也应学会理解不同、接受差异，只有这样人与人之间才能友好相处，共建和谐社会。

问题：你遇到过难以理解的事情吗？怎样才能更好地与他人有效相处？

（二）效用的实证性

效用是实证经济学的一个概念，不涉及伦理道德判断。只要是能满足人们某种欲望的物品就具有效用，而这种欲望本身是否符合社会道德规范不在效用评价范围之内。例如：香烟对于吸烟成瘾的人效用十足。

（三）效用可以为负

当我们消费某种商品或服务感到不适甚至痛苦时，效用就是负的。吃一种不喜欢吃的食品，做一件内心抗拒却又不得不做的事情，听一节不喜欢却又不得不听的课，应酬一个不喜欢却又不得不应酬的人，都会带来负效用。

三、如何评价效用

效用是消费者感觉到的满足程度，那么，怎么确定这种满足程度是大是小呢？例如：烈日炎炎的酷暑，去游泳馆游个泳感觉非常有效用；白雪皑皑的严冬，那些冬泳的人也会十分满足。夏泳和冬泳哪个效用大呢？这就涉及对效用的评价。针对这一问题，经济学家们议论纷纷，莫衷一是。一般而言，可分为两种观点，即基数效用论和序数效用论。

基数和序数的概念来自数学。基数是指 1、2、3……不仅可以计量，而且可以加总求和，例如：3 加 5 等于 8，10 是 5 的 2 倍。序数是指第一、第二、第三……只表示顺序和等级，不能计量，更不能加总求和。经济学借用数学的概念来对效用进行描述。

（一）基数效用论

19 世纪至 20 世纪初期，经济学家们普遍认为，效用和长度、质量等概念类似，可以用基数来表示，不仅可以计量，而且可以加总，这就是基数效用论（Cardinal Utility Theory）。

基数效用论认为，具体的效用量之间的比较不仅是可能的，而且是有意义的，表示效用大小的计量单位是“效用单位”。例如：早餐喝了一杯牛奶获得10个效用单位，吃了一个煎蛋获得5个效用单位，则早餐一共获得了15个效用单位。通过这样的计算和加总，我们可以对不同的消费行为进行比较，从中选择能够提供更多效用单位的商品和服务进行消费。但是基数效用理论是有缺陷的，其一是效用单位难以找到一个客观标准来衡量，其二是效用作为一种心理现象，事实上是无法比较的。基数效用论用边际效用分析法来分析消费者行为。

（二）序数效用论

到了20世纪30年代，随着对经济学的研究进一步深入，经济学家们对效用的认识也在发生变化。这时的主流观点是，效用是主观的心理感受，类似于香、臭、美、丑等概念，效用的大小无法计量，更不能加总求和。消费者在市场上寻求的并不是权衡效用的大小，而是在不同的商品间进行比较排序，因此，可以用顺序或等级的形式对不同消费行为的效用大小进行比较，这就是序数效用论（Ordinal Utility Theory）。

序数效用论弥补了基数效用论的缺陷，用效用可以排列顺序的方法来解决效用评价的问题。例如：路人甲周末的时候看了一场足球赛，听了一场音乐会，他从这两种消费行为中得到的效用大小是无法计量的，也无法加总求和，但他可以比较从两种消费行为中所得到的效用。如果对他来说音乐会没有达到预期，足球赛却精彩纷呈，很显然，他认为看足球赛所带来的效用大于听音乐会所带来的效用，那么，看足球赛的效用是第一，听音乐会的效用则是第二。

序数效用论只讲效用的大小和顺序，不追究效用的具体数量，更加符合生活实际。序数效用论使用无差异曲线分析法来分析消费者行为。

第二节　边际效用分析法

基数效用论认为效用可以计量，而且可以加总，通过分析可以比较不同消费者行为所获效用的大小，从而对消费进行优劣鉴定，做出更优的消费选择。那么，如何对消费者行为进行分析呢？边际效用分析法应运而生。最先提出边际效用理论的是德国经济学家赫尔曼·海因里希·戈森（Hermann Heinrich Gossen），他被认为是边际学派的先驱。边际学派的代表人物还有英国的威廉·斯坦利·杰文斯（William Stanley Jevons）、法国的里昂·瓦尔拉斯（Léon Walras）、奥地利的卡尔·门格尔（Carl Menger）等。

一、边际效用递减规律

总效用（Total Utility，TU）是指消费者在一定时期内消费一定数量的商品或服务所获得的总的满足程度。例如：午餐吃了两个馒头和三份可口菜品之后，心满意足，所获得的总的满足程度就是总效用。

边际效用（Marginal Utility，MU）是指消费者在一定时期内增加一单位商品或服务的消费所增加的满足程度。其公式为：

$$MU = \Delta TU / \Delta Q$$

式中，ΔTU 表示总效用的增量；ΔQ 表示增加的商品消费数量。

从公式来看，边际效用是多消费一单位商品所增加的效用。通过表 3–1 可以进一步理解它们的关系。

表 3–1　某商品的效用　（货币的边际效用 $\lambda=2$）

商品消费量	总效用	边际效用	价格
0	0	—	—
1	8	8	4
2	14	6	3
3	18	4	2
4	20	2	1
5	20	0	0
6	18	–2	—

由表 3–1 可见，当商品的消费量由 0 增加到 1 时，总效用由 0 增加到 8，边际效用为 8（=8–0）；当商品消费量由 1 变为 2 时，总效用由 8 增加到 14，边际效用由 8 降为 6（=14–8）……以此类推，当商品消费量增加到 5 时，总效用达到最大，边际效用已经递减为 0（=20–20）。这时，消费者从该商品的消费中获得了最大的效用。如果继续增加商品的消费，由于消费者需求已经完全得到满足，继续消费商品反而变成了负担，因此第 6 单位的商品的边际效用减少到 –2，相应地，总效用由 20 减少到 18。

总效用和边际效用的关系也可以用图形来表示。根据表 3–1 的数据可绘制出图 3–1。在图 3–1 中，纵轴表示效用量，横轴表示消费的商品数量 Q，TU 曲线为总效用曲线，MU 曲线为边际效用曲线。

在图 3–1（a）中，TU 曲线以递减的速率先上升再下降。在图 3–1（b）中，MU 曲线向右下方倾斜，表示消费者在消费第一单位商品时的边际效用最大，随着不断增加的商品消费，每一单位商品带来的满足程度（即边际效用）不断递减，最后甚至出现负值。当 MU 大于零时，总效用递增，但递增的速率越来越慢；当 MU 等于零时，TU 达到最大值；当 MU 小于零时，总效用递减。从数学的意义上来说，MU 的值为 TU 曲线上点的切线的斜率，或者说，MU 是 TU 函数的一阶导数。因此，$MU>0$，TU 递增；$MU<0$，TU 递减；$MU=0$，TU 达到最大值。

从表 3–1 和图 3–1 都可以看出，随着消费者消费商品数量的增加，边际效用是不断递

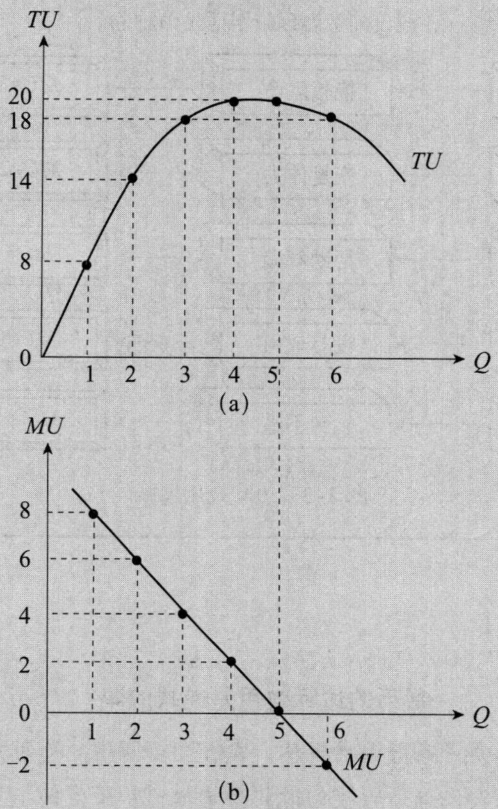

图 3–1　效用曲线

减的，这就是边际效用递减规律，即在一定时期内，在其他条件不变的条件下，随着消费者对某种商品或服务消费数量的增加，每增加一单位商品或服务的消费数量而增加的总效用（即边际效用）是递减的。边际效用递减规律是一条普遍性规律，其产生的理由有二：

第一，生理和心理的反应强度递减。当连续不断地消费同一物品时，面对重复不断的刺激，人们在生理和心理上对刺激的反应递减。

第二，商品消费中要事优先。在商品具有多种用途时，人们总是将第一单位的商品用在最重要的用途上；将第二单位的商品用在次重要的用途上；将第三单位的商品用在第三重要的用途上……以此类推。随着商品数量的增多，人们会将它们用到越来越不重要的用途上，因此，其边际效用会越来越小。

例如：图 3–2 中的消费者因为缺水而生命垂危，第一杯水是挽救生命的，边际效用非常大，假设为 30；第二杯水用来恢复体力，效用下降为 20；第三杯水帮助解渴，效用继续下降为 10；第四杯水没有效用，边际效用为 0；第五杯水让人感到不适，效用就变为 –10。因此，当物品的用途越来越不重要时，其边际效用就越来越小。

微课：边际效用递减规律

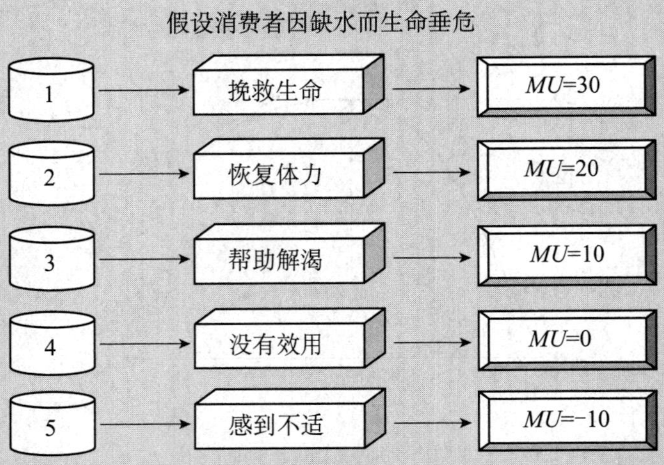

图 3-2　边际效用递减

应用分析

货币的边际效用是递减的吗？

边际效用递减规律是一条普遍性规律，在社会生活中处处可见。还记得你第一次离开父母去求学的时候吗？刚到新学校的时候感觉如何？陌生的地点、陌生的人们、陌生的环境，感觉不会太好。但随着时间的流逝，周围的一切变得不再那么陌生，你会逐渐适应。那么，与生活关系最密切的货币呢？它的边际效用也是递减的吗？

如果说货币的边际效用也是递减的，钱越多效用越低，你可能觉得很诧异，难道钱越多越不快乐？

货币的边际效用递减的意思是，当货币越来越多的时候，再拥有等量的一单位货币带来的效用在递减。例如：100 元钱，在你求学期间可能是一场约会的支出，也可能是几天的生活费，其效用还是不错的；但当你工作之后，一个月能挣 1 万元的时候，100 元钱的效用就远远小于求学期间了。因此，货币的边际效用也是递减的。只不过因为单位货币（即 1 元钱）的边际效用实在很小，所以递减的量更小。因此，经济学假设货币的边际效用不变。

问题：

（1）当“不及格”成为一种习惯，“不及格”是不是也会边际效用递减，导致学生越来越不在乎？

（2）个人所得税是累进税制，即收入越高税率越高，简单地说，就是从收入高的人那里把钱拿出来重新分配给收入低的人，社会的总收入并没有变化，政府这样做的道理何在？

二、消费者均衡

消费者的收入是有限的，需求却是多种多样的，例如：可以选择购买美食以满足口腹之欲，也可以选择购买衣服来展示青春靓丽，还可以选择去旅游欣赏祖国大好河山。但在收入有限的条件下，能够满足的需求也是有限的，这时候就要有所取舍。消费者如何把有限的收入分配在各种商品和服务的购买中去，以获得最大的效用，就是消费者均衡研究的内容。

（一）等边际原则

基数效用论认为，消费者效用最大化的均衡条件是：如果消费者收入水平既定，市场上各种商品和服务的价格也不变，当消费者使自己购买的各种商品和服务的边际效用与价格之比相等时，即达到效用最大化。换句话说就是，消费者使自己花费在每种用途上的最后 1 元钱的边际效用相等，即为等边际原则。用公式来表示就是：

$$MU_1/P_1 = MU_2/P_2 = \cdots = MU_n/P_n = \lambda$$

式中，MU_1，MU_2，…，MU_n 分别表示第一，第二，…，第 n 种商品的边际效用；P_1，P_2，…，P_n 分别表示第一，第二，…，第 n 种商品的价格；λ 表示货币的边际效用。

为简便分析，假设消费者只购买两种商品，即商品 1 和商品 2，其边际效用分别为 MU_1 和 MU_2，价格分别为 P_1 和 P_2。消费者要想实现效用最大化，就必须满足下列等式：

$$MU_1/P_1 = MU_2/P_2 = \lambda$$

这就是等边际原则，即消费者获得最大效用的最佳消费组合是使两种商品的边际效用与其价格之比相等，且等于货币的边际效用。或者说，购买每种商品的最后 1 元钱给消费者带来的边际效用是相等的。

那么，为什么只有商品购买组合满足了该等式时才能获得最大的效用呢？

如果 $MU_1/P_1 \neq MU_2/P_2$，则无非有两种情况：$MU_1/P_1 < MU_2/P_2$ 或 $MU_1/P_1 > MU_2/P_2$。假设 $MU_1/P_1 < MU_2/P_2$，则说明消费者花费 1 元钱在商品 1 上所得到的边际效用小于把同样的 1 元钱花费在商品 2 上，聪明的消费者自然就会想到，如果减少购买 1 元钱的商品 1，用省下来的这 1 元钱去购买商品 2，总效用就会增加。因此，消费者就会不断调整购买的两种商品的数量：减少商品 1 的购买，增加商品 2 的购买。只要 $MU_1/P_1 < MU_2/P_2$，这种调整就不会停止。但是，随着消费者不断减购商品 1，拥有的商品 1 的数量不断减少，商品 1 的边际效用 MU_1 就会不断提高；随着消费者不断增购商品 2，拥有的商品 2 的数量不断增加，商品 2 的边际效用 MU_2 就会不断降低。由于 P_1 和 P_2 不变，而 MU_1 在变大，MU_2 在变小，因此 MU_1/P_1 不断变大，MU_2/P_2 不断变小。当消费者将两种商品的数量调整到 $MU_1/P_1 = MU_2/P_2$ 的时候，就获得了减购商品 1、增购商品 2 的全部好处，这种调整将会停止，此时消费者获得了最大效用。

反过来，假设 $MU_1/P_1 > MU_2/P_2$，则说明消费者花费 1 元钱在商品 1 上所得到的边际效用大于把同样的 1 元钱花费在商品 2 上，聪明的消费者自然会进行与上面相反方向的调整，不断减少商品 2 的购买，同时不断增加商品 1 的购买，直到 $MU_1/P_1 = MU_2/P_2$，从而获得最大效用。

如果 $MU_1/P_1=MU_2/P_2>\lambda$，则对消费者来说，将 1 元钱用于购买商品 1 或商品 2 获得的边际效用大于保留 1 元钱的边际效用，这说明消费者购买的商品数量太少了，应该不断把钱花出去增购商品，因为这样做会使总效用增加。随着不断增购商品，MU_1 和 MU_2 在不断变小，直到 $MU_1/P_1=MU_2/P_2=\lambda$ 时获得最大效用。

同样的道理，如果 $MU_1/P_1=MU_2/P_2<\lambda$，则对消费者来说，将 1 元钱用于购买商品 1 或商品 2 获得的边际效用小于保留 1 元钱的边际效用，这说明消费者购买的商品数量太多了，应该不断减购商品，把钱留下来，因为这样做会使总效用增加。随着不断减购商品，MU_1 和 MU_2 在不断变大，直到 $MU_1/P_1=MU_2/P_2=\lambda$ 时获得最大效用。

（二）需求曲线的由来

需求规律告诉我们，在其他条件不变时，需求量与价格成反方向变化，价格越高，需求量越低；价格越低，需求量越高。据此，需求曲线是一条向右下方倾斜的曲线。现在，我们可以进一步理解需求曲线的由来。

基数效用论指出，消费者对商品愿意支付的最高价格取决于该商品的边际效用。如果一单位某种商品的边际效用越大，消费者为购买这一单位商品所愿意支付的最高价格就越高；反之，则越低。由于边际效用递减，第一单位的商品给消费者带来的边际效用最大，消费者愿意支付的最高价格也最高。随着消费商品数量的增加，一单位商品带来的边际效用越来越小，消费者愿意支付的最高价格也越来越低。因此，需求曲线向右下方倾斜。

在表 3–1 中，第一单位商品的边际效用是 8，一单位货币的边际效用是 2 且假设不变，所以，我们愿意为第一单位商品最多支付 4 元钱；第二单位商品的边际效用是 6，因此我们最多愿意支付 3 元钱；第三单位商品的边际效用是 4，因此我们最多愿意支付 2 元钱；第四单位商品的边际效用是 2，因此我们最多愿意支付 1 元钱；这时候，如果再购买该商品，其边际效用将小于 2，即小于 1 元钱的边际效用，理性的消费者会停止购买。将价格水平与对应的商品数量的组合描绘在图形上，就构成了一条需求曲线，如图 3–3 所示。

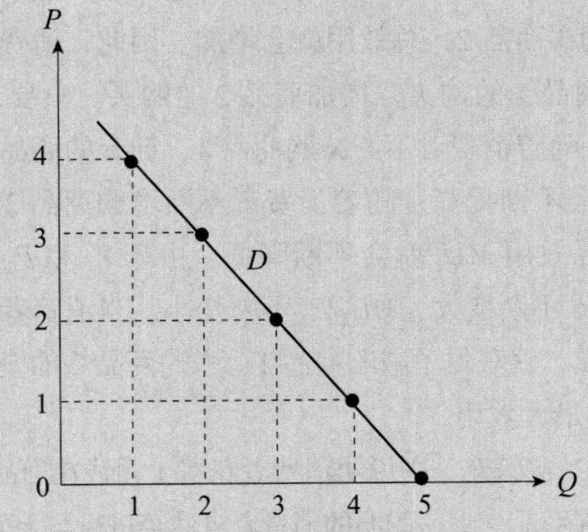

图 3–3　需求曲线

由此可见，需求曲线上的每一点都是一个既定价格水平和需求数量的组合，在某价格水平上，消费者之所以愿意购买某一数量，是因为该数量可以给消费者带来最大效用。因此，需求曲线上每一点都表示在既定价格水平下能够给消费者带来最大效用的数量。

应用分析

亚当·斯密的价值悖论

亚当·斯密（Adam Smith）在1776年出版的《国民财富的性质和原因的研究》一书中提出了著名的价值悖论：水的用途最大，但我们不能以水购买任何物品，也不会拿任何物品与水交换；反之，钻石虽几乎无任何使用价值可言，但须有大量其他货物才能与之交换。

水对生命如此不可或缺，为什么价格却很低？对于生命并非必不可少的钻石为什么却具有如此高的价格呢？这是因为水的供给曲线和需求曲线相交于很低的均衡价格，而钻石的供给曲线和需求曲线相交于很高的均衡价格，如图3–4所示。那么，为什么会这样呢？

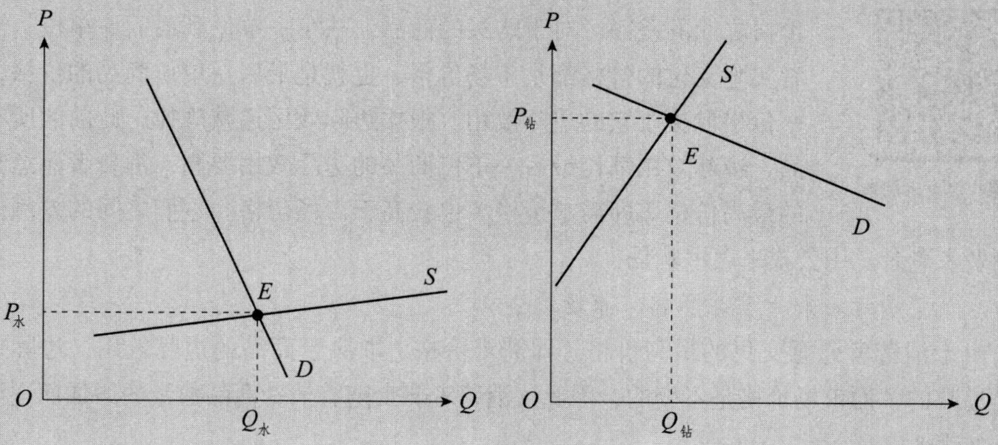

(a) 水的均衡价格　　(b) 钻石的均衡价格

图3–4　水和钻石的均衡价格

从需求角度看：人人都离不开水，水的需求缺乏弹性，需求曲线比较陡峭；而钻石只是锦上添花的东西，其需求富有弹性，需求曲线相对比较平坦。

从供给角度看：钻石是十分稀缺的，得到1单位钻石的成本很高，它的供给曲线位置很高，而且缺乏弹性，比较陡峭。而水的供给却非常容易，得到1单位水的成本很低，水的供给曲线位置很低，且富有弹性，比较平坦。

微课：亚当·斯密的价值悖论

因此，如图3–4（a）所示，位置很低而且比较平坦的水的供给曲线与陡峭的需求曲线相交于比较低的位置，均衡价格必然就低；如图 3–4（b）所示，位置很高而且陡峭的钻石的供给曲线与相对比较平坦的需求曲线相交于比较高的位置，均衡价格就很高。

总而言之，虽然人们对水的需求大于对钻石的需求，即水的效用很大，但商品的价格并不取决于总效用，而是取决于边际效用。即使第一杯水价值万金，但由于其数量如此之多，导致最后一杯水的边际效用很小，因此最终所有的水只能以很低的价格出售。

由此，我们得出结论：容易得到的物品，总效用大，但边际效用小，价格就低，如水；稀罕的物品，总效用小，但边际效用大，价格就高，如钻石。

问题：为什么普通员工的工资很一般，而 CEO 的工资那么高？即将进入劳动市场的你会如何提高自己的身价？

三、消费者剩余

微课：消费者剩余

消费者剩余（Consumer Surplus，CS）就是消费者在购买一定数量的商品时，愿意支付的最高价格（即需求价格）和实际支付的市场价格之间的差额。对于购买的商品，从第一单位到最后一单位，消费者实际支付的价格都是市场价格，也就是最后一单位商品的价格，这一价格取决于它的边际效用。根据边际效用递减规律，此前的所有商品，边际效用都比最后一单位商品的边际效用要高，消费者愿意支付的最高价格（即需求价格）也会高于市场价格。它们之间的差额形成了消费者剩余。用公式来表示就是：

消费者剩余 = 需求价格 – 市场价格

由于消费者愿意支付的最高价格（即需求价格）取决于商品的边际效用，边际效用又是递减的，而市场价格是不变的，因此，消费者剩余随着消费商品数量的增加而逐渐减少，如表 3–2 所示。

表 3–2　消费者剩余　（货币的边际效用 $\lambda=2$）

消费数量	边际效用	需求价格	市场价格	消费者剩余
1	10	5	1	4
2	8	4	1	3
3	6	3	1	2
4	4	2	1	1
5	2	1	1	0

以包子为例来理解表 3–2。假设包子的市场价格是 1 元 / 个，第一个包子的效用非常高，消费者最多愿意支付 5 元，也就是需求价格是 5 元，但实际只需要支付 1 元，消费者剩余是 4 元；第二个包子效用下降为 8，需求价格下降为 4 元，消费者剩余是 3 元……

以此类推，直到第 5 个包子，它对消费者来说已经没有什么效用了，消费者剩余为 0，效用达到了最大化，理性消费者将停止购买。此时，消费者一共购买了 5 个包子，实际支付 5 元。但消费者最多愿意为这 5 个包子支付 15（=5+4+3+2+1）元，消费者剩余为 10（=15–5）元。

因此，只要我们在消费中没有遇到坑蒙拐骗，就都可以获得消费者剩余。例如：对一件心仪的衣服，本来愿意出价 300 元，实际以 180 元的价格成交，感觉是不是很好？但要明白一件事情，那就是，其实消费者剩余只是一种主观的心理感受，我们的收入并没有因此增加。

在市场中，一笔交易得以完成之后，并不只有消费者获得剩余，得到好处，生产者也会从中受益，从而达到双赢的结果。因为如果只有一方获益，市场交易不可能长久。通过图 3–5 可以进一步详细说明这个道理。

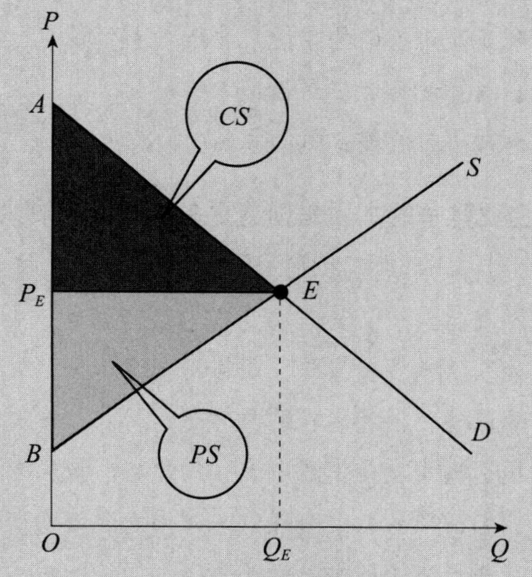

图 3–5　消费者剩余和生产者剩余

在图 3–5 中，需求曲线和供给曲线相交决定的均衡价格和均衡数量分别为 P_E 和 Q_E。消费者购买数量为 Q_E 的商品，最多愿意支付的价格总额是 $OAEQ_E$，但实际支付的价格总额是 OP_EEQ_E，消费者剩余是三角形 AP_EE 所表示的部分。同时，消费者支付就是生产者所得，生产者获得了 OP_EEQ_E 的总额。但实际上，生产者愿意接受的最低价格总额是 $OBEQ_E$，生产者也获得了三角形 BP_EE 表示的生产者剩余（Producer Surplus，PS）。

因此，一笔市场交易完成之后，不管是生产者还是消费者，也就是交易双方都从市场交易中得到了好处：消费者满足了自己的需求，而且获得了消费者剩余；生产者卖出产品实现了生产的连续性，而且获得了生产者剩余。

这给我们以启示，市场经济中的交易应该对双方有利。劳动市场上的雇主与雇员如此，雇主提供工资，雇员提供劳动；商品市场上的合同双方也是如此，互相为对方提供所需要的商品和服务；人与人之间的交往更是如此，互相提供便利。如果交易或交往中只有一方获益，则此类行为肯定不能持久，长此以往，这种交易或交往就会消失。

应用分析

为什么初恋让人难忘？

恋爱是美好的情感体验，初恋更是让人难忘。可是，为什么初恋让人刻骨铭心？或许我们可以从消费者剩余的角度来理解一二。

初恋的年纪一般不大，二十岁左右的青年男女，情窦初开，“有情饮水饱”的观念深入内心。另外，由于年龄小，没有收入或者收入比较低，物质并不富裕，因此要求也不高。

所以，初恋的效用很大，大到让人幸福感“爆棚”，即需求价格很高。同时，初恋时的实际物质付出很少，即实际支付的价格很低。因此，初恋的消费者剩余很高。

随着年龄的增长，到了谈婚论嫁的年龄，物质就不可或缺。需求价格在降低，实际支付价格在升高。因此，消费者剩余在降低。

问题：为什么生活必需品的消费者剩余很高？

企业竞争的本质是创造更多的消费者剩余

随着生产力的发展、技术水平的进步，物质越来越丰富，企业面临的市场由卖方时代进入买方时代，竞争越来越激烈。如何在竞争中取胜成为企业在市场中立足并存活下来的最重要的内容。谁能获得消费者青睐、赢得消费者忠诚，谁就能取得竞争优势。那么，应如何获得消费者青睐呢？消费者在购买时要进行收益和成本的比较，收益就是消费者从消费中获得的效用，成本就是消费者支付的价格。效用相同的商品，哪个支付的价格低就选哪个；价格相同的商品，哪个提供的效用大就选哪个。简而言之，就是哪种商品或服务提供的效用减去成本（即消费者剩余）大，这种商品或服务就会受到消费者青睐。因此，企业竞争的本质就是为消费者创造更多的消费者剩余。企业创造的消费者剩余越多，则生产的商品或服务性价比越高，自然会吸引消费者，进而在竞争中取胜。

大学生将来也要步入社会，加入劳动力供给者行列，为自己、为家庭、为未来拼搏一个美好前程，但有着太多的大学生毕业后在日复一日的枯燥烦琐的工作中耗尽了热情。然而，作为雇主的企业是一定需要员工的工作才能正常运转的，企业不是福利机构，任何员工为企业带来的利益要超过企业为其付出的成本，也就是员工要能够为企业创造剩余，才能被企业接纳。员工创造的剩余越多，贡献越大，从企业所获也越多，升职、加薪都是水到渠成。除了父母，没有任何单位和个人可以不要求任何回报地给我们提供所需。因此，工作中竞争的本质也是为企业创造更多的剩余，创造的剩余越多，自己也会获得越多。

问题：如何为社会创造更多剩余，从而实现自己的梦想？

第三节　无差异曲线分析法

序数效用论认为，效用不但不能计量，而且不能加总。但人们仍然能够通过比较优劣、区分等级，对不同的消费行为进行排序。由此，序数效用论用“偏好”代替基数效用论的“效用单位”，提出了无差异曲线的概念来分析消费者选择。

一、消费者偏好

“萝卜青菜，各有所爱”，不同的消费者有不同的喜好。消费者偏好（Consumer Preferences）是指消费者对某种商品的喜好程度。关于消费者偏好，有三个基本假设：

（一）偏好的完备性

偏好的完备性是指消费者具有相关知识，可以排列或者比较给定的商品组合的优劣。对于给定任意两种商品组合 A 和 B，消费者总是可以做出，而且也只能做出下列三种判断的一种：对 A 的偏好大于 B；对 A 的偏好小于 B；对 A 和 B 的偏好相同。即消费者对偏好的表达是完备的，总是可以准确地表达出自己对商品的偏好。

（二）偏好的可传递性

对于任意三个商品组合 A、B 和 C，如果消费者对 A 的偏好大于 B，对 B 的偏好大于 C，那么，其对 A 的偏好就大于 C。也就是说，消费者对商品的偏好是可传递的，从而保证了消费者偏好的一致性，使消费者选择保持理性。

（三）偏好的非饱和性

如果两个商品组合除了商品数量不同之外，所有的其他方面都相同，那么消费者就会更加偏爱数量较多的商品组合。也就是说，对于消费者而言，好的东西总是大比小好，多比少好。

关于消费者偏好的假设保证了消费者在进行选择的时候是理性的，从而确定了消费的目的就是追求效用最大化。

应用分析

朝三暮四

宋有狙公者，爱狙，养之成群，能解狙之意，狙亦得公之心。损其家口，充狙之欲。俄而匮焉，将限其食，恐众狙之不驯于己也。先诳之曰：“与若芧，朝三暮四，足乎？”众狙皆起而怒。俄而曰：“与若芧，朝四暮三，足乎？”众狙皆伏而喜。

这则故事告诉我们，朝三暮四和朝四暮三每天都是 7 个橡栗，从效用的角度来说是一样的，但猴子们的反应并不一样。朝三暮四后来用来比喻办事反复无常，经常变卦。现实中有很多人自己没有主见，经常人云亦云，容易受到别人的意见左右，其根本原因就在于不自信。自信来源于实力，没有实力的自信叫自大，而且也不是真正的自信。提高自身实力才是最重要的。

问题：如何才能做一个不朝三暮四的人？

二、无差异曲线

（一）什么是无差异曲线

有很多人喜欢中国女排，也有很多人喜欢中国男乒。现在有两种商品组合 A 和 B，组合 A 包括 2 张中国女排比赛的门票和 1 张中国男乒比赛的门票；组合 B 包括 1 张中国女排比赛的门票和 2 张中国男乒比赛的门票。如果对于一个消费者来说，选择 A 或选择 B 所带来的满足程度是一样的，也可以说，这两种选择对于该消费者来说是无差异的。如果门票数量可以无限细分，两种门票的组合就有很多种。表示给消费者带来相同效用水平或满足程度的两种商品所有组合的曲线就是无差异曲线（Indifference Curve）。可以用表 3–3 和图 3–6 进一步说明。

表 3–3　某消费者的无差异表

商品组合	A	B	C	D	E	F
商品 X	5	10	15	20	25	30
商品 Y	30	20	14	10	8	7

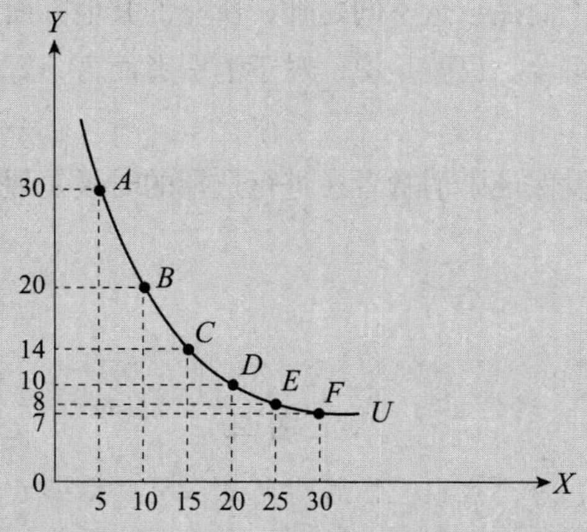

图 3–6　无差异曲线

在表 3-3 中，某消费者共有 6 种商品 X 和商品 Y 的组合，虽然每种商品组合表示的两种商品的数量都不一样多，但带给消费者的满足程度都是相同的，即无差异的。将这 6 种无差异的商品组合描绘在图形中，就得到无差异曲线。

在图 3-6 中，横轴表示商品 X 的数量，纵轴表示商品 Y 的数量，U 表示无差异曲线。将商品 X 和商品 Y 的 6 种组合描绘在坐标图上，得到 6 个表示商品组合的点，将这些点连接起来形成一条圆滑的曲线，就是无差异曲线。无差异曲线上的每一点代表的商品组合包含的两种商品的数量虽然都不相同，但带给消费者的效用水平都是一样的。

（二）无差异曲线的特征

（1）无差异曲线向右下方倾斜，斜率为负。这表示在消费者保持相同的效用水平的前提下，在两种商品的各种组合中，每增加一种商品的消费，就必须减少另一种商品的消费。例如：如果我们的标准是吃饱肚子，那么多吃馒头就要少吃菜，少吃馒头就要多吃菜。

（2）同一条无差异曲线上的各个点表示的商品组合，包含的两种商品的数量不一样多，表示不同的偏好、相同的效用。

（3）不同的无差异曲线表示不同的效用。离原点越远的效用越大；离原点越近的效用越小。如图 3-7 所示，U_0、U_1 和 U_2 为三条无差异曲线，则 $U_0 < U_1 < U_2$。我们可以从原点 O 作一条射线，与 3 条无差异曲线分别相交于点 A、B、C，A 点表示的商品组合包含的两种商品的数量 X_A 和 Y_A 最少，C 点表示的商品组合包含的两种商品的数量 X_C 和 Y_C 都最多，C 点所在无差异曲线 U_2 的效用最大，B 点所在无差异曲线 U_1 次之，A 点所在无差异曲线 U_0 最小。

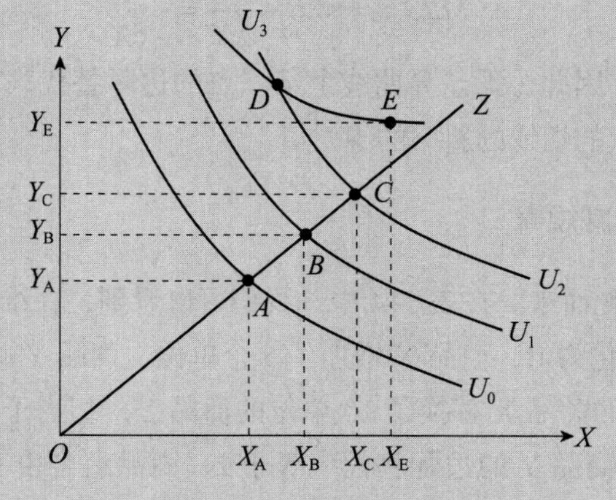

图 3-7　不同无差异曲线表示不同的效用

（4）在同一平面图上，任意两条无差异曲线不能相交。如图 3-7 所示，假设两条无差异曲线 U_2 和 U_3 相交，则交点 D 和 C 同在无差异曲线 U_2 上，D 点的效用 U_D 等于 C 点的

效用 U_C，同理，U_D 等于 U_E。根据偏好的可传递性原理，$U_E=U_C$。但观察 E 点和 C 点可知，E 点的商品组合包含的两种商品的数量都比 C 点的商品组合要多，根据偏好的非饱和性假设，E 点的效用大于 C 点的效用。这也就是说，该消费者认为 E 点和 C 点的效用无差异的同时，认为 E 点的效用大于 C 点的效用，明显违反了偏好的完备性假设。因此，两条无差异曲线不能相交。

（5）无差异曲线凸向原点。这是由边际替代率递减规律决定的。

三、商品的边际替代率

（一）边际替代率的含义

通过无差异曲线可以看出，在维持相同效用水平的条件下，消费者如果要增加购买一种商品的数量，必然要减少购买另外一种商品的数量，两种商品的数量之间存在替代关系。边际替代率（Marginal Rate of Substitution，MRS）就是在效用水平不变的前提下，消费者增加一单位的某种商品的消费数量时所需要放弃的另外一种商品的消费数量。商品 X 对商品 Y 的边际替代率公式为：

$$MRS_{XY}=-\frac{\Delta Y}{\Delta X}$$

式中，MRS_{XY} 表示商品 X 对商品 Y 的边际替代率；ΔX 和 ΔY 分别表示商品 X 和商品 Y 的数量变化。因为商品 X 与商品 Y 的数量变化关系是相反的，一个增加，另外一个必然减少，所以 ΔX 和 ΔY 的符号是相反的，为了使边际替代率的数值为正值，在公式前加了负号。

当商品数量的变化趋向无穷小时，商品 X 对商品 Y 的边际替代率公式为：

$$MRS_{XY}=\lim_{\Delta X\to 0}-\frac{\Delta Y}{\Delta X}=-\frac{\mathrm{d}Y}{\mathrm{d}X}$$

因此，无差异曲线上某一点的边际替代率其实就是无差异曲线在该点的切线的斜率的绝对值。

知识拓展：边际替代率与边际效用

（二）边际替代率递减规律

表 3–4 由表 3–3 转化而来。在表 3–4 中，我们可以看到，在维持消费者效用不变的前提下，商品组合由 A 转化为 B，商品 X 增加了 5 个单位，商品 Y 减少了 10 个单位，这就意味着，我们用 5 单位的商品 X 替换了 10 单位的商品 Y，相当于 1 单位商品 X 替换了 2 单位商品 Y，商品 X 对商品 Y 的边际替代率等于 2；商品组合由 B 转化为 C，商品 X 增加了 5 个单位，商品 Y 减少了 6 个单位，这就意味着，我们用 5 单位的商品 X 替换了 6 单位的商品 Y，商品 X 对商品 Y 的边际替代率等于 1.2；同理，商品组合由 C 转化为 D，边际替代率等于 0.8；商品组合由 D 转化为 E，边际替代率等于 0.4；商品组合由 E 转化为 F，边际替代率等于 0.2。

表 3-4　某消费者的边际替代率

组合转换	A→B	B→C	C→D	D→E	E→F
ΔY	-10	-6	-4	-2	-1
ΔX	5	5	5	5	5
$MRS_{XY}=-\Delta Y/\Delta X$	2	1.2	0.8	0.4	0.2

可以看出，在维持效用水平不变的条件下，随着消费者不断增加商品 X 的消费，同时不断减少商品 Y 的消费，增加一单位商品 X 所需要放弃的商品 Y 的数量在不断减少。这就是边际替代率递减规律。

为什么边际替代率会递减呢？其根本原因在于边际效用递减。在消费者维持效用不变的前提下，不断用一种商品替换另一种商品的时候，随着一种商品消费量的增加，其边际效用越来越小；随着另一种商品消费量的减少，其边际效用越来越大。为了保持总效用不变，两种商品的交换比例越来越小，也就是边际替代率递减。例如：一个消费者拥有苹果和香蕉两种水果，如果让他不断拿香蕉去交换苹果，随着苹果数量的增加，他想要获得苹果的愿望下降；而随着香蕉数量的减少，香蕉对其效用越来越大，他为了多获得一单位苹果所愿意放弃的香蕉的数量会越来越少。

应用分析

健康与金钱的替代关系

很多人年轻的时候为了金钱拼命努力工作，不惜牺牲健康。老了以后，钱有了，身体却亮起了红灯，这时候才发现钱并不是最重要的。尤其是在生病的时候，会突然发现原来健康比什么都重要，因此又不惜用金钱来换取健康。

边际替代率递减规律告诉我们，用一种商品替代另一种商品，在开始的时候效率是比较高的。但这种替代不是没有止境的，即当超出必要的合理阶段时，这种替代会越来越不划算。

当工作时间越来越长，金钱越来越多，休闲的时间越来越少，健康越来越差的时候，金钱带来的效用将会小于健康的效用。这时，不妨放慢脚步，重新审视二者的关系，挣钱是为了更好地生活，但生活不是为了更好地挣钱，千万不能本末倒置。

问题：你如何看待健康与金钱之间的关系？

四、边际替代率与无差异曲线

（一）无差异曲线凸向原点

当商品的变化趋向无穷小时，边际替代率实质上等于无差异曲线上的点的切线的斜率的绝对值。由于边际替代率递减规律，无差异曲线上的点的切线的斜率的绝对值越来越小，无差异曲线越来越与坐标轴平行，因此无差异曲线凸向原点。这是一般情况下无差异曲线的形状。

（二）完全替代品的无差异曲线

无差异曲线凸向原点的弯曲程度取决于两种商品相互可替代性的大小：若两种商品替代性大，则其边际替代率递减较为缓和，弯曲程度较小；若两种商品替代性小，则其边际替代率递减较为迅速，弯曲程度较大。如果两种商品可以完全相互替代，即两种商品之间的替代比例固定不变，则每增加一单位的一种商品所需要减少的另一种商品的数量不会发生变化，两种商品的边际替代率不变，是一个常数，无差异曲线就是一条斜率不变的直线。例如：对某消费者而言，一杯红茶和一杯绿茶之间是无差异的，两者总是可以以 1∶1 的比例相互替代，相应的无差异曲线如图 3–8（a）所示。

（三）完全互补品的无差异曲线

完全互补品即两种商品必须按照固定不变的比例同时被使用才能提供完整的效用。若两种商品为完全互补品，则无差异曲线成直角形状。例如：一副眼镜架必须和两片眼镜片相配合，才能组成一副完整的眼镜，相应的无差异曲线如图 3–8（b）所示。水平的无差异曲线表示，一副眼镜架与再多数量的眼镜片配合提供的效用和一副眼镜架与两片眼镜片配合提供的效用相同；垂直的无差异曲线表示，两片眼镜片与再多数量的眼镜架配合提供的效用和两片眼镜片与一副眼镜架配合提供的效用相同。这说明眼镜片与眼镜架完全不能代替，它们的边际替代率等于 0。

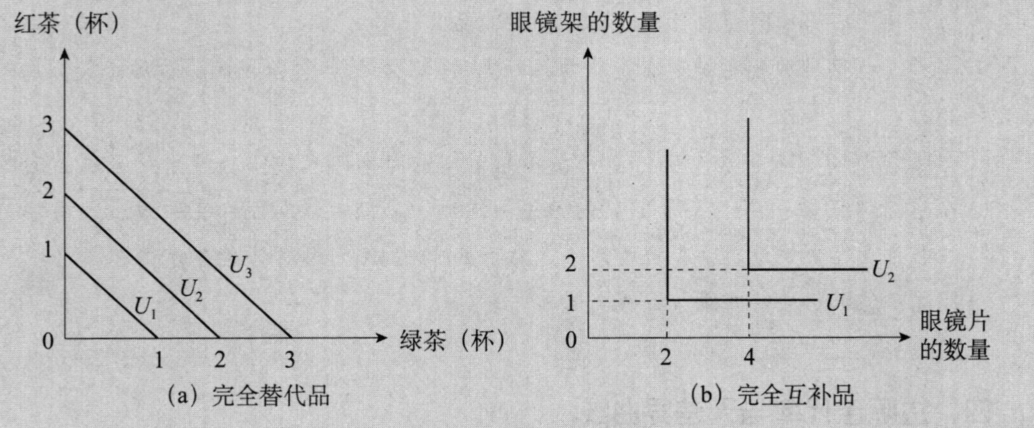

图 3–8　完全替代品和完全互补品的无差异曲线

五、消费者预算线

无差异曲线描述了消费者对不同商品组合的喜好程度，它仅仅表示了消费者的消费意愿。只有意愿并不能构成消费，还需要有收入。因此，消费者选择时考虑的另一个最重要因素是收入。消费者消费商品时受到实际可支配收入的限制，这种反映消费者收入约束的概念就是预算约束。

（一）预算线的概念

预算线（Budget Curve）又称消费可能线、预算约束线或价格线。它指的是在消费者收入和商品价格既定的条件下，消费者用全部收入所能购买到的两种商品的各种最大数量组合的轨迹。例如：假设某消费者收入为 20 元，他想消费 X 和 Y 两种商品，假定商品 X 的价格为 4 元，商品 Y 的价格为 5 元。全部收入 20 元都用来买商品 X 可得 5 单位，都用来买商品 Y 可得 4 单位。根据以上条件我们可以做出一条预算线 *AB*，如图 3–9 所示。

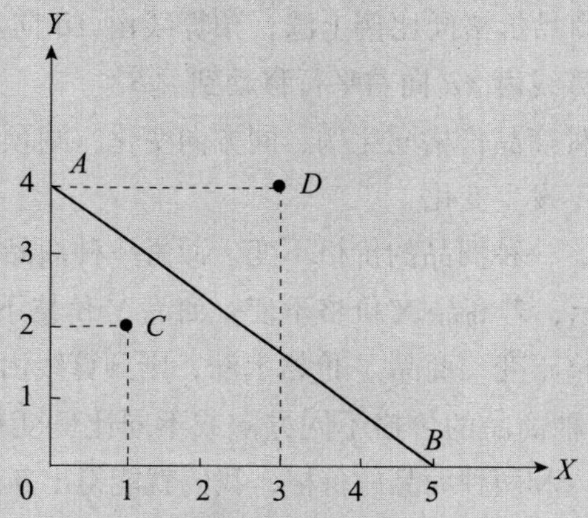

图 3–9　预算线

以 I 表示消费者的既定收入，P_X 和 P_Y 分别表示商品 X 和商品 Y 的价格，X 和 Y 表示商品 X 和商品 Y 的数量，则预算线的公式为：

$$P_X \times X + P_Y \times Y = I$$

也可以写为：

$$Y = -\frac{P_X}{P_Y} \times X + \frac{I}{P_Y}$$

式中，$-P_X/P_Y$ 表示预算线的斜率；I/P_Y 表示预算线在纵轴上的截距。

（二）预算线的特征

预算线向右下方倾斜，斜率为负，说明消费者在收入既定、商品价格既定的条件下，每增加一种商品的消费，就必须减少另外一种商品的消费。

预算线上每一点代表的商品组合都是消费者在收入和商品价格既定条件下的最大的购买组合。预算线上的任意一点代表的商品组合的所需支出是相等的；预算线内的任意一点（如点 *C*）代表的商品组合说明消费者收入尚未用完；预算线以外的任一点（如点 *D*）代表的商品组合说明消费者收入不足，不能实现该种商品组合的消费。

（三）预算线的移动

根据以上分析，如果给定消费者收入和两种商品的价格，就能求出预算线的斜率和在纵轴上的截距，相应的预算线的位置和形状就确定了。当消费者收入或两种商品的价格这三个因素中有一个发生变化的时候，预算线的位置或形状就会发生变化。这种变化可以总结为以下五种情况：

（1）两种商品价格不变，消费者收入变化，预算线平行移动。如图 3–10（a）所示，收入增加，预算线平行右移，即预算线由 AB 右移到 A_1B_1；收入减少，预算线平行左移，即预算线由 AB 左移到 A_2B_2。

（2）消费者收入不变，两种商品价格同比例、同方向变化，预算线平行移动。如图 3–10（a）所示，两种商品价格同比例上涨，预算线由 AB 向左平行移动到 A_2B_2；两种商品价格同比例下降，预算线由 AB 向右平行移动到 A_1B_1。

（3）消费者收入和两种商品价格同比例、同方向变化，则预算线的斜率和在纵轴上的截距都不变，因此预算线不发生变化。

（4）消费者收入不变，一种商品的价格不变，而另一种商品价格变化，预算线的斜率变化。如图 3–10（b）所示，若商品 X 价格不变，商品 Y 价格下降，则预算线由 AB 顺时针转到 AB_1；若商品 X 价格不变，商品 Y 价格上涨，则预算线由 AB 逆时针转到 AB_2。

（5）消费者收入和两种商品的价格不同方向或不同比例变化，预算线的变动比较复杂。但只要知道消费者收入和两种商品的价格，我们就能得出新的预算线。

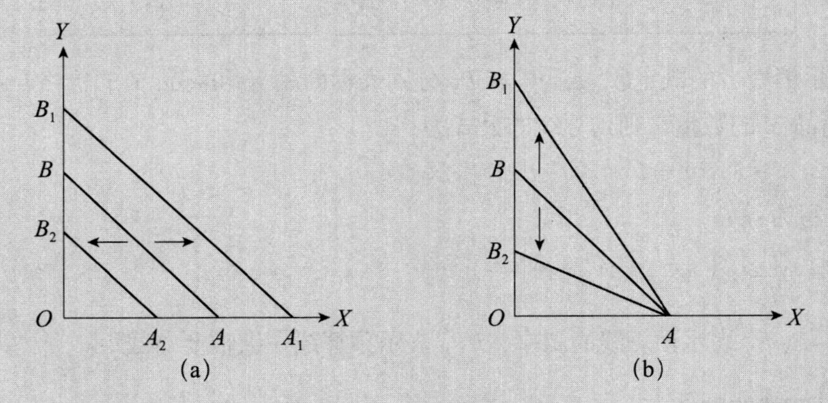

图 3–10　预算线的移动

六、消费者均衡

（一）均衡要求

由于无差异曲线上的每一点代表的商品组合给消费者带来的效用水平是一样的，但所有的商品组合包含的两种商品数量都是不一样的，价格也不一样，因此我们希望从无差异曲线上的无数商品组合中找到最实惠的商品组合。同时，预算线上每一点代表的商品组合价格是一样的，但由于商品数量的不同，带给消费者的效用水平是不一样的，因此我们希望从预算线上找到一个效用水平最高的商品组合。消费者的最佳选择是：收入既定的条件下，效用最大；效用既定的条件下，花费最少。我们把无差异曲线和预算线结合在一起，就能找到消费者的最佳选择方案。

1. 收入既定条件下，效用最大

如图 3–11（a）所示，预算线为 AB，表示收入水平既定。三条无差异曲线分别为 U_1、U_2 和 U_3，无差异曲线 U_3 表示的效用水平最高，但它和预算线 AB 没有交点，表示现有收入水平无法实现这么高的效用；无差异曲线 U_1 和预算线 AB 有两个交点 C 和 D，表示 C 和 D 代表的商品组合也就是 U_1 的效用水平是现有收入可以实现的。但 U_1 不是现有收入所能实现的最高效用。如果把无差异曲线 U_1 平行右移，就会有更高效用水平的无差异曲线与预算线 AB 相交。直到移动到 U_2，U_2 与预算线 AB 相切于点 E，如果继续右移，就与预算线 AB 没有了交点，所以 U_2 就是在现有收入条件下可以实现的最高效用水平，切点 E 就是在既定收入约束下能够获得最大效用的均衡点，相应的最优购买组合为（X_E，Y_E）。

2. 效用既定条件下，花费最少

如图 3–11（b）所示，无差异曲线为 U，表示效用水平既定。三条预算线分别为 AB、A_1B_1 和 A_2B_2。预算线 AB 表示的消费者收入与无差异曲线 U 没有交点，无法实现既定效用水平；预算线 A_2B_2 表示的消费者收入可以实现既定效用，但花费不是最少的；只有与无差异曲线 U 相切的预算线 A_1B_1，才能实现既定效用水平的最少花费。

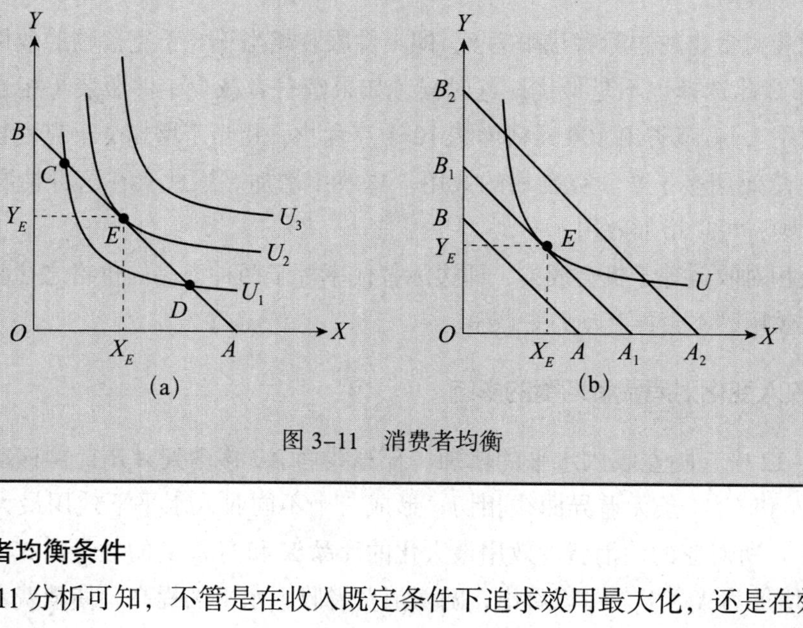

图 3–11　消费者均衡

3. 消费者均衡条件

由图 3–11 分析可知，不管是在收入既定条件下追求效用最大化，还是在效用既定条件下追求花费最少化，都是预算线与无差异曲线的切点 E 代表的商品组合满足了消费者最佳选择的要求。因为无差异曲线和预算线在 E 点相切，所以无差异曲线在该点的切线与预算线重合。无差异曲线在该点的切线的斜率就是边际替代率，预算线的斜率为两种商品的价格之比。因此，在均衡点 E 有：

$$MRS_{XY}=\frac{P_X}{P_Y}$$

这就是消费者效用最大化的均衡条件：在一定预算约束下，为了实现最大的效用，消费者应该选择最优的商品组合，使得两种商品的边际替代率等于两种商品的价格之比。或者说，在消费者的均衡点上，消费者愿意用一单位的某种商品去交换的另一种商品的数量（即 MRS_{XY}），应该等于消费者能够在市场上用一单位的这种商品去交换得到的另一种商品的数量（即 P_X/P_Y）。

那么，为什么只有当边际替代率等于两种商品的价格之比的时候，消费者才能获得最大限度的满足呢？

其实，边际替代率 $MRS_{XY}=-\frac{\Delta Y}{\Delta X}$ 反映了消费者的相对收益。假设 X 为服装，Y 为食物，则服装对食物的边际替代率是用食物的数量表示单位服装的收益。而相对价格 P_X/P_Y 反映了消费者的机会成本。假设 $P_X=100$ 元 / 件，$P_Y=10$ 元 / 千克，$P_X/P_Y=10$，则 1 件服装的机会成本是 10 千克食物，即获得 1 件服装的代价是失去 10 千克食物。

如果服装对食物的边际替代率为 12，则对于消费者来说，1 件服装的效用相当于 12 千克食物的效用，大于相对价格 10，那么此选择不是最优；如果消费者减少 10 千克食物，就可以节省 100 元钱用来购买 1 件服装，相当于增加了 12 千克食物的效用，支出没变，而总效用多了 2 千克食物的效用，总效用增加。因此，在这种情况下，减少食物，增加服装，可以增加效用。

如果服装对食物的边际替代率为 8，即 1 件服装相当于 8 千克食物的效用，小于相对价格 10，那么此选择也不是最优；这时候，如果消费者减少 1 件服装（相当于减少 8 千克食物的效用），就节省出 100 元钱增购 10 千克食物，相当于增加 2 千克食物的效用，支出没变，而总效用多了 2 千克食物的效用，总效用增加。因此，在这种情况下，减少服装，增加食物，可以增加效用。

只有当相对收益等于机会成本，即边际替代率等于两种商品的价格之比时，消费者才获得了最大效用，不会再有动力去调整。

（二）收入变化对消费者均衡的影响

在图 3-12 中，随着收入水平的增加，预算线由 AB 移动到 A_1B_1，再移动到 A_2B_2，分别与 U_0、U_1 和 U_2 三条无差异曲线相切，形成三个不同收入水平下效用最大化的均衡点 E_0、E_1 和 E_2。所对应的使消费者效用最大化的商品 X 和商品 Y 的数量由 X_0、Y_0，增加为 X_1、Y_1，再增加为 X_2、Y_2。可以看出，随着消费者收入水平的提高，使消费者效用最大化的商品数量在增加，消费者选择发生了改变。

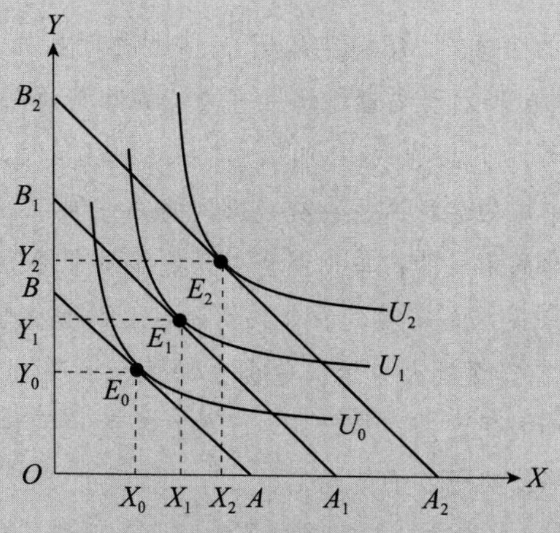

图 3–12 收入变化与消费者均衡

（三）价格变化对消费者均衡的影响

在其他条件不变时，一种商品的价格发生变化会使消费者效用最大化的均衡点的位置发生变化。

在图 3–13 中，消费者既定收入决定的预算线是 AB，与无差异曲线 U_0 相切于点 E_0，E_0 点是均衡点。假设位于横轴的 X 商品的价格下降，从而预算线以点 B 为支点，逆时针转动到 A_1B 的位置，与一条新的无差异曲线 U_1 相切于点 E_1，则消费者均衡点相应发生变化，移动到 E_1 点。消费者购买的商品 X 的数量由 X_0 增加到 X_1，商品 Y 的数量由 Y_0 减少到 Y_1。由于商品 X 的价格下降，消费者用一部分商品 X 去替换商品 Y，从而获得了更高的效用水平 U_1，提高了消费者的满足程度。

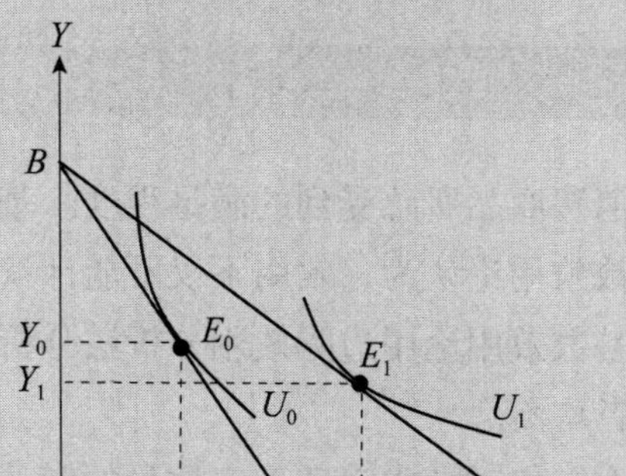

图 3–13 价格变化与消费者均衡

应用分析

为什么我们要遵守规则？

消费者效用最大化的公式是 $MRS_{XY}=P_X/P_Y$，即两种商品的边际替代率等于价格之比。边际替代率（MRS_{XY}）表示消费者愿意用一单位的某种商品去交换的另一种商品的数量，取决于消费者对两种商品的效用评价，是主观的。价格之比（P_X/P_Y）则表示消费者在市场上能够用一单位的这种商品去交换得到的另一种商品的数量。因为价格是市场上所有的买方和卖方共同形成的，单个消费者只能接受市场价格，不能改变价格，所以价格之比对该消费者来说就是客观的。如果两种商品的边际替代率不等于价格之比，对该消费者来说，就没有实现最大效用，他会主动地去调整自己拥有的两种商品的数量，减少效用小的，增加效用大的，从而使自己的主观的边际替代率最终等于客观的价格之比，主观与客观相符，实现效用最大化。

未来，大家都要踏上工作岗位，要想使自己的职业生涯进展顺利，逐步达到规划的目标，取得不错的工作成绩，也需要不断调整自己，遵守规则，融入集体。企业的商品或服务只有被社会接纳，企业的集体劳动才能转化为社会劳动，从而实现企业的目标。同理，个人提供的服务只有被企业接纳，个人劳动才能转化为集体劳动，从而实现个人的目标。如何才能使自己提供的劳动被企业和社会接纳呢？这就需要我们努力学习，提高自己的技能水平。当形势好时，能顺势而为，取得不俗的成绩；即使形势不好，也能保全自己，不至于失业。

人生而向往自由，不想被约束。但人也具有社会性，人们都生活在社会网络之中。以追求个人自由为借口而践踏社会规则或者妨碍别人的自由是站不住脚的，也是不能被社会接受的。因此，有时候我们需要妥协，需要约束自我，需要调整自我。遵守规则、适应社会，首先有利于自己，能够让自己朝着更高的效用迈出坚实的步伐；其次有利于社会，能够让整个社会更加融洽。

问题：我们为什么要遵守规则的约束？遵守规则有什么好处？

本章小结

1. 效用是指消费者通过消费商品所感受到的满足程度。基数效用论认为，效用不但可以计量，而且可以加总；序数效用论认为，效用不仅不能计量，更不能加总，但可以比较等级，按重要性进行排序。基数效用论用边际效用分析法分析消费者均衡，序数效用论用无差异曲线分析法分析消费者均衡。

2. 边际效用是指消费者在一定时期内消费一定数量的商品或服务所获得的总的满足程度。在一定时期内，在其他条件不变的情况下，随着消费者对某种商品或服务消费数量的增加，每增加一单位商品或服务的消费数量而增加的总效用（即边际效用）是递减的。

3. 消费者实现效用最大化的条件是：$MU_1/P_1=MU_2/P_2=\cdots=MU_n/P_n=\lambda$，即等边际原则。

等边际原则是指当消费者使自己花费在每种用途上的最后 1 元钱的边际效用相等时，就达到了效用最大化。

4. 无差异曲线是指给消费者带来相同效用水平或满足程度的两种商品所有组合的曲线。无差异曲线向右下方倾斜，斜率为负；同一条无差异曲线上，两种商品数量是成反方向变化的；同一个平面上有无数条无差异曲线，它们之间不能相交，距离原点越远的无差异曲线表示的效用水平越高。

5. 在效用水平不变的前提下，消费者增加一单位的某种商品的消费数量所需要放弃的另外一种商品的消费数量就是两种商品的边际替代率，边际替代率具有递减的性质，原因在于边际效用递减规律。

6. 预算线是指在消费者收入和商品价格既定的条件下，消费者用全部收入所能购买到的两种商品的各种最大数量组合的点的轨迹。预算线向右下方倾斜，斜率为负，表示在收入既定条件下，所能购买到的两种商品的数量是此消彼长的关系。

7. 将无差异曲线与预算线结合在一起分析就能得出序数效用论的消费者效用最大化的条件是：$MRS_{XY}=P_X/P_Y$，即两种商品的边际替代率等于两种商品的价格之比。或者说，消费者愿意用一单位的某种商品去交换的另一种商品的数量，等于消费者能够在市场上用一单位的这种商品去交换得到的另一种商品的数量。

能力训练

一、单项选择题

1. 符合边际效用概念的例子是，某人吃了 4 个包子，(　　)。

A. 获得 20 单位效用　　B. 每个包子带来 5 单位效用

C. 还想吃第 5 个包子　　D. 第 4 个包子带来 2 单位效用

2. 已知商品 X 和商品 Y 的价格分别为 5 元和 10 元，如果商品 X 的边际效用为 20，商品 Y 的边际效用是 30，则消费者应该 (　　)。

A. 增购商品 X，减购商品 Y　　B. 增购商品 X，增购商品 Y

C. 减购商品 X，增购商品 Y　　D. 减购商品 X，减购商品 Y

3. 当消费者剩余为零的时候，理性消费者会 (　　)。

A. 停止购买　　B. 增加购买　　C. 减少购买　　D. 无法确定

4. 当预算线和无差异曲线相切时，下列说法正确的是 (　　)。

A. 消费者没有达到最大效用　　B. 消费者达到最大效用

C. 边际替代率大于两种商品的价格之比　　D. 边际替代率小于两种商品的价格之比

5. 生活必需品的消费者剩余较大，是因为 (　　)。

A. 生活必需品实际价格高，提供的效用大

B. 生活必需品实际价格低，提供的效用大

C. 生活必需品实际价格高，提供的效用小

D. 生活必需品实际价格低，提供的效用小

二、思考分析题

1. 什么是基数效用论和序数效用论？

2. 什么是效用？效用有什么特点？

3. 为什么边际效用是递减的？

4. 今年的春晚你看了吗？感觉如何？为什么大多数人对春晚越来越没有感觉？

5. 你看中了一双心仪已久的鞋子，标价是 600 元，苦于囊中羞涩，无法获得。“十一”假期的时候，你忽然发现这双鞋子在 7 折促销，激动不已的你马上花 420 元买了下来。请问：你获得消费者剩余了吗？如果获得了，消费者剩余是多少？

6. 等边际原则是什么意思？在现实生活中，等边际原则是我们的消费准则吗？

7. 为什么离原点越远的无差异曲线效用水平越高？

8. 为什么边际替代率是递减的？

9. 为什么预算线会移动？

10. 为什么要遵守学校的规章制度？为什么要遵守社会规则？

11. 表 3–5 反映了一个消费者吃自助餐的状态，可供选择的食物有对虾、烤肉、煎蛋和青菜四样菜肴，每样菜肴有 10 份可供选择，每份菜肴的消费带来的边际效用如表所示，请回答问题：

（1）如果你只能吃 6 份菜肴，你将如何进食才能达到效用最大化？

（2）该表反映了消费的什么特点？

表 3–5　自助餐不同食物的边际效用

食物	边际效用（*MU*）	总效用（*TU*）
对虾	9，8，7，6，5，4，3，2，1，0	45
烤肉	8，7，6，5，4，3，2，1，0，–1	35
煎蛋	7，6，5，4，3，2，1，0，–1，–2	25
青菜	6，5，4，3，2，1，0，–1，–2，–3	15

12. 一个学生参加三门课程考试，用来复习的时间只有 6 个小时，假设每门课程占用的复习时间和相应会有的成绩如表 3–6 所示。那么，为使三门课程的总成绩最高，这个学生应该如何合理分配复习时间？

表 3–6　不同课程的复习时间及其成绩

课程	复习时间						
	0	1	2	3	4	5	6
经济学	30	44	55	65	73	78	80
数学	40	52	62	70	77	83	88
统计学	70	80	88	92	94	95	95

第四章　生产及其成本

◆ 知识目标

1. 掌握交易成本的含义
2. 掌握显性成本和隐性成本的含义
3. 掌握并理解机会成本的含义
4. 掌握经济利润和正常利润的含义
5. 掌握并理解边际收益递减规律
6. 掌握各类成本的概念及特点
7. 掌握等产量曲线和等成本曲线的概念及性质
8. 掌握边际技术替代率的概念与性质

◆ 能力目标

1. 能够运用交易成本解释经济现象
2. 能够运用机会成本解释经济现象
3. 能够运用边际收益递减规律解释经济现象
4. 能够进行生产者均衡分析

◆ 素养目标

1. 具有成本意识，树立成本观念
2. 培养独立自主、艰苦奋斗的实践精神

【先贤哲言】

贾人夏则资皮，冬则资絺，旱则资舟，水则资车，以待乏也。

——《国语·越语上》

价格是由需求和供给共同决定的。需求是消费者在追求效用最大化的过程中形成的。那么供给呢？供给是由生产者提供的。什么是生产者？生产者为什么要提供商品或服务呢？生产者提供商品或服务，必须投入生产资源或要素，投入成本是多少？如何投入才是最有利的？本章就来研究这些问题。

第一节 什么是企业

经济学中，企业也被称为生产者或厂商，是指以营利为目的，运用各种经济资源，向市场提供产品或服务的经营组织。

一、企业的本质

传统的经济学理论把企业的生产过程看作一个“黑匣子”，即企业被抽象成一个由投入到产出的“黑匣子”。至于企业本身的性质是什么，为什么会产生企业这种社会组织形式，基本被忽略。直到 1937 年，著名经济学家罗纳德·科斯（Ronald Coase）在《经济学家》杂志上发表了《企业的性质》一文，讨论企业的存在、性质和边界。科斯认为，企业存在是由于交易成本的存在，企业的出现是为了避免或降低交易成本。

交易成本（Transaction Cost）又称交易费用，是指围绕交易契约所产生的成本。即在完成一笔交易时，交易双方在买卖前后所产生的各种与此项交易相关的成本。根据科斯等经济学家的观点，一类交易成本产生于签约时交易双方面临的偶然因素所带来的损失，这些偶然因素或者是由于事先不可能被预见而没有被写进契约，或者虽然能被预见，但由于偶然因素太多而无法被写进契约；另一类交易成本是搜寻信息，签订、执行和监督契约以及违约惩罚成本。

企业为什么会存在呢？作为生产的一种组织形式，企业实质上是对市场的一种替代。同样一笔交易，可以由市场进行，也可以通过企业来安排。当这笔交易在市场完成的成本（即交易成本）大于该笔交易在企业内部完成的管理协调成本时，企业便产生了。企业内部用费用较低的指令或计划组织协作代替费用较高的市场交易，可以节约市场交易成本。企业和市场的并存，正是由于有些交易在市场进行成本更低，有些交易在企业内部完成更加有利。

经济学家认为，交易成本在市场与企业之间的不同是信息不对称导致的。由于信息的不对称，在进行市场交易时，交易的任何一方都会努力去收集和获取尽可能多的信息，以监督对方，并设法在事前约束对方，在事后惩罚对方的违约行为等，降低己方风险。所有这些行为都会产生交易成本，而且有时候会非常高。如果将这些交易在一个组织内部完成，就减少了信息搜寻、监督及惩罚违约等交易成本，企业因此出现。

当然，企业内部交易也会有成本。首先是监督和激励成本，企业内部实质上也存在各种契约，包括企业与管理者的契约、企业与劳动者的契约等，企业要监督和激励内部各种类型人员的工作，都会产生成本；其次，相关工作信息的上传下达会随着组织层次的增多而扭曲或失真，导致企业效率降低；最后，下级向上级汇报工作的时候会出于利己的动机而进行选择性信息汇报，隐瞒对己不利的信息，大肆渲染对己有利的信息，以使上级做出有利于自己的决策，从而导致企业的效率降低。所有这些成本都会随企业规模的扩大而增加，因此，企业规模不可能无限扩张，其应该扩张到这样一点：在这一点上再多增加一次内部交易所花费的成本与通过市场进行交易所花费的成本相等，这时候企业规模达到最佳。企业应该维持在这个规模，停止继续扩张。

应用分析

共享经济

共享单车的概念其实在2007年就已经以有桩单车的形式出现了，但其进入大众视野还是依靠了资本的力量。2016年9月1日，摩拜单车宣布进入北京市场。随后，ofo宣布完成滴滴投资的1.3亿美元C轮融资，并于2016年10月10日宣布走进校园，进入城市业务，与摩拜“短兵相接、激烈拼杀”。由此，“共享单车”这一名词开始进入大众视野，并迅速蹿红。随后的一年里，无数资本蜂拥而入，大街上各色单车纷纷出现。但好景不长，到了2017年6月，共享单车便开始出现退出者，町町单车、酷骑单车、小蓝单车、悟空单车、小鸣单车等相继破产、倒闭。到了2019年，满街的摩拜单车正在被黄色的美团单车替代，小蓝单车则逐渐被滴滴旗下的青桔单车置换，背靠阿里的哈啰单车数量越来越多……

以共享单车为契机，社会上刮起了一阵共享风，共享经济风靡一时。共享经济是指拥有闲置资源的机构或个人有偿让渡资源使用权给他人，让渡者获取回报，即利用分享自己的闲置资源创造价值。其实，共享经济的概念也由来已久，这个词最早是由美国社会学教授马科斯·费尔逊（Marcus Felson）和琼·斯潘思（Joe Spaeth）在他们发表的论文《社区结构与协同消费：一个常规方法》中提出来的。但共享经济却是最近几年才开始流行。

为什么共享经济能在现代社会中显现出强大的生命力？专业人士认为有两大因素：一是资源环境成为经济发展的刚性约束，使共享经济这种有利于节约资源、减少排放的模式从“看得见的手”和“看不见的手”中得到充分鼓励；二是互联网的发展，将几乎所有的经济活动主体连接在一起，为共享经济发展创造了近乎完美的技术条件。前者是需求和市场拉力，后者是技术推力。

其实，共享经济的本质还是带来了交易成本的节约，降低了经济运行的成本，从而提高了参与经济活动的人们的收益。任何一种社会组织或现象的出现都不是无缘无故的，但能不能存活下来还要接受社会的检验。能够带来社会成本的节约、代表社会进步的就能存活下来，而且可能发展得很好。不能节约成本，甚至增加社会成本的最终必将黯然落幕。

作为社会成员的企业和个人其实也是一样，不能为社会节约成本从而带来效率的企业必将会被淘汰。不能为企业节约成本从而带来效率的个人也不会被企业所接纳。

问题：共享经济给社会带来了什么？你还了解共享经济的哪些表现形式？

二、企业的组织形式

企业的组织形式是指企业存在的形态和类型，主要有独资企业、合伙企业和公司制企业三种形式。

（一）独资企业

独资企业也称“单人业主制”企业，它是由个人出资创办、独资经营的企业组织。独资企业的所有权和经营权合二为一，业主拥有全部产权并对企业债务承担无限责任。独资企业有很大的自由度，决策自由、灵活，企业规模小，易于管理，但抵御风险的能力较差。独资企业只要依法经营，照章交税即可，完全由业主支配；如果赔了本、欠了债，也完全由业主的资产来抵偿，业主对债务负有无限责任。一般而言，经营规模不大、不至于产生太大债务的业务采取这种组织形式。我国的个体户和民营企业很多属于此类企业。

（二）合伙企业

合伙企业是多人出资、共同经营、共享收益、共担风险，对企业债务承担无限责任的企业组织。合伙企业的所有权和经营权合二为一，资金较多，规模较大，比较易于管理，分工和专业化较强。但多人参与管理容易产生分歧，不利于协调和统一。合伙企业不是法人，企业获得利润后只缴纳个人所得税，不缴纳企业所得税，这是它最大的优点。但由于对债务承担无限责任，因此合伙企业不适合生产规模大、有可能产生巨额债务的业务。会计师事务所、律师事务所和税务师事务所一般采取合伙企业的形式。

（三）公司制企业

公司制企业是指按照公司法规定，由两个以上的投资人（自然人或法人）依法出资成立，有独立的法人财产，自主经营、自负盈亏的法人企业。出资者按出资额对公司承担有限责任，公司以全部资产对公司债务负责。公司制企业的主要形式为有限责任公司和股份有限公司。

公司所有权属于全体股东，经营权则属于以总经理为首的高管层，所有权与经营权的分离提高了公司的经营效率。通过公司的形式，企业还能够快速筹集资金，迅速扩大经营规模。但公司是一个法人实体，经营所得扣除成本之后的利润要缴纳企业所得税，股东获得股息或红利之后还要缴纳个人所得税，从而形成双重税负。

三、企业的目标

从“理性人”的假设出发，企业生产的终极目标是利润最大化。利润等于总收益减去总成本。利润最大化的含义是指，企业总成本一定时，总收益最大；总收益一定时，总成本最小；利润大于零时，利润最大；利润小于零时，亏损最小。因此，利润最大化并不代表企业一定能够获得正利润，它是指对企业最有利的一种状态。

现实是复杂的，由于一些因素的影响，企业有时并不一定是以利润最大化为目标。第一，在信息不完全的情况下，市场需求可能是不确定的；第二，企业有时候可能对产量变化引起的成本的具体变化情况缺乏准确的了解；第三，企业有可能面临竞争对手的针对性进攻，被迫为保护市场份额而战……所有这些因素都可能导致企业不以利润最大化为目标，而是以销售收入最大化或市场份额最大化为目标。

除了上述因素的影响，还存在委托－代理问题。现代公司制企业中，所有权与经营权相分离，所有者一般并不直接经营管理企业，企业的日常经营决策往往是由所有者的代理人——经理人做出的。由于企业所有者和企业经理人之间是委托人和代理人的契约关系，因此就产生了所有者和经营者之间的委托－代理问题。由于信息的不完全和不对称，企业所有者不能完全监督和控制作为代理人的经理人的行为；而经理人作为完全独立的经济主体，有自己的独立利益诉求，在自身行为不能被完全监督和控制的情况下，就可能偏离利润最大化的目标，而追求其他一些有利于自己的目标。例如：经理人会追求自身效用最大化，有可能并不努力工作，而追求豪华舒适的办公环境；有可能任人唯亲，安排自己亲近的人员来公司工作；有可能追求企业规模最大化，以此来扩张自己的权力、增加自己的收入；甚至有可能进行利益输送。这些都侵犯了所有者的利益，违反了企业利润最大化目标。

但是，无论如何，从长期来看，一个不以利润最大化为目标的企业终将被市场淘汰。因此，实现利润最大化是一个企业生存的基本准则。

应用分析

汽车降价促销

2023 年年初，特斯拉的降价掀起了新能源汽车的价格战，两个月后，战火已经蔓延到燃油车领域。东风汽车打响了第一枪。3 月初，包括东风雪铁龙、东风标致、东风本田在内的七个品牌，开始降价促销。其中降价力度最大的当数东风雪铁龙和东风标致，补贴额度从数千元到 9 万元不等。短短几天之内，全国超过 30 家车企陆续参战。

不过，同样是降价促销，车企们的态度并不一致。相比德系一线品牌“三强”奔驰、宝马、奥迪（BBA），无论是降价范围还是降价幅度方面，二线品牌显然都更加激进。比如丰田、大众的优惠多在数千元到 1 万元不等，东风则动辄降价 5 万元。最激进的是指导价 11.39 万元的东风雪铁龙 C3–XR，补贴后仅售 5.79 万元，相当于打五折。其他二线品牌的折扣力度也不小。马自达指导价在20万元级别的阿特兹全系车型，最低价降到了12.15万元。

论原因，自然是行业压力落在二线车企身上时，远远比一线车企来得沉重。2023年前两个月，中国汽车销量同比下跌了21.2%。一线车企们勉强保全了自己，丰田在2023年2月维持了0.9%的微弱增长，一汽大众甚至还能涨5%。可想而知，压力大多落在了非一线品牌身上。3月8日，东风集团在港交所发布公告，公司2023年1—2月累计汽车销量262 285辆，同比下降48.48%。整个2022年，东风汽车总产量246.07万辆，同比下降11.61%。其中，下滑幅度最大之一的是东风旗下的二线合资品牌东风雪铁龙。根据“懂车帝”的数据，2023年2月，东风雪铁龙全系销量加在一起还不到2 500台。

其他二线品牌的跌幅也普遍高于大盘。北京现代1月销量大跌近五成，2月延续下跌，主要走量车型伊兰特连续两个月环比下滑，从2022年的1万多台下跌到了6 806台。长安马自达2023年2月的销量为3 863辆，同比下滑61.21%，1—2月累计下滑73.58%，与整个长安集团近四成的增长完全背道而驰。国六B排放标准即将实施，清库存的压力明明白白地摆在这些二线合资车企面前。于是，没有意外地，上述品牌几乎都参与了此次大降价，且降价幅度和广度普遍较大。

问题：众多汽车品牌纷纷降价的目标是什么？

第二节 经济成本

企业要进行生产就需要投入资源，由于资源的稀缺性，企业为获得资源需要与其他企业竞争，并付出一定的代价。企业为了获得并保留资源所必须支付给资源所有者的报酬就是经济成本（Economic Cost）。

一、机会成本

微课：机会成本

经济资源是稀缺的，大都具有多种用途。例如：一批木材，你可以用它做成桌子，也可以用它做成板凳，但收获了桌子就失去了板凳，收获了板凳就失去了桌子。人们一般都会把资源用在自认为获益最高的用途上，从而就放弃了把同样的资源用在其他用途上所能获得的收益，这种放弃的收益就是机会成本。因此，机会成本（Opportunity Cost）是指利用一定资源获得某种收入时所放弃的其他机会所能获得的最高收入。也就是说，为了获得某种收益而牺牲了获得其他收益的机会，这种牺牲就是机会成本。所以，实际上，机会成本就是资源所有的用途当中次佳用途的收益。

经济学的任务就在于研究怎样使稀缺资源得到更有效率的使用。当我们把一定的资源用于某一个项目时，判断这种使用是否富有效率，是否符合资源的最优配置，使用会计成本的概念常常不能令人满意。假设某企业花了10万元购买了一批原材料生产服装，销售收入为12万元，从会计的角度看，成本10万元，总收入12万元，利润为2万元，应该是很不错的。但是，如果10万元的投入不生产服装，而是用来生产鞋子，就可以得到14万元的总收入，那么，从经济学的角度看，这个企业从事服装生产实际上是不划算的。

将有多种用途的经济资源用于某种用途时，必然要放弃将其用于其他用途的机会，或者说，必然要放弃将其用于其他用途时可能带来的各种收益。其中，所放弃的最大的收益，便是实际使用这些经济资源的机会成本。

例如：10万元资金，假设其他条件完全一样，可供选择的机会如下：（1）开商店，可获利2万元；（2）开饭馆，可获利3万元；（3）炒股票，可获利4万元；（4）炒期货，可获利5万元。那么，应该怎么选择呢？如果最后选择炒期货，那么炒期货的机会成本是多少？

显然，第一个问题是明确的，应该选择炒期货，因为在其他条件都一样的情况下，炒期货获利最多。炒期货的机会成本是多少呢？是我们将这10万元资金用在其他用途上的最大收益，即炒股票的4万元获利。

理解机会成本的概念有助于实现资源的最优配置。一种资源的使用是否经济合理，我们只要把它的收益和其机会成本相比较就可以了。如果收益小于机会成本，尽管会计账上是盈利的，但仍然可以认为资源配置不合理，就像前面讲的服装生产的案例那样，如果把这些原材料调整到鞋类生产上，就可以使收益进一步提高。如果收益大于或等于其机会成本，那就表明资源的配置已经达到最优状态。

机会成本的意思是"鱼与熊掌不可兼得"。亚当·斯密曾经讲过这样一个故事：国王会羡慕在路边晒太阳的农夫，因为农夫有着国王永远不会有的安全感，而要有农夫那样的安全感就不能享有国王的权势。

机会成本只是一种观念上的成本与损失，并不是实际的成本。其实，不仅在生产问题上有机会成本，在日常消费和时间利用上都存在机会成本。我们做决策时不能只考虑实际成本，还要考虑机会成本。

应用分析

少壮不努力的机会成本是什么？

高中毕业的时候会面临两种选择：读大学或者就业。假设大学学费是0.6万元/年，生活费是1.4万元/年；就业则可以挣3万元/年。那么上3年大学的实际成本是多少？机会成本又是多少？

计算如下：

实际成本＝（0.6+1.4）×3=6（万元）

机会成本＝3×3=9（万元）

经济成本 =6+9=15（万元）

真是不算不知道，一算吓一跳。原来上大学的成本并不是只有学费和生活费。其实，除此之外，大家还应该算上时间，可以说人生最宝贵的资源就是时间。著名作家金庸先生有过这样一段精彩的话——人的一生应该这样度过：二十多岁以前好好读书积累知识；三十岁到五十岁用积累的知识赚取财富；五十岁以后用赚取的财富安享晚年。

在合适的时间做合适的事情，不能本末倒置。可以说，人生中学习效率最高的时间、提高自己最好的时间就是大学。如果虚度光阴，损失不可估量。“少壮不努力”的机会成本就是“老大徒伤悲”！

问题：你每年的学费、生活费等总费用一共有多少？你每年上多少节课？每节课的实际成本是多少？如果你工作每年可以挣 3 万元，那么每节课的机会成本又是多少？每节课的经济成本是多少？

频繁跳槽错失机会成本

在跳槽周期与薪资关系的研究中，大量数据显示，前一份工作坚持不到 6 个月又再次跳槽的求职者中，超过 60% 的人的薪资水平低于同龄求职者的平均薪资水平。从职场人目前薪资水平与前一份工作时长的关系来看，前一份工作时长在 12 ～ 24 个月的求职者，跳槽后所获得的薪资相对最高。

为什么会有这样的分析结果呢？这是因为频繁跳槽容易增加机会成本。研究发现，大学毕业生在一份工作中坚持 1 年以上得到晋升的概率在 21%～43%；工作时间在 1～3 年的，晋升的概率在 40%～69%；工作超过 3 年的，在关键岗位任职的概率以 20% 的比例逐年提高。反过来，如果一份工作坚持不到半年，甚至 2 个月就辞职不干，换一份工作仍然只能从基层开始。不管是哪个单位，基层员工因为干活儿最多、拿得最少、工作自主性最低等，永远都是满意度最低的群体。这样频繁跳槽，几年的岁月就蹉跎过去了，错失了大好的晋升机会。如果一份工作能坚持个三年两载，晋升到基层主管甚至中层经理的位置，收入高了，工作自主性也提高了，满意度自然会上升。即使仍然不满意，这时候跳槽是直接从管理层跳到管理层，自然也会比较容易。

因此，刚开始工作的几年，是积累的黄金时期，最好不要轻易跳槽，而是应该刻苦、努力、勤奋地工作，等到技能水平和工作效率提高了，加薪晋职都是水到渠成的事情。

问题：为什么频繁跳槽对工作不利？初入职场时，你应该如何做？

二、经济成本的分类

企业进行生产，必须使用各种资源，包括原材料、机器设备、资金和劳动力等。因为有不同的用途，所以不论是企业自有的还是从外部购买的资源，都有机会成本。也就是说，企业使用的所有资源都有经济成本。经济学家通常把经济成本分为显性成本和隐性成本。

（一）显性成本

显性成本（Explicit Cost）是指企业为了购买自己并不拥有的资源所花费的支出。对于自己并不拥有的原材料、机器设备和劳动等资源，企业必须向外部购买，把货币支付给本企业以外的个人或企业，从而构成企业的成本。这部分成本非常明显，从会计账簿上看一目了然，因而称为显性成本，又称为会计成本。

（二）隐性成本

隐性成本（Implicit Cost）是指企业使用自己拥有的资源应该获得的支付或报酬。在现实生产中，企业生产所需的资源并非全都购自市场，很有可能土地、厂房和一部分资金是企业自己的，在使用这部分自有资源时，从形式上看，企业并不需要像购买外部资源时那样，按照合同把货币支付出去；如果企业主自己管理企业，他也不需要向自己支付工资。但是，这部分企业自有的资源，包括自有资产、自有资金和企业主自己的管理才能，在生产上发挥的作用与购自企业外部市场的那些资源并无不同，也应该得到支付或报酬。这些成本是存在的，但是不明显。因此，人们把这些企业自有资源应该得到的支付或报酬称为隐性成本。隐性成本的大小应该从机会成本的角度来衡量，因为如果企业自己不使用这些资源，就会把它们让渡给其他企业使用，即哪个企业出价高就让渡给哪个企业，所以企业自己使用这些资源也应该获得将其让渡给其他企业所能得到的最大支付或报酬，即机会成本。

企业的经济成本是显性成本和隐性成本之和，即经济成本 = 显性成本 + 隐性成本。

三、会计利润、正常利润和经济利润

（一）会计利润

假设你在一家大型运动鞋公司担任销售代表几年之后，有了一些积蓄，决定自己创业，开一家运动鞋专卖店。你将为你的专卖店提供两类不同的经济资源：普通劳动和企业家才能。虽然二者都是工作，但有着本质的不同。需要提供普通劳动的工作包括清洁店面、管理库存、接待顾客等经营企业的常规性事务；而需要提供企业家才能的工作包括组织企业运营、制定促销方案和确定企业战略等一些非常规性和战略性事务，如决定专卖店的定位，确定经营的产品线宽度和深度，思考如何装修装饰店面以最大限度吸引消费者，以及如何开展送货服务和线上渠道开发等。

当决定开店后，你开始向自己的新企业提供企业家才能。但由于事务繁多，兼职不可能做好，因此你决定辞职，辞去了每年可以获得 8 万元收入的销售代表工作，并且把每年可以带来 1 万元利息的 20 万元的定期存款取出来投入运营。另外，你几年前投资购买了一间门面房，一直以每年 3 万元的价格出租给他人使用，现在，你决定在合同到期之后不再出租，留给自己开专卖店用。同时，由于刚开始创业，规模不大，因此你决定雇佣一个店员来照看店铺，每年支付 4 万元工资。

经过一年的运营，你对运营情况进行了核算，得到结果如表 4–1 所示。

表 4–1　运动鞋专卖店运营情况核算

项目	金额（万元）
总销售收入	50
运动鞋成本	20
店员的工资	4
水电费	1
总（显性）成本	25
会计利润	25

结果看起来还不错，你对于 25 万元的会计利润（Accounting Profit）感到非常得意：我还是蛮有能力的，比给别人打工挣得多。但需要注意的是，会计利润是用总的销售收入减去总的显性成本之后的利润。这个利润会呈现在会计报表上，并用作向政府纳税的依据。

（二）正常利润

如果你真认为自己挣了 25 万元的话，只能说明你想少了。因为忽视了隐性成本，所以 25 万元夸大了经营成果。判断经营效率的真正方法是核算专卖店的收入是否能够比原来投入专卖店的所有资源获得的收入更多。

为了核算出是否达到了这个目标，必须考虑所有的经济成本——包括显性成本和隐性成本。那么，应该如何核算呢？

通过提供自己的资金、门面房和劳动，你在这一年中承担了三种不同的隐性成本：损失的 1 万元利息、3 万元租金和 8 万元工资。另外，还有一项重要的隐性成本，就是经营管理一个专卖店的企业家才能。经济学家将这种对自己提供的企业家才能的支付或报酬称为正常利润（Normal Profit），即在你的另一个最优替代的企业中可能获得的典型（或“正常”）会计利润。之所以称之为正常利润，是因为它是以会计利润的形式体现出来的，包含在会计利润之中，但实质上属于隐性成本，是正常条件下应该进行的支付。

但是，如果将你的企业家才能提供给另外一家企业，你可能获得的正常利润应该界定为多少呢？为了讨论方便，假设运用经营管理能力，你的企业家才能在其他企业能为你带来平均 12 万元 / 年的正常利润。这样一来，整体运营情况就发生了变化，最终的核算如表 4–2 所示。

表 4-2　调整后的运动鞋专卖店运营情况核算

项目	金额（万元）
会计利润	25
放弃的利息	1
放弃的租金	3
放弃的工资	8
放弃的企业家才能收入	12
总隐性成本	24
经济利润	1

（三）经济利润

将 24 万元的隐性成本从 25 万元的会计利润中扣除，就得到了 1 万元的经济利润（Economic Profit）。

由此可知，经济利润和会计利润有着显著的区别。会计利润仅仅是从收入中扣除显性成本的结果，即：

会计利润 = 收入 – 显性成本（会计成本）

而经济利润是将所有的经济成本（包括显性成本和隐性成本）从收入中减去的结果，即：

经济利润 = 收入 – 显性成本 – 隐性成本 = 会计利润 – 隐性成本

通过把所有的经济成本从收入中减去，你可以判断目前经营的企业与你的其他最优创业活动相比如何。在上面的案例中，你获得了 1 万元的经济利润，这意味着你赚取了比在其他最优替代企业里工作时更多的 1 万元。

如果经营状况不佳，你的企业产生了 2 万元的经济损失（负的经济利润）。这意味着你目前经营自己的企业所得比在最优替代企业工作所得要少，说明这个选择是不划算的。当然，不能以一时成败论英雄，因为经营企业自然不是一帆风顺的。

总而言之，0 元的经济利润是一个非常重要的临界点。如果企业处于临界点（即经济利润正好是 0 元），就代表经营目前的企业与最优替代选择的结果是一样的，因此可以继续经营下去；如果企业获得正的经济利润，就代表目前经营的企业比最优替代选择还要好，应该继续经营该企业，甚至可能扩大规模以赚取更多；如果企业获得负的经济利润，就代表企业家正在承受损失，转换到其他工作可能更好。

因此，经济学家更重视经济利润而不是会计利润。经济利润指导着资源的分配。处于经济损失的企业家会关闭他们目前的企业，将之前使用的土地、劳动、资本和企业家才能等资源转移出来。这些被释放出来的资源将被那些拥有正的经济利润或至少处于临界点的企业所使用，资源也从净收益较低的产品或服务转移到了净收益较高的产品或服务中来。当企业在利润信号的引导下生产更多消费者最需要的产品或服务时，资源配置效率就提高了。

从会计的角度看企业和从经济学的角度看企业具有明显不同。从会计的角度只能看到企业明显发生的成本（即显性成本），核算出来的是没有扣除隐性成本的会计利润。而从经济学的角度能看到企业所有的付出，包括显性成本和隐性成本，核算出来的是经济利润。经济利润和会计利润的关系如图 4–1 所示。

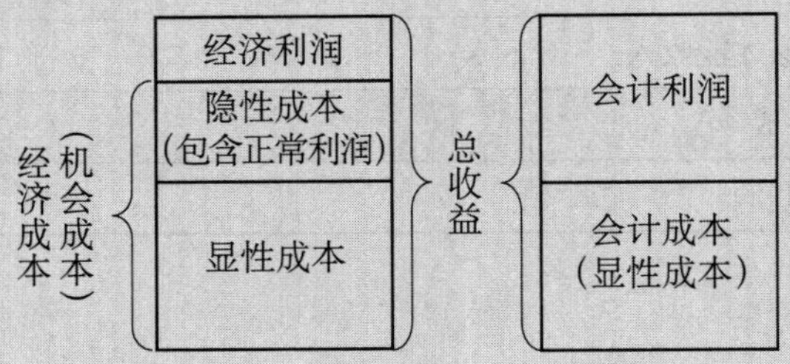

图 4–1　经济利润和会计利润

四、沉没成本

如果将一片树叶放在水面上，它就会漂浮着；如果将一块石头扔进水里，它则会沉没下去。企业生产也存在类似的沉没现象。例如：钢铁公司为炼铁而建的高炉，船舶公司为造船而建的船坞，电网公司为送电而建的输电线路等，这些已经支付而无法回收的成本就是沉没成本（Sunk Cost）。沉没成本一旦发生，就无法回收。或者说，即使企业退出生产也无法使沉没成本消失。因此，沉没成本不应该影响企业未来的决策。

微课：沉没成本

例如：你所在的企业将上马一个新项目，该项目预计总投资 2 000 万元，总收益 2 500 万元，非常值得投资。现在该项目已经投资了 1 000 万元，假设已经发生的投资别无他用，只能用在这个项目上，即其机会成本为零。由于投资成本的变化，预计要继续投资 2 000 万元才能顺利生产，收益仍然为 2 500 万元，那么，要不要继续投资该项目呢?

有人建议不继续投资，因为继续投资 2 000 万元，总投资达到了 3 000 万元，而收益只有 2 500 万元，是亏损的，所以不应该继续投资。

其实，在这种情况下，应该继续投资。因为已经发生的 1 000 万元的投资是沉没成本，无论如何都是收不回来的，未来的决策应该把它置之度外，完全不加以考虑。既然如此，只要继续投资的收益（2 500 万元）超过继续投资的成本（2 000 万元），该项目就应该继续。

日常生活中经常会出现类似的现象。例如：你花了 50 元钱买了一张电影票去看电影，路途上也花了 1 个多小时的时间。不幸的是，电影开始以后不到半个小时，你发现电影实在乏味，很想拔腿就走。这时候，你是应该继续忍受下去看完电影还是毫不犹豫地掉头而去？实际上，你已经花费的电影票钱和时间就是沉没成本，它们不会因为你的继续忍受而得到任何补偿。反而，继续忍受只会让自己更烦恼，因此，你应该选择离开，去从事其他更愉快的活动。

沉没成本存在于工作和生活中的方方面面，我们在决策时很难不受到沉没成本的影响。但其实不应该让沉没成本影响我们的决策，因为不管我们如何懊悔，如何痛苦，都已经于事无补，并不能使时光倒流，过去重现。我们应该做的是从过去的经历中吸取经验与教训，重拾情怀，面向未来。

应用分析

老鼠会受到沉没成本的影响吗？

明尼苏达大学的神经科学博士布赖恩·施韦斯（Brian Sweis）及其团队设计了一个名叫“餐厅探险”的实验来研究老鼠的沉没成本。

实验是这样的：把老鼠放在一个迷宫里，迷宫设置了四个“鼠辈餐厅”，不同的“鼠辈餐厅”设置在迷宫的不同位置，老鼠在这四个餐厅里分别可以得到葡萄、酸奶、巧克力、苹果这四种食物中的一种。在迷宫里，每一个餐厅都分为进食区和等候区，老鼠首次进入某个餐厅时，可以在进食区吃到这个餐厅的特色美食，但食物不多，吃完以后就没有了。如果老鼠想要再次获得食物，就需要进入等候区等上一段时间，然后才会有食物继续掉落在进食区。当然，老鼠在餐厅等候区等待食物掉落的过程中可以随时选择放弃等待，转而去另外的餐厅觅食，但不管去了哪个餐厅，老鼠都必须在该餐厅的等候区等上一段时间才能再次吃到美食。

在实验过程中，老鼠共有30分钟的时间在四个餐厅里等候、吃饭。因此，时间的合理分配对于老鼠来说就显得非常重要。在这个实验中，在等候区已经等待的时间也就是老鼠的沉没成本。而选择继续等待还是放弃等待转而去别的餐厅，就是老鼠在沉没成本情境下所要做的决策。

实验结果表明，老鼠在等候区等待的时间越长，它就越不会改变自己的决定。也就是说，老鼠在同一候餐区继续等待下去的意愿会受到已等待时间，也就是沉没成本的影响。

不仅是老鼠，人类也会受到沉没成本的影响。例如：为什么比起一段短期恋爱关系，你更难放弃一段长期恋爱关系？为什么尽管是不喜欢的专业还要硬着头皮读下去？为什么明知做错事情之后的懊悔于事无补但仍然痛不欲生？这一切都是沉没成本惹的祸。那么，我们应该如何做才能尽量减轻沉没成本的影响呢？

“牢骚太盛防肠断，风物长宜放眼量。”把过去的交给过去，就让它随风而去；把将来的交给将来，要多把眼光放在将来。只有知识越多，对事物的分析越理性，才能越接近真实，越不容易被表面现象迷惑。

问题：你做决策的时候受到过沉没成本的影响吗？请举例说明。

五、短期和长期

当企业的市场需求发生变化的时候，就会影响企业产品出货的速度以及能够赚取的利润，企业就需要调整自己的资源供给和生产安排。比较容易而且能迅速调整的资源包括劳动、原材料和燃料等，而机器设备、厂房等资源的调整需要较长时间。在冶金、化工、钢铁、汽车、造船和飞机制造等行业中，可能需要 1 年甚至几年的时间才能调整企业的生产能力。根据各种资源调整所需时间的长短，经济学将生产时期区分为短期和长期。

生产的短期（Short Run）是指生产者来不及调整全部资源供给和生产安排，至少有一种资源的数量是固定不变的时期。由此，短期生产的资源投入可分为固定投入和可变投入。如机器设备、厂房等在短期内无法调整的资源为固定投入；如劳动、原材料和燃料等容易调整的资源为可变投入。短期内企业工厂的固定投入决定的生产能力无法调整，但可以通过增加或减少可变投入改变现有工厂生产能力的使用强度。

生产的长期（Long Run）是指企业可以调整全部资源供给和生产安排的时期。从整个行业的角度来看，长期还包含足够的时间使现有企业解散并退出该行业，或者创立新的企业并进入该行业。由于在长期内所有生产资源的数量都是可以调整的，因此就不存在固定投入与可变投入的区别。

短期或长期都是概念上的时期，不以具体的日历时间长短来区分，而是以是否能够调整全部的资源供给和生产安排为依据来划分。对于不同的产品或行业而言，其短期和长期的长度不同。轻工业工厂的生产规模的改变也许一个月甚至一周之内就能完成；但对于重工业而言，可能需要几年的时间才能改变其生产规模。例如：一个豆腐作坊可能一周之内就能调整生产规模，但一个汽车整装车间可能需要三年的时间才能建成。

第三节　短期生产关系

企业短期内的资源投入分为固定投入和可变投入，我们用资本代表固定投入，以 K 表示；用劳动代表可变投入，以 L 表示，则生产函数可以写成：

$$Q = f(L,K)$$

在生产技术和资本投入量不变的条件下，如何获知由可变资源投入量变化所导致的最大产量的变化，就涉及产量的相关概念。

一、产量的相关概念

由于假设资本投入 K 不可变，劳动投入 L 可变，因此下文讨论的产量相关概念都是指劳动这种可变资源的产量。

总产量（Total Product，TP）是指一定量的可变资源投入所生产出来的全部产量。例如：一个生产运动鞋的企业投入 100 单位的劳动生产了 1 000 双运动鞋，则 1 000 双运动鞋就是使用 100 单位劳动的总产量。

边际产量（Marginal Product，MP）是指额外的产出，或者说是在生产过程中增加一单位可变资源（这里指劳动）所增加的产量。即：

$$边际产量=\frac{总产量增加量}{劳动增加量},\ MP=\frac{\Delta TP}{\Delta L}$$

在上例中，如果再增加 1 单位劳动可以多生产 12 双运动鞋，则第 101 单位劳动的边际产量就是 12 双运动鞋。由定义可以看出，总产量也是每个可变投入的边际产量之和，即 $TP=MP_1+MP_2+\cdots+MP_n$，其中，MP_1，MP_2，…，MP_n 分别为第一，第二，…，第 n 单位劳动的边际产量。

平均产量（Average Product，AP）也称劳动生产率，是指平均每单位劳动所生产出来的产量。在上例中，每单位劳动的平均产量就是 10 双运动鞋。即：

$$平均产量=\frac{总产量}{劳动投入量},\ AP=\frac{TP}{L}$$

在短期内，如果市场行情变好，消费者对企业产品的需求就会增加。由于固定投入（即生产规模）不可变，企业只能通过暂时增加劳动投入来增加产量。但是，当企业增加劳动投入时，每单位劳动能够增加的产量都一样吗？企业能够无止境地通过增加可变劳动投入来增加产量吗？边际收益递减规律为这些问题提供了答案。

二、边际收益递减规律

边际收益递减规律（Law of Diminishing Return）又称边际产量递减规律，或边际报酬递减规律，是指在技术水平等其他条件不变的前提下，连续不断地将某种可变资源（如劳动）投入到固定资源（如资本或土地）上，在超过某一点之后，新增一单位的可变资源所带来的额外的产量（即边际产量）是递减的。边际收益递减规律并不排斥一开始增加可变资源投入时的边际产量递增现象，它强调的是，如果连续不断地增加可变投入，那么最终投入增量带来的产量增量（即边际产量）必然出现递减现象。

边际收益递减规律与企业生产密切相关。当企业将某种可变投入（如劳动）不断投到某种固定投入（如机器设备）上去时，劳动的边际产量在开始时可能是递增的，总产量也会以递增的速度增加。由于这对企业是有利的，因此它会不断增加劳动投入。但随着劳动投入的增加，边际收益递减必将发生，这时总产量就会以递减的速度增加。如果继续增加可变投入，边际收益（即边际产量）递减到等于零时，总产量就会达到最大值，然后进入下降阶段。

从理论上讲，对于任何产品的短期生产来说，可变投入和固定投入之间都存在一个最佳的数量组合比例。在开始时，固定投入量给定，而可变投入量为零，随着可变投入量的逐渐增加，两类投入的比例逐步接近最佳的组合比例，相应的可变投入的边际产量呈现递增的趋势。一旦两类投入达到最佳的组合比例，可变投入的边际产量将达到最大值。在这一点之后，随着可变投入的继续增加，两类投入越来越偏离最佳的组合比例，相应地，可变投入的边际产量便呈现递减的趋势了。

应用分析

农业中的边际收益递减规律

边际收益递减规律是从生产实践中总结出来的，在农业中体现得尤其明显。

早在1771年，英国农学家阿瑟·杨格（Arthur Young）就通过在相同地块上施用不同量的化肥做实验，发现了肥料施用量与产量之间存在边际收益递减现象。

对于10公顷麦田来说，在技术水平和其他条件不变的前提下，随着化肥使用量每增加1千克，开始时其带来的产量增量（即边际产量）是递增的，直至达到最佳效果，即最大的边际产量。如果继续增加化肥使用量，小麦产量增量就开始进入递减阶段，即总产量开始以递减的速度上升。直到增加1千克化肥对总产量没有任何增加时，小麦总产量达到最大值，边际产量为零。这时，若再继续增加化肥使用量，就会对小麦生长带来不利影响，导致边际产量变为负值，总产量反而下降。

同样的道理，在规模不变的土地上不断增加植株数量，也会毫无疑问地进入边际产量递减阶段，不可能无限增加总产量。边际收益递减规律的案例在社会生活中非常普遍。任何一家企业在生产规模不变时，通过增加劳动投入都不可能无限增产，必将会进入边际收益递减并最终为零的阶段，总产量达到最大之后不可能再增加。

学习也是如此。假设其他条件不变，随着每天学习时间的不断增加，最终将出现学习收益递减，导致学习效率的下降。

问题：既然学习时间存在边际收益递减现象，为什么还要增加学习时间呢？为什么一节课的时间设定在40分钟左右，而不是2小时呢？

三、产量表和产量曲线

（一）产量表

根据以上总产量、边际产量和平均产量的概念和相互关系，可以编制劳动投入的总产量、边际产量和平均产量的列表，如表4–3所示。

表4–3　总产量、平均产量和边际产量

劳动投入量（*L*） （1）	总产量（*TP*） （2）	边际产量（*MP*） （2）的变动量/（1）的变动量	平均产量（*AP*） （2）/（1）
0	0	—	—
1	3	3	3
2	8	5	4
3	12	4	4

续表

劳动投入量（L） （1）	总产量（TP） （2）	边际产量（MP） （2）的变动量/（1）的变动量	平均产量（AP） （2）/（1）
4	15	3	3.75
5	17	2	3.40
6	17	0	2.83
7	16	–1	2.29

如表 4–3 所示，在劳动投入量由 0 增加到 7 的过程中，总产量由 0 增加到最高点 17，然后开始递减；边际产量递增到 5 之后开始递减，并一直持续到负值；平均产量也是先递增再递减。

（二）产量曲线

根据表 4–3 的数据，将总产量、边际产量和平均产量与劳动投入量的对应关系描绘在图形上，如图 4–2 所示。

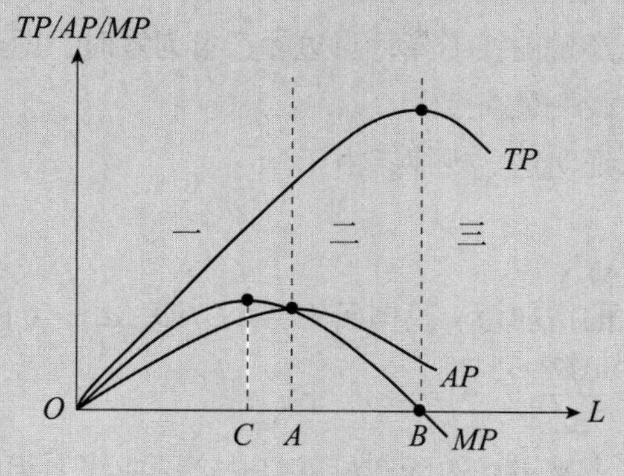

图 4–2　产量曲线

在图 4–2 中，横轴表示劳动投入量，纵轴表示产量。*TP*、*MP* 和 *AP* 三条曲线分别表示劳动的总产量曲线、劳动的边际产量曲线和劳动的平均产量曲线。这三条曲线都是先呈上升趋势，在达到最大值以后，再呈下降趋势。*A* 点对应着平均产量曲线 *AP* 的最大值；*C* 点对应着边际产量曲线 *MP* 的最大值；*B* 点是边际产量曲线 *MP* 与横轴的交点，并且对应着总产量曲线 *TP* 的最大值。

1. 产量曲线先递增，再递减

在资本投入量不变的情况下，随着劳动投入量的不断增加，总产量、边际产量、平均产量都是先递增再递减，这反映了边际收益递减规律的作用。

2. 边际产量曲线和平均产量曲线相交于平均产量曲线的最高点

在图 4–2 中，*A* 点对应着平均产量 *AP* 的最大值，当劳动投入量小于 *OA*，即在 *A* 点的左侧时，边际产量大于平均产量，这时每增加 1 单位劳动投入所增加的产量（即边际产量）大于平均每单位劳动所生产的产量（即平均产量），增加劳动投入的结果会使平均产量增加。相反，当劳动投入量超过 A 点以后，边际产量小于平均产量，这时每增加 1 单位劳动投入量所增加的产量（即边际产量）已经小于平均每单位劳动所生产的产量（即平均产量），增加劳动投入的结果必然会使平均产量下降。综上所述，边际产量曲线与平均产量曲线相交之前，边际产量大于平均产量，平均产量是递增的，平均产量曲线是上升的；边际产量曲线与平均产量曲线相交之后，边际产量小于平均产量，平均产量是递减的，平均产量曲线是下降的。这两条曲线的交点就一定是平均产量曲线的最高点。

3. 边际产量等于零时，总产量达到最大

当边际产量增加时，总产量以递增的速率增加；当边际产量减少时，总产量则以递减的速率增加；当边际产量为零时，总产量达到最高。

由于边际产量是总产量的增量，因此当边际产量大于零时（在图 4–2 中 B 点的左侧），总产量的增量是正数，总产量当然就是递增的，而这一阶段边际产量的递减只能使总产量增加的幅度越来越小；当边际产量成为负数以后（在图 4–2 中 B 点的右侧），即总产量的增量是负数，总产量当然就递减了。综上所述，当边际产量为正数时，总产量曲线上升；当边际产量为负数时，总产量曲线下降；当边际产量为零时，即边际产量曲线与横轴相交时，必然对应着总产量曲线的最高点。

还可以用数学方法来证明这一规律，由于

$$MP=\frac{\Delta TP}{\Delta L}$$

当分母（即劳动投入的增加量）趋向于无穷小，即 $\Delta L\rightarrow 0$ 时，

$$MP=\lim_{\Delta L\rightarrow 0}\frac{\Delta TP}{\Delta L}=\frac{\mathrm{d}TP}{\mathrm{d}L}$$

这表明，从几何意义上来讲，边际产量就是总产量曲线上相应各点的斜率。当边际产量为正数时，总产量曲线上相应点的斜率为正，总产量曲线就是上升的；当边际产量为负数时，总产量曲线上相应点的斜率为负，总产量曲线就是下降的；当边际产量为零时，总产量曲线上相应点的斜率为零，总产量曲线处于最高点。

图 4–2 所示的“边际”与“平均”的关系在数学上是成立的。如果把一个比现有的平均数更高的分数增加到总分数上，那么新的平均分数必然比原来的平均分数高，即平均分数上升；如果把一个比现有的平均分数更低的分数增加到总分数上，那么新的平均分数必然比原来的平均分数低，即平均分数下降。其实，就任何一对平均量和边际量的一般关系而言，只要边际量大于平均量，边际量就会提高平均量；只要边际量小于平均量，边际量就会降低平均量。例如：某班学生的高考平均成绩（平均量）是 500 分。如果新调入的一名学生的成绩（边际量）高于 500 分，则全班的平均成绩会提高；如果新调入的这名学生的成绩低于 500 分，则全班的平均成绩会降低。企业的生产中也存在类似的规律。当新增一名工人带来的产量（即边际产量）大于原来的平均产量时，平均产量会上升；相反，当

他带来的产量小于原来的平均产量时，平均产量会下降。

四、企业的选择

根据前面对总产量、边际产量和平均产量三者之间关系的分析，我们可以把图 4–2 划分成三个阶段：劳动投入量在 O 到 A 之间为第一阶段；劳动投入量在 A 到 B 之间为第二阶段；劳动投入量大于 B 为第三阶段。

在第一阶段，产量曲线的特征为：劳动的平均产量始终是上升的，且达到最大值；劳动的边际产量上升，并在达到最大值之后下降，且劳动的边际产量始终大于劳动的平均产量；劳动的总产量始终是上升的。这说明：在这一阶段，固定投入相对过多，生产者增加可变投入是有利的。或者说，生产者只要增加劳动的投入量，就可以使总产量增加。因此，任何理性的生产者都不会在这一阶段停止生产，而是会连续增加劳动的投入量，以增加总产量，并将生产扩张到第二阶段。

在第三阶段，产量曲线的特征为：劳动的平均产量继续下降；劳动的边际产量降为负值；劳动的总产量也呈现下降趋势。这说明：在这一阶段，可变投入相对过多，生产者减少劳动的投入量是有利的。因此，这时即使劳动是免费供给的，理性的生产者也会通过减少劳动投入量来增加总产量，以摆脱劳动的边际产量为负值和总产量下降的局面，并退回到第二阶段。

由此可见，任何理性的生产者既不会将产量保持在第一阶段，也不会将产量扩张到第三阶段，合理的生产只能在第二阶段进行。在生产的第二阶段，生产者可以得到第一阶段增加可变投入带来的全部好处，又可以避免将可变投入增加到第三阶段带来的不利影响。因此，第二阶段是生产者进行短期生产的决策区间。在第二阶段的起点 A 处，劳动的平均产量曲线和劳动的边际产量曲线相交，即劳动的平均产量达最高点；在第二阶段的终点 B 处，劳动的边际产量曲线与横轴相交，即劳动的边际产量等于零。至于在生产的第二阶段，生产者应该选择的最佳投入究竟在哪一点，还需要结合成本、收益进行分析。

第四节　短期生产成本

因为在短期内，有些资源投入是不变的，有些资源投入是可变的，所以短期成本既有固定部分，也有可变部分。

一、总固定成本、总可变成本和总成本

（一）总固定成本

总固定成本（Total Fixed Cost，TFC）是指在一定时期内不随产量的变化而变化的成

本，如表 4–4 第（2）列所示。例如：厂房和机器设备的折旧费、管理人员的工资、固定资产的保险费、企业债务利息等，一般都属于固定成本。企业生产再多的产品，这些成本也不会增加，即使产量为零也必须支付。因为这部分成本是固定不变的，所以称之为固定成本。

（二）总可变成本

总可变成本（Total Variable Cost，TVC）是指随着产量的变化而变化的成本，如表 4–4 第（3）列所示。例如：工厂所消耗的原材料、燃料、动力，以及在生产线上操作的工人的工资等。工厂生产的产量越高，这些费用的支出就越多；如果产量为零，这些成本就不会发生。

（三）总成本

总成本（Total Cost，TC）是与一定产量相关的总固定成本与总可变成本之和，如表 4–4 第（4）列所示。当产量为零时，总成本就等于固定成本。对于这 9 个单位的产量而言，总成本的增加量等于总可变成本。

总固定成本、总可变成本和总成本的关系用公式表示为：

$$TC = TFC + TVC$$

固定成本与可变成本的区别对企业管理者来说非常重要。在短期内，管理者可以通过改变可变投入从而改变产量来适应环境的变化。但固定投入的改变就超出了普通管理者的能力范围。无论生产与否，固定成本的支付都是必不可少的，所以在现实中，除非迫不得已，企业一般不会选择停产。

表 4–4　生产的总成本、平均成本与边际成本

（1）总产量（*Q*）	总成本（元）			平均成本（元）			边际成本（元）
	（2）总固定成本（*TFC*）	（3）总可变成本（*TVC*）	（4）总成本（*TC*）	（5）平均固定成本（*AFC*）	（6）平均可变成本（*AVC*）	（7）平均总成本（*ATC*）	（8）边际成本（*MC*）
1	100	30	130	100	30	130	—
2	100	50	150	50	25	75	20
3	100	60	160	33.33	20	53.33	10
4	100	65	165	25	16.25	41.25	5
5	100	75	175	20	15	35	10
6	100	90	190	16.67	15	31.67	15
7	100	110	210	14.29	15.71	30	20
8	100	140	240	12.5	17.5	30	30
9	100	180	280	11.11	20	31.11	40

应用分析

生活中的固定成本与可变成本

固定成本与可变成本的区分是相对的。在一定时期内，可以改变的资源投入就归入可变成本，不可改变的资源投入就归于固定成本。求学在外也要支付巨大的成本，这一成本可以简单地区分为固定成本与可变成本。例如：每年的学费、住宿费就是固定成本，只要不退学，在学校的时间长短不影响这些费用的多少；每年的生活费就是可变成本，它随着在学校时间的不同和生活水平的不同而变化。

问题：假设你承包了大学食堂的一个窗口为学生提供饭菜，那么对你来说，哪些是固定成本，哪些是可变成本？

二、平均固定成本、平均可变成本和平均总成本

对生产者来说，总成本的相关概念反映了企业的成本总和，当然是非常重要的。但平均成本对生产者来说同样重要。特别是与价格相结合时，平均成本能够更加直观地反映出企业的盈利状况。表 4–4 第（5）列至第（7）列显示了平均固定成本、平均可变成本和平均总成本。

（一）平均固定成本

平均固定成本（Average Fixed Cost，AFC）是指平均生产一单位产品所消耗的固定成本。其数值等于总固定成本除以总产量，即：

$$AFC=\frac{TFC}{Q}$$

因为总固定成本与产量无关，不论产量是多少，总固定成本是不变的，所以，如表 4–4 第（5）列所示，随着产量的增加，平均固定成本越来越小。在图 4–3 中，平均固定成本表现为一条连续下降的曲线，无限接近于横轴，但永远不可能与横轴相交。

（二）平均可变成本

平均可变成本（Average Variable Cost，AVC）是指平均生产一单位产品消耗的可变成本。其数值等于总可变成本除以总产量，即：

$$AVC=\frac{TVC}{Q}$$

如表 4–4 第（6）列和图 4–3 所示，平均可变成本先递减，再递增。

（三）平均总成本

平均总成本（Average Total Cost，ATC）是指平均生产一单位产品所耗费的总成本。其数值等于总成本除以总产量，也等于平均固定成本与平均可变成本之和，即：

$$ATC = \frac{TC}{Q} = \frac{TFC}{Q} + \frac{TVC}{Q} = AFC + AVC$$

如图 4–3 所示，*ATC* 曲线能够通过 *AFC* 曲线和 *AVC* 曲线垂直相加得到。因此，*ATC* 曲线和 *AVC* 曲线之间的垂直距离就度量了每一产量水平下的 *AFC*。

三、边际成本

边际成本（Marginal Cost，MC）是指多生产一单位产品所引起的总成本的增加量。即：

$$MC = \frac{\Delta TC}{\Delta Q}$$

或者

$$MC = \lim_{\Delta Q \to 0} \frac{\Delta TC}{\Delta Q} = \frac{\mathrm{d}TC}{\mathrm{d}Q}$$

由此可见，每一产量水平上的边际成本 *MC* 的值就是相应的总成本 *TC* 曲线的斜率。又由于：

$$MC = \frac{\Delta TC}{\Delta Q} = \frac{\Delta TFC + \Delta TVC}{\Delta Q} = \frac{\Delta TVC}{\Delta Q}$$

因此，由上式可知，边际成本是多增加一单位产量所增加的总成本，即总成本增量；总成本等于总固定成本加总可变成本，所以总成本增量等于总固定成本增量加总可变成本增量，但由于固定成本不变，$\Delta TFC=0$，因此 *MC* 也是总可变成本增量。如图 4–3 所示，*MC* 的值既是 *TC* 曲线的斜率，也是 *TVC* 曲线的斜率。

边际成本是企业能够直接和迅速控制的成本，对企业决策来说非常重要。边际成本说明了多生产一单位产品所带来的成本，因此也说明了不生产这一单位产品所能“节省”的成本。平均成本的概念则不能提供这一信息。例如：企业对生产 4 单位还是 5 单位产量犹豫不决。表 4–4 说明，生产 5 单位时平均总成本是 35 元，但企业在生产第 5 单位产量时，总成本并没有增加 35 元，不生产这一单位产量也不会节省 35 元。实际上，相关的总成本变动仅有 10 元。掌握边际成本的概念有助于企业决策。这一问题留待以后详细探讨。

四、各项成本之间的关系

根据表 4–4 将各成本曲线描绘在图形上，得到图 4–3。如图 4–3 所示，平均固定成本 *AFC* 是随着产量的增加而一直下降的。当产量为零时，*AFC* 趋于无穷大；当产量趋于无穷大时，*AFC* 趋于零。因此，*AFC* 曲线是纵轴和横轴的渐近线。

（一）*AVC* 曲线和 *TVC* 曲线

平均可变成本 *AVC* 开始是随着产量的增加而逐步下降的。从图 4–3 可以看出，*AVC* 曲线的值相当于总可变成本 *TVC* 曲线上任一点与原点连线的斜率。*TVC* 曲线的斜率在产量零到 Q_M 之间是从大变小，过了 Q_M 以后，*TVC* 的曲线的斜率又开始由小变大。于是，

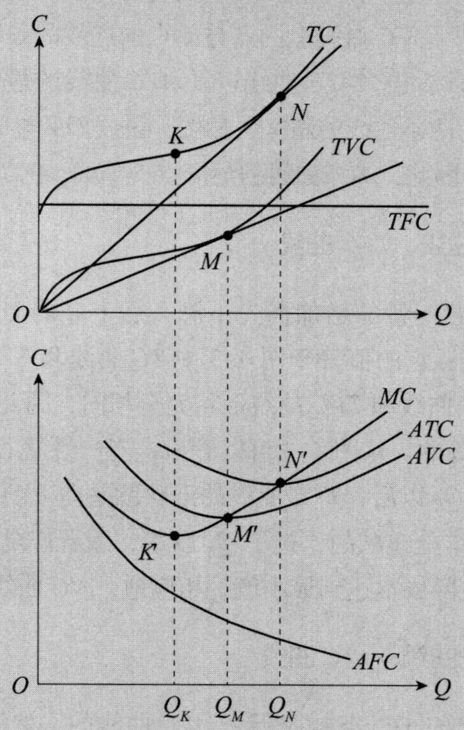

图 4–3　各项成本之间的关系

AVC 曲线就随着产量的增加由下降转而上升。产生这种情况的原因是企业的生产规模具有一个最佳产量，在产量没有达到这个最佳点以前，生产单位产品就会耗费较多的可变成本，在增加产量使它接近最佳点的时候，单位产品所耗费的可变成本就会逐步下降。而到达这个最佳产量点之后，进一步增加产量，又会使单位产品所耗费的可变成本上升。因此，*AVC* 曲线在图上呈现为先下降、后上升的 U 形。

（二）*ATC* 曲线和 *AVC* 曲线

平均总成本 *ATC* 相当于平均可变成本 *AVC* 加上平均固定成本 *AFC*。在 *AVC* 达到最低点时，*AFC* 还在继续下降，只要 *AFC* 的下降幅度大于 *AVC* 上升的幅度，就能够使 *ATC* 继续呈下降状态。在图 4–3 中，产量从 Q_M 增加到 Q_N 这一段便是这种情况。过了 Q_N 继续增加产量，*AVC* 上升的幅度超过了 *AFC* 下降的幅度，*ATC* 就开始上升。因此，*ATC* 曲线和 *AVC* 曲线一样，也是一条先下降、后上升的 U 形曲线。所不同的是，*ATC* 曲线位于 *AVC* 曲线的上方，*ATC* 曲线的最低点 *N'* 位于 *AVC* 曲线的最低点 *M'* 的右方，即随着产量的增加，*AVC* 曲线最低点 *M'* 对应的产量先出现，然后才能到达 *ATC* 曲线的最低点 *N'* 对应的产量。

ATC 曲线和 *AVC* 曲线之间的关系也可以用另一种方法来解释。就像刚才提到平均可变成本 *AVC* 相当于 *TVC* 曲线上任一点与原点连线的斜率一样，平均总成本 *ATC* 相当于 *TC* 曲线上任一点与原点连线的斜率。*TC* 曲线相当于把 *TVC* 曲线垂直向上移动总固定成

本 TFC 这段距离，因此，对应于每一产量，TC 曲线都在 TVC 曲线之上。这两条曲线上相应的点和原点的连线，必然是 TC 曲线上的点与原点的连线的斜率比较大，也就是 ATC 大于 AVC。从图 4–3 中还可以看出，ATC 曲线以及 AVC 曲线的最低点，相当于通过原点和 TC 曲线及 TVC 曲线相切的两条射线的斜率，显然，射线 ON 与 TC 的切点 N 位于射线 OM 与 TVC 的切点 M 的右侧。因此，ATC 曲线的最低点 N′ 位于 AVC 曲线的最低点 M′ 的右侧。

（三）MC 曲线和 TC 曲线、TVC 曲线

MC 曲线也是一条随着产量的增加而先下降、后上升的 U 形曲线。前面已经提到，$MC=\Delta TC/\Delta Q=\Delta TVC/\Delta Q$，它的值等于图 4–3 中 TC 曲线和 TVC 曲线上各点的导数，也就是切线的斜率。由于 TC 曲线和 TVC 曲线形状完全相同，因此对应于每一产量，这两条曲线上对应点的导数是相等的。从图 4–3 可以看出，当产量从 O 增加到 Q_K 时，TVC 曲线的形状是向上凸的，过了 Q_K 以后，TVC 曲线的形状就是向下凸的了，即在产量 Q_K 以前，随着产量的增加，边际成本是递减的，过了 Q_K 以后，随着产量的增加，边际成本就是递增的。在产量为 Q_K 时，边际成本达到最小值，相应地，MC 曲线达到最低点。

（四）MC 曲线和 AVC 曲线、ATC 曲线

从图 4–3 可以看出，MC 曲线起初是低于 AVC 曲线的，然后高于 AVC 曲线，交点位于 AVC 曲线的最低点 M′。MC 曲线和 ATC 曲线也有类似关系。

在产量 Q_M 以前，TVC 曲线上任一点和原点连线的斜率，都大于这点上切线的斜率，而这点上切线的斜率也就是这一点的导数，其数值等于边际成本，所以在产量 Q_M 以前，MC 小于 AVC；当产量大于 Q_M 之后，TVC 曲线上任一点和原点连线的斜率就小于这一点上切线的斜率了，所以在产量 Q_M 以后，MC 就大于 AVC 了；在产量为 Q_M 时，TVC 曲线上 M 点与原点的连线正好与 TVC 相切，所以这时候 MC 曲线和 AVC 曲线相交。

MC 曲线和 ATC 曲线的关系也可以进行类似解释。从图 4–3 可以看出，当产量达到 Q_N 时，MC 才和 ATC 相等，这时，ATC 曲线达到它的最低点。

综合以上情况，我们可以把 MC 曲线和 AVC 曲线、ATC 曲线的关系归纳为如下几点：

（1）当产量从零开始增加时，MC 曲线处在 AVC 曲线和 ATC 曲线的下方，并且只要 MC 小于 AVC 和 ATC，不论这时的边际成本处于递减还是递增阶段，AVC 曲线和 ATC 曲线就必然处于递减阶段。

（2）当产量进一步增加，到一定程度之后，MC 曲线就处在 AVC 曲线和 ATC 曲线的上方了，并且只要 MC 大于 AVC 和 ATC，就必然使 AVC 和 ATC 曲线处于递增阶段。

（3）MC 曲线必然和 AVC 曲线以及 ATC 曲线的最低点相交。

上述关系也可以用一个数字实例来说明。假设某自行车厂生产了 n 辆自行车，平均每辆的成本是 100 元，如果再多生产 1 辆自行车，成本是 99 元，那么就可以断定，n+1 辆自行车的平均成本一定会低于

知识拓展： 为什么 MC 曲线是 U 形的

100元，也就是说，边际成本小于平均成本必然会使平均成本下降；如果在生产了 n 辆自行车后再生产1辆自行车，成本是101元，那么就可以断定，这 $n+1$ 辆自行车的平均成本一定会高于100元，也就是说，边际成本大于平均成本必然会使平均成本上升。因此，边际成本一定和平均成本的最低点相交。

第五节　长期生产关系

长期来看，企业不但可以增减可变资源的投入量，而且可以增减短期内固定资源的投入量。因为长期内企业所有的投入都是可以改变的，所以不存在可变投入与固定投入的区分。

在长期内，影响企业产量的因素有多种。为简化分析起见，假定企业使用劳动和资本两种可变资源来生产一种产品，则两种可变投入和产量的关系可以写为：

$$Q = f(L,K)$$

式中，L 表示可变资源劳动的投入量；K 表示可变资源资本的投入量；Q 表示产量。

一、等产量曲线

（一）等产量曲线的含义

等产量曲线（Isoquant Curve）是表示在技术水平不变的条件下，给生产者带来相等产量的两种生产资源所有组合的曲线。等产量曲线可以用表格和图形的形式表示出来，如表4–5和图4–4所示。

表4–5　某企业的等产量组合方式

组合方式	A	B	C	D
资本投入量	6	3	2	1
劳动投入量	1	2	3	6

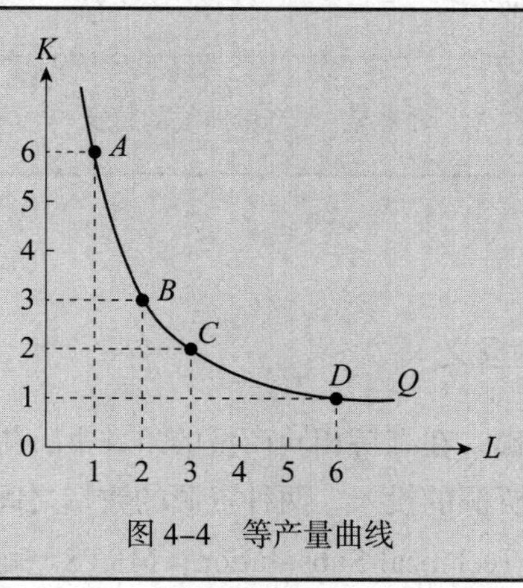

图4–4　等产量曲线

在表 4–5 中，某企业拥有 4 种资本投入量和劳动投入量的组合，虽然每种组合包含的资本和劳动的数量各不相同，但是带给企业的产量都是一样的。

在图 4–4 中，以横轴 L 代表劳动投入量，纵轴 K 代表资本投入量，在坐标平面上绘出两种生产资源的四个不同的组合点 A、B、C、D，将四个点连成一条平滑的曲线，这就是一条等产量曲线 Q。等产量曲线的含义是：线上的任何一点所表示的两种生产资源的组合方式虽然各不相同，但都能生产出相等的产量。

（二）等产量曲线的特征

等产量曲线的形状和特点都与无差异曲线非常相似。只不过无差异曲线是对消费者而言的，是给消费者带来相同效用水平的两种商品的组合；等产量曲线是对生产者而言的，是给生产者带来相同产量水平的两种资源的组合。

（1）等产量曲线向右下方倾斜，斜率为负。这表示维持相等产量的前提下，在两种资源的组合中，增加一种资源的投入，就可以减少另一种资源的投入。例如：如果我们的标准是生产 100 个产品，多投入劳动就要少投入资本，多投入资本就要少投入劳动。

（2）不同的等产量曲线表示不同的产量。离原点越远的等产量曲线表示的产量越大；离原点越近的等产量曲线表示的产量越小。如图 4–5 所示，三条等产量曲线 Q_0、Q_1 和 Q_2，有 $Q_0<Q_1<Q_2$。

（3）在同一平面图上，任意两条等产量曲线不能相交。

（4）等产量曲线凸向原点。这是由边际技术替代率递减决定的。

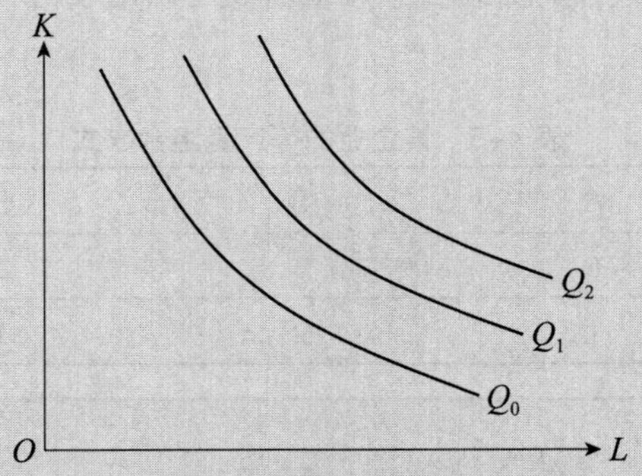

图 4–5　等产量曲线的特征

二、边际技术替代率

（一）边际技术替代率的含义

通过等产量曲线可以看出，在维持相同产量的条件下，生产者如果要增加一种资源投入，就必然要减少另外一种资源的投入，两种资源的数量之间存在一种替代关系。边际技术替代率（Marginal Rate of Technical Substitution，MRTS）就是在产量不变的前提下，生产者增加一单位某种资源的投入时所需要减少的另外一种资源的投入数量。劳动投入量 L 对资本投入量 K 的边际技术替代率记为：

$$MRTS_{LK}=-\frac{\Delta K}{\Delta L}$$

式中，$MRTS_{LK}$ 表示 L 对 K 的边际技术替代率；ΔL 和 ΔK 分别表示劳动投入和资本投入的变化量。因为劳动与资本的数量变化关系是相反的，一个增加，另外一个必然减少，所以 ΔL 和 ΔK 的符号是相反的。为了使边际技术替代率的数值为正值，在公式前面加了负号。

当投入资源数量的变化趋向无穷小时，则 L 对 K 的边际技术替代率公式为：

$$MRTS_{LK}=\lim_{\Delta L\to 0}-\frac{\Delta K}{\Delta L}=-\frac{\mathrm{d}K}{\mathrm{d}L}$$

所以，等产量曲线上某一点的边际技术替代率实际上就是等产量曲线在该点的切线的斜率的绝对值。

知识拓展：边际技术替代率与边际产量

边际技术替代率的概念与消费者理论中的边际替代率的概念也非常相似，只不过边际替代率是对消费者而言的两种商品的替代关系，边际技术替代率是对生产者而言的两种资源的替代关系。

（二）边际技术替代率递减规律

表 4–6 由表 4–5 转化而来，在表 4–6 中我们可以看到，在维持产量不变的前提下，资源组合由 A 转化为 B，L 增加了 1 单位，K 减少了 3 单位，这就意味着，用 1 单位的 L 替换了 3 单位的 K，L 对 K 的边际技术替代率等于 3；资源组合由 B 转化为 C，L 增加了 1 单位，K 减少了 1 单位，即用 1 单位的 L 替换了 1 单位的 K，L 对 K 的边际技术替代率等于 1；资源组合由 C 转化为 D，边际技术替代率等于 0.33。

表 4–6 某企业的边际技术替代率

组合转换	A → B	B → C	C → D
ΔK	–3	–1	–1
ΔL	1	1	3
$MRTS_{LK}=-\Delta K/\Delta L$	3	1	0.33

可以看到，在保持产量不变的条件下，随着生产者不断增加劳动的投入，同时不断减少资本的投入，增加一单位劳动投入可以替代的资本的数量在不断减少。这种规律就是边际技术替代率递减规律。

为什么边际技术替代率会递减呢？根本原因在于边际收益递减规律。在保持产量不变的前提下，不断用一种资源替换另一种资源的时候，随着一种资源投入的增加，其边际产量越来越小；随着另一种资源投入的减少，其边际产量越来越大，从而两种资源的交换比例越来越小。例如：一个企业同时投入劳动和资本进行生产。在同一产量的前提下，随着劳动投入的不断增加，劳动的边际产量越来越小；随着资本不断被替代，资本的边际产量越来越大。因此，多投入一单位劳动所能替代的资本的数量就会越来越少。

三、等成本曲线

等产量曲线表明了按照其上每一点表示的资源组合进行投入都可以生产的产量，但这仅仅表示生产可能，生产者还需要具体的投入，才能购买到相应资源，从而生产出相应产量的商品。生产者生产商品的时候会受到投入的限制，这种投入的限制就是成本约束。

（一）等成本曲线的含义

等成本曲线又称为企业预算线，是指在资源价格和生产者成本投入既定的条件下，生产者用全部投入能够购买到的两种资源最大数量组合的轨迹。

假设某生产者的成本投入为600元，为生产某种产品需要投入劳动 L 与资本 K 两种生产资源，其中，劳动的价格 P_L 为2元，资本的价格 P_K 为1元。全部投入都用来购买劳动可以买到300单位，都用来购买资本则可以买到600单位。根据以上条件可以作出一条等成本曲线 AB，如图4–6所示。

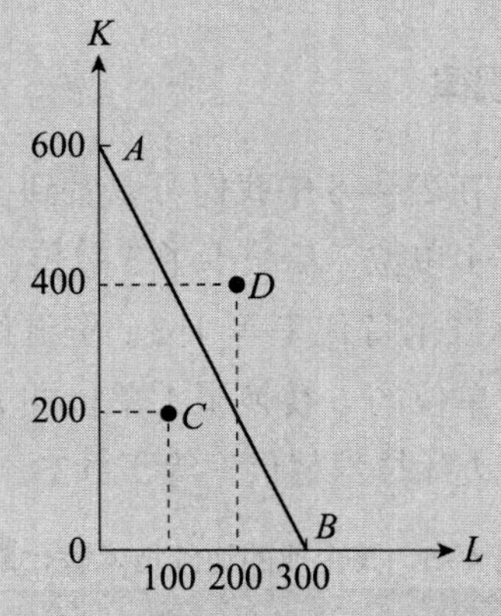

图4–6　等成本曲线

以 C 表示生产者的既定成本投入，P_L 表示劳动的价格，P_K 表示资本的价格，L 和 K 分别表示投入劳动和资本的数量。等成本曲线的公式为：

$$P_L \times L + P_K \times K = C$$

该等式也可以写为：

$$K = -\frac{P_L}{P_K} \times L + \frac{C}{P_K}$$

式中，$-P_L/P_K$ 为等成本曲线的斜率；C/P_K 为等成本曲线在纵轴上的截距。

是不是有一种熟悉的感觉？没错，其实生产者的等成本曲线和消费者的预算线非常类似，它们的定义、性质和特点都几乎一样。唯一的区别就是等成本曲线是对生产者而言的，预算线是对消费者而言的。

（二）等成本曲线的特征

（1）等成本曲线向右下方倾斜，斜率为负。这说明生产者在成本投入既定、资源价格既定的条件下，要增加一种资源的投入，就必须减少另外一种资源的投入。

（2）等成本曲线上每一点代表的资源组合都是生产者在成本和资源价格既定条件下的最大的购买组合。等成本曲线上的任意一点代表的资源组合所需支出是相等的；等成本曲线以内的任一点，如点 C（如图 4–6 所示），代表的资源组合说明生产者投入尚未用完；等成本曲线以外的任一点，如点 D（如图 4–6 所示），代表的资源组合说明生产者成本投入不足，不能实现该种资源组合代表的投入。

（三）等成本曲线的移动

根据以上分析，给定生产者成本投入和两种资源的价格，就能求出等成本曲线的斜率和在纵轴上的截距，相应的等成本曲线的位置和形状也就确定了。当生产者投入或两种资源的价格有变化的时候，等成本曲线的位置或形状就会发生变动。这种变动可以总结为以下五种情况：

（1）两种资源价格不变，生产者成本投入变化，等成本曲线平行移动。如图 4–7（a）所示，成本投入增加，等成本曲线平行右移，等成本曲线由 AB 右移到 A_1B_1；成本投入减少，等成本曲线平行左移，等成本曲线由 AB 左移到 A_2B_2。

（2）生产者成本投入不变，两种资源价格同比例同方向变化，等成本曲线平行移动。如图 4–7（a）所示，两种资源价格同比例上涨，等成本曲线由 AB 向左平行移动到 A_2B_2；两种资源价格同比例下降，等成本曲线由 AB 向右平行移动到 A_1B_1。

（3）生产者成本投入和两种资源价格同比例同方向变化，等成本曲线的斜率和在纵轴上的截距都不变，因此等成本曲线不发生变动。

（4）生产者投入不变，一种资源的价格不变，而另一种资源价格变化，等成本曲线的斜率变化。如图 4–7（b）所示，劳动的价格不变，资本的价格下降，等成本曲线由 AB 顺时针转到 AB_1；劳动的价格不变，资本的价格上涨，等成本曲线由 AB 逆时针转到 AB_2。

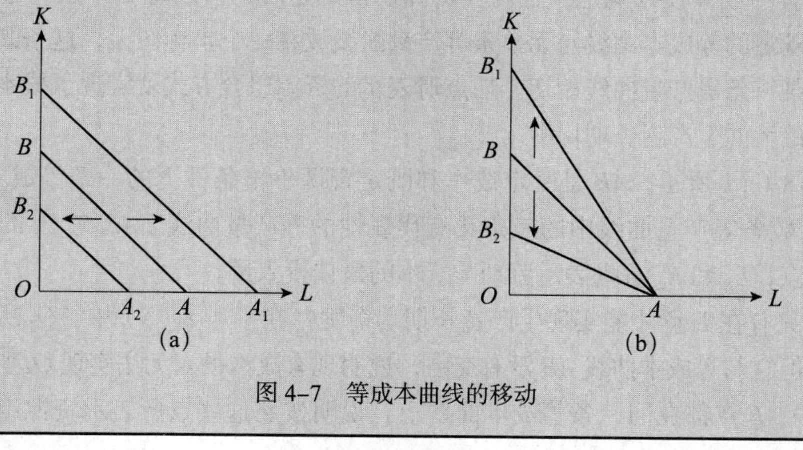

图 4–7　等成本曲线的移动

（5）生产者成本投入和两种资源的价格不同方向或不同比例变化，等成本曲线的变化比较复杂。但只要知道生产者成本投入和两种资源的价格，就能得出新的等成本曲线。

四、生产者长期均衡

（一）边际分析法

假设生产者生产需要两种资源 L 与 K，生产者成本投入 C 既定，两种资源的价格分别为 P_L 与 P_K，那么生产者对两种生产资源按照什么比例组合进行投入才能实现生产者均衡呢？这里需要用到以下两个公式：

$$P_L \times L + P_K \times K = C \tag{1}$$

$$MP_L/P_L = MP_K/P_K \tag{2}$$

公式（1）是限制条件。它表示：企业的成本投入既定时，所购买的 L 与 K 的总支出限定在既定成本投入之内。也就是说，企业所有购买到的 L 与 K 的最大数量组合都由该公式限定。

公式（2）是均衡条件。它表示：企业所购买的两种资源的边际产量与各自的价格之比相等。也就是说，购买劳动和资本的最后一元钱给生产者带来的产量的增量（即边际产量）应是相等的，这时候生产者实现了最佳购买组合，即长期均衡。

实际上，这是消费者理论中的等边际原则在生产中的应用。不论是消费者，还是生产者，当一单位资源不论用在哪种用途上，所得到的好处都相等的时候，资源的配置就达到了最佳。

（二）等产量曲线分析法

长期而言，所有资源的投入数量都是可变动的，精明的生产者会选择最优的生产资源组合进行生产，实现既定成本条件下的最大产量，或者既定产量条件下的最小成本，从而使自己获得最佳的生产条件。

1. 成本投入既定，产量最大

当生产者的成本投入既定，且两种资源价格既定时，可以得出一条确定的等成本曲线。如果将既定的等成本曲线与无数条等产量曲线放在一个坐标图上，这条既定的等成本曲线必定与某一条等产量曲线相切。切点所表示的资源组合方式就实现了成本投入既定条件下的产量最大的生产者长期均衡。

如图 4–8（a）所示，AB 是既定成本和既定资源价格条件下的一条等成本曲线，Q_1、Q_2、Q_3 是无数条等产量曲线中的三条具有代表性的等产量曲线。AB 与 Q_2 的切点 E 就是生产者均衡点，L_E 和 K_E 分别表示劳动与资本的最佳投入量。

为什么只有在 E 点才能实现生产者长期均衡呢？在图 4–8（a）中，Q_3 所代表的产量水平最高，但它与等成本曲线 AB 没有交点，说明现有成本投入无法实现 Q_3 所代表的产量水平。C、D、E 点都在同一条等成本曲线上，说明按照这些点所表示资源组合进行购买所需成本是相同的。C、D 点又同时在等产量曲线 Q_1 上，说明按照这两点进行资源组合能够生产出来 Q_1 的产量。而按 E 点进行资源组合能达到 Q_2 所代表的产量水平。由于 $Q_2>Q_1$，因此 E 点代表的产量水平大于 C、D 点代表的产量水平。又由于同一平面上的无数条等产量曲线相互平行，则与既定的等成本曲线相切的等产量曲线必然是在成本既定条件下所能实现的最大产量的等产量曲线，因此，这个切点便成为成本既定下产量最大的资源组合点，即生产者的长期均衡点。

2. 产量既定，成本投入最小

如图 4–8（b）所示，等产量曲线为 Q，表示产量既定。三条等成本曲线分别为 AB、A_1B_1 和 A_2B_2。等成本曲线 AB 表示的生产者投入最低，但与等产量曲线 Q 没有交点，无法实现既定产量水平；等成本曲线 A_2B_2 表示的生产者投入可以实现既定产量，但成本不是最小的；只有与等产量曲线 Q 相切的等成本曲线 A_1B_1，才是实现既定产量水平的最小成本。

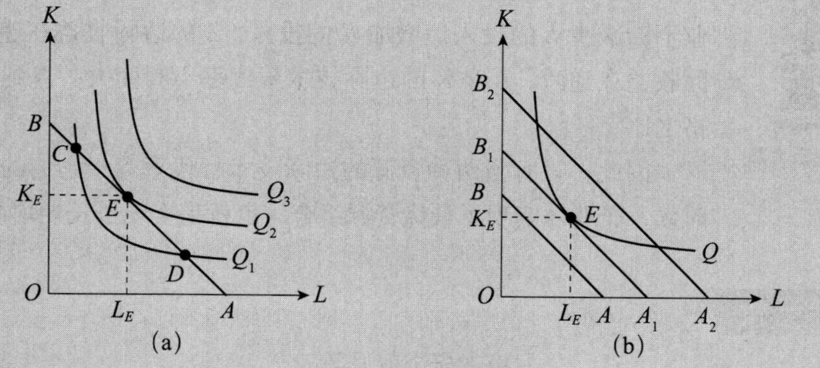

图 4–8　生产者长期均衡

3. 长期均衡条件

由图 4–8 分析可知，不管是在既定成本条件下追求产量最大化，还是在既定产量条件下追求成本最小化，都是等成本曲线与等产量曲线的切点 E 代表的资源组合（L_E, K_E）满足了生产者最佳选择的要求。因为等产量曲线和等成本曲线在 E 点相切，所以等产量曲线在该点的切线与等成本曲线重合。等产量曲线在该点的切线的斜率的绝对值就是边际技术替代率，等成本曲线的斜率的绝对值为两种商品的价格之比。因此，在均衡点 E 有：

$$MRTS_{LK}=\frac{P_L}{P_K}$$

这就是生产者最优资源组合的条件：生产者应该选择最优的资源组合，使得两种资源的边际技术替代率等于两种资源的价格之比。或者说，在生产者的均衡点上，生产者愿意用一单位的某种资源去交换的另一种资源的数量（即 $MRTS_{LK}$），应该等于生产者能够在市场上用一单位的这种资源去交换得到的另一种资源的数量（即 P_L/P_K）。

为什么说只有当边际技术替代率等于两种资源的价格之比的时候，生产者才能获得最佳资源组合呢？

假设 $MRTS_{LK}=-\frac{\Delta K}{\Delta L}=\frac{2}{1}>\frac{P_L}{P_K}=\frac{1}{1}$，说明生产者在本企业内使用 1 单位的 L 相当于使用 2 单位 K 的产出，但在市场上用 1 单位 L 只能交换到 1 单位 K。那么企业减少 1 单位的 K，拿到市场上可以交换到 1 单位 L 投入生产，从而相当于投入了 2 单位的 K，总成本没变，但增加了 1 单位 K 投入能够生产的产量。随着企业不断减少 K 的投入，增加 L 的投入，L 的边际收益在递减，K 的边际收益在递增，L 对 K 的边际技术替代率不断变小，直到最后等于价格之比。

假设 $MRTS_{LK}=-\frac{\Delta K}{\Delta L}=\frac{1}{2}<\frac{P_L}{P_K}=\frac{1}{1}$，说明企业在本企业内使用 1 单位的 K 相当于使用 2 单位 L 的产出，但在市场上用 1 单位 L 能够交换到 1 单位 K。那么企业减少 1 单位的 L，拿到市场上可以交换到 1 单位 K 投入生产，从而相当于投入了 2 单位的 L，总成本没变，但增加了 1 单位 L 投入能够生产的产量。随着企业不断减少 L 的投入，增加 K 的投入，L 的边际收益在递增，K 的边际收益在递减，L 对 K 的边际技术替代率不断变大，直到最后等于价格之比。

知识拓展：“条条大路通罗马”

因此，只有当两种资源的边际技术替代率等于它们的价格之比的时候，企业才实现了最优资源组合，也就是实现了长期均衡。

应用分析

技术先进就好吗？

对于企业而言，在一定条件下，资源之间具有替代性。劳动可以代替资本，资本可以代替劳动。劳动投入多，资本和技术投入少的生产类型就是劳动密集型生产，生产出来的产品就是劳动密集型产品；反过来，劳动投入少，资本和技术投入多的生产类型就是资本密集型或技术密集型生产，生产出来的产品就是资本密集型或技术密集型产品。

一个企业选择哪种技术进行生产，应该通过比较来确定哪种技术对自己有利，而不是为了某种技术而选择某种技术。要不然，会得不偿失。

如图 4–9 所示，等产量曲线上任何一点都代表一种技术。很显然，$K_2/L_2>K_1/L_1$，说明 F 点人均资本多。所以，E 点代表劳动密集型技术，F 点代表资本密集型技术。

企业选择哪种技术，即投入什么资源，取决于 L 和 K 的相对价格。等成本曲线的斜率反映资源的相对价格，工资提高使等成本由线斜率变大，在图形上表现为 AB 旋转为 CD，从而使长期均衡点由 E 移动到 F。

当 L 价格比较低时，企业应该选择 E 点表示的资源组合进行投入，属于劳动密集型技术，这样成本为较低的等成本曲线 AB 所代表的成本。如果企业认为资本密集型技术

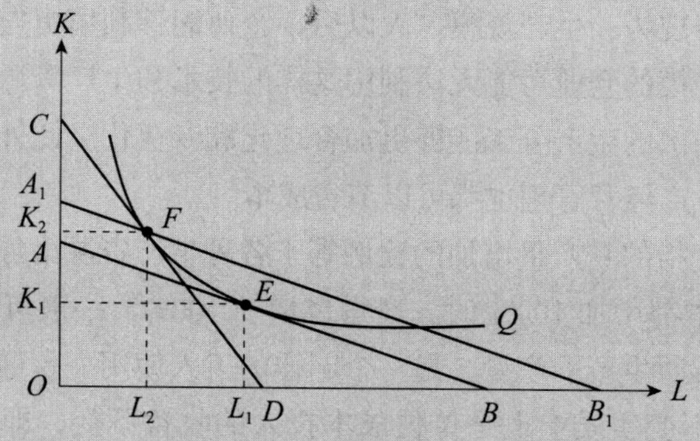

图 4–9　生产技术与资源禀赋

先进，偏要选择 F 点表示的资本密集型技术进行生产，其成本会增加为等成本曲线 A_1B_1 所代表的成本，从而使企业处于不利地位。当劳动的价格（即工资）增加之后，等成本曲线由 AB 旋转为 CD，企业这时候就应该选择 F 点表示的资源组合进行投入，采取资本密集型技术进行生产。

我国刚开始改革开放的时候，出口的都是劳动密集型产品，进口的都是资本密集型和技术密集型产品。那时候流传着一句话：出口几亿件衬衣才能换回一架波音 737。大家纷纷惊呼"吃大亏了"。但其实，那时候我国的劳动力特别便宜，资源丰富，而资本和技术特别稀缺，如果非要生产资本或技术密集型产品，代价会特别高，远不如进口划算。

没有一成不变的环境，也没有一成不变的技术，怎样生产，取决于环境。企业应该选择适合自己的生产技术，而不是一味地选择先进的生产技术。

问题：超越发展阶段的技术进步合理吗？

五、规模报酬

规模报酬也称为规模收益，它分析的是企业的生产规模变化与所引起的产量变化之间的关系。由于企业只有在长期内才能够变动全部生产资源，进而变动生产规模，因此企业的规模报酬分析属于长期生产理论问题。

在生产理论中，通常是以全部的生产资源都以相同的比例发生变化来定义企业的生产规模的变化。相应地，规模报酬变化是指在其他条件不变的情况下，企业内部各种生产资源按相同比例变化时所带来的产量变化。企业的规模报酬变化可以分为规模报酬递增、规模报酬不变和规模报酬递减三种情况。

（1）规模报酬递增指的是产量增加的比例大于各种生产资源增加的比例。实际上就是单位成本投入的收益增加了。例如：有家企业的生产资源投入从 100 万元增加到 200 万元，增加了 100%；产量从 1 万件增加到 3 万件，增加了 200%。每万元成本生产的产品数量由原来的 100 件增加到 150 件。规模报酬递增的主要原因是企业生产规模扩大所带来的生产效率的提高。它可以表现为：生产规模扩大以后，企业能够利用更先进的技术和机器设备等生产资源，而较小规模的企业可能无法利用这样的技术和生产资源。随着对较多的人力和机器的使用，企业内部的生产分工能够更加合理化和专业化。此外，人数较多的技术培训和具有一定规模的生产经营管理也都可以节省成本。

（2）规模报酬不变指的是产量增加的比例等于各种生产资源增加的比例。例如：当全部生产资源劳动和资本都增加 100% 时，产量也增加 100%。一般可以预计两个相同的工人使用两台相同的机器所生产的产量，是一个同样的工人使用一台这样的机器所生产的产量的两倍。规模报酬不变实质上也是单位成本投入的收益不变，即投资 100 万元，收益 200 万元；投资 200 万元，收益 400 万元……以此类推。

（3）规模报酬递减指的是产量增加的比例小于各种生产资源增加的比例。例如：当全部生产资源劳动和资本都增加 100% 时，产量的增加小于 100%。产生规模报酬递减的主要原因是企业生产规模过大，使得生产的各个方面难以得到协调，从而降低了生产效率，具体表现为企业内部合理分工的破坏、生产有效运行的障碍、获取生产决策所需的各种信息的不易等。

一般而言，在长期生产过程中，企业的规模报酬的变化呈现如下规律：当企业从最初很小的生产规模开始逐步扩大的时候，规模报酬递增；在得到了由生产规模扩大所带来的产量递增的全部好处以后，企业一般会继续扩大生产规模，将生产保持在规模报酬不变的阶段，这个阶段有可能比较长；在这以后，企业若继续扩大生产规模，就会进入规模报酬递减的阶段。

知识拓展：边际收益递减和规模报酬递减

应用分析

海底捞是如何走到“关店 300 家”的地步的？

2021 年 11 月 5 日，海底捞发布公告称，在检讨其门店的经营表现后，集团决定调整门店扩张规划决策，在 2021 年 12 月 31 日前逐步关停 300 家左右客流量相对较低及经营业绩不如预期的门店，其中部分门店将暂时休整、择机重开，休整周期最长不超过两年。海底捞同时表示，公司不会裁员并会于集团内妥善安顿该等门店的员工。

海底捞官方微博也发布公开信，承认部分门店经营未达预期主要源于 2019 年开始的快速扩张策略。

公开资料显示，2019 年，海底捞新增门店 308 家；2020 年疫情下逆势新开门店 544 家，平均每天新增 1.5 家；2021 年上半年，再次新增 299 家。截至 2021 年上半年，海底捞门店数量已达 1 597 家，减掉即将关停门店后，门店总数仍在 1 300 家左右。

从衡量餐饮企业的关键指标——翻台率来看，海底捞 2019 年翻台率为 4.8 次 / 天，2020 年跌至 3.5 次 / 天，而 2021 年上半年这一数据更是下滑到 3.0 次 / 天，其中新开餐厅翻台率仅为 2.3 次 / 天。在扩店潮和翻台率下滑的背后，海底捞的净利率出现断崖式的下滑，从 2019 年的 8.84%，跌至 2020 年的 1.08%，再跌至 2021 年上半年的 0.48%。

问题：“由于存在规模报酬递增，因此企业规模越大越好。”这句话对吗？

第六节　长期生产成本

从长期来看，一个行业和组成它的单个企业能够根据市场的变化调整全部资源，也就是说，它们能够改变所有投入的数量。因为长期意味着现有企业有足够时间退出，或者新企业有足够时间进入该行业，所以企业能够改变其生产规模，整个行业也可以改变其总的生产能力。在长期内，企业所有的成本都是可变的，没有固定成本与可变成本的区别。企业的长期成本可以分为三种：长期总成本、长期平均成本和长期边际成本。

一、长期总成本

长期总成本（Long Total Cost，LTC）是指长期内企业在各种产量水平上通过改变生产规模所能达到的最低总成本，即在各个产量水平下的最低总成本。从长期来看，企业的每一产量水平面对不同的生产规模（投入及组合），要生产同样的产量，其成本可大可小。

例如：为了得到 100 千克水，可雇一个人挑，或找两个人抬，或用三个人运，不同的生产规模（投入及组合），总成本是不一样的。又如：某服装企业每天销售 1 000 件上衣，可以开一家分店，多雇几个营业员，也可以开 3 家或 10 家分店，每家店少雇几个营业员。企业会从自身实际出发选择成本最低的生产规模和生产方式。因此，长期总成本就是企业在每一产量水平上的最低总成本。

二、长期平均成本

长期平均成本（Long Average Cost，LAC）是指企业长期内按产量平均计算的最低成本。长期平均成本函数可以写为：

$$LAC(Q) = LTC(Q)/Q$$

从长期来看，对于一个给定产量，总有一个特定的固定资产规模（即生产规模）能够使长期总成本最小，这个规模就是对应该产量的最佳生产规模。理性的企业一定会选择与每一产量相对应的最佳生产规模进行生产，从而实现长期总成本最小，这也就意味着长期平均成本最小。用每一产量水平上的 *LTC* 除以该产量，便得到这一产量上的 *LAC*。

长期平均成本曲线先递减、再递增，呈 U 形，如图 4–10 所示。长期平均成本曲线为什么会呈现先递减再递增的规律呢？这是规模经济和规模不经济导致的。

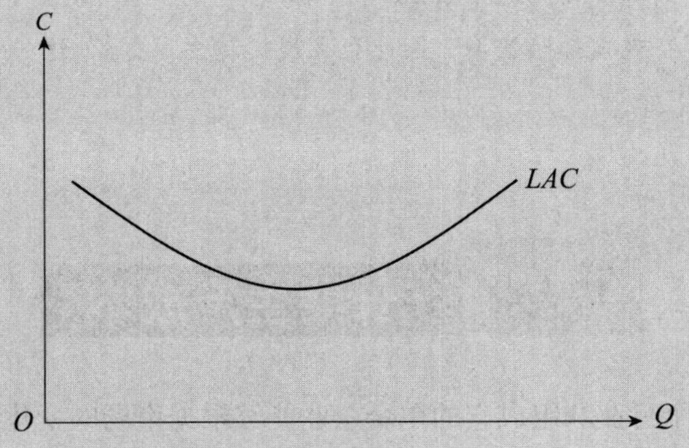

图 4–10　长期平均成本曲线

（一）规模经济

微课：规模经济

规模经济（Economies of Scale），也称为大规模生产经济，是指企业由于扩大生产规模而使经济效益增加的现象。规模经济解释了图 4–10 中 *LAC* 曲线向下倾斜的部分。随着企业生产规模的扩大，许多因素都会导致长期平均成本的暂时性下降。

1. 劳动力专业化

企业规模的扩大能够促进劳动力使用的专业化。雇用更多的工人意味着可以将工种进行更细的划分，每个工人只需要完成一种任务即可。首先，工人能够全天都在其拥有特殊技能的岗位上工作，更加熟悉工作任务，从而使得效率提升。其次，由于只从事较少的工种，在这些岗位上工人会变得更加精通这项技艺，熟能生巧，他们可能还会找到一些效率更高的工作方法。最后，工人不必在不同的工作之间不断转换，从而消除了从一个工种转到另一个工种的时间浪费。

2. 管理专业化

大规模生产还意味着可以更有效地利用管理人员，实现更高水平的管理专业化。小规模企业无法使管理人员发挥最大优势。例如：在一家小企业里，一位精通销售的经理可能需要同时负责几种职能，如营销、财务和办公室等工作，然而术业有专攻，除了营销之外的业务可能并不是他所擅长的，大概率会管理低效。如果在大企业里工作，他就可以只负责营销，把其他职能交给更专业的管理人员去做，从而充分发挥管理专业化的优势，其结果就是更高的效率和更低的平均成本。

3. 效率更高的机器设备

小企业由于实力有限，因此往往无法负担高效机器设备的高价格。而且，高效机器设备的生产能力也很高，巨大的产量对原材料和市场的需求也是小企业无法负担的，只有大规模的企业才能做到。

在汽车行业，最有效率的制造方法是使用机器人技术和先进的流水线生产设备。由于设备价格昂贵，有效使用这些设备的年产量要求在 20 万～40 万辆。只有规模非常大的企业才能买得起并有效使用这些设备。

4. 其他因素

许多产品不仅会产生设计和开发成本，还会产生其他的“启动”成本，如厂房建设、动力准备、机器安装和工人招聘等。无论预计的销售量是多少，这些成本都会存在。随着产量的增加，每单位产品分摊的这类成本就会下降。类似地，随着生产和销售的产品越来越多，分摊到每辆汽车、每台电视机、每套桌椅和每包方便面上的广告成本也会越来越低。同时，企业生产和销售更多产品，其生产和营销技能通常也会提高，这种“边做边学”也能够促进规模经济的实现。

企业规模扩大，产量增加，更容易在产品市场上形成销售垄断，从而提高产品价格；企业对原材料的需求增加，也更容易在原材料市场上形成垄断，从而压低原材料价格。

初始成本越大的企业，规模经济的好处越显著。这一点在制造业中体现得比较明显。那些已经将运营规模扩大到能够实现大规模生产的企业的发展往往欣欣向荣；而那些不能扩大生产规模的企业则变为成本相对较高的生产商，注定要为了生存苦苦挣扎，甚至破产倒闭。

应用分析

我国人均 GDP 已经超过世界平均值，人口红利优势转变为规模优势

2023 年 3 月 25 日，由国务院发展研究中心主办、中国发展研究基金会承办的中国发展高层论坛 2023 年年会在北京钓鱼台国宾馆召开。黄奇帆在会上发表演讲。

黄奇帆表示，最近十几年，中国人口成本逐渐提高，出生率逐渐低于死亡率，人口无限供给的优势，实际上逐渐在淡出。但是中国毕竟有 14 亿人，人口红利优势现在逐渐变为人口的规模优势。20 世纪 80 年代只谈劳动力比较优势，不说市场优势，因为那时候人均 GDP 只有 200 美元。随着工业和进出口贸易都成了世界第一，我国的人均 GDP 逐渐赶上并超越世界平均值，2022 年达 12 000 多美元，超过世界 11 000 美元的平均值。超过平均值以后，人口越多，GDP 规模就越大。

因此，中国经济在人口红利之后迎来一个新的红利——这就是我们的超大规模单一市场所产生的红利，即市场红利。就规模而言，中国人口有 14 亿，占全球总人口的比例接近 20%。就市场结构而言，中国是个单一的大市场。单一市场是指法律体系统一、税务体系统一、商业规则统一、语言文化统一的市场。就工业基础而言，中国是全要素全门类全产业链集成的经济体。这三者叠加在一起将产生三方面的红利：

一是“规模经济”的成本摊薄效应。进入中国市场的制造业，一旦规模上去了，就能够大幅摊薄六项成本：一是研发成本，二是固定资产投资成本，三是采购成本，四是人力成本，五是物流成本，六是市场开拓成本。一般来说，规模经济可以从以上六个方面影响整个制造业成本，一旦达到了充分的规模，就可以把价格压低 30% ～ 40%，从而形成产业发展的核心竞争力。

二是“引力场”效应。这种“引力场”主要体现在几个方面。从需求的角度看，超大规模市场意味着超大规模的本国消费市场和超大规模的进口贸易量。从生产角度看，超大规模市场意味着市场分工可以更加深化，有利于全产业链各环节之间甚至各工序之间通过分工和专业化形成相互嵌套、相互共生的产业链集群。从时间角度看，超大规模市场意味着供给和需求互促共生现象将会十分显著。不仅需求端在不断地更新升级，吸引着越来越多的市场主体去“供给”；而且由于作为供给端的生产本身具有“学习效应”，将会带来越来越多的创新产品，也就是说“供给”也在创造“需求”。二者互相促进，相互吸引。

三是“大海效应”。2018 年 11 月，习近平在首届中国国际进口博览会开幕式上发表重要讲话，指出：“中国经济是一片大海，而不是一个小池塘。大海有风平浪静之时，也有风狂雨骤之时……狂风骤雨可以掀翻小池塘，但不能掀翻大海。”习近平讲的这个“大海”，就是指中国经济的超大规模。与小国经济不同，在面临外部冲击时，超大规模市场可以让本国经济具有更大的内循环余地，具有更强的抵御外部风险的能力。一般的“狂风骤雨”无法掀翻这个“大海”。对企业来讲，对基本面的预期十分重要。中国经济的超大规模造就了其如“大海”般的稳定。

以上这三种效应是中国超大规模单一市场所带来的，是中国发展到如今这个阶段自然产生的新红利，这也是中国式现代化作为人口规模巨大的现代化所蕴含的自然逻辑。在这个大市场的带动下，跨国公司合理的产业链布局逻辑突出体现在产地销、销地产两个方面。所谓产地销，就是利用当地的综合要素成本的优势组织生产，面向本地市场和全球市场进行销售。中国大市场的六个成本摊薄效应仍将是影响跨国公司“在中国、为全球”的重要因素。所谓销地产，就是面向本地市场组织生产，更好地组织供应链响应消费者需求变化，即“在中国、为中国”。中国有 14 亿人口，其中有约 4 亿中等收入群体，这将是一个庞大的“引力场”。

问题：我国的人口红利优势转化为规模优势指的是什么？

（二）规模不经济

规模不经济（Diseconomies of Scale）是指企业由于过度扩大生产规模而使经济效益减少的现象。规模不经济解释了图 4-10 中 *LAC* 曲线向上倾斜的部分。随着企业生产规模的扩张，迟早会引起规模不经济和长期平均成本的上升。

企业规模不经济的主要因素是管理效率的降低导致的成本增加。当生产规模扩大以后，企业会遇到有效控制和协调运营的难题。在一家小企业里，由于规模小，管理人员接近和了解生产一线，因此只需处理相对少量的信息就可以做出最优生产决策。由于人员少，管理人员对每个员工的优缺点也都了如指掌，因此可以对人员做出最优配置，让最合适的人干最合适的事，充分发挥每个人的优势。由于事情少，因此管理人员可以统筹考虑所有的事情，做出最优规划。

随着企业规模的扩张，这种简单的管理模式会发生巨大的变化。在大规模生产下，一个人无法汇集、消化和理解做出决策所必需的所有信息。权力必须分配到许多副总经理、部门经理和部门主管等人的手中。管理层级的增多必将导致沟通与合作的困难、部门主义和官僚主义等问题的出现。同时，管理人员的增加也会使工资增加。这些都增加了企业的成本。

另外，在大规模企业里，基层员工与高层管理者的层级差距较大，会导致心理距离远，基层员工感觉不到自己与企业的情感联系，对工作效率漠不关心。大企业基层员工在岗位上消极怠工的可能性比小企业基层员工要大得多。为了解决隔阂和消极怠工，就需要额外的监督，这也会增加成本。

除此之外，随着企业规模的扩大，对原材料需求的增加也可能提高原材料价格；随着产量的增加还可能导致销售困难，导致产品市场价格下降和营销费用的增加……这些也都增加了企业的成本。

三、长期边际成本

长期边际成本（Long Marginal Cost，LMC）是指长期内企业每增加一单位产量所增加的总成本。即：

$$LMC=\Delta LTC/\Delta Q$$

LMC 曲线呈 U 形，它与 *LAC* 曲线相交于 *LAC* 曲线的最低点，如图 4–11 所示。

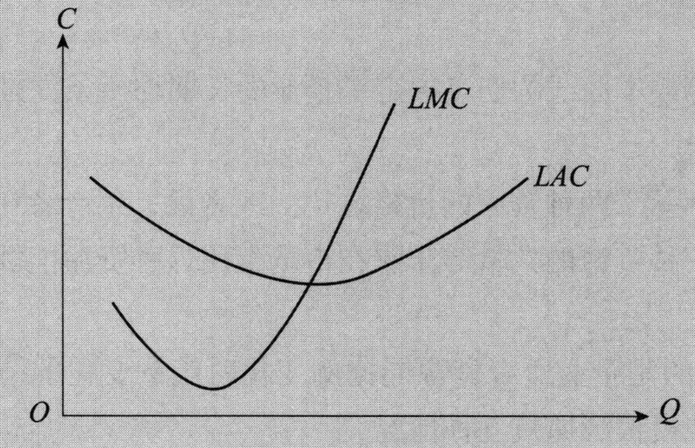

图 4–11　*LMC* 曲线与 *LAC* 曲线

本章小结

1. 企业存在是为了节约交易成本。交易成本即围绕交易契约所产生的成本。企业的终极目标是利润最大化。

2. 企业的组织形式包括三种：独资企业、合伙企业和公司制企业。

3. 机会成本是指利用一定资源获得某种收入时所放弃的其他机会所能获得的最高收入。企业为了获得并保留资源所必须支付给资源所有者的报酬就是经济成本。经济成本包括显性成本和隐性成本。企业家才能应该获得的报酬是正常利润，属于隐性成本。总收益减去经济成本就是经济利润。

4. 边际收益递减规律是指在其他条件不变时，增量投入所获得的产量增量最终将出现递减现象。*MP* 曲线与 *AP* 曲线相交于 *AP* 曲线的最高点。*MP* 大于零时，*TP* 增加；*MP* 小于零时，*TP* 减少；*MP* 等于零时，*TP* 达到最大值。

5. 企业无法改变全部资源投入量的时期是短期。由于在短期内，有些资源是可变的，有些资源是固定不变的，因此短期成本被分为可变成本和固定成本。固定成本与产量无关；可变成本随着产量的变化而变化。任何产量下的总成本都等于固定成本与可变成本之和。

6. 平均固定成本、平均可变成本和平均总成本分别表示每单位产量中包含的固定成本、可变成本和总成本。随着产量的增加，平均固定成本不断下降，平均可变成本曲线呈 U 形，反映了边际收益递减规律。平均总成本是平均固定成本与平均可变成本之和，平均总成本曲线也呈 U 形。

7. 边际成本是多生产一单位产品时增加的总成本。由于固定成本不变，边际成本也是多生产一单位产品时可变成本的增加量。边际成本曲线呈 U 形，反映了边际收益递减规律。

8. 长期来看，企业可以改变所有的资源投入。等产量曲线反映了给企业带来相等产量的两种资源不同数量的组合。等成本曲线反映了使企业成本支出相等的两种资源不同数量的组合。

9. 等产量曲线与等成本曲线的切点决定了企业的长期均衡条件是：

$$MRTS_{LK}=P_L/P_K$$

即边际技术替代率等于两种资源的价格之比。或者说，生产者在企业内部用一单位某种资源能够替代的另一种资源的数量等于它在市场上用这种资源能够交换到的另一种资源的数量。

10. 规模报酬研究的是企业所有资源同比例变化时产量变化的情况，包括规模报酬递增、规模报酬不变和规模报酬递减三种情况。

11. 长期总成本是长期内企业在每一产量下的最低总成本。长期边际成本是长期内企业每增加一单位产量所增加的成本。

12. 长期平均成本是长期内平均每单位产量的最低成本。由于规模经济和规模不经济的存在，因此长期平均成本曲线呈 U 形。

能力训练

一、单项选择题

1. 正常利润是（　　）的组成部分。

A. 隐性成本　　B. 会计成本

C. 显性成本　　D. 固定成本

2. 当边际产量等于平均产量时，（　　）。

A. 总产量最大　　B. 总产量最小

C. 平均产量最大　　D. 边际产量最大

3. 边际产量递减规律（　　）。

A. 否认边际产量可能递增　　B. 以专业分工为依据

C. 以某些投入固定为前提　　D. 适用于长期分析

4. 等产量曲线上任意一点表示的要素组合（　　）。

A. 生产相等的产量　　B. 生产不等的产量

C. 生产最大的产量　　D. 生产最小的产量

5. 如果对一个厂商来说，$MP_L/P_L < MP_K/P_K$，则该生产者应该（　　）。

A. 增加 K，增加 L　　B. 增加 K，减少 L

C. 减少 K，增加 L　　D. 减少 K，减少 L

二、思考分析题

1. 什么是交易成本？

2. 公司制企业有什么优势？

3. 为什么边际收益递减？

4. 区分显性成本和隐性成本，并举例说明。大学生活的显性成本和隐性成本有哪些？

5. 区分会计利润、正常利润和经济利润。是会计利润还是经济利润决定了企业家不同的资源配置？请解释。

6. 下列情况中，哪些是短期调整，哪些是长期调整？

（1）一户菜农新建了一个种菜塑料大棚。

（2）笑哈哈公司新招聘了 100 名工人。

（3）一家农场增加了棉花地的农药用量。

（4）乐哈哈公司新上了一条生产线。

7. 请根据给出的数据在空白处填上数字，完成表 4–7，并回答问题。

表 4-7　不同劳动投入的产量

劳动投入	总产量	平均产量	边际产量
1		2	
2			10
3	24		
4		12	
5	60		
6			6
7	70		
8			0
9	63		

（1）该生产资源从第几单位的劳动投入开始出现边际收益递减？

（2）为什么会出现边际收益递减现象？

（3）指出该劳动投入的合理区间。

8. 在生产的三个阶段中，为什么企业的理性决策应在第二阶段？

9. 一个企业主在考虑再雇用一名工人时，在劳动的平均产量和边际产量中他更关心哪一个？为什么？

10. 为什么在短期内能够对固定成本和可变成本进行区分？请把下列成本项目按固定成本和可变成本进行分类：广告支出、燃料、企业履行债券的利息、运费、原材料支出、房产税、管理人员的薪水、保险费、工资、销售税、生产设备融资租赁费和办公设备租赁费。

11. 请指出下列每一种情况会使一个制造企业的边际成本曲线、平均可变成本曲线、平均固定成本曲线、平均总成本曲线发生怎样的移动，且在每种情况下，说明移动的方向。

（1）企业房产税下降。

（2）生产工人的小时工资增加。

（3）电价下降。

（4）运输成本增加。

12. 某企业生产一定数量的产品需要的劳动和资本的投入量可以采用下述 A、B、C、D 四种组合中的任何一种，如表 4-8 所示。

表 4-8　劳动与资本投入组合

组合方式	劳动	资本
A	18	2
B	13	3
C	11	4
D	8	6

（1）若每单位劳动价格为 6 元，每单位资本价格为 12 元，则该企业为使总成本最低，应该采用哪种组合进行生产？

（2）若资本价格不变，劳动价格上升到每单位 8 元，则该企业应该采用哪种组合进行生产？

13. 某企业广告预算为 110 万元，打算分别用于电视、电台和报纸广告，经调查，这三种媒介的广告效果预计如表 4–9 所示。

表 4–9　不同广告投入的销售额

广告次数	每次广告可以增加的销售额（万元）		
	电视	电台	报纸
第 1 次	400	150	200
第 2 次	300	130	150
第 3 次	220	100	120
第 4 次	180	90	100
第 5 次	140	60	80

假设每做一次广告，电视、电台和报纸的费用分别为 30 万元、10 万元和 20 万元。请问，如何在不同媒介中分配广告预算，才能使总广告效果最优？

14. 什么是等产量曲线和等成本曲线？请解释企业长期生产均衡的条件。

15. 请运用规模经济和规模不经济的概念解释长期平均成本曲线的形状。

第五章　完全竞争市场

◆ 知识目标

1. 熟悉四种市场类型的特征
2. 熟悉完全竞争市场的条件
3. 掌握边际收益的概念
4. 掌握利润最大化的条件
5. 掌握完全竞争企业的需求
6. 掌握生产效率与资源配置效率的含义

◆ 能力目标

1. 能够区分四种市场类型
2. 能够解释现实生活中的市场类型
3. 能够解释利润最大化原则
4. 能够解释完全竞争企业的短期均衡

◆ 素养目标

1. 树立效率意识，形成效率观念
2. 培养认真、负责的职业道德观念

【先贤哲言】

天下熙熙，皆为利来；天下攘攘，皆为利往。

——《史记·货殖列传》

第四章对企业及其成本进行了讨论，第五章则要把收益与成本结合起来，考察企业如何决定产品的价格以及产量。在现实中，一家企业所处行业的特征很大程度上影响企业有关价格与生产决策。在一种极端情况下，一家企业控制着整个市场；而在另一种极端情况下，行业中存在成千上万的小企业，每家企业只生产整个行业总产量的很小的一部分。在这两个极端之间，存在许多其他行业形态。

第一节　市场类型

由于我们不可能考察完所有的行业，因此这里主要研究具有代表性的四种市场类型。经济学根据产品或服务供给方的状况，将市场划分为完全竞争市场、垄断竞争市场、寡头垄断市场和完全垄断市场四种类型，如表 5-1 所示。

表 5-1　市场类型的划分和特征

市场类型	企业数量	产品差别程度	单个企业对价格的控制程度	进出一个行业的难易程度	接近哪种商品市场
完全竞争市场	很多	完全无差别	没有	很容易	一些农产品
垄断竞争市场	很多	有差别	有一些	比较容易	一些轻工产品、零售业
寡头垄断市场	几个	有差别或无差别	相当程度	比较困难	钢铁、汽车、石油
完全垄断市场	唯一	唯一的产品，且无相近的替代品	很大程度，但经常受到管制	很困难，几乎不可能	公用事业，如水、电

决定市场类型划分的主要因素有以下四个：第一，市场上企业的数量；第二，企业生产产品的差别程度；第三，单个企业对市场价格的控制程度；第四，企业进出一个行业的难易程度。其中，第一个因素和第二个因素是最基本的决定因素；第三个因素是第一个和第二个因素的必然结果；第四个因素是第一个因素的延伸。

企业的利润取决于收益和成本。成本取决于企业的生产技术等各方面的因素，而收入取决于市场对其产品的需求状况。不同的市场类型对企业的产品的需求状况是不一样的，因此，在分析企业的利润最大化决策时，要区分不同的市场类型。

第二节　利润最大化

一、完全竞争市场的条件

完全竞争又称纯粹竞争，是指竞争不受任何阻碍和干扰、排除任何垄断可能的市场类型。美国著名经济学家爱德华·哈斯丁·张伯伦（Edward H. Chamberlin）将完全竞争描述为没有“垄断因素”的竞争。要保证完全竞争的实现，需要具备以下四个基本条件：

（一）买方和卖方的数量非常多

由于市场上存在大量的卖方，每个卖方所提供的产品数量都只占全行业供给总量的微不足道的份额，以至于增加或减少单个卖方的产量都不会对总供给产生可以察觉的影响，因此不会对产品价格产生影响，当然单个卖方也就无法影响市场价格，而只能接受市场价格，并根据市场价格决定自己利润最大化的产量。如果卖方A的无数竞争对手以每单位10元的价格销售同样的产品，即完全替代品，那么买方不会以10.01元的价格从卖方A处购买；反过来，卖方A能够以每单位10元的价格销售任意数量的产品，其也没有理由定价为9.99元，减少自己的利润。同时，市场上存在大量的买方，单个买方的购买量也只占整个行业需求总量的一个微不足道的份额。这样，单个买方也不可能通过调整自己的购买数量来影响整个市场的供求关系，改变市场价格，因此也只能成为市场价格的接受者，根据市场价格决定使自己效用最大化的购买数量。

（二）标准化产品

在完全竞争市场上，所有企业生产同质的、无差别的标准化产品。只要价格相同，买方并不在乎从哪个卖方手里购买产品。从买方的角度来看，不同企业生产的产品都可以完全相互替代。正因为完全竞争企业销售标准化的产品，所以它们并不会试图通过产品差异化来挣得更多，也不会通过其他形式的非价格竞争来打败竞争对手。

（三）自由进入和退出

在完全竞争条件下，资源是自由流动的，任何企业进入或退出一个行业是完全自由的，不存在任何障碍。只有生产资源自由流动，使企业能够及时向获利的行业转移或及时退出亏损的行业，全社会的经济资源才能做到最有效的配置。在完全竞争的条件下，缺乏效率的企业会被淘汰，取而代之的是更高效率的企业。

（四）市场信息完全畅通

完全竞争市场上的每一个生产者和消费者对市场内的各种经济信息都了如指掌，以此做出自己的生产和消费决策，实现利益最大化，从而排除了个别企业由于对信息的垄断而进行不完全竞争的可能。

严格意义上的完全竞争市场在现实中是不存在的，但是这一市场模型与众多行业高度相关。通过研究完全竞争市场模型，我们能够学习到许多关于农产品、水产品和股票市场的知识。同时，完全竞争经济的运行为我们评估现实经济的效率提供了一个准则。

二、完全竞争企业的需求

完全竞争企业（完全竞争市场中的单个企业）面对的需求可以用该企业的需求曲线来表示。由于在完全竞争市场上，单个企业规模很小，是市场价格的接受者，因此，完全竞争企业的需求曲线是一条由既定市场价格出发的水平线，如图 5–1 所示。在图 5–1（a）中，市场需求曲线 D 和市场供给曲线 S 相交于点 E，决定了市场均衡价格为 P_E。相应地，在图 5–1（b）中，由既定价格水平 P_E 出发的一条水平线 d 就是完全竞争企业的需求曲线。水平的需求曲线 d 说明，单个企业所面临的需求曲线是具有完全弹性的。在这一价格下，该企业的市场需求无限大，既不可能通过限制产量来提高价格，也不需要通过降低价格来增加销量。

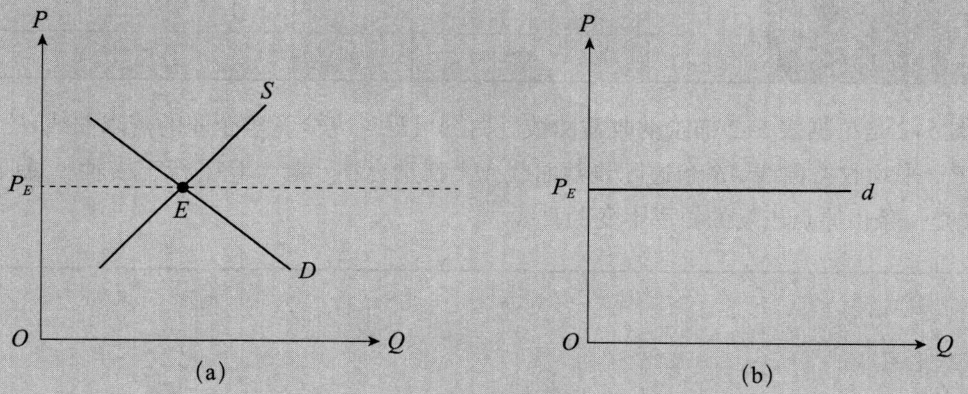

图 5–1　完全竞争企业的需求曲线

当然，完全竞争企业的需求曲线具有完全弹性并不是说完全竞争市场的需求曲线也是水平线，相反，完全竞争市场的需求曲线是一条向下倾斜的曲线，如图 5–1（a）中曲线 D 所示。虽然单个企业不能影响价格，但所有企业一致行动就可以改变行业总供给，从而影响价格。例如：所有企业同时降低产量，就能使市场的总供给量降低，从而提高价格。

三、完全竞争企业的收益

企业的收益就是销售收入，可以分为总收益、平均收益和边际收益。

总收益（Total Revenue，TR）是指企业按一定价格出售一定数量的产品时获得的全部收入。它是价格 P 与销售量 Q（即产量，由于完全竞争企业的需求无限大，因此销售量与产量相等）的乘积：

$$TR = P \times Q$$

平均收益（Average Revenue，AR）是指企业平均销售一单位产品时获得的收入。它与价格相等：

$$AR = TR/Q = (P \times Q)/Q = P$$

因此，企业的平均收益总是等于产品价格 P。

边际收益（Marginal Revenue，MR）是指企业多销售一单位产品所增加的收入。在完全竞争市场条件下，它也与价格相等：

$$MR = \Delta TR/\Delta Q = (P \times \Delta Q)/\Delta Q = P$$

由于完全竞争企业面临的价格不变，它的平均收益和边际收益都与价格相等（假设都等于 1）。如表 5–2 所示，总收益随着销售量的增加而递增。

表 5–2　完全竞争企业的收益

销售量（Q）	0	10	20	30	40	50	60
价格（P）	1	1	1	1	1	1	1
总收益（TR）	0	10	20	30	40	50	60
平均收益（AR）	1	1	1	1	1	1	1
边际收益（MR）	1	1	1	1	1	1	1

图 5–2 是根据表 5–2 描绘的收益曲线。由图可见，完全竞争企业的需求曲线 d、价格曲线 P、平均收益曲线 AR 和边际收益曲线 MR 都重合在一起，且平行于横轴。总收益曲线 TR 是一条由原点出发的斜率不变的直线。

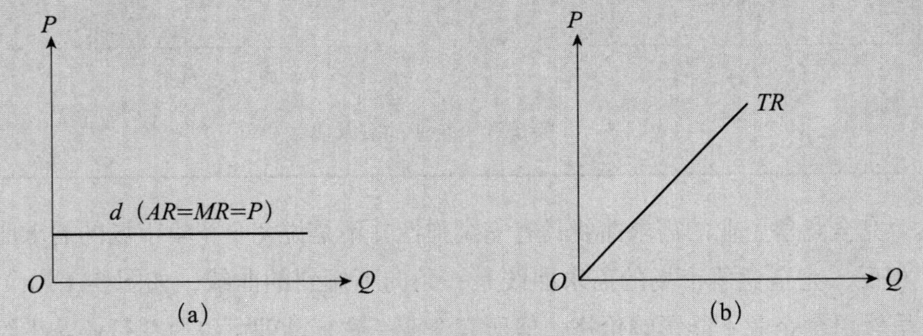

图 5–2　完全竞争企业的收益曲线

四、利润最大化的条件

因为完全竞争企业是价格接受者，所以它不能通过改变价格来使利润最大化。由于价格是由整个市场的供给和需求决定的，企业能够控制的唯一变量就是产量，因此，完全竞争企业只能在价格既定的情况下，通过调整产量来使利润最大化。具体而言，企业在决定要不要新增一单位产品的时候，会把这一单位新增产品带来的总收益与为了生产它所增加的总成本相比较。换句话说，企业会比较每一单位新增产量所带来的边际收益和边际成本。如果边际收益大于边际成本，那么企业就应该增加产量继续生产，因为销售这些产品增加的收益超过了生产它们增加的成本；如果边际收益小于边际成本，那么企业就不应该生产这一单位产品，因为生产它增加的成本大于收益，利润会减少，或者亏损会增加。

在生产的初始阶段，因为产量相对较低，边际收益通常会超过边际成本，所以在这一产量范围内进行生产是有利可图的。但是在生产的后期阶段，产量相对较高，由于边际成本递增，而完全竞争企业的边际收益等于价格（价格是不变的），因此不断增加的边际成本将超过边际收益。显然，利润最大化的企业不会选择在这个产量范围内进行生产。将这两个生产范围分开的唯一点就是边际收益等于边际成本的产量，这一点是决定产量的关键：在短期内，企业通过生产这一产量，可使利润最大化或损失最小化（只要继续生产比停产更有利）。这种利润最大化的方法被称为“$MR=MC$ 规则”。在现实中，对于大多数企业而言，MR 和 MC 恰好相等时，产量往往不是一个整数，在这种情况下，企业应该生产使得 $MR>MC$ 的最后一单位产品。

如图 5-3 所示，边际收益曲线 MR 与边际成本曲线 MC 相交于点 E。当产量小于 Q_E 时，如产量为 Q_1，MR 大于 MC，对于企业来说，继续增加产量有利可图，所以企业应该增加产量；当产量大于 Q_E 时，如产量为 Q_2，MR 小于 MC，多生产一单位产量就会多增加一些损失，对于企业来说，少生产可以减少亏损，所以企业应该减少产量；只有当产量等于 Q_E 时，MR 等于 MC，这时候企业实现了利润最大化，达到了最有利的生产状态。因此，理性的企业会把产量保持在 Q_E 上，从而获得在目前条件下最大的收益，实现利润最大化。

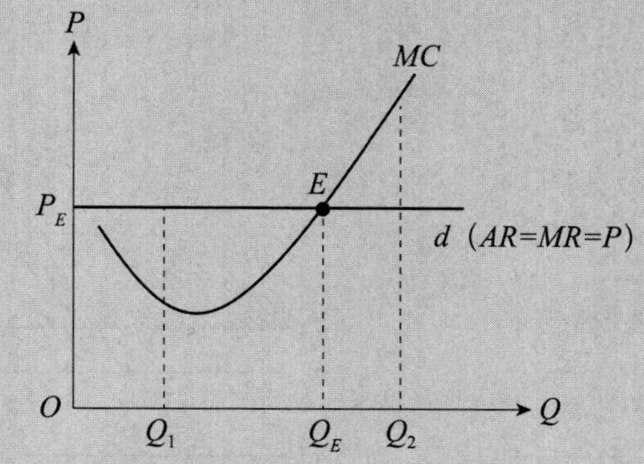

图 5-3　利润最大化

这里有几点需要注意：

（1）对企业来说，$MR=MC$ 规则实现了利润最大化，也就是最有利的生产状态，但并不代表企业一定会有正利润。正如前文所述，利润最大化是一个对企业最有利的状态，也有可能亏损，如果亏损，利润最大化的产量会使企业亏损最少。

知识拓展：$MR=MC$ 的数学证明

（2）$MR=MC$ 规则对于所有企业来说都是实现利润最大化的正确指导方法，无论该企业是完全竞争企业、垄断竞争企业、寡头垄断企业还是完全垄断企业。

（3）就完全竞争企业而言，这一规则可重新表述为 $P=MC$。因为在完全竞争市场中，产品价格与边际收益相等，所以可以用 P 代替 MR。

第三节 完全竞争企业的短期均衡

在完全竞争企业的短期生产中，市场价格是给定的，固定资源的投入量也不可变，完全竞争企业只能根据既定的市场价格和成本状况决定一个使利润最大化的产量，即短期均衡产量。这个短期均衡产量满足的条件就是 $MR=MC$。企业实现这个条件时，既有可能获得经济利润，也有可能亏损，现在我们结合完全竞争市场进行具体分析，如图 5–4 所示。

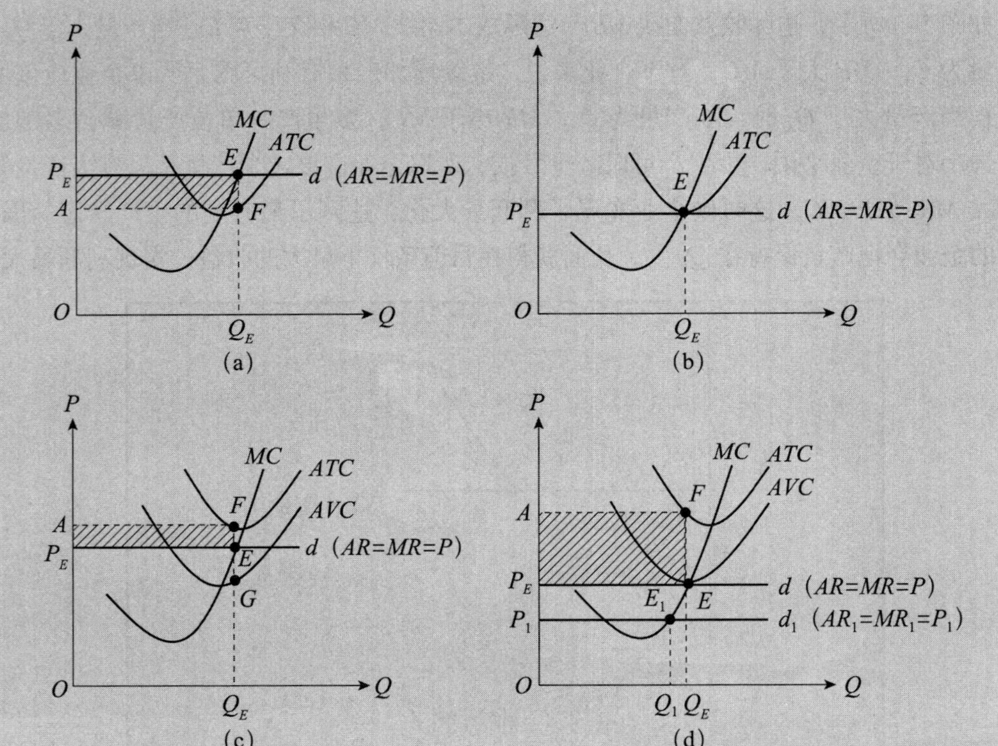

图 5–4　完全竞争企业的短期均衡

在图 5–4（a）中，市场总供求决定的均衡价格为 P_E，从 P_E 出发的一条水平线 d 就是需求曲线，也是平均收益曲线和边际收益曲线。根据 $MR=MC$ 的利润最大化条件，企业利润最大化的均衡点为 MR 曲线与 MC 曲线的交点 E，均衡产量为 Q_E。在 Q_E 的产量水平上，平均收益为 EQ_E（等于价格 P_E），平均成本为 FQ_E，平均收益大于平均成本，企业获得经济利润；企业的单位产品利润为 EF，产量为 OQ_E，利润总量为二者的乘积，即图中矩形 AP_EEF 的面积。

在图 5–4（b）中，企业的需求曲线 d 与 ATC 曲线相切于 ATC 曲线的最低点 E，我们知道，MC 曲线也与 ATC 曲线相交于 ATC 曲线的最低点 E。因此，在 E 点，$MR=MC$，该点就是企业利润最大化的均衡点。在均衡产量 Q_E 上，平均收益等于平均成本，都为 EQ_E，企业的经济利润为零，但收回了包括正常利润在内的所有成本。在 E 点，总收益等于总成本，企业既没有利润，也没有亏损，该点被称为企业的盈亏平衡点。

在图 5–4（c）中，MR 曲线与 MC 曲线相交于点 E，平均收益为 EQ_E（等于价格 P_E），平均成本为 FQ_E，平均收益小于平均成本，企业亏损，亏损量等于矩形 AP_EEF 的面积。虽然平均收益小于平均成本，但大于平均可变成本 GQ_E，因为平均收益大于平均可变成本时，总收益大于总可变成本，所以企业虽然亏损，但会继续生产，企业用总收益弥补可变成本之后还能有所剩余，从而可以弥补在短期内总是存在的固定成本；如果不生产，所有的固定成本都得不到弥补，企业会亏损更多。因此，只要平均收益（等于价格）大于平均可变成本，企业生产总会好于不生产。

在图 5–4（d）中，由于市场价格的下降，企业的需求曲线 d 与 AVC 曲线相切于 AVC 曲线的最低点 E，而 MC 曲线也与 AVC 曲线相交于 AVC 曲线的最低点 E，因此，在 E 点，$MR=MC$，该点就是企业利润最大化的均衡点。这种状态下企业是亏损的，亏损额等于矩形 AP_EEF 的面积。此时，企业的平均收益 AR 等于平均可变成本 AVC，企业可以继续生产，也可以停产，即企业继续生产和停产的结果是一样的。这是因为，如果企业生产，总收益也只能弥补全部可变成本，固定成本得不到任何补偿；如果企业不生产，仍然会亏损全部固定成本。由于在这一均衡点上，企业处于停止营业的临界点，因此，该均衡点也被称为停止营业点或关门点。

如果市场价格继续下降，由 P_E 下降为 P_1，则需求曲线也会下降为 d_1，处于 AVC 曲线下方，MR_1 与 MC 的交点 E_1 为均衡点。这时平均收益 AR_1 小于平均可变成本 AVC，企业停止生产。在这种情况下，如果企业继续生产，总收益连可变成本都无法弥补，更无法弥补固定成本。生产越多，亏损越多，只要停产，可变成本就会变为零，比继续生产要好。

从以上分析可知，短期内企业生产与否与固定成本无关，只取决于市场价格 P（等于平均收益 AR）和平均可变成本 AVC 的比较。在 $MR=MC$ 规则所决定的产量水平下，只要 $P>AVC$，企业就会生产，如图 5–4（a）、（b）、（c）所示；只要 $P<AVC$，企业就会停止生产，如图 5–4（d）所示。当市场价格 P 等于平均可变成本 AVC 的最小值时，企业处于停止生产的临界点。因此，与最低平均可变成本相等的价格也被称为停产价格。

综上所述，完全竞争企业在短期内的所有市场价格条件下都应该根据 $MR=MC$ 规则确定产量。

应用分析

狡猾的农场主

一个生产小麦的农场主向他的工人发布了一则坏消息："今年的小麦价格很低，而且我从今年的粮食中最多只能获得 3.5 万元的毛收入。如果我付给你们与去年相同的工资

（3 万元），我就会亏本，因为我不得不考虑 8 个月以前已经为种子和化肥花费了 2 万元，这样我的总支出是 5 万元。如果为了那些价值 3.5 万元的粮食而让我花上 5 万元，那么我一定是疯了。如果你们愿意只拿去年一半的工资（1.5 万元），我的总成本将为 3.5 万元，我至少可以收支相抵。如果你们不同意降低工资，那么我也就不打算收割这些小麦了。”

问题： 如果工人们不同意降低工资，农场主会收小麦吗？为什么？

第四节 完全竞争企业的长期均衡

在完全竞争企业的长期生产中，所有的资源投入都是可变的。企业通过对所有生产资源的调整实现 $MR=LMC$ 的利润最大化目标。在市场价格给定的条件下，完全竞争企业对生产资源的调整可以分为两个方面：一是企业对长期生产规模的调整；二是企业进入或退出某个行业引起的行业规模调整。

一、企业对长期生产规模的调整

从长期来看，企业可以通过自身规模的调整来提高效益。如图 5-5 所示，假设市场价格为 P_E，在 P_E 的价格水平下，企业如何决定自己的生产规模，从而获得最大利润呢？在短期内，企业不能改变固定资源的投入，只能选择 ATC_1 和 MC_1 决定的生产规模进行生产。按照 $MR=MC_1$ 的原则，利润最大化产量为 Q_1，企业可获得矩形 AP_EE_1B 的面积表示的利润。在长期内，根据利润最大化的均衡条件 $MR=LMC$，企业会达到长期均衡点 E_2，选择 ATC_2 和 MC_2 决定的生产规模进行生产，相应的最优产量为 Q_2，企业可获得矩形 DP_EE_2C 的面积表示的利润。长期来看，企业通过对最优生产规模的调整，可以使自己获得比短期内更多的利润。

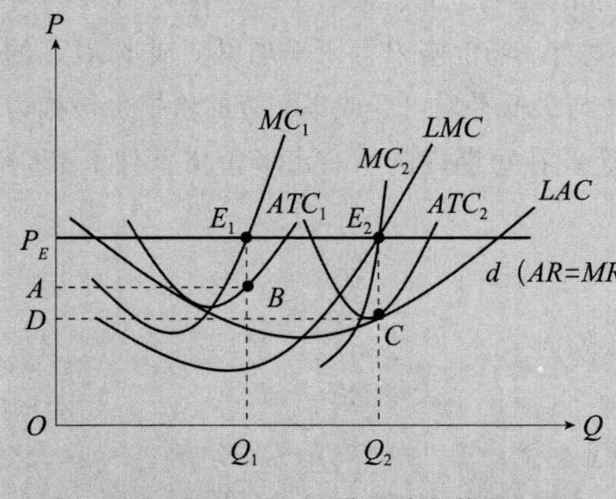

图 5-5 企业对长期生产规模的调整

二、企业进入或退出某个行业引起的行业规模调整

在长期内，如果产品市场供不应求，价格水平偏高，则会使企业获得经济利润。经济利润的存在会吸引新企业加入，整个行业规模扩大，供给增加，产品价格下降，直到经济利润消失。这时，新企业不再加入，实现了长期均衡。如图 5–6 所示，价格由 P_3 降到 P_2，即需求曲线由 d_3 的位置降至 d_2 的位置，就是描述了上述过程。

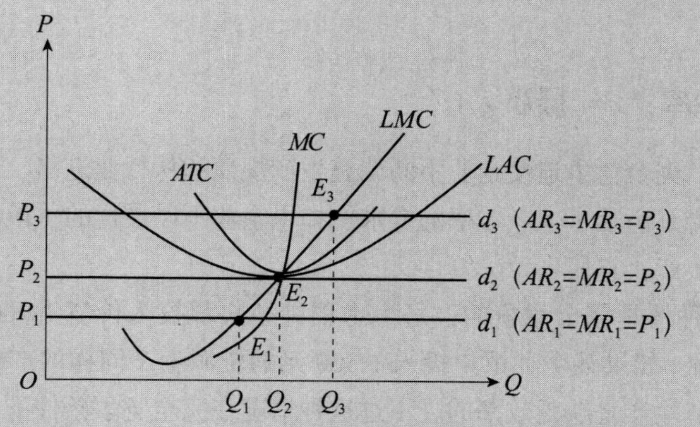

图 5–6　企业进入或退出某个行业引起的行业规模调整

反之，在长期内，如果产品市场供过于求，价格水平偏低，则会使企业亏损。亏损的存在会使部分企业退出该行业，行业规模缩小，供给减少，产品价格上升，直到亏损消失。这时，原有企业不再退出，实现长期均衡。如图 5–6 所示，价格由 P_1 上升到 P_2，即需求曲线由 d_1 的位置上升至 d_2 的位置，就是描述了这个过程。

行业规模的调整最终会使价格线，也就是 *AR* 曲线、*MR* 曲线，与 *LAC* 曲线的最低点相切，即图 5–6 中的 E_2 点。这时，$MR=AR=LAC=LMC$。

综合企业自身规模调整和整个行业规模调整的两个过程来看，完全竞争企业长期均衡的条件是：$MR=AR=LMC=LAC$，其中，$MR=AR=P$。这是 $MR=MC$ 规则在完全竞争市场长期均衡中的具体表现。在实现长期均衡的条件下，完全竞争企业不可能有亏损，也不可能有经济利润。

第五节　完全竞争与效率

通过以上学习我们知道，完全竞争企业长期均衡点位于长期平均成本曲线（*LAC*）最低点，长期边际成本曲线（*LMC*）也穿过此点。此时满足的条件是 $P=MR=LAC=LMC$，即价格、边际收益、最小长期平均成本和长期边际成本都相等。这一等式告诉了我们两个

重要的信息：第一，尽管在短期，一个完全竞争企业可能实现经济利润或者亏损，但是如果长期按照 MR（$=P$）$=MC$ 规则进行生产，该企业最终一定是处于盈亏平衡状态，只能得到正常利润；第二，长期均衡时，企业在 LAC 曲线的最低点处进行生产，说明完全竞争能够尽可能高效地利用社会资源，经济体系实现了生产和配置的最优效率。

生产效率要求能够以成本最低的方式生产产品，配置效率要求资源能够按照社会最需要的方式被分配到企业和行业中去。当不可能通过改变所生产的产品组合来使社会净收益增加的时候，配置效率就得到了实现。那么，完全竞争市场是如何实现生产和配置效率的呢？

一、生产效率：$P=$ 最小 LAC

从长期来看，完全竞争迫使企业不断调整生产规模和从行业进出，最终在最小长期平均成本处进行生产，满足了生产效率的要求。如果企业不以最优的（最低成本）生产方法和投入组合进行生产，它们将无法生存。

假设水稻的种植是完全竞争的，每个水稻种植户都投入价值 1 000 元的资源来生产 1 000 千克的水稻。如果某个种植户投入 1 500 元的资源生产同样的产量，那么资源就没有得到有效利用，生产是缺乏效率的。不过这种情况在完全竞争条件下不可能发生，因为这个种植户将遭受 500 元的损失，这会迫使他要么降低成本，要么退出水稻的种植。

总而言之，完全竞争使企业在最小长期平均成本处进行生产，而且价格也等于最小长期平均成本。这样一来，企业以最低成本生产，消费者获得了最低价格；企业处于利润最大化的状态，消费者处于效用最大化的状态；市场出清，没有剩余，也没有未被满足的需求，整个市场非常有效率。

二、配置效率：$P=MC$

只有生产效率并不能保证资源的有效配置。最低成本的生产并不能保证生产出的产品是消费者想要的产品。在很多情况下，很有可能消费者希望用来生产某种产品的资源被用来生产其他产品。

令人开心的是，完全竞争中的长期均衡同时保证了配置效率，确保社会资源被分配到了消费者最需要的产品和服务的生产活动中去。当不能通过改变资源的用途使社会净收益增加的时候，社会资源就达到了最优配置，从而实现了配置效率。那么，资源配置效率的标准是什么呢？

（一）$P=MC$ 时，资源配置最优

任何产品的市场价格 P 都是社会对该产品每新增一单位的相对价值进行的评估。也就是说，产品的市场价格是社会承认的该产品给社会带来的价值。例如：一部手机定价 1 000 元就是社会对该部手机的价值评估，说明这部手机给社会带来的相对价值是 1 000 元。新增一单位产品的边际成本 MC 则衡量了为获得它所牺牲的其他产品的价值或相对价

值，或者说是社会为了多生产这一单位产品而付出的代价。例如：将资源用来生产手机，就不能用来生产其他产品。

如果 $P>MC$，就意味着最后一单位产品给社会带来的价值大于为生产它所付出的代价，即牺牲的其他产品的价值。这说明该种产品生产得太少了，应该减少其他产品的生产，将资源转移到该种产品的生产上来。

如果 $P<MC$，就意味着最后一单位产品给社会带来的价值小于为生产它所付出的代价，这说明该种产品生产得太多了，应该减少该种产品的生产，将资源转移到其他产品的生产上去。

如果 $P=MC$，就意味着生产最后一单位这种产品给社会带来的价值等于为生产它所付出的代价，这说明该种产品的产量达到了最佳，资源配置达到了最优。

在完全竞争市场条件下，追求利润的企业将在价格（边际收益）与边际成本相等的那一点处生产每种产品和服务，此时的社会资源就得到了有效的配置。

（二）动态调整

当完全竞争市场被经济中的变动所扰乱的时候，它有重新恢复效率的能力。消费者偏好、资源供给或者技术的变动都会自动地引发资源进行重新配置。例如：假设有专家宣布吃桃子能够抗御流感，那么，桃子的价格会上升，上升后的价格将超过其边际成本，应该有更多的资源投入桃树的种植上来。同时，较高的价格使桃树种植业出现经济利润，使得该行业能够为资源开出更高的价格，从而把资源从其他需求不那么紧迫的用途（如种植苹果树）中吸引过来。只有当桃子的价格和它的边际成本重新相等时，桃树种植业的扩张才会停止。

类似地，某种特定资源的供给或者生产技术的变动，也会通过提高或降低边际成本而打破当前价格与边际成本相等的关系。不管是为了追求利润还是避免亏损，由此造成的价格与边际成本的不相等都会促使企业管理者进行资源的重新配置，直到价格再次与边际成本相等为止。

（三）市场机制的作用

完全竞争经济之所以能够促使资源高效率的配置，是因为企业的资源供给者都在努力增进其自身的利益，从而促使资源流动到可以获得更高收益的用途中去。竞争不仅使单个生产者的利润最大化，而且创造出的资源配置模式也使消费者效用最大化。市场机制在有效利用资源方面把生产者的私人利益与社会利益完全一致地结合起来。这就是竞争的魅力所在。

市场机制的有效性就体现在竞争带来的效率上。生产者要想获得利润，满足私人利益，就必须为社会创造价值，在为社会创造价值的同时才能获得私人利益。其实不仅是生产者，社会上的所有经济主体都是如此。

党的二十大报告指出：“统筹推动文明培育、文明实践、文明创建，推进城乡精神文明建设融合发展，在全社会弘扬劳动精神、奋斗精神、奉献精神、创造精神、勤俭节约精神，培育时代新风新貌。”

我们每个人要想获得私人利益，必须为社会创造价值，为社会带来利益，在满足社会和他人的同时才能满足自己。我们通过工作为社会创造了价值，同时获得了自己想要的利益。每个人在自己的岗位上努力奋斗，我为人人的同时人人也在为我，经济越来越繁荣，社会越来越安定，日子必然会越来越好。

本章小结

1. 经济学根据产品或服务供给方的状况，将市场划分为四种类型：完全竞争市场、垄断竞争市场、寡头垄断市场和完全垄断市场。

2. 在完全竞争市场中，任何企业都不能影响市场价格，企业的需求曲线是一条平行于横轴的直线，而且价格同时等于平均收益和边际收益。

3. 在价格超过最小平均可变成本的条件下，完全竞争企业在短期内通过使边际收益等于边际成本来使利润最大化。

4. 如果价格低于最小平均可变成本，完全竞争企业就会通过停产来使亏损最小化。如果价格高于平均可变成本，但低于最小平均总成本，企业即使亏损，也会继续生产。

5. 完全竞争企业的长期均衡点位于长期平均成本曲线的最低点，这时企业处于盈亏平衡状态，既没有经济利润，也没有亏损。

6. 当完全竞争企业长期均衡时，价格与最小长期平均成本相等。价格与边际成本相等说明资源按照消费者偏好进行配置，资源配置是有效率的。

能力训练

一、单项选择题

1. 资源配置效率要求资源能够按照社会最需要的方式被分配到企业和行业中去，其实现条件是（　　）。

A. 价格等于平均成本　　B. 边际收益等于边际成本

C. 价格等于边际成本　　D. 企业达到最大产量

2. 生产效率要求以成本最低的方式生产产品，实现生产效率的条件是（　　）。

A. 价格等于最小长期平均成本　　B. 价格等于最小边际成本

C. 边际收益等于边际成本　　D. 企业规模达到最大

3. 完全竞争企业短期内继续营业的最低条件是（　　）。

A. 价格高于平均成本最低点　　B. 价格高于平均可变成本最低点

C. 价格高于边际成本最低点　　D. 价格等于平均成本最低点

4. 不管在什么市场类型下，利润最大化的条件都是（ ）。

A. 边际收益等于边际成本　　B. 边际收益高于边际成本

C. 边际收益低于边际成本　　D. 产量最大化

5. 根据完全竞争、完全垄断、垄断竞争和寡头垄断的基本特征，“小麦种植户”最适合哪一种市场类型？（ ）

A. 完全竞争　　B. 完全垄断　　C. 垄断竞争　　D. 寡头垄断

二、思考分析题

1. 简述完全竞争市场、垄断竞争市场、寡头垄断市场和完全垄断市场的基本特征。下面的例子最适合哪一个市场类型？

（1）社区附近的超市。

（2）一个城市的自来水公司。

（3）中国电信集团有限公司。

（4）小麦种植户。

2. “在短期，即使一家企业正处于亏损状态，它也最好继续经营。”这句话正确吗？在哪些条件下它是成立的？

3. 为什么在所有的市场中，边际收益等于边际成本都是利润最大化的必要条件？为什么在完全竞争市场条件下的 $MR=MC$ 规则中，价格可以代替边际收益？

4. “在短期，很高的固定成本可能是企业亏损的原因，但永远不可能是企业停产的原因。”这句话正确吗？为什么？

5. “营业或停业的短期规则是：当 $P>AVC$ 时，营业；当 $P<AVC$ 时，停业。继续经营或退出行业的长期规则是：当 $P\geq LAC$ 时，继续经营；当 $P<LAC$ 时，退出行业。”请解释其原理。

6. 为什么说完全竞争是具有生产效率和分配效率的？

7. 表 5–3 为某完全竞争企业的短期成本与收益情况。根据表中的资料，当产品的市场价格为 8 时，企业在现有的规模条件下，应根据 $MR=MC$ 确定产量为 5 时可以实现利润最大化。这时，利润最大化的含义是盈亏平衡，即经济利润为 0，厂商仅仅获得了正常利润。

表 5–3　某完全竞争企业的短期成本与收益情况

产量（Q）	短期总成本（TC）	短期平均成本（ATC）	短期边际成本（MC）	平均收益（AR）	总收益（TR）	边际收益（MR）	经济利润（$TR-TC$）
0	14	—	—	—	0	—	–14
1	19	19	5	8	8	8	–11
2	23	11.5	4	8	16	8	–7
3	26	8.67	3	8	24	8	–2

续表

产量（Q）	短期总成本（TC）	短期平均成本（ATC）	短期边际成本（MC）	平均收益（AR）	总收益（TR）	边际收益（MR）	经济利润（$TR-TC$）
4	32	8	6	8	32	8	0
5	40	8	8	8	40	8	0
6	50	8.33	10	8	48	8	–2
7	63	9	13	8	56	8	–7

若由于市场供求关系发生变化，产品价格下降到 6 或提高到 10，则该企业的利润最大化产量分别应是多少？盈亏状况又如何？

8. 为什么完全竞争企业不愿意为产品做任何广告？

第六章 不完全竞争市场

◆ 知识目标

1. 熟悉完全垄断市场的特征
2. 熟悉垄断竞争市场的特征
3. 熟悉寡头垄断市场的特征
4. 掌握完全垄断企业的收益
5. 掌握价格歧视的含义

◆ 能力目标

1. 能够分析完全垄断企业的均衡
2. 能够分析垄断竞争企业的均衡
3. 能够分析古诺模型和斯威齐模型
4. 能够进行不同市场的效率比较

◆ 素养目标

1. 树立竞争意识，形成正确的竞争观念
2. 培养博弈思维，辩证性地处理矛盾

【先贤哲言】

故兵无常势，水无常形；能因敌变化而取胜者，谓之神。

——《孙子兵法·虚实篇》

不完全竞争市场是相对于完全竞争市场而言的，除完全竞争市场以外的所有或多或少带有一定垄断因素的市场都被称为不完全竞争市场。它包括三种类型：完全垄断、垄断竞争和寡头垄断。完全垄断市场的垄断程度最强，寡头垄断市场次之，垄断竞争市场的垄断程度最轻。

第一节 完全垄断市场

一、完全垄断市场的特征和进入壁垒

（一）完全垄断市场的特征

完全垄断市场又称垄断市场，是指整个行业中只有一家企业的市场组织。其主要特征包括：

（1）市场上只有唯一的企业生产和销售产品，没有其他企业与其竞争。

（2）产品是独一无二的，没有其他相近的替代品，消费者要么购买，要么不购买，缺乏选择余地。

（3）存在强大的进入壁垒，使其他企业进入这个行业成为不可能，完全垄断企业不会面临竞争威胁。由于在这样的市场中，排除了所有的竞争因素，完全垄断企业独自控制了整个行业的产品的生产和销售，因此它可以通过控制产量而影响和控制市场价格。

（二）进入壁垒

阻碍企业进入某一行业的因素就是进入壁垒。在完全垄断市场中，强大的进入壁垒能够有效阻挡潜在的竞争者进入；稍弱的进入壁垒可能允许寡头垄断的存在，即几家企业支配一个市场；更弱的进入壁垒可能允许相当数量的竞争企业进入，从而形成垄断竞争市场。如果行业不存在有效的进入壁垒，则会有大量企业进入，最终形成完全竞争市场。因而，进入壁垒不仅与完全垄断相关，也与其他有垄断特征或者垄断行为的市场类型相关。可以形成进入壁垒的因素包括以下几种：

1. 关键资源的所有权或控制权

一家企业可以通过拥有或控制生产过程的关键资源来阻碍竞争对手的进入。如果某个企业控制了某一行业生产所必需的某种原料，它就可以独家运用这种原料进行生产，排除其他企业进入这一行业的可能性。例如：加拿大国际镍公司曾一度控制着世界上绝大部分的镍储量；现在的一些顶尖职业体育团队利用自己优厚的财力与最优秀的运动员签约，同时与主要的运动场和竞技场签订长期的租赁协议，导致新进入者很难发展。

2. 法律性进入壁垒：专利和许可

政府会通过批准专利和发放许可证的方式设置法律性进入壁垒。

专利权是专利发明人或其权利受让人对特定的发明创造在一定期限内依法享有的独占

实施权。专利和专利法是为了保护专利发明人获得合理报酬、防止对专利的发明没有贡献或没有对该专利支付费用的竞争对手使用该专利而设置的。在专利期限内，专利为其发明者提供了垄断地位。世界上大多数国家的专利期限是20年，这一期限设置既给予专利发明人一段时间垄断的权利，又能防止专利时间太长导致创新受阻。

政府也可能通过发放许可证或者牌照的方式限制企业进入某行业。我国实施食盐专营、烟草专卖制度，事实上形成了政府许可的垄断。在许多城市，开出租车必须有出租车执照，而且执照数量有限，出租车供给的有限性给出租车所有者和司机带来了经济利益。由于没有执照的出租车没有办法进入该行业，因此无法降低行业价格和利润，而专车和网约车的出现打破了出租车对这一市场的垄断。

3. 规模经济

现代技术的发展促进了一些行业规模的扩张。一方面，有些行业的生产前期投入很多，机器设备也很昂贵，因此需要很大的产量才能体现出规模经济的好处，将成本降到合理位置，以至于整个行业的产量只有由一家企业生产才能达到所需要的生产规模，如果有两家企业，大家都会亏损。另一方面，只要这一家企业在这一生产规模上进行生产，其生产能力就足以满足整个市场的需求。在这样的行业特点下，最终竞争的结果只有一个，即这家企业能够生存到最后，从而形成完全垄断。在极端情况下，会出现市场需求曲线与产量很大时仍然处于下降状态的长期平均成本曲线相交的情形，这样的企业被称为自然垄断企业，指这种垄断企业是市场自发运行的规模经济导致的结果，是自然而然出现的情况。

二、完全垄断企业的需求

（一）需求曲线

由于垄断行业只有一家企业，因此垄断企业所面临的需求曲线就是整个行业的市场需求曲线。和所有的市场需求曲线一样，垄断企业和整个行业的市场需求曲线是向右下方倾斜的，表示消费者对该企业产品的需求量与价格成反方向变化。同时，由于市场需求量就是垄断企业的销售量，向右下方倾斜的需求曲线意味着垄断企业既可以用减少销售量的方法来提高价格，也可以用增加销售量的方法来降低价格，即垄断企业可以通过改变销售量来控制市场价格。

（二）收益曲线

因为垄断企业的价格随着销售量的增加而下降，不再像完全竞争企业那样是不变的，所以其边际收益将不再与价格相等，而是小于价格。如果给定向下倾斜的需求曲线，完全垄断企业就只能通过降低价格才能增加销售量。因此，除了第一件产品的边际收益等于价格之外，从第二件产品开始，所有的产品的边际收益都低于价格（平均收益），如表6–1和图6–1所示。

表 6-1　完全垄断企业的收益

产品数量（Q）	1	2	3	4	5	6	7
价格（P）	50	45	40	35	30	25	20
总收益（TR）	50	90	120	140	150	150	140
平均收益（AR）	50	45	40	35	30	25	20
边际收益（MR）	50	40	30	20	10	0	–10

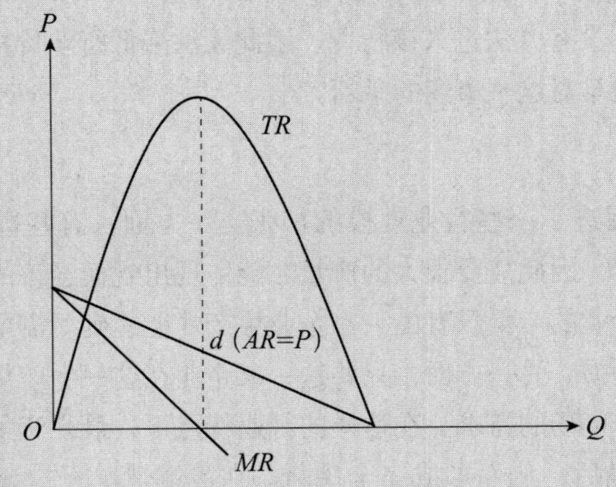

图 6–1　收益曲线

在所有的产量水平上，平均收益 AR 恒等于价格 P。因此，垄断企业的 AR 曲线与需求曲线 d 重合，为同一条向右下方倾斜的曲线。除了在第 1 单位产量时垄断企业的边际收益 MR 与平均收益 AR 相等外，之后的任一产量水平上，边际收益 MR 总是小于平均收益 AR。因此，在图 6–1 中，MR 曲线也向右下方倾斜，且处于 d 曲线的下方。同时，因为每一产量水平上的边际收益 MR 就是相应的总收益 TR 曲线的斜率，所以在图 6–1 中，当 $MR>0$ 时，TR 是递增的；当 $MR<0$ 时，TR 是递减的；当 $MR=0$ 时，TR 达到最大值。

（三）垄断企业是价格的制定者

所有不完全竞争企业，不管是完全垄断企业、垄断竞争企业还是寡头垄断企业，只要存在垄断因素，所对应的都是向右下方倾斜的需求曲线。因此，产品数量的改变会引起价格 – 数量组合点沿着这些企业各自的需求曲线移动，从而引起产品价格的变化。由此可以得出一条规律：垄断企业是价格的制定者。这是因为，如果市场中存在垄断因素，就说明产品或多或少地具有消费者黏性，某些消费者对价格不敏感，所以，企业可以在某种程度上影响和控制价格。垄断程度越强，企业对价格的影响和控制程度就越强。

三、完全垄断企业的短期均衡

完全垄断企业为了获取最大利润，也必须遵循 $MR=MC$ 规则。在短期内，完全垄断企业无法改变固定资源投入量，只是在既定生产规模条件下通过对产量和价格的调整来实现利润最大化。完全垄断企业的短期均衡共有三种可能：获得经济利润、短期内亏损和盈亏平衡。

（一）获得经济利润

在图 6–2 中，*MC* 曲线和 *MR* 曲线的交点 *E* 是利润最大化的均衡点。*E* 点所表示的产量 Q_1 是利润最大化产量，平均收益即为价格 P_1（等于 FQ_1），平均总成本是 GQ_1，价格大于平均总成本。总收益是矩形 OP_1FQ_1 的面积，总成本是矩形 $OHGQ_1$ 的面积，总收益大于总成本，企业获得了经济利润。单位产品利润为 *FG*，经济利润总量等于矩形 P_1HGF 的面积。

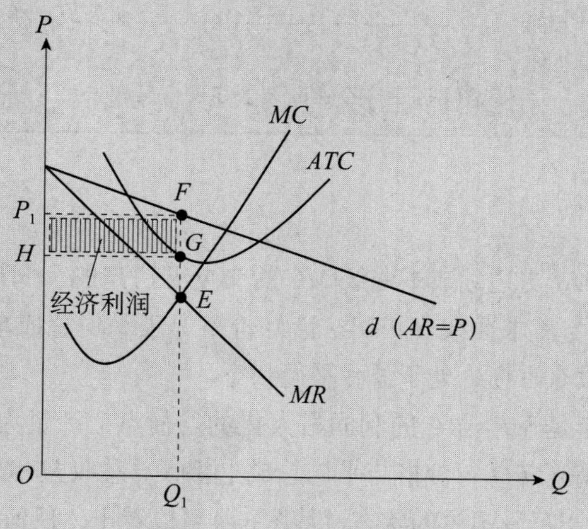

图 6–2　完全垄断企业获得经济利润

（二）短期内亏损

一般而言，完全垄断企业在短期内可以获得经济利润，但并不是一定能获得经济利润。如果完全垄断企业规模不合适或者管理不善，就可能造成平均总成本曲线 *ATC* 位置过高；或者由于市场需求不足导致需求曲线过低。不管是哪种情况，都是平均总成本曲线 *ATC* 位于需求曲线 *d* 之上，从而导致完全垄断企业的短期内亏损。

如图 6–3 所示，*MR* 与 *MC* 的交点决定了短期均衡点为 *E*。平均收益即为价格 P_1（等于 FQ_1），平均总成本是 GQ_1，价格小于平均总成本。总收益是矩形 OP_1FQ_1 的面积，总成本是矩形 $OHGQ_1$ 的面积，总收益小于总成本，企业亏损。单位产品亏损额为 *FG*，亏损总量等于图中矩形 P_1HGF 的面积。尽管这时完全垄断企业亏损，但由于价格 P_1（等于 FQ_1）大于平均可变成本 *AVC*（等于 IQ_1），因此，企业为了减少亏损，还是会继续生产。这就表示，在短期内，完全垄断企业无论怎么调整产量，亏损都是不可避免的。但只要按 $MR=MC$ 规则来确定产量，就能将亏损减至最小。

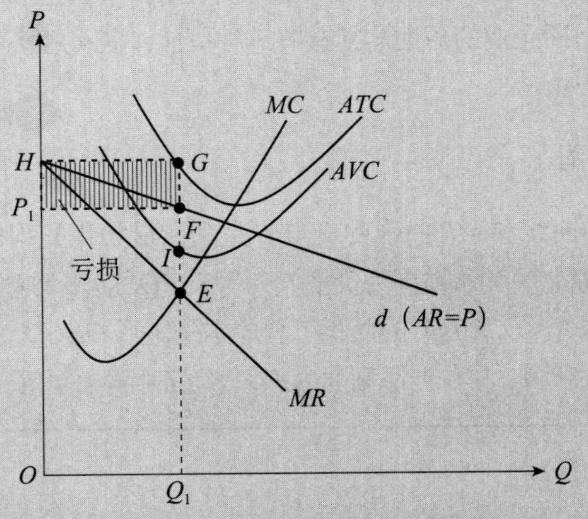

图 6–3　完全垄断企业短期内亏损

（三）盈亏平衡

在边际收益曲线 MR 与边际成本曲线 MC 的交点 E 决定的利润最大化均衡产量 Q_1 上，平均总成本曲线 ATC 与需求曲线 d 相切，恰好价格等于平均总成本，这时，完全垄断企业既没有经济利润也没有亏损，处于盈亏平衡状态。

在图 6–4 中，E 点是 MR=MC 的利润最大化的均衡点，产量为 Q_1，价格为 P_1（等于 FQ_1），平均总成本也等于 FQ_1，价格与平均总成本相等。总收益和总成本都相当于图中矩形 OP_1FQ_1 的面积，处于不亏不盈的状态。从图 6–4 可以看出，任何低于或高于 Q_1 的产量，其平均总成本都比价格（即平均收益）高，企业都要亏损，因此，MR 曲线和 MC 曲线的交点 E 点决定的产量 Q_1 是最优产量。

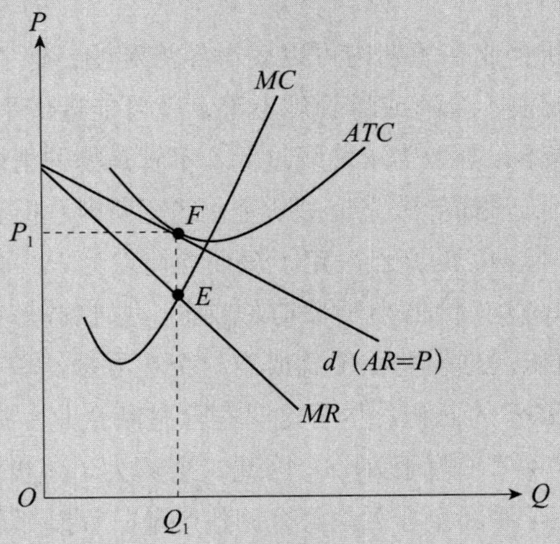

图 6–4　完全垄断企业盈亏平衡

四、完全垄断企业的长期均衡

完全垄断企业在长期内可以通过调整自身规模来实现最大利润。可以调整自身规模，就意味着完全垄断企业能够自主调整全部生产资源的投入量。完全垄断企业在长期内对生产规模的调整所引起的利润变化有三种可能的结果：

（1）完全垄断企业在短期内获得经济利润，在长期内通过生产规模的调整使利润增加。由于完全垄断排除了其他企业进入市场的可能，因此完全垄断企业可以在长期内保持经济利润。

（2）完全垄断企业在短期内亏损，在长期内，通过生产规模调整，摆脱了亏损，甚至获得了经济利润，并将这种情况保持下去。

（3）完全垄断企业在短期内亏损，在长期内又找不到一个能使其摆脱亏损的生产规模，于是决定退出生产。

五、完全垄断企业的价格歧视

以上讨论的情况都含有一种假设：完全垄断企业对所有消费者收取同样的价格。但在现实中，完全垄断企业往往会凭借自己的产品垄断锁定消费者，并通过对不同消费者收取不同的价格来使自己获得更多的利润。这种做法被称为价格歧视（Price Discrimination），也称为差别定价，即以不同的价格销售同一种产品，且这种价格的差异并不是来源于成本的差异。

价格歧视在现实中是一种普遍的商业行为，这种行为基本上不会减少竞争，因此很少遭到政府的反对。但如果企业将价格歧视作为一种阻碍进入或者驱逐竞争对手的策略，则会受到政府的管制。

微课：价格歧视

（一）价格歧视的市场条件

并不是所有的企业都有机会实施价格歧视，只有满足一些条件，价格歧视才有可能得以实现。

1. 垄断地位（有垄断定价的能力）

卖方必须是完全垄断企业，或者至少在某一方面具有一定的垄断力量，从而具有一定的控制价格和产量的能力。只有这样，卖方才能凭借这种垄断性导致的缺乏弹性的需求获得差别定价的可能。

2. 市场分割（能按照需求弹性划分消费者）

卖方必须能够以较低的成本将买方分割成不同的群体，每一群体的买方对商品有不同的支付意愿或能力。这种对买方的分割通常以需求价格弹性为基础，需求价格弹性相近的买方群体构成一个市场，不同市场的需求价格弹性有着显著不同。这样，卖方就可以在缺乏弹性的市场实施高价，在富有弹性的市场实施低价。

3. 不能转卖（能够有效防止产品在不同价格市场上的转卖）

如果初始买方能够将商品轻易转卖出去，那么低价市场的买方就会通过将商品卖到高价市场上来获取利益，从而事实上导致低价市场上的商品流通到高价市场，破坏价格歧视政策，使价格歧视名存实亡。因此，不能转卖的商品才有可能实施价格歧视。

（二）程度不同的价格歧视

1. 一级价格歧视

如果完全垄断企业对每一单位的产品都按消费者所愿意支付的最高价格出售，这就是一级价格歧视。假设在一个偏远的农村只有一个医生，他根据病人的收入水平确定医疗费，对收入高的收费多，对收入低的收费少，就会形成一级价格歧视。图 6–5 表示，消费者购买第一个单位产品时的需求价格为 30 元，第二个单位产品的需求价格为 29 元……第 18 个单位产品的需求价格为 13 元。在通常情况下，如果市场价格为 13 元，则消费者购买 18 个单位的产品需要支付 13×18=234 元。但在一级价格歧视条件下，消费者就将支付 30+29+28+…+13=387 元。如果产品可以无限细分，从图 6–5 可以看出，相当于消费者剩余的阴影部分的三角形面积全部被垄断企业所占有。垄断企业凭借自己的垄断地位，对每一单位的产品收取消费者愿意付出的最高价格，从而最大限度地攫取了收益。

在一级价格歧视条件下，只要产品价格大于边际成本，对于完全垄断企业来说，多生产一单位产品卖出去就有利可图。因此，完全垄断企业会将产量增加到边际成本 *MC* 曲线与需求曲线 *d* 的交点决定的产量。如图 6–5 所示，*MC* 曲线与需求曲线 *d* 的交点 *E* 决定的产量就是垄断企业在一级价格歧视条件下的最终产量。

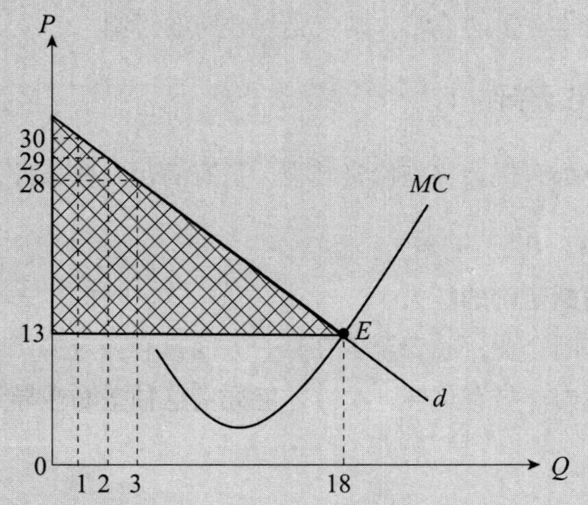

图 6–5　一级价格歧视

我们知道，当 $P=MC$ 时，对于整个社会来说，资源配置是有效率的。因为这时候产品的价格等于社会为多生产这一单位产品付出的代价，产品的生产数量是最佳的，所以，虽然一级价格歧视对消费者不利，所有的消费者剩余全部被垄断企业拿走，但从整个社会的视角来看，却是符合资源配置效率标准的。

2. 二级价格歧视

一级价格歧视是垄断企业对每一单位的产品都制定一个最高价格，而二级价格歧视只是对不同的消费数量段规定不同的价格。例如：当消费者购买 10 单位产品时，价格为 5 元；若再购买 10 单位产品，则新增加的 10 单位购买量的价格为 4 元，以此类推。

如图 6-6 所示，垄断企业根据消费数量规定了三个不同的价格。当购买数量在 Q_1 以内时，价格为 P_1；当购买数量从 Q_1 增加到 Q_2 时，增加消费的部分 Q_1Q_2 就按 P_2 价格出售；当购买量继续从 Q_2 增加到 Q_3 时，增加消费的部分 Q_2Q_3 则按更低的价格 P_3 出售。

如果不存在价格歧视，垄断企业对 OQ_3 的购买量统一收取 P_3 的价格，总收益为矩形 OP_3DQ_3 面积，消费者剩余相当于三角形 AP_3D 的面积；如果实施二级价格歧视，垄断企业的总收益增加了阴影部分（即矩形 P_3P_1BF 和矩形 $EFGC$）的面积，企业增加的就是消费者减少的，消费者剩余就只剩下三角形 AP_1B、BEC 和 CGD 的面积了，其余的都被垄断企业所获取。由此可见，通过实施二级价格歧视，垄断企业会将本来属于消费者的部分剩余据为己有，从而使自己获得比没有实施价格歧视时更多的收益。

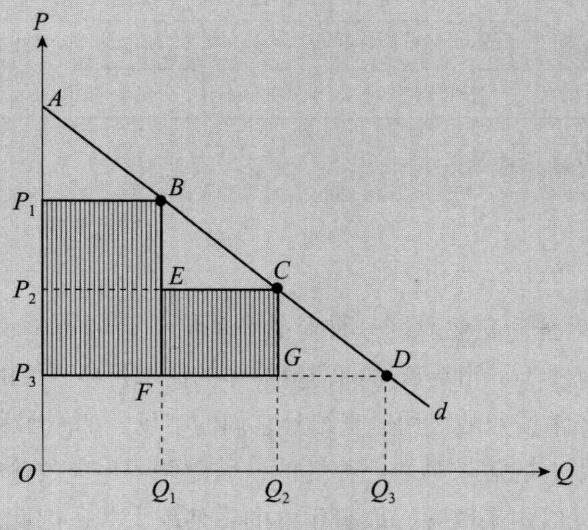

图 6-6　二级价格歧视

应用分析

济南市的阶梯水价

2022 年 6 月 1 日起，《济南市城镇供水价格管理实施细则》正式施行，有效期为 5 年。该实施细则分为水价制定和调整、水价分类及计价方式、水价执行与监督等七章 39 条，构建了较为完整的城镇供水价格管理体系。

该细则简化水价分类、明确计价方式。城镇供水根据使用性质分为居民生活用水、非居民用水、特种用水三类。

居民生活用水主要指城镇居民住宅家庭的日常生活用水；非居民用水主要指工业、建筑业、经营服务用水和行政事业单位用水、市政用水（环卫、绿化）、生态用水、消防用水及其他非居民用水等；特种用水主要包括洗车、洗浴、以自来水为原料的净水生产、高尔夫球场用水等。

该细则明确，居民生活用水实行阶梯水价制度，非居民用水实行超定额累进加价制度。

居民生活用水阶梯水价设置应当不少于三级，级差按不低于1∶2∶4的比例安排。其中，第一阶梯水价原则上应当按照补偿成本的水平确定，并应当考虑本期生产能力利用情况。具体水费收费标准如表6–2所示：

表6–2　济南市水费收费标准

<table>
<tr><th rowspan="2">供水类型</th><th rowspan="2">阶梯分类</th><th rowspan="2">户年用水量（立方米）</th><th rowspan="2">到户水价（元）</th><th colspan="3">其中</th></tr>
<tr><th>基本水费（元）</th><th>水资源费（元）</th><th>污水处理费（元）</th></tr>
<tr><td rowspan="3">居民生活用水</td><td>第一阶梯</td><td>0～144（含）</td><td>4.2</td><td>2.8</td><td rowspan="3">0.40</td><td rowspan="3">1.00</td></tr>
<tr><td>第二阶梯</td><td>144～288（含）</td><td>5.6</td><td>4.2</td></tr>
<tr><td>第三阶梯</td><td>288以上</td><td>9.8</td><td>8.4</td></tr>
</table>

问题：阶梯水价属于价格歧视吗？为什么要实行阶梯水价？

3. 三级价格歧视

三级价格歧视是指垄断企业对同一种产品在不同的市场上（或不同的消费群体）收取不同的价格。这是基于不同市场或不同消费群体的需求价格弹性的差别而实施的价格歧视。例如：电力企业经常按照最终用途来划分它们的市场，如照明和取暖。由于缺乏合适的照明替代品，照明用电的需求是缺乏弹性的，因此照明用电的价格较高；由于天然气、石油、煤炭和柴火都可以用来取暖，取暖用电的弹性就大些，因此对应的价格就比较低。又如：电影院和篮球比赛的票价会随时间（如晚上和周末的票价更高）和消费者年龄（如儿童和老年人价格更低）的不同而变化。

假设某一垄断企业可以把它的产品分为城市和农村两个市场，图6–7（a）中需求曲线D_A代表产品的需求比较缺乏弹性的城市市场的需求曲线，图6–7（b）中D_B代表较有弹性的农村市场的需求曲线。对应的边际收益曲线分别为MR_A和MR_B，处于相应的需求曲线的下方。为方便分析，假设平均总成本（ATC）不变，因此，在所有的产量水平上，边际成本（MC）等于平均总成本（ATC），两种成本曲线都是一条平行于横轴的直线。

根据$MR=MC$规则，垄断企业向城市市场提供Q_A的产量，并在此利润最大化的产量处向城市市场收取P_A的价格。同理，向农村市场提供Q_B的产量，收取较低的价格P_B。

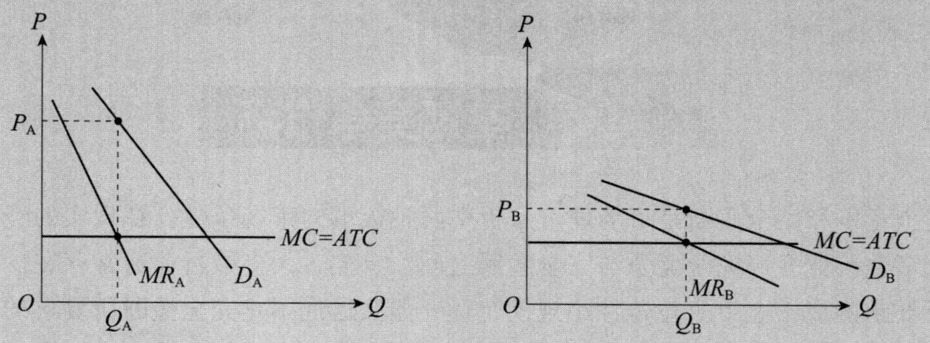

（a）城市市场　　（b）农村市场

图 6-7　三级价格歧视

通过分析可知，三级价格歧视要求在需求价格弹性较小的市场提高价格，在需求价格弹性较大的市场降低价格。实际上，对价格变化不敏感的消费者收取较高的价格，而对价格变化反应敏感的消费者收取较低的价格，有利于垄断者获得更多的利润。

应用分析

让人欢喜的优惠券

我国已经进入移动互联网时代，只要打开手机，各种优惠信息就会迎面而来，特别是几大电商的优惠券更是让人眼花缭乱，不知道选哪个好。每年的“双 11”和“6 · 18”电商大促更是让人直呼“没有奥数功底真的难以搞清楚如何享受到尽可能多的优惠”。那么，商家为什么不直接降价，而要采用各种优惠券的形式来让利于消费者呢？

其实，优惠券的发放也体现了三级价格歧视分割市场的效应。原因在于，并非所有的消费者都使用优惠券，例如：有的消费者对价格不敏感，有的消费者赶时间，有的消费者怕麻烦……这样的消费者就不会使用优惠券。只有对价格比较敏感的消费者才会费时费力去领取优惠券，并详细计算如何使用才能获得最大优惠，这样的消费者需求价格弹性较大，如果不给优惠，他们可能就不买了。还有一些消费者需求价格弹性较小，他们没有优惠券也照买不误。

通过优惠券的发放，企业便成功地将消费者分成两类：对其中需求价格弹性较大的消费者实施优惠措施，收取较低价格，从而把潜在的消费者变成现实的客户，提高了销售量，增加了收益；对其中需求价格弹性较小的消费者收取高价，尽可能多地增加收益。

问题：学生证是个“能省钱”的证件，在很多消费中，持有学生证可以得到一些优惠，这种对学生证的优惠是价格歧视吗？你喜欢这种区别对待吗？你还知道哪些价格歧视的案例？

第二节 垄断竞争市场

完全竞争和完全垄断是市场理论分析中两种极端的市场条件。在现实的经济生活中，大多数行业介于完全竞争与完全垄断之间。首先，大多数行业通常存在少于完全竞争所要求的成千上万家竞争性小规模企业，但又远远不止完全垄断所要求的唯一企业；其次，在大多数行业里，企业生产的都是有差别的产品，而非标准化产品，它们对价格拥有一定的自主权，因而导致在价格、质量、广告、服务等方面的竞争；最后，在现实生活中，进入大多数行业的门槛不会太高，有些行业可能进入极为困难，但完全被拒之门外的情况也并不多见。因此，现实经济生活中大量存在的是垄断竞争市场和寡头垄断市场。其中，垄断竞争市场相对来说竞争比较充分，与完全竞争市场比较接近。

一、垄断竞争市场的特点

垄断竞争市场是指在一个市场中有许多企业生产和销售有差别的同类产品。其主要特征有：

（一）数量众多的卖方

垄断竞争市场上的企业数量虽然不像完全竞争市场上那么多，但也相当可观。因此，每家企业在整个市场中只拥有较少的市场份额，对产品价格的影响与控制相当有限。每家企业独立制定自己的价格策略，不用考虑竞争对手的反应，这是因为竞争者数量太多，既无法考虑也无须考虑。一家企业可以通过降价来实现销售的稳定增长，但此类行为对其他竞争者的影响很小，大概率不会引起连锁反应。同时，由于企业数量众多，因此通过合谋来控制产量与价格以获得更多收益成为不可能事件。

（二）差异化产品

在完全竞争市场中，产品都是标准化产品，垄断竞争市场则以产品差异化为特征。产品差异是指同行业的不同企业所生产的同类产品在质量、品牌、性能、外观、售后服务等各方面的差异。每个企业可以根据自己产品的差异化形成相对的垄断。例如：在电视机行业中，某一个企业首先开发出大屏幕彩电，因而可以在短期内对大屏幕彩电形成销售垄断，并获得垄断利润，这类似于完全垄断。但是，有差异的产品毕竟也是同类产品，相互之间是相似的替代品，产品差异很容易被同行业的其他企业所仿效，使产品差异消失，垄断利润也随之消失。这类似于完全竞争。

（三）进入或退出比较容易

垄断竞争市场的企业数量比较多，每个企业的规模都不大，资本投入较少，规模经济效应并不明显。因此，单个企业的行为对整个行业的影响较小，进入或退出垄断竞争市场比较容易。

在现实经济生活中，与居民生活关系密切的行业大都属于垄断竞争，如零售业、服务业、某些劳动密集型手工业以及轻工业等。

二、垄断竞争企业的需求曲线

首先，由于垄断竞争企业有很多生产相似替代品的竞争对手，不像完全垄断企业那样没有对手，因此垄断竞争企业面对的需求比完全垄断企业面对的需求更有弹性。

其次，垄断竞争企业面对的需求也不像完全竞争企业面对的需求那样具有完全弹性，主要有两个原因：一是垄断竞争企业的竞争对手虽然也比较多，但是比起完全竞争企业来说还是要少许多；二是垄断竞争企业的产品虽然可以相互替代，但由于具有差异性，并不是可以完全替代的。

因此，垄断竞争企业的需求曲线具有很大的弹性，但也不是完全弹性。

三、垄断竞争企业的短期均衡

垄断竞争企业的短期均衡与完全垄断企业比较类似，为了获取最大利润，也必须遵循 $MR=MC$ 规则。在短期内，垄断竞争企业也无法改变固定资源投入量，只是在既定生产规模条件下通过对产量和价格的调整来实现利润最大化。垄断竞争企业的短期均衡共有三种可能：获得经济利润、短期内亏损和盈亏平衡。

（一）获得经济利润

如图 6–8 所示，MC 曲线和 MR 曲线的交点 E 是利润最大化的均衡点。Q_1 是利润最大化产量，价格为 P_1。总收益是矩形 OP_1FQ_1 的面积，总成本是矩形 $OHGQ_1$ 的面积，总收益大于总成本，企业获得了经济利润。单位产品利润为 FG，经济利润总量等于矩形 P_1HGF 的面积。

（二）短期内亏损

如图 6–9 所示，MR 曲线与 MC 曲线的交点决定了短期均衡点为 E，价格与产量分别为 P_1 和 Q_1。总收益是矩形 OP_1FQ_1 的面积，总成本是矩形 $OHGQ_1$ 的面积，总收益小于总成本，企业亏损。单位产品亏损额为 FG，亏损总量等于图中矩形 P_1HGF 的面积。

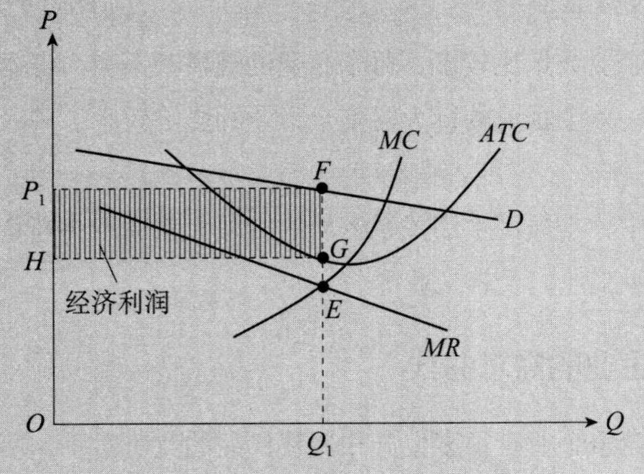

图 6-8　垄断竞争企业获得经济利润

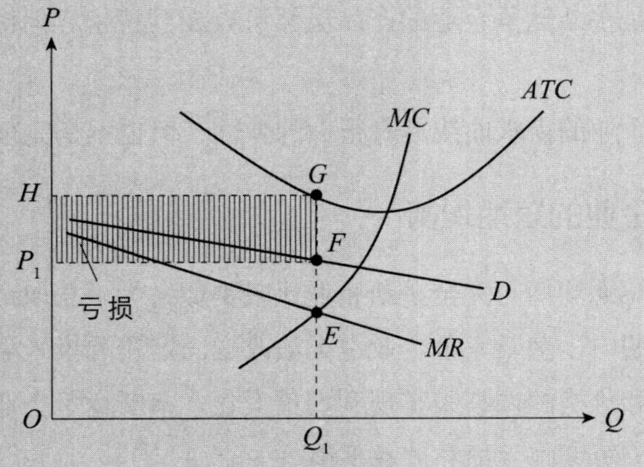

图 6-9　垄断竞争企业短期内亏损

这就表示在短期内，垄断竞争企业无论怎么调整产量，亏损都是不可避免的。但只要按利润最大化原则来确定产量，就能将亏损减至最小。

（三）盈亏平衡

在 *MR* 曲线与 *MC* 曲线的交点 *E* 决定的利润最大化均衡产量上，平均总成本 *ATC* 曲线与需求曲线 *D* 相切，恰好价格等于平均总成本，这时，垄断竞争企业既没有经济利润也没有亏损，处于盈亏平衡状态。

在图 6-10 中，*E* 点是 $MR=MC$ 的利润最大化的均衡点，产量为 Q_1，价格为 P_1（等于 FQ_1），平均总成本是 FQ_1，价格与平均总成本相等。总收益和总成本都相当于图中矩形 OP_1FQ_1 的面积，垄断竞争企业处于盈亏平衡状态。

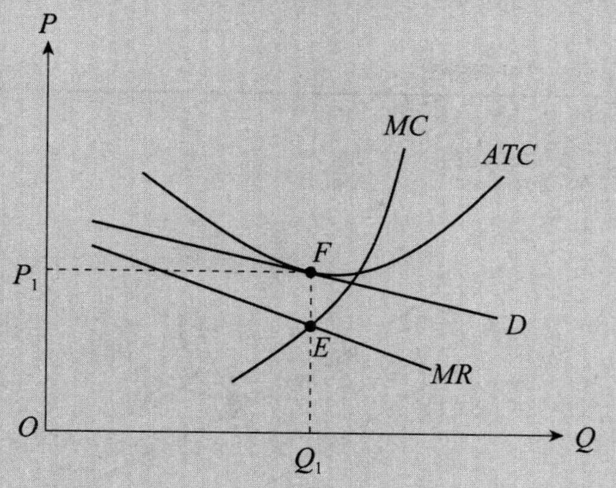

图 6–10　垄断竞争企业盈亏平衡

四、垄断竞争企业的长期均衡

由于垄断竞争市场的进入和退出都比较容易，在长期内，会有新的企业进入有利可图的行业，离开那些无利可图甚至亏损的行业，因此，垄断竞争企业长期内只能获取正常利润，而不能获得经济利润，即处于盈亏平衡状态。

五、垄断竞争和效率

通过前面的讨论我们知道，当企业生产 $P=MC=$ 最小 ATC 的产量时，就实现了经济效率。当企业在最小平均成本处生产时，就产生了生产效率。这时，企业以最小平均成本进行生产，产品价格恰好等于包括正常利润在内的平均总成本；当价格等于边际成本时，就产生了配置效率，企业生产的产品数量恰好满足社会需要，因而生产这一产量的资源投入数量也是合适的。

如果用这两个标准来衡量垄断竞争的效率，会怎样呢？

（一）既无生产效率，也无配置效率

在垄断竞争条件下，无论是生产效率还是配置效率，都无法在长期均衡时实现。如图 6–11 所示，长期均衡时，垄断竞争企业最小平均总成本为 P_0（等于 GQ_0），此时的产量为 Q_0；而利润最大化的长期均衡产量为 Q_1, 价格为 P_1（等于 FQ_1），高于 P_0，价格高于最小平均总成本，没有在最小平均总成本处生产，因此，没有实现生产效率。企业为什么不以较低的成本生产 Q_0 的产量而却要以较高的成本生产 Q_1 的产量呢？因为在 Q_0 的产量水平上，平均成本（等于 GQ_0）高于价格 P_2（等于 HQ_0），企业会亏损。同时，利润最大化的价格 P_1（等于 FQ_1）也大于边际成本 MC（等于 EQ_1），这说明多生产一单位产品给社会增加的价值大于社会为此增加的成本，生产的数量过少，即投入的资源不足，垄断竞争造成了资源配置没有达到最佳，没有实现资源配置效率。消费者支付的金额高于

竞争性价格，得到的产出却低于最优产出。因此，垄断竞争既没有生产效率，也没有配置效率。

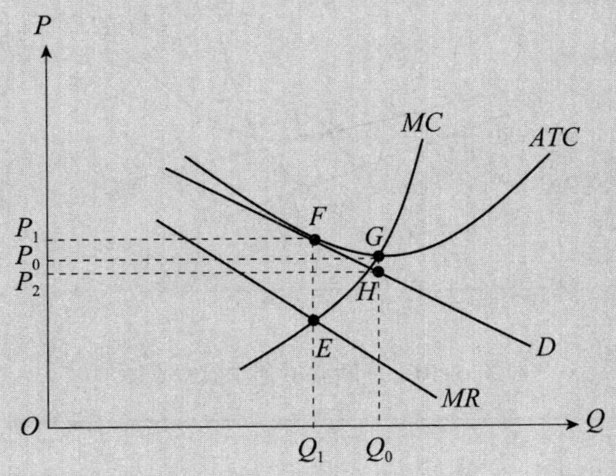

图 6–11　垄断竞争企业盈亏平衡

（二）生产能力利用不充分

在垄断竞争中，如果企业开足马力生产，充分利用现有的生产规模和生产水平，产量就可以达到最小平均总成本对应的产量，这个产量被称为最优产量。但因为垄断导致垄断竞争企业的需求曲线 D 向右下方倾斜，MR 曲线位于需求曲线的下方，所以在利润最大化的原则条件下的长期均衡产量必然小于最优产量。最优产量和利润最大化产量之间的差额被称为过剩的生产能力。

如图 6–11 所示，垄断竞争企业的最小平均总成本产量（即最优社会产量）是 Q_0，但其利润最大化的长期均衡产量是 Q_1，二者的差额 Q_1Q_0 就是过剩生产能力。如果每家企业都能在最小平均总成本处进行生产，更低的平均成本就会使产品价格由 P_1 下降到 P_0。更重要的是，如果每家企业都生产 Q_0 而不是 Q_1 的产量，只需要比现在更少的企业就可以生产出同样数量的总产量。但由于每家企业都只生产较少的产量 Q_1，导致垄断竞争行业中企业过多，因此每家企业都运行在其最优产能之下，造成社会资源的浪费。许多零售店、小超市、小旅馆都是如此。

（三）产品多样化

垄断竞争有两个显著优点，一是促进了产品多样化和产品改善，二是满足了消费者更加多样化和高端化的需求。很少有垄断竞争企业只满足于获得正常利润，它们会努力通过深化产品差异化、改善服务和降低成本等方式更努力地迎合消费者，从而得到消费者青睐，产生产品溢价，获得经济利润。通过开发和改善产品，企业至少可以在一段时间内重新获得经济利润。当由于被模仿而使经济利润消失时，企业又会进行下一轮的创新和改善。因此，竞争也促进了创新。

垄断竞争企业为获得经济利润所进行的开发和创新活动带来的产品多样化和产品改善使整个社会受益，可能部分甚至完全抵消垄断带来的低效率。

应用分析

“酒香也怕巷子深”

“白内障，看不清，莎普爱思滴眼睛”“风湿骨病手脚麻，薏辛除湿曹清华”“今年过节不收礼，收礼还收脑白金”……你也许没用过这些产品，但你很可能看过或听过这些产品的广告。大多数消费品都属于垄断竞争行业，商品非常丰富，而且替代性较强。激烈的竞争使商家绞尽脑汁地推陈出新，把自家产品与对手区别开来。可现在“酒香也怕巷子深”，有了好的产品或创新，也要及时传递信息，让消费者知道，这时就需要借助广告的传播力了。

如今是一个信息大爆炸的时代，移动互联网的出现为信息的跨时空传播提供了技术与可能，社交媒体的横空出世更使自媒体的应用水到渠成。人们每天都会接触到海量的信息，这就对商家的广告提出了更高的要求。

从功能来看，广告可以分为信息性广告和劝说性广告。信息性广告是指广告以传递商品或服务信息为主，告诉目标受众“我是什么”或“我有什么作用、功能、特点”等。劝说性广告是指广告以说服为目标，告诉消费者该品牌商品优于其他品牌商品的独到之处，以改变消费者的看法，形成消费者对本企业商品或服务的特殊偏爱。

表 6–3 为 2016—2021 年我国广告市场规模。

表 6–3　2016—2021 年我国广告市场规模

年份	2016	2017	2018	2019	2020	2021
广告市场规模（亿元）	6 489	6 896	7 991	8 674	9 144	11 608

经济学家认为，信息性广告由于提供了商品的比较充分的信息，节约了消费者的信息搜寻成本，有利于消费者做出最佳购买决策。同时，信息性广告之间的相互竞争有利于资源的合理配置。劝说性广告很少能提供对消费者来说有用的信息，反而会误导消费者，诱使消费者买到自己并不需要或者价超所值的商品或服务。

不管是什么广告，都是要付出成本的。随着竞争的加剧，广告费用也越来越高。特别是现实中有些企业的广告费用之高，远超我们的想象。俗话说，羊毛出在羊身上。巨额的广告费用当然需要消费者来买单。而本来这些巨额广告费用如果不用来做广告的话，是可以用在其他方面为消费者带来好处的。

问题：你认为应该还是不应该做广告呢？原因何在？

第三节 寡头垄断市场

寡头垄断市场是指少数几家生产同质或有差别的产品的大生产商控制和支配着整个市场。寡头垄断市场上的每个企业规模都很大，都占有相当大的市场份额，因而每个企业都对整个行业的价格与产量的决定有举足轻重的影响。

一、寡头垄断市场的特征

形成寡头垄断市场的主要原因包括：某些产品的生产必须在相当大的生产规模上运行才能取得好的经济效益；行业中少数几家企业控制了生产所需的生产资源；政府的扶植和支持等。寡头垄断市场主要有以下几个特征：

（一）少数大企业

寡头垄断市场由少数几家企业控制了整个市场。少数究竟是多少，并没有确切的数量，主要看这几家企业的产量是不是在市场上占据了控制性和支配性的地位。例如：我国的电商行业，淘宝、京东、拼多多几乎控制了整个市场，是典型的寡头垄断；中石油、中石化和中海油也属于寡头垄断；中国移动、中国联通和中国电信三大寡头控制了整个移动通信市场；钢铁行业的巨头稍微多了点，但也属于寡头垄断。

（二）标准化产品或差异化产品

根据生产产品的不同，寡头垄断企业可以分为同质性寡头和差异性寡头。许多工业产品（如钢铁、锌、铜、铅、铝、水泥、化工、玻璃）都属于标准化或同质化产品；而许多消费品（如汽车、轮胎、家用电器、电子设备、机械产品、香烟和许多体育用品）则是差异化产品。这些差异性寡头通常会进行由大量广告支持的非价格竞争。

（三）相互依存性

与其他市场类型相比，寡头垄断市场存在一个显著的特征，即寡头之间的相互依存性。在完全竞争市场与垄断竞争市场上，由于同行业的企业数量比较多，各企业之间的关系主要是竞争，相互之间很难形成默契；在完全垄断市场上，一家企业就是一个行业，因而不存在同行业企业之间的关系问题；在寡头垄断市场上，由于企业数量很少，而且规模都很大，在整个市场中都占有举足轻重的地位，每个寡头在价格与产量方面的决策会对整个市场产生重大影响，因此每个寡头在进行价格与产量调整时都不能只根据自身的成本与收益状况进行决策，而必须考虑自身调整可能对其他企业带来的影响，以及其他企业可能做出的反应对自身的影响。

寡头之间的相互依存性对市场均衡的影响是至关重要的。首先，寡头垄断市场的价格与产量的决定不像前三种市场类型，每个寡头在进行决策时必须考虑同行业其他企业的可能反应，这种反应千变万化，使决策变得非常复杂。其次，寡头垄断市场的价格和产量一旦确定，就具有一定的刚性，每个企业对现行的市场价格和产量分配都不敢轻易调整。如果某个企业率先降价以图扩大市场份额，其最终的结果可能是引起同行业其他企业的仿效降价，形成价格战，最终使寡头们两败俱伤。当然，寡头间的相互依存也是有条件的。当寡头间的实力对比发生较大变化时，竞争便会代替共谋，这种情况下的寡头间的竞争往往是很残酷的。

二、古诺模型和斯威齐模型

寡头垄断市场至今没有形成具有普遍意义的价格与产量决定的经济模型，这一部分将要介绍的古诺模型和斯威齐模型只是两个特例，这两个经济模型都属于独立行动条件下的寡头垄断模型。

（一）古诺模型

古诺模型也称为双头垄断模型，是法国经济学家安东尼·奥古斯丁·古诺（Antoine Augustin Cournot）于 1838 年提出来的。为了简化分析，该模型假设：（1）只有两个寡头 A 与 B，生产完全相同的产品；（2）生产成本为零；（3）需求曲线是一条直线；（4）各方都根据对方的行动做出反应；（5）每家企业都通过调整产量实现利润最大化。

在图 6–12 中，曲线 D 是两个寡头企业 A 和 B 共同面临的市场需求曲线，由于假设生产成本为零，因此图中没有成本曲线，全部市场需求量为 OQ_0。两家企业共同分配市场的过程如下。

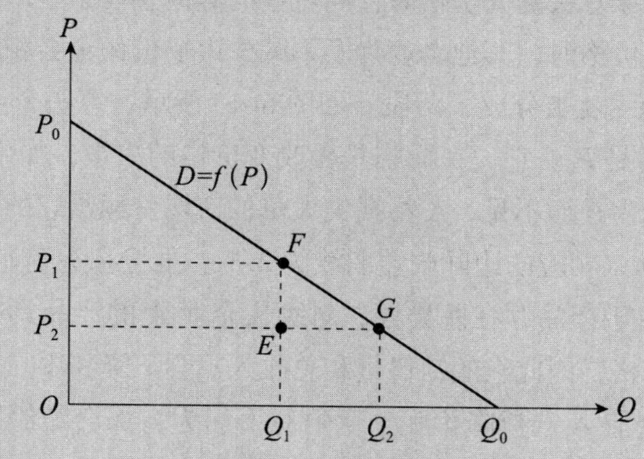

图 6–12 古诺模型

第一轮，A 企业首先进入市场。它会将产量定为市场总容量（即市场最大需求量）OQ_0 的 1/2，即产量为 OQ_1，相应的价格为 OP_1，从而实现利润最大化。由于生产成本为零，因此 $OP_1 \times OQ_1$，即矩形 OP_1FQ_1 的面积就是利润。从几何意义上讲，该矩形是三角形 OP_0Q_0 中面积最大的内接矩形。

然后，B 企业进入市场。B 企业看到 A 企业占据了整个市场容量 OQ_0 的一半（即 OQ_1），剩下了一半市场需求量（即 Q_1Q_0），B 企业为了获得最大利润决定生产这部分市场容量的 1/2，即 Q_1Q_2，也就是整个市场容量的 1/4。由于此时 A 企业已经生产了 OQ_1，再加上 B 企业的产量 Q_1Q_2，市场总供给量已达到 OQ_2，也就是整个市场需求量的 3/4，价格水平相应地由 P_1 降至 P_2。B 企业的利润总量是矩形 Q_1EGQ_2 的面积，A 企业的利润也由于 B 企业的加入而下降到矩形 OP_2EQ_1 的面积。

第二轮，A 企业发现 B 企业进入市场，生产了整个市场容量的 1/4 之后，又要根据 B 企业加入后自己所面临的市场容量，即 OQ_0 的 3/4 来重新调整自己的产量，以实现利润最大化。A 企业会将产量调整到自己所面临的市场空间的 1/2，即市场总容量的 3/8。

以此类推，A 企业与 B 企业轮番进入市场，都将自己的产量调整到对方留下的市场空间的 1/2，以实现利润最大化。在这个过程中，A 的产量逐渐减少，B 的产量逐渐增加，直到各占市场总容量的 1/3，市场总供给量是市场最大容量的 2/3 为止，市场实现均衡。

由此可以推出，当有三个寡头时，市场总供给量最终将达到市场总容量的 3/4，每个寡头各占 1/4。当有 n 个寡头时，市场总供给量是市场总容量的 $n/(n+1)$，每个寡头各占 $1/(n+1)$。

（二）斯威齐模型

斯威齐模型也称为弯折的需求曲线模型，是美国经济学家保罗·斯威齐（Paul M.Sweezy）于 1939 年提出的。这一模型被用来说明非共谋的寡头市场的价格刚性。

1. 模型介绍

该模型假设：当一家寡头提高价格时，同行业的其他企业为了增加市场份额不会仿效提价；当一家寡头降低价格时，其他企业为了不减少市场份额也会相应降价。因此，寡头垄断企业面临的需求曲线就被分成了两段。如图 6-13 所示，寡头企业 A 现在的生产点在 E 点，产量是 Q_0，价格是 P_0。它现在面临是否改变价格的决策，如果它把价格提到 P_0 以上，其他企业对它的行为视而不见，A 将损失大量的市场份额给它的竞争对手，其需求曲线是相对富有弹性的 D_1，相应的边际收益曲线为 MR_1。虽然寡头企业 A 的销售量会减少，总收益会下降，但是由于产品存在差异性，对寡头企业 A 的产品具有强烈的偏好的一些消费者会支付更高的价格，因此它的销售量和总收入不会下降到零。

那么，如果寡头企业 A 选择降价呢？竞争对手们为自保会纷纷跟进降价，则寡头企业 A 的销售量仅会有小幅增加，其需求曲线是 E 点以右、需求价格弹性较小、较陡峭的 D_2，相应的边际收益曲线为 MR_2。

如图 6-13 所示，在寡头企业 A 的需求曲线上，与价格上涨对应的是“竞争对手冷眼旁观”的需求曲线 D_1；与价格下降对应的是“竞争对手针锋相对”的需求曲线 D_2。非共谋寡头企业面对的是一条弯折的需求曲线：在现行价格以上，需求是富有弹性的；但在现行价格以下，需求就比较缺乏弹性。与有拐点的需求曲线相对应，寡头企业的边际收益曲线就分为两部分：与富有弹性的需求曲线 D_1 相对应的 MR_1 和与缺乏弹性的需求曲线 D_2 相对应的 MR_2。由于两段需求曲线的需求弹性有着明显差异，因此在边际收益曲线上有个明显缺口，可以简单地将这一缺口看作一个垂直线段，用虚线 FG 来表示。

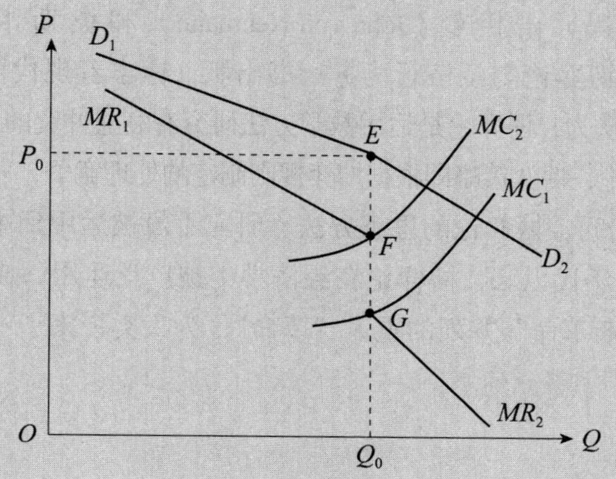

图 6-13　斯威齐模型

2. 价格刚性

利用间断的 MR 曲线，可以说明寡头市场的价格刚性。这里存在需求和成本两个方面的原因。

从需求的角度来看，弯折的需求曲线使每家寡头企业都相信价格的任何变化都会使事情变得更糟。因为如果它提价，别的寡头按兵不动，消费者会掉头离去；如果它降价，竞争对手会跟随降价，其销售量只能小幅增加。即使降价增加了总收入，利润也可能增加不了多少，甚至可能减少。同时，由于 E 点右侧的需求曲线缺乏弹性，降价之后总收入反而可能减少。

从成本的角度来看，断开的边际收益曲线说明，即使寡头企业的成本发生显著变化，企业也可能没有任何理由改变价格。从图 6-13 可以看出，寡头企业 A 成本发生变化，导致边际成本曲线由 MC_1 变动到 MC_2 的位置过程中，利润最大化的价格与产量一直是 P_0 和 Q_0。只有当边际成本曲线大幅度变动到 MC_2 以上的位置或 MC_1 以下的位置的时候，价格才可能发生变化。

经济学家对拐折的需求曲线也有不同的看法。例如：美国经济学家乔治·斯蒂格勒（George Stigler）根据对七个寡头行业的研究指出，当一家寡头企业提高价格时，其他企业多数也会提高价格，这就无法证明拐折的需求曲线的存在。此外，有的西方经济学家还指出，尽管斯威齐模型对寡头市场中较为普遍的价格刚性现象进行了解释，但该模型无法说明具有刚性的价格本身，如图 6-13 中的价格 P_0 是如何形成的。尽管如此，大多数经济学家还是认可斯威齐模型的。

三、寡头垄断企业的相互博弈

寡头垄断企业的定价具有某种策略博弈的特征。就像下象棋一样，如何落子取决于对方对你的落子的反应，即玩家必须根据对手的行动和预期反应来决定自己的行动方式。研究人们或企业在战略局势中如何行动的理论叫作博弈论（Game Theory）。

1944 年，约翰·冯·诺伊曼（John von Neumann）和奥斯卡·摩根斯坦（Oskar Morgenstern）合著的《博弈论与经济行为》一书出版，标志着现代博弈理论的初步形成。冯·诺伊曼和摩根斯坦认为，博弈论是运用数学方法研究有利益冲突的双方在竞争性活动中制定最优的胜利策略的理论，博弈策略即根据博弈规则制定的处理竞争、冲突或危机的最佳方案。

第二次世界大战期间，博弈论的思想方法、研究手段被运用到军事领域，显示了它的重要作用。20 世纪 70 年代以来，博弈论在经济学中被广泛运用，成为经济学思想史上与“边际分析”和“凯恩斯革命”并列的重大“革命”，为人类带来了一种全新的方法论和思维方式。

应用分析

战争是怎样发生的？

一个 8 岁的男孩问父亲：“爸爸，战争是怎样发生的？”

男孩的父亲回答：“很简单。比如说第一次世界大战的爆发，是因为德国入侵比利时……”在一旁的妻子立即打断他的话：“你讲得不对。第一次世界大战的起因是奥匈帝国皇位继承人斐迪南大公夫妇在萨拉热窝被刺杀了。”

丈夫听了一脸不悦，冲妻子不耐烦地说道：“闭嘴！是你回答这个问题，还是我回答？”

妻子听了也是满脸的不高兴，她转身跑出客厅，“砰”的一声将门关上。紧接着，从厨房里传出了碗碟猛摔在地上的声音。过了一会儿，整个屋子陷入死一般沉寂。

男孩眼眶里含着泪水，轻声说：“爸爸，你不用说了，我知道战争是怎样发生的了。”

夫妻二人以一种两败俱伤的方式，让自己的孩子明白了战争的发生和夫妻两个人吵架之间的内在联系：让国家之间一步一步走向世界大战的机制，也正是同一屋檐下夫妻失和的原因。也就是说，无论国与国之间，还是人与人之间的合作或冲突，其中所蕴含的博弈原理是大同小异的。

问题：你有没有遇到过类似的需要考虑对方的反应来决定自己行动的事情？你是怎么决策的呢？结果又如何呢？

（一）价格大战

博弈论的思想可以应用于许多问题的分析，如寡头企业之间的价格决策。假设有两家寡头企业A和B，均有两种定价策略可以选择——高价或低价，那么，每家企业赚取的利润就取决于它选择的策略和对手选择的策略。

1. 独立行动

对两家企业来说，存在四种可能的策略组合：（高价，高价）、（高价，低价）、（低价，高价）、（低价，低价）。每一种策略组合对应着两个数字表示的收益组合，这样就形成了一个收益矩阵，如表6–4所示。收益矩阵中前一个数字表示A企业的收益，后一个数字表示B企业的收益。那么，最终会出现哪个结果呢？

表6–4 收益矩阵

策略选择		B	
		高价	低价
A	高价	12，12	6，15
	低价	15，6	8，8

假设两个企业各自独立行动。先来看A，它如何定价受到B定价的影响。如果B定高价，则A定高价得到12的收益，定低价得到15的收益，很显然它应该定低价；如果B定低价，则A定高价得到6的收益，定低价得到8的收益，很显然它仍然应该定低价。也就是说，不管B如何定价，定低价对A都是最好的，低价成为A的优势策略。

同理，B如何定价也受到A的影响，它在定价的时候也会考虑A的定价策略。通过分析可知，不管A如何定价，定低价对B都是最好的，低价也是B的优势策略。因此，最终的结果是得到（低价，低价）的策略组合和（8，8）的收益组合，即两个企业都定低价，各得到8的收益。这当然不是最佳的结果，对于两个寡头垄断企业来说，最佳状态莫过于都定高价，得到（12，12）的收益。但是，独立行动的结果很难达到最佳状态。

表中的数据是假设的，但它们反映了现实世界的典型情况。在现实生活中，寡头垄断企业的独立行动可能导致相互“竞争”的低价策略：独立的寡头垄断企业在价格上相互竞争，这必然导致更低的价格和更低的利润。这个结果对寡头垄断企业来说显然是不利的，但是对消费者来说是有利的。

2. 共谋

寡头垄断企业必然不甘心接受利润下降的结果，其对（高价，高价）策略带来的高利润的追逐永远不会停止。那么，它们如何达到目的呢？答案就是可以共谋，而不是独立地或竞争性地定价。两家企业可以就确定和维持高价策略，签订协议，共同进退，从而达到获取更多利润的目的。

3. 欺骗的动机

收益矩阵还可以解释为什么寡头垄断企业会在达成共谋协议后又有强烈的欺骗动机。假设A企业和B企业就维持高价达成协议，各自获得12的收益。此时，两家企业都有动力去背叛协议，因为任何一家都可以通过降价使自己的收益增加到15。例如：假设A企业偷偷违反协议降低价格，而B企业还在维持高价，那么A企业的收益将增加到15，而B的收益将减少到6。同理，企业B也会有动力偷偷降价，使自己的收益增加到15，而A的收益也会降到6。

正如我们所看到的，欺骗对于欺骗者而言是有利可图的，但对于被欺骗的企业则代价高昂。最终的结果就是，两家企业都自以为“高明”地偷偷降价，双方的博弈使结果重新回到（低价，低价）的策略组合。

4. 惩罚性条款

由以上分析可知，（高价，高价）组合对两家寡头企业来说是最有利的，但确实很难达到，即使签订协议也无法保证避免投机取巧。但解决办法还是有的，那就是通过制定一个高额的惩罚性条款来达到遵守协议的目的。例如：哪家违反协议，就要赔偿给对方至少4的收益。这样，在达到（高价，高价）策略组合带来的（12，12）的收益时，任何一方通过低价来增加收益都将变得不划算，因为改变为低价只能增加3（=15–12）的收益。

（二）囚徒困境

比较经典的博弈论模型是囚徒困境。假设两个人曾经合伙抢劫过珠宝店，后来在合伙偷汽车时被抓，我们称他们为“小强”和“小盗”。对警方而言，最好是让一人或两人主动交代罪行，于是，警方将两人分别关在不同的屋子里进行审讯，并且告诉他们：坦白从宽，抗拒从严。偷汽车，判2年；如果承认以前抢劫过珠宝店，同伙却不承认，承认的人立刻释放，同伙判10年；如果两人都承认了抢劫珠宝店的事情，则都判8年。

两个囚徒的收益矩阵如表6–5所示。矩阵内前面的数字代表小强的收益，后面的数字代表小盗的收益。那么，最后的结果会怎样呢？

表6–5　囚徒困境

策略选择		小盗	
		坦白	沉默
小强	坦白	8，8	0，10
	沉默	10，0	2，2

首先来看小强的决策。由于小强的收益受到小盗决策的影响，他做决策时要考虑小盗的反应。如果小盗坦白，则小强坦白被判8年，沉默被判10年，坦白比不坦白的结果要好；如果小盗沉默，则小强坦白无罪释放，不坦白被判2年，坦白还是比沉默好。因此，不管小盗坦白还是沉默，小强的最优策略是坦白。

同理可知，不管小强坦白还是沉默，小盗的最优策略也是坦白。最终两人的策略组合就是（坦白，坦白），结果就是（8，8），每人被判8年。因此，每个人都从有利于自己的个人理性出发做了对自己最有利的决策，却得到了对双方最不利的结果。当然，在这个案例中，这种“困境”的结果只是对囚徒而言的，对社会来说则是有利的。

囚徒困境反映了个体理性和团体理性的冲突，从个体理性角度出发选择的对自己最有利的策略，从整体来看却是最差的。在有些情况下，每个人都追求自己的利益，可能既不能给自己带来好处，也不能给别人带来好处，“看不见的手”在这里失灵。

（三）智猪博弈

猪圈里养着两头猪，一头大猪，一头小猪。猪圈的一端有一个猪食槽，另一端安装了一个按钮，控制着食物的供应。按一下按钮会有 10 个单位的食物进槽，但谁去按按钮，谁就需要付 2 个单位食物的成本。两只猪都有两个策略：按和等。

若小猪按，大猪在猪食槽等，则大猪能吃到 9 个单位的食物，小猪只能吃到 1 个单位的食物，还要付出 2 个单位的成本，大猪和小猪收益分别为 9 和 –1；

若两只猪同时去按，同时到达猪食槽，则大猪能吃到 7 个单位的食物，小猪能吃到 3 个单位的食物，分别付出 2 个单位的成本，大猪和小猪的收益分别为 5 和 1；

若大猪按，小猪在猪食槽等，则大猪能吃到 6 个单位的食物，付出 2 单位的成本，小猪能吃到 4 个单位的食物，大猪和小猪的收益分别为 4 和 4；

若两只猪都不去按，都选择等，则没有食物供给，收益分别为 0 和 0。

得到该模型的收益矩阵如表 6–6 所示，前面的数字是大猪的收益，后面的数字是小猪的收益。那么，最终结果是怎样的呢？

表 6–6　智猪博弈

策略选择		小猪	
		按	等
大猪	按	5，1	4，4
	等	9，–1	0，0

我们注意到，不论大猪选择“按”还是“等”，小猪的最优选择都是“等”。因此，“等”是小猪的优势策略。既然小猪总是选择“等”，大猪只能选择“按”。所以，最终的博弈结果是：大猪按，小猪等，各得到 4 个单位的食物。这个模型反映了什么问题呢？

1. 大小股东的博弈

在股份公司中，为防止内部人控制，损害股东的利益，股东要对公司的经营管理层进行监督，但大股东和小股东从监督中得到的收益并不一样：大股东监督得到的好处显然多于小股东。大股东类似“大猪”，小股东类似“小猪”。因此，一般的情况是，大股东搜集信息、监督经营管理层，小股东则搭大股东的便车，坐享其成。

2. 大户和小散的博弈

炒股票也是如此。股市上既有大户，也有散户，俗称“小散”。大户类似“大猪”，小散类似“小猪”。对小散而言，“跟大户”是最优选择，而大户则必须自己搜集信息，进行分析。

3. 大企业和小企业的博弈

市场上同一行业中存在大企业与小企业。大企业类似“大猪”，小企业类似“小猪”。投入资金、时间和人力进行研究开发，为新产品做广告开发市场，对大企业而言是值得的，因为大企业的产量大，市场占有率高，从新产品的销售中能得到更多的收益。但做这些事情对小企业而言得不偿失。所以，小企业会把更多精力用在模仿上，或等待大企业用广告打开市场后出售廉价产品。

应用分析

穷在闹市无人问，富在深山有远亲

类似的情况在公共物品的提供上也可能出现。例如：村里有两户人家，一家富，一家穷，两家共走一条年久失修的路。富户一般会承担起修路的责任，穷户则很少这样干，因为富户家常常是高朋满座，对路的使用率比较高，路修好会方便很多；而穷户家只是自己走路，路修好了走起来更舒服，路修不好也无所谓。

改革中也会有类似的情况。同样的改革带给一部分人的好处可能比另一部分人大得多。前一部分人比后一部分人有更大的积极性进行改革，改革往往就是由这些“大猪”推动的。如改革能创造出更多的“大猪”来，改革的速度就会加快。“让一部分人先富起来”正是让先富的人成为“大猪”，带动“小猪”一起致富。

问题：你注意过没有，在住宿舍的集体生活中，哪些人承担的公共工作（如打水、打扫卫生、帮大家带饭等）最多？为什么会产生这种现象呢？

第四节 不同市场的比较

由于不同市场的形成条件、均衡条件、盈亏状况各不相同，因此其各自的经济效率、技术创新能力、产品等方面都存在差别。

一、不同市场的经济效率

经济效率是指对经济资源利用的有效性。不同市场的经济效率是不同的。通过对不同市场条件下企业的长期均衡分析，可以得出一般结论：完全竞争市场的经济效率最高，垄断竞争市场较高，寡头垄断市场较低，完全垄断市场最低。即经济效率与竞争程度成正比，与垄断程度成反比。

如图 6–14 所示，d_M 是不完全竞争企业所面临的需求曲线。由于不完全竞争使需求曲线向右下方倾斜，因此在实现长期均衡时，该需求曲线只能相切于 *LAC* 曲线最低点（*C* 点）左侧的 *A* 点，其产量水平是 Q_A。d_P 是完全竞争企业所面临的水平的需求曲线。在实现长期均衡时，该需求曲线相切于 *LAC* 曲线的最低点 *C*，其产量水平是 Q_C。比较两种市场的价格与产量可以发现，完全竞争市场的价格水平低于不完全竞争市场，产量却高于不完全竞争市场。因此，从价格与产量这两个量上来看，均可以得到完全竞争市场的经济效率是远远高于不完全竞争市场的效率的结论。

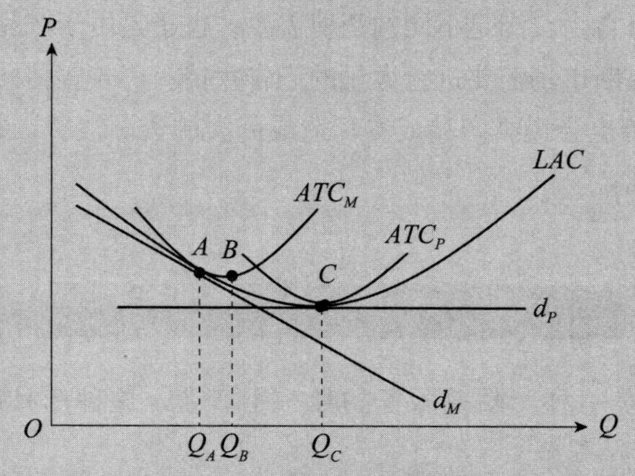

图 6-14　不同市场的经济效率

不完全竞争的三种市场类型的垄断程度各不相同。垄断程度越高，则需求曲线相对于横轴来说越陡峭，相应的长期均衡产量水平越低，经济效率也越差，如完全垄断市场；而垄断程度较低的垄断竞争市场的需求曲线比较平坦，相应的产量水平较高，经济效率也就较高。

二、不同市场的技术创新能力

一般情况下，完全竞争市场不利于出现重大技术创新。其原因在于：第一，完全竞争企业规模很小，不能稳定地获得经济利润，因而没有进行重大技术创新的资金保障；第二，在完全竞争的条件下，如果个别企业进行了技术创新，由于生产资源的自由流动，技术创新很容易被其他企业模仿，由此产生的经济利润很难保持。因此，完全竞争的市场环境不利于重大技术创新的出现。

垄断竞争市场和寡头垄断市场比较有利于技术创新。由于垄断竞争企业可以通过开发有差别的新产品在短期内获得相对垄断地位而取得经济利润，因此，垄断竞争企业有意愿并且有能力进行技术创新。而寡头垄断企业在产品市场价格相对稳定的条件下，只要通过技术创新降低自己产品的成本就能提高经济利润，因此，寡头垄断企业有进行技术创新的意愿，且大规模生产也使其有能力进行重大技术创新。

对完全垄断市场的技术创新问题，经济学家有不同看法。有些人认为，完全垄断企业可以凭借垄断地位而稳定地获得经济利润，因而缺乏创新的动力。甚至，垄断企业为了防止潜在的竞争对手通过技术创新对其垄断地位形成威胁，会千方百计地阻碍技术进步。但也有些人认为，垄断在某些条件下也会有利于技术创新。

三、不同市场的产品差异

在完全竞争市场中，由于产品无差异，因此不能满足消费者的不同偏好。在垄断竞争市场和产品有差异的寡头垄断市场（如汽车业、造船业），由于存在产品差异，因此可以使消费者有更多的选择自由，满足不同的消费需要，也正是由于产品差异，垄断竞争市场和产品有差异的寡头垄断市场需要进行大量的广告宣传。广告宣传向消费者提供了产品信息，但过量的广告宣传也会提高产品成本，造成巨大的资源浪费，并可能抬高销售价格，这都会损害消费者的利益。

本章小结

1. 完全垄断企业是一种产品或服务的唯一生产者，这种产品或服务没有相似的替代品。

2. 完全垄断的形成是由于进入壁垒，它包括：（1）关键资源的所有权或控制权。（2）法律性进入壁垒：专利和许可。（3）规模经济。

3. 完全垄断企业的需求曲线向右下方倾斜，边际收益曲线在需求曲线下方。在短期内，它按照 $MR=MC$ 规则进行生产，有可能获得经济利润，也可能亏损或盈亏平衡；长期来看，完全垄断企业获得经济利润或盈亏平衡，不可能亏损。

4. 完全垄断企业可以通过价格歧视来增加利润，条件是：（1）有垄断定价的能力。（2）能按照需求弹性划分消费者。（3）能够有效防止产品在不同价格市场上的转卖。

5. 一级价格歧视是指垄断企业对每一单位产品都收取消费者愿意支付的最高价格，从而把所有的消费者剩余都据为己有；二级价格歧视是指垄断企业对不同消费数量段收取不同的价格，从而可以部分攫取消费者剩余；三级价格歧视是指垄断企业对需求弹性低的消费者收取高价，对需求弹性高的消费者收取低价，从而成功地增加自己的收益。

6. 垄断竞争的显著特征是：（1）数量众多的卖方。（2）差异化产品。（3）进入或退出比较容易。

7. 垄断竞争企业短期内可能获得经济利润，也可能亏损或盈亏平衡。企业能轻易地进入和退出行业使得其长期均衡时只能获得正常利润。

8. 与完全竞争企业相比，垄断竞争企业长期均衡时效率比较低。价格高于边际成本表明资源配置效率不足，生产者没有充分利用生产能力；价格高于最小平均总成本表明消费者没有得到最低价格；产品多样化满足了消费者的不同偏好。

9. 寡头垄断行业的特征是少数几家大企业控制了整个行业。它们生产的产品可能是相同的，也可能是有差异的。各个企业之间的行为相互影响，每家企业在决策时都需要考虑其他企业的反应。

10. 博弈论展示了寡头垄断企业之间行为的相互依赖性，揭示了它们之间共谋的倾向，解释了寡头垄断企业违反共谋协议进行欺骗的动机，说明了解决背叛协议的方法。

11. 从资源利用的有效性来对四种市场类型进行比较，完全竞争市场效率最高，垄断竞争市场效率较高，寡头垄断市场效率较低，完全垄断市场效率最低。

能力训练

一、单项选择题

1. 与完全竞争相比，垄断竞争企业长期均衡时效率比较低。__________表明资源配置不足，生产者没有充分利用生产能力；__________表明消费者没有得到最低价格；但产品多样化满足了消费者的不同偏好。(　　)

A. 价格高于边际成本；价格低于最小平均成本

B. 价格高于边际成本；价格高于最小平均成本

C. 价格低于边际成本；价格高于最小平均成本

D. 价格低于边际成本；价格低于最小平均成本

2. 从资源利用的有效性来对四种市场类型进行比较，(　　) 市场效率最高。

A. 完全竞争　　B. 垄断竞争　　C. 寡头垄断　　D. 完全垄断

3. 企业决策必须考虑竞争对手的反应，这是 (　　) 市场的典型特征。

A. 完全竞争　　B. 垄断竞争　　C. 寡头垄断　　D. 完全垄断

4. 垄断竞争企业最有可能处于 (　　) 部门。

A. 农业　　B. 钢铁业　　C. 零售业　　D. 化学工业

5. 垄断企业对需求弹性低的消费者收取高价，对需求弹性高的消费者收取低价，这是指 (　　)。

A. 一级价格歧视　　B. 二级价格歧视　　C. 三级价格歧视　　D. 没有价格歧视

二、思考分析题

1. 什么是完全垄断？其形成的条件有哪些？

2. “由于完全垄断企业没有竞争对手，因此它可以任意定高价。”这种说法是否正确？为什么？

3. 相对于完全竞争企业来说，完全垄断企业面临的需求曲线有何不同？这种不同有什么意义？

4. 假设一家垄断性出版社同意向作者支付教科书销售总收入的 10%，那么，出版社对教科书的定价与作者想要的定价一样吗？请解释。

5. 请批判性评价和解释以下说法：

(1) 由于可以控制产品的价格，因此完全垄断企业可以通过简单地索取消费者支付的最高价格来确保利润的实现。

（2）完全垄断企业追求的是能产生最大单位利润的产出。

（3）某种产品的价格高于边际成本是市场需要更多该产品的信号。

（4）完全垄断企业有定价政策，完全竞争企业则没有。

6. 从社会的角度来说，一级价格歧视是有效率的，这是否说明价格歧视有理？

7. 什么是垄断竞争？请解释“垄断竞争行业的特征是有太多企业，但每家企业生产的产品又太少”。

8. 请解释“垄断竞争的垄断只到消费者愿意购买相似替代品的那一点为止，超过该点便体现为竞争”。

9. “就消费者用同样多的钱购买更多的产品而言，质量和服务的竞争与价格竞争一样有效率。”你同意这个观点吗？请解释垄断竞争企业通常更偏好非价格竞争而不是价格竞争的原因。

10. 为什么在垄断竞争和寡头垄断中有如此多的广告？这些广告是如何帮助消费者的？

11. 在囚徒困境模型中，如果两个嫌疑人可以订立攻守同盟，他们会得到什么结果？一定会这样吗？哪些因素会影响其结果？

第七章　生产要素理论

知识目标

1. 掌握生产要素的类型
2. 熟悉生产要素的需求
3. 掌握边际生产力的含义
4. 掌握准租金、经济租金的含义
5. 掌握基尼系数的含义

能力目标

1. 能够解释生产要素价格的形成
2. 能够分析个体劳动的供给
3. 能够分析工资的差异
4. 能够解释地租的形成
5. 能够分析利率的差异
6. 能够解释公平与效率的关系

素养目标

1. 树立“人才是第一资源”的理念
2. 培养奋力拼搏、吃苦耐劳的品质

【先贤哲言】

周书曰：“农不出则乏其食，工不出则乏其事，商不出则三宝绝，虞不出则财匮少。”

——《史记·货殖列传》

微观经济学由价格理论和分配理论两大部分组成。从一定意义上说，前六章内容讲的是微观经济学的“价格理论”，本章则是对“分配理论”进行讲解。

经济学认为，人们的收入分配与生产要素价格有关。人们提供生产要素参与生产活动，根据生产要素在生产活动中的贡献获得要素收入，从而参与收入分配。各种要素收入就等于它们各自本身的价格。因此，微观经济学中的分配理论，实际上就是生产要素的价格理论。

第一节 生产要素价格的形成

一、生产要素价格形成的特点

生产要素即生产资源，分为劳动、资本、土地和企业家才能四种。生产要素的价格与一般产品一样，由其需求和供给相等时的均衡状态决定。企业是生产要素的需求方，要素所有者是生产要素的供给方，当要素的供求达到均衡时，要素价格即可决定。但生产要素价格的形成与一般产品价格的形成又有所不同，主要表现在：

第一，在产品市场上，需求来自个人，供给来自企业；在生产要素市场上则相反，需求来自企业，供给来自个人。总体来说，劳动由工人供给，资本由资本家供给，土地由地主供给，而企业家才能则由经营管理者供给。

第二，对已形成的价格，就一般产品而言，是指人们对它一次性的购买价格；就生产要素价格而言，是指各种生产要素在生产中所提供的劳务（或服务）的价格，而不是指它们本身的价值。例如：劳动的价格是指劳动者提供一定数量的劳动服务的价格，“劳动 1 小时的价格是 20 元”是指劳动者提供 1 小时劳动服务的价格，而不能将它看成劳动者本人 1 小时只值 20 元；资本的价格是指使用资本一段时间的利息，而不是指资本本身的全部价值；土地的价格是指土地服务的价格，即使用土地一段时间需要支付的地租，而不是土地本身的价值。

生产要素价格的决定有效地解决了如何生产的问题。例如：在面积广大而劳动力缺乏的国家，寻求最低成本组合的农户用土地来代替劳动，基本上采用广种薄收法。相比较而言，在土地较少而劳动力丰富的国家，廉价的劳动被用来代替土地，采用的必然是精耕细作法。因此，对最优生产要素的组合进行选择时，价格机制起到了决定性作用。

二、生产要素的需求

对生产要素的需求是一种派生的需求或间接的需求，它取决于对利用该种生产要素生产出来的产品的需求。如果市场上对某种产品的需求增加了，就会增加对生产该种产品的生产要素的需求。

对生产要素的需求还受到生产技术变化的影响。因为技术进步了，所以生产同样多的产品，对生产要素的需求就会减少。在技术不变的情况下，厂商对生产要素的需求，又取决于生产要素本身的价格：价格高，需求量少；价格低，需求量多。

生产要素的需求价格，则取决于它的边际生产力。因为生产要素的需求者不是个人，而是企业，企业需要生产要素的目的是赚取利润，而利润是收益与成本的差额，所以，企业愿意对生产要素支付的需求价格，必然要考虑该生产要素能给自己带来多少收益，即要考虑该生产要素的边际生产力大小。边际生产力大，企业愿意支付的价格就高；边际生产力小，企业愿意支付的价格就低。

边际生产力是指追加的最后一个单位的生产要素所产生的生产率，或所带来的收益，也称为边际收益产量（Marginal Revenue Product，MRP），也就是增加一单位生产要素投入所增加的收益。用 MP 表示边际产量，MR 表示产品的边际收益，则 $MRP=MP\times MR$，即增加一单位生产要素给企业带来的收益增加量等于投入这一单位生产要素增加的产品的数量乘以每单位产品的收益。

在其他生产要素投入不变的条件下，虽然产品的边际收益在完全竞争条件下等于产品的价格是不变的，但某一生产要素随着投入量的增加，边际产量在递减，即边际生产力递减，也就是边际收益产量递减。边际收益产量曲线（即需求曲线）向右下方倾斜，如图 7–1 所示，横轴表示厂商对生产要素的需求数量，纵轴表示生产要素的价格。*MRP* 曲线（或 *D* 曲线）表明，生产要素价格下降，需求增加；生产要素价格上涨，需求减少。

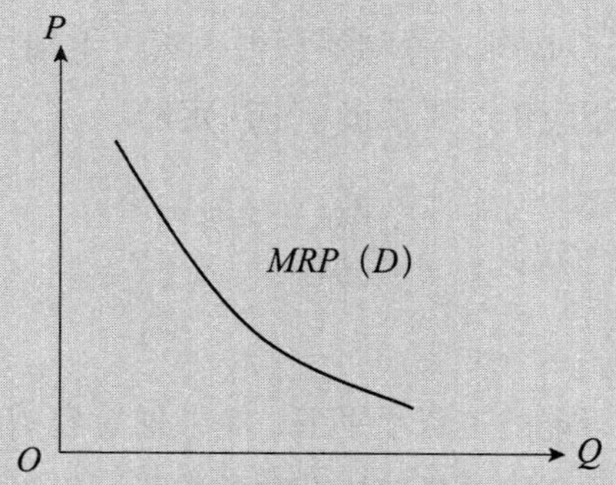

图 7–1 边际收益产量曲线

三、生产要素的供给

生产要素的所有者在提供生产要素时，考虑的是由此能够获得的最大净收益，正如企业使用生产要素时考虑的是获得最大利润一样。因此，生产要素的供给曲线同任何商品的供给曲线一样具有正的斜率，当其价格上升时，供给增加；反之，供给下降。

四、生产要素均衡价格的决定

在一个完全竞争的生产要素市场上，生产要素的均衡价格和均衡数量同商品的均衡价格和均衡数量一样，是生产要素的需求量和供给量相等时的价格和数量。

在图 7–2 中，生产要素的需求曲线 D 和生产要素的供给曲线 S 的交点 E 所决定的价格 P_0 和数量 Q_0 就是生产要素的市场均衡价格和均衡数量。

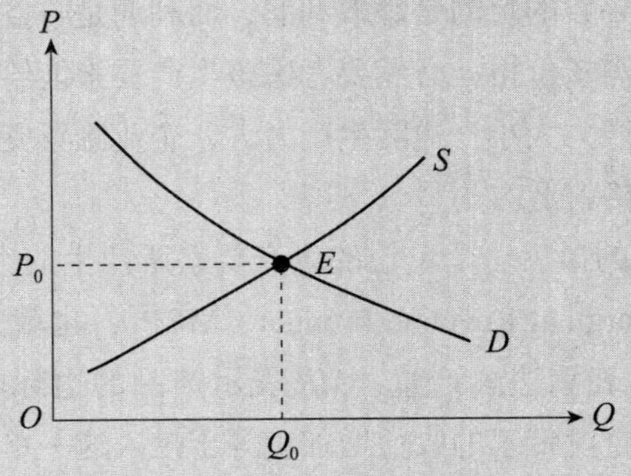

图 7–2　生产要素均衡价格的决定

第二节　工资、地租和利息的决定

所有的生产要素都要获得报酬，劳动要获得工资，土地要获得地租，资本要获得利息。生产要素的报酬都是在相应生产要素市场中决定的。

一、工资的决定

（一）劳动的需求

劳动的需求是指在各种可能的工资水平下，企业愿意雇用的劳动数量。每一个理性的企业都是根据利润最大化的原则来选择使用劳动的数量。工资越高，企业的劳动需求量越低；工资越低，企业的劳动需求量越高。同时，整个市场的劳动需求曲线是把所有企业的劳动需求曲线沿横向相加而得到的。工资提高时，企业使用劳动的数量将减少，从而劳动的市场需求量减少；反之，企业使用劳动的数量将增加，从而劳动的市场需求量增加。因此，如图 7–3 所示，横轴表示劳动的数量，用 L 来表示，纵轴表示劳动的价格（即工资），用 W 来表示，则劳动需求曲线 D_L 自左上方向右下方倾斜。

为什么工资越高，对劳动的需求就越低呢？企业对劳动的需求取决于劳动对企业的贡献。一单位劳动对企业的贡献只有超过企业为它支付的成本（即工资）的时候，企业才可能雇用这一单位劳动。因此，工资越高，能够使自己的贡献超过工资的高质量劳动就会越少，企业对劳动的需求就越少；工资越低，能够满足企业要求的劳动数量就越多，企业对

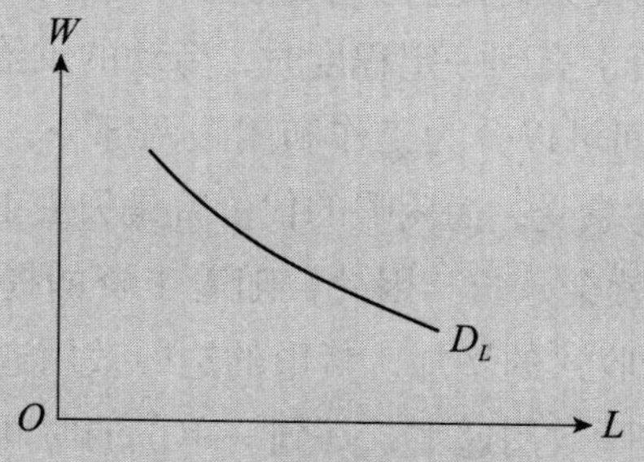

图 7–3　劳动的需求曲线

劳动的需求就越多。也可以从另一个角度来理解，由于边际收益递减规律，因此随着劳动投入的增加，劳动的边际产量越来越低，即追加劳动给企业带来的产量（即贡献）越来越少，企业自然只愿意对追加的劳动支付较低的工资。

（二）劳动的供给

劳动的供给是指在各种可能的工资水平下，人们愿意提供的劳动数量。劳动的供给与其他要素和产品的供给有所不同，它先随工资的提高而增多，但在工资超过一定水平后，工资越高，劳动的供给量反而会减少。因此劳动的供给曲线是一条先由左下方向右上方倾斜，再向左上方弯曲的曲线。如图 7–4 所示，在工资达到 W_1 之后，随着工资的继续提高，劳动的供给量反而减少。

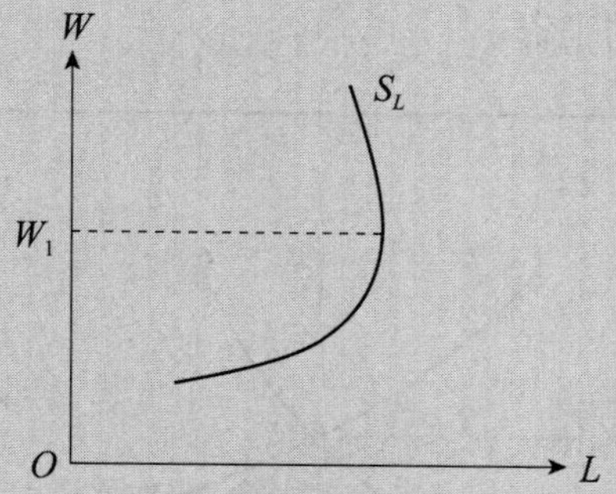

图 7–4　劳动的供给曲线

为什么会出现劳动的供给曲线向左上方弯曲这种情况呢？这是因为，工资取决于两个因素：第一，劳动力的生产成本，即劳动者养活自己和家庭的费用，以及劳动者接受培训和受教育的费用。第二，劳动的负效用，即劳动者认为劳动是以牺牲自己的闲暇时间为代价的。

在工资不是很高的情况下，提高工资可以刺激人们提供更多的劳动，因为多劳动可以获得更多的收入，而收入可以进行消费，从而增加效用。而且，工资上升使闲暇的机会成本上升，这会促使人们选择更多的劳动并相应放弃闲暇。同时，由于劳动的负效用随劳动时间的延长而增加，因此，要使人们提供更多的劳动，就只能提高工资。

当劳动供给价格（即工资）高到一定程度时，劳动的供给数量不仅不会增加，反而会逐渐减少。一个人一天的时间可以分为工作和闲暇两部分，工作得到工资，闲暇得到享受。工作的代价是牺牲闲暇的享受，而闲暇的代价就是失去工资；工资提高，闲暇的代价增大，人们愿意工作的时间就会延长。因此，随着工资的提高，劳动的供给将增加。但是，随着收入的增加，货币的边际效用递减，而闲暇时间的减少则使闲暇的边际效用递增，等到一单位的时间用于劳动所挣得的工资带给人们的效用等于把这一单位的时间用于闲暇带来的效用的时候，劳动的供给量达到最大。继续增加工资，劳动收入带来的效用就会小于闲暇带来的效用，这时，人们宁愿少劳动、少拿工资，而利用这些时间从事各种娱乐、消遣活动。因此，随着工资的进一步提高，劳动的供给量反而会减少，图 7–4 中的劳动供给曲线 S_L 就反映了这种情况。

知识拓展：向后弯曲的劳动供给曲线

（三）均衡工资的决定

虽然许多个体劳动者的劳动供给曲线在工资高到一定程度的时候会向后弯曲，但由所有个体劳动供给水平相加而得到的劳动的市场供给曲线却不一定向后弯曲。这是因为，在较高的工资水平上，可能会有一些劳动者减少劳动，但高工资也会吸引新的劳动者加入，因而总的劳动供给一般还是随着工资的上升而增加，劳动的市场供给曲线仍然向右上方倾斜。

在竞争性的市场条件下，劳动市场供求关系决定了均衡工资。如图 7–5 所示，劳动需求曲线 D_L 与劳动供给曲线 S_L 相交于 E 点，该点对应的工资 W_0 就是劳动市场均衡工资，即能够使劳动市场供求相等的工资。

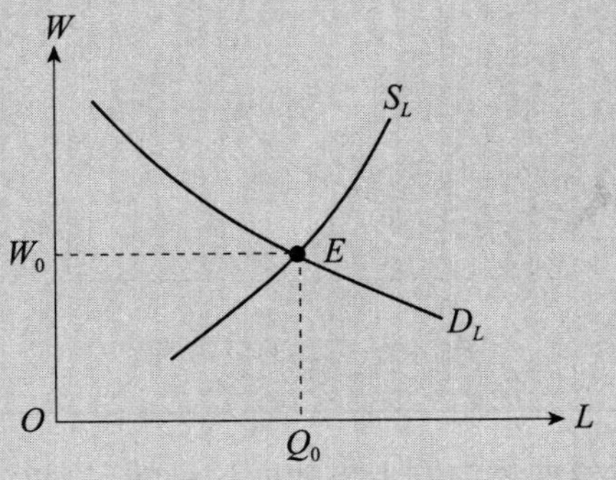

图 7–5　均衡工资的决定

现实生活中的市场工资围绕均衡工资上下波动。当市场工资高于均衡工资时，劳动供给量将大于劳动需求量，劳动者之间的竞争会使市场工资下降，直到跌到 W_0 的水平；当市场工资低于均衡工资时，劳动供给量将小于劳动需求量，企业之间的竞争会使市场工资上升，直到升至 W_0 的水平；在 W_0 的工资水平下，劳动需求量等于劳动供给量，从而实现了充分就业。

（四）工资的差异

不同国家、地区、部门、职业、群体和个人之间的工资差异是十分明显的。经济学通常从四个方面来解释工资差异。

1. 补偿性工资差异

不同的工作负效用不同，为了吸引人们进入条件比较艰苦、负效用比较大的工作领域，企业需要支付较高的工资进行补偿。例如：美国钢铁业的平均小时工资大致是零售业的3倍，除了工会的作用之外，钢铁工人较繁重的体力劳动和较艰苦的工作环境是这种工资差异的重要成因。在钢铁公司内，一线的炉前工比其他工种工人的工资要高。工人在野外、高温、高热的环境工作，相应地也应该取得较高的工资。

2. 生产率工资差异

即由于人们的劳动质量和劳动效率的差异而造成的工资差异。高质量劳动力的形成需要付出高成本，高工资就是对其的补偿。行业工资水平的差异主要是劳动力的生产率不同造成的。不同行业对劳动力质量的需求也不一样，有些行业需要的劳动力质量高，或者劳动力的形成所需投入大，自然工资水平就高。例如：大学教师的工资高于商店售货员，这是因为大学教师的劳动是一种高质量和高效率的复杂劳动，而售货员的劳动是一种相对比较简单的劳动。一个人要成为大学教师，要经过多年的正规教育和在职训练，在此期间要支付学费并放弃工资收入，较高的工资收入是对大学教师较高劳动质量的认可，也是对其机会成本的回报。

3. 非竞争性工资差异

现实生活中的劳动市场是一个不完全竞争的市场，信息不完全、劳动力的流动性障碍、劳动力市场分割、非竞争群体等非竞争性因素的存在，也会导致工资差异。

由于信息不完全，一个人不可能了解所有企业愿意为他支付的工资，因此他所接受的工资未必是与他的能力相对应的最高工资。即使信息是充分的，由于南方的人到北方去找工作，或者西部的人到东部去找工作等，都会面临户口、环境、人文、生活习惯、地区差异等许多问题，这种劳动力的流动性障碍也会导致工资差异。同时，劳动力市场按职业被分割为若干子市场，不同的子市场需要不同的专门知识和技术，而熟练劳动力的培养需要大量的时间与金钱的投入，这就给工作的转换造成了困难，从而限制了劳动力在各子市场间的自由转移，事实上形成了某些行业劳动力缺乏而工资水平高，某些行业劳动力充足而工资水平低，造成了行业工资水平的差异。此外，习惯、偏见、歧视与制度等若干因素也会导致非竞争群体之间的工资差异。

4. 特殊的工资差异

某些个体天赋异禀或拥有非凡的才能，能在特定的环境中获得特别高的收入。例如：

美国篮球运动员和欧洲足球运动员，他们可以得到几百万甚至上千万美元的年收入，除了他们的天赋和后天努力之外，各国的经济发展水平、媒体的宣传和公众的偏好也是其获得高收入的重要原因。

应用分析

“大学生 PK 农民工”：工资大战谁能赢？

近几年来，由于大学扩招，大学毕业生的数量逐年递增，从 2010 年的 630 万一直增长到 2023 年的 1 158 万，导致大学毕业生的起始薪酬一降再降。同时，近几年来发达地区不断爆发“民工荒”，许多用人单位给“农民工”的薪酬超过了一些大学生，许多人惊呼：大学生竟然比不过农民工！上大学还有什么用？

其实，应该辩证地看待这个问题。首先，大学生刚毕业时没有工作经验，用人单位需要对大学生进行培养，起始薪酬不高合情合理。而农民工的工作环境一般比较差，工作比较辛苦，通常是按工作日获取薪酬，一天不工作就一天没有收入，如果运气不好遇到黑心老板或烂尾项目导致欠薪，一年到头可能都没有收入。其次，大学生从事的是脑力劳动，随着经验的积累和不断的学习成长，潜力巨大，有无限的未来。而农民工的工作一般是体力劳动，也不需要复杂技能，几乎没有上升空间。因此，“大学生工资不如农民工工资”是个伪命题，二者没有可比性。

目前的大学生薪酬低是大学生结构性过剩导致的。什么是结构性过剩呢？即拥有普通知识和技能水平的大学生供大于求，拥有高质量和高技能水平的大学生供小于求。这就造成了一边是大量的大学生找不到工作或找到的工作薪酬不如意，另一边是大量的紧缺专业和技能的岗位即使高薪也招不到人。例如：一个办公室职员的岗位往往吸引几百人投递简历，而结构工程师的岗位问津者寥寥无几。因为办公室职员的岗位对应聘者要求较低，而结构工程师的岗位对应聘者的要求较高。每年的公务员考试也是如此，对专业和学历限制较少的职位往往报名火爆，甚至几千人争一个职位，而对专业和学历要求较高的职位竞争激烈程度就低一些。这就是大学生结构性过剩的真实写照。高学历、高素质的人才需求强劲而供给短缺，自然会拿高薪；普通的大学生供给过多而需求相对不足，自然薪酬不高。因此，与其花时间抱怨，不如努力实践，待到能力提高时，自有高薪随处见。

图 7–6 是 2022 届山东高校毕业生岗位薪酬学历分析。从中可以看出，学历不仅是企业招聘的门槛，也是影响职场人士薪资的重要因素。学历越高，薪酬越高，当前，博士学位实际薪酬已达 20 147 元。不同学历层次之间的薪酬差距也在逐渐拉大，硕博学历实际薪酬差距最大，差额为 11 205 元；本硕之间差额也达到了 2 794 元；大专与本科学历间差距相对较小，差额为 1 125 元。也就是说，越朝上走路越宽，直到“高处不胜寒”。从实践来看也是如此。在普通人为某一基层岗位拼死拼活努力的时候，高层管理者已经可以拿到动辄几十万元、上百万元的薪酬。

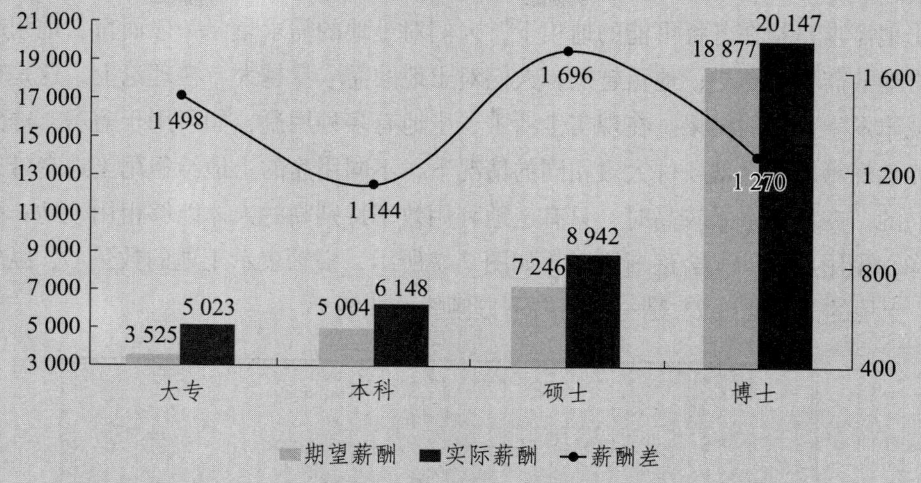

图 7-6　2022 届山东高校毕业生岗位薪酬学历分析（单位：元）

有的人可能会说，学历高不一定能力强，能力比学历重要。没错，能力是比学历重要。可是，能力来源于什么呢？学习经历即学历是能力最重要也是效率最高的来源，所以，学历的背后是能力。可能现在你的学历不如别人，但那只代表过去，只要用加倍的努力来补上落下的功课，努力学习，包括学校学习与社会学习，将来你的能力未必不如别人。

党的二十大报告指出："我们要坚持教育优先发展、科技自立自强、人才引领驱动，加快建设教育强国、科技强国、人才强国，坚持为党育人、为国育才，全面提高人才自主培养质量，着力造就拔尖创新人才，聚天下英才而用之。"

人才决定未来，人才结构决定未来的产业结构。当前，从国家到每个城市，都在以人才优势打造创新优势、产业优势和发展优势，实现由大到强的转变，也更加重视高端人才的引进和留存。从愈演愈烈的"抢人才大战"可以看出，各城市之间为增强城市竞争力，在薪酬待遇上也开始不惜重金吸纳高端人才。

自古以来，有知识、有水平的人"到哪里都吃香"。孔子周游列国都受到极高的礼遇，凭的就是高深的学识。按质论价、优质优价是市场对劳动力的基本要求，优质劳动力能有效避开竞争的压力和风险，获取远超平均水平的报酬。

问题：你如何看待"大学生工资不如农民工工资"这个话题？如何使自己将来进入人力资源市场的时候占据优势地位？

二、地租理论

经济学上所说的土地，泛指一切自然资源，其特点是"原始的和不可毁灭的"。"原始"的意思是不能被生产出来；"不可毁灭"的意思是数量上不会减少。

（一）土地需求

土地需求是指在各种可能的地租下，人们对土地的需求量。一般而言，地租越高，人们对土地的需求量越小；地租越低，人们对土地的需求量越大。在理论上，这是边际收益递减规律发生作用的结果。在现实生活中，土地有多种用途，如可用于盖房、修路、种庄稼、养鱼虾等。在其他条件大致相同的情况下，不同用途的土地给租用土地者带来的收益是不同的。在地租水平较高时，只有土地利用效率特别高的人才能够租用土地；随着地租的下降，租用土地的人会逐渐增多。如图 7–7 所示，横轴表示土地的数量 Q，纵轴表示地租 R，土地的需求曲线 D_0 是一条向右下方倾斜的曲线。

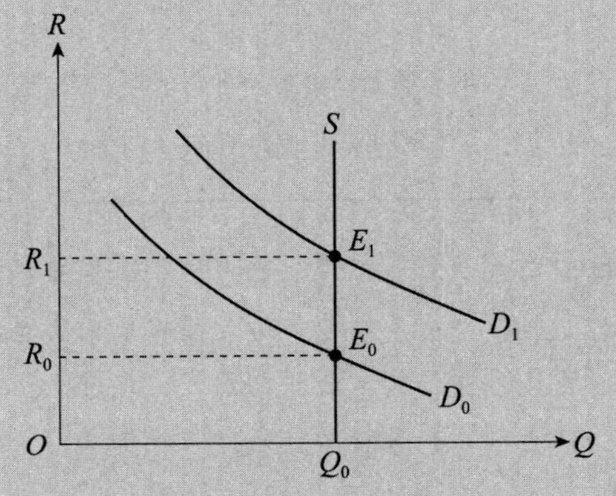

图 7–7　地租的决定

（二）土地供给

土地供给是指在各种可能的地租下，人们愿意而且能够提供的土地数量。由于土地是自然界直接提供的生产要素，因此其供给是缺乏弹性的。在一般情况下，地租上升不会使土地供给增加；地租下降不会使土地供给减少。如图 7–7 所示，土地供给曲线 S 是一条垂直于横轴的直线。

（三）地租的决定

地租取决于土地的供求。如图 7–7 所示，土地需求曲线 D_0 与土地供给曲线 S 的交点 E_0 决定了均衡状态下地租为 R_0。如果地租背离 R_0，就会出现土地供求不一致的情况，市场压力会促使地租趋向均衡水平。尽管土地供给是固定的，但土地需求会随时间的推移而移动，如人口增长对粮食的需求增加、技术进步使土地的边际产出增加等因素都会使土地需求增加。如果土地需求曲线移动到 D_1 的位置，那么，均衡地租将是 D_1 曲线与 S 曲线交点 E_1 所对应的 R_1。从图 7–7 中可以看出，在土地供给不变的条件下，其价格只与土地的需求曲线有关，即地租由需求决定，需求越大，地租越高；需求越小，地租越低。

（四）准租金

经济学上把供给数量固定不变的一般资源的服务价格叫作“租金”（现实中也泛指一般资源的服务价格，而不管该资源的供给数量固定不固定）。“地租”就是指供给数量不变的土地的报酬。因此，地租只与固定不变的土地相关。但在现实中，有些生产要素尽管在长期内可变，但在短期内不可改变。例如：在短期内，企业使用的专用设备的数量是固定的，而且它们只能用于特定的生产。因为在供给固定和不存在其他用途的特点上与土地的特点相类似，所以这些要素的报酬被称为“准租金”（或“准地租”）。准租金是指从短期来看，供给数量固定且不存在其他用途的资源的报酬，即供给量固定不变的生产要素的收益。准租金是企业的总收益扣除总可变成本之后的余额。如果总收益大于总可变成本，则准租金为正；如果总收益与总可变成本相等，则准租金为零，在这种情况下企业将停止生产。

（五）经济租金

许多要素的收入尽管从整体上来看不同于租金，但其收入的一部分可能类似于租金，如果从该要素的全部收入中减去这一部分收入并不会影响要素的供给，那么这一部分要素收入就叫作“经济租金”。例如：一个油田的供给大体上是固定的，且油田只能用于开采石油，那么从理论上讲，油田的租金收入不管是多少都不影响油田用来开采石油，油田的报酬都可以看作经济租金。从经济学角度来看，经济租金有一个显著的特点，即该要素成本不会改变商品价格。事实正好相反，相应商品的价格决定着使用该要素的成本。也就是说，是石油的价格决定了油田的租金，而不是油田的租金决定了石油的价格。经济租金是要素收入（或价格）的一部分，该部分并非为获得该要素在当前使用所必须支付的，它代表着要素收入中超过其在其他用途上可能获得的报酬。

知识拓展：生活中的经济租金

在现实生活中，完全缺乏弹性或供给长期固定的要素并不多见，多数要素的供给介于完全缺乏弹性与完全富有弹性之间，具有若干其他用途。从数量上来看，经济租金等于要素收入与转移收入的差额。转移收入是指要素在其他用途上可能获得的报酬，即要素的机会成本。

应用分析

外资为什么投资中国？

改革开放以来的短短几十年内，中国经济发展的成就举世瞩目。为此，世界各国都对中国的崛起感到惊讶，特别是近几年，中国展现出强大的科技以及军事实力。然而，有些媒体却认为，这些成就并非是中国努力发展而取得的，各种各样怪异的贬低中国的声音开始出现。

英国《金融时报》曾刊登过一篇讨论中国发展模式的文章，该文章作者认为中国模式在经济上没有什么特别之处，只是东亚模式的扩大版，而东亚模式成功的关键在于西方国家特别是美国的支持。换言之，日本、韩国以及中国经济的相继崛起，来源于美国的“恩赐”，主要是以美国为首的西方国家让利的结果。

这种结论荒谬至极。我国的发展成就得益于中国共产党的正确领导和中国人民的精诚团结、艰苦奋斗，当然也得益于和平的国际环境和国际资本的投资，但主要是依靠我国自身的力量。

不可否认，外国资本和技术客观上促进了我国经济的发展，但资本从来都是逐利的，外国资本到中国来的首要目的是赚取利润。

2019 年 10 月 19 日，在约 500 名企业高管出席的首届跨国公司领导人青岛峰会上发布的《跨国公司投资中国 40 年》的报告指出，众多跨国公司在华投资收益率高于其全球平均水平。报告援引了美国商务部的数据，2018 年，美国企业在华投资收益率仍然能够达到 11.2%，超过 8.9% 的全球平均水平。报告显示，40% 的欧洲企业表示在华经营的盈利水平高于其全球业务的平均水平。

党的二十大报告指出：“中国坚持对外开放的基本国策，坚定奉行互利共赢的开放战略，不断以中国新发展为世界提供新机遇，推动建设开放型世界经济，更好惠及各国人民。”天下没有免费的午餐。外企在我国的投资是奔着回报来的。在我国的投资利润率较高，经济租金丰厚，能够带来高额的利润，外企自然会纷至沓来。

问题：外企投资我国是为了帮助发展我国的经济吗？如果我国市场不能提供超额回报（即经济租金），外资还会来吗？

三、利率理论

正如工资是由劳动市场的均衡决定的、土地是由土地市场的均衡决定的一样，利息是由资本市场的均衡决定的。利息就是货币在一定时期内的使用费。利息除以本金就是利息率，简称利率。

（一）资本的需求

资本的需求是指在各种可能的利率水平下，企业对资本的需求量。企业在追加投资时，面临一系列可以选择的投资项目，如扩大厂房、购买设备、采购原材料等。因为各投资项目的单位资本给企业带来的货币收益是不相同的，所以企业总是优先选择最有利可图的项目，然后选择投资回报率第二的项目……以此类推，随着企业投资的增加，投资回报率在递减，也就是资本的边际生产力递减，企业对资本的需求就在下降。因此，从资本的需求方面来看，资本的需求曲线是一条由左上方向右下方倾斜的曲线。如图 7–8 所示，横轴 Q 表示资本的数量，纵轴 r 表示利率，D 为资本的需求曲线。

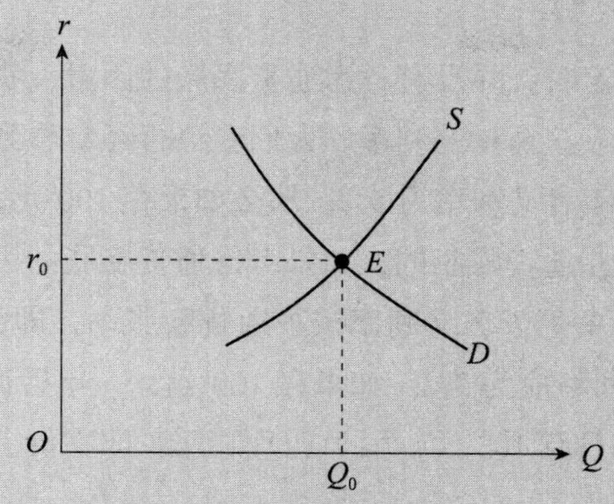

图 7-8 利率的决定

（二）资本的供给

资本的供给是指在各种可能的利率水平下，人们愿意而且能够提供的资本数量。

人们收入的用途可以分为两部分：一部分用来消费，另一部分用来储蓄。储蓄其实也是消费，不过是未来消费，即现在先储蓄起来借贷给别人，在未来收回本息后再消费。即期消费所得到的是享乐的满足，未来消费所得到的是利息；即期消费的代价是对利息的牺牲，未来消费的代价是对即期享乐的牺牲。这就是说，人们的收入中用作未来消费的部分虽然得到了利息，但牺牲了即期的享乐，因此，获得利息的代价就是即期享乐的牺牲。如果利率高，即期消费的代价就大，人们就会把收入的较大部分用作未来消费，较小部分用作即期消费，资本的供给会随着利率的提高而增加，即期消费的边际效用增大。这就是说，人们把收入的更大部分用作未来消费时，其对即期消费所带来的享乐的牺牲也就更大。供给的资本越多，所要求的利息就必然越多。总之，因为资本的供给与利率是同方向变化的，所以资本的供给曲线必然向右上方延伸。如图 7-8 所示，S 为资本的供给曲线。

（三）利率的决定

利率是资本的价格，纯粹利率是指在理想的市场环境中，单纯由资本供求决定的利率。理想的市场环境包括以下条件：资本自由流动，不存在风险，不考虑借贷期限差异，不考虑管理费用，不考虑市场分割与借贷方式差异等。

利率就是由资本的需求和供给的均衡状态决定的，即由资本的需求曲线和供给曲线的交点确定，在图 7-8 中，资本供给曲线 S 与资本需求曲线 D 的交点 E 所对应的利率 r_0 是均衡的纯粹利率，均衡资本量为 Q_0。这说明，企业愿意按 r_0 的利率借入 Q_0 的资本量，资本所有者也愿以 r_0 的利率贷出 Q_0 的资本量，资本的供求恰好达到均衡状态。在这个理想的资本市场上，如果利率高于 r_0，则资本供大于求，市场压力会迫使它下降到 r_0 的水平；如果利率低于 r_0，则资本供不应求，市场压力会迫使它上升到 r_0 的水平。

（四）名义利率与实际利率

在以上讨论利率的决定时，并没有考虑通货膨胀的因素，我们所说的利率实际上是名义利率，即以货币单位直接衡量的利率。人们在银行经常看到的大屏幕上滚动播放的利率就是名义利率。假设年名义利率为 5%，那么如果存 100 元，一年后就可以得到 105 元。但在现实生活中是存在通货膨胀的，如果考虑通货膨胀的因素，实际利率与名义利率可能就不相等。实际利率等于名义利率减去通货膨胀率，即如果名义利率是 5%，通货膨胀率是 2%，则实际利率应为 3%。如果存 100 元，一年后得到的本息合计就为 105 元，但其实它的真实价值只有 103 元，因为通货膨胀（即物价上涨）侵蚀了 2 元的利息收入。

（五）利率差异

在现实生活中，3 年期存款和 5 年期存款的利率是不一样的；1 年期贷款和 3 年期贷款的利率是不一样的；小企业和大企业贷款的利率也存在区别……那么，利率为什么会不一样呢？利率差异主要源自以下四种因素的不同：期限或到期日、风险、流动性和管理成本。

1. 期限或到期日

不同的金融资产往往有不同的期限或到期日。隔夜贷款规定第二天归还，抵押贷款则有数年甚至数十年的期限。资金在到期日之前一般不能使用，或者要付出很高的成本才可以使用，这就造成了资金使用的不方便。由于利息是对资金使用不便的补偿，因此期限越长，对资金提供方来说不方便程度越高，利率越高。

2. 风险

不同的投资和贷款存在不同的风险。例如：购买中央政府发行的债券几乎没有任何风险，而购买一个经营不善的公司发行的债券面临的其无法偿付的风险就很大。银行对信誉高、经营状况好的企业发放贷款所收取的利率可能低于对信誉低、经营状况不佳的企业所收取的利率。向高风险投资和贷款收取较高利率是必要的，其溢价部分通常要用于违约情况下蒙受损失的补偿。也就是说，高风险项目的违约风险高，高利率是对于额外损失的补偿。

3. 流动性

流动性是指资产在无损状态下的变现能力。衡量资产流动性的指标有两个：一是资产变现的成本，一项资产变现成本越低，其流动性就越强；二是资产变现的速度，一项资产变现的速度越快，其流动性就越强。金融资产的流动性不仅受金融资产本身性质的影响，还取决于二级市场（即交易市场）的发育情况。例如：美国的国库券有发达的二级市场，人们很容易按接近于现值的价格把它变为现金，所以其利率相对较低；不可转让的债券的流动性较差，其利率会相应提高。

4. 管理成本

不同的贷款和投资需要不同的管理成本。金融机构自然要把管理成本转嫁到利息之中。相对于小额贷款，大额贷款的管理成本无须按贷款金额成倍增加，因此其利率也相应低于小额贷款。因为对于不熟悉的客户，银行还要雇用会计和律师进行风险调查，管理成本较高，所以对其贷款也要收取较高利率。

（六）利率管制

利率管制是指政府用行政手段规定利率的最高界限。各国在特定时期进行一定程度的利率管制是必要的，但是，长期的和力度很大的利率管制可能带来一些负面影响。首先，利率管制可能挫伤人们进行储蓄的积极性，给经济增长带来消极影响。其次，过低的利率使利率丧失资源配置功能，不能准确地反映资金的机会成本，从而不利于资金利用率的提高。最后，过低的利率会造成很大的资金供给缺口，在这种情况下容易产生借贷活动中的腐败现象。特别是在高通货膨胀时期，利率管制容易导致负的实际利率，例如：名义利率为 5%，通货膨胀率为 8%，则实际利率为 –3%，如果该国开放了资本市场，利率管制会加剧资本外流。

第三节　公平与效率

公平与效率问题历来就是一个要正视的重要问题，在 2 000 多年前，孔子就说过“不患寡而患不均”，讲的就是分配的不公平会影响社会的稳定。但平均主义“大锅饭”的分配方式又会导致效率的损失，使所有人都处于贫穷的状态。因此，如何正确地处理公平与效率的问题就显得非常重要。

在经济学中，公平是指收入分配的均等化，是与社会两极分化相对立的概念。但公平并不等同于收入分配绝对平均，它包含机会公平的内容，而收入公平是机会公平的一个重要的前提条件。效率是指以最小代价获得最大利益。

一、公平与效率的替代关系

公平与效率的替代关系，指的是公平与效率同属于微观经济政策目标，在选择上，二者之间存在矛盾，只能择其一。

过分追求公平，会导致效率的损失。例如：平均主义“大锅饭”制度能够促进公平，但也会削弱人们的工作热情和创造热情。又如：高额累进所得税、财产税和遗产税能够促进公平，但也会促使人们用消费代替储蓄，用财产分散代替财产集中，用对外投资代替国内投资，从而影响国内资本积累和效率的提高。此外，当国内税率过高时，人们还会“用脚投票”，一部分高收入者将迁往国外，知识、技术和财产也会相应外流，影响效率。政府向低收入者提供补贴或向失业者提供失业救济，可以促进公平，但是，若这种措施力度过大，失业者便不愿接受较低工资或较大强度的工作，低收入者也会丧失穷则思变的动力，从而影响效率。

过分追求效率，会导致社会两极分化。例如：如果政府不以再分配政策干预市场，甚至推行倾向于高收入阶层的分配政策，就会使两极分化愈演愈烈，而两极分化达到一定程度之后，将会引起诸多社会问题，带来社会的不安定，最终影响效率，使经济社会的发展受到制约。

二、公平与效率的互补关系

公平与效率的互补关系是指二者在一定条件下具有相互促进的作用。

（一）公平在一定条件下促进效率的提高

如果社会分配过分不平等，不仅会影响社会秩序的稳定，而且会由于边际消费倾向递减，低收入者因境况过差而减少消费，从而影响产品的销售，继而影响生产与效率。

（二）效率在一定条件下促进公平的实现

效率提高会使经济发展越来越好，国民财富越来越多，相当于“蛋糕”越来越大，即使存在分配不均，人们所得到的也比均分“小蛋糕”要多。当 GDP 达到一定规模时，政府就可以采用累进所得税和社会福利措施来推进公平。换言之，追求效率可以创造实现公平的物质条件。

三、解决公平与效率矛盾的途径

收入分配不公平应该从两种视角来讨论：一种视角是绝对水平，就是有一部分人在贫困线上生活，在温饱线上挣扎；另一种视角是相对水平，就是人们的贫困是相对而言的，相对收入较低的人也许能过上小康的生活，但与另一些收入较高的人相比，仍然觉得自己贫穷。目前看来，相对水平的收入分配不公平问题越来越重要，因为随着生产力水平的提高，许多国家人民的温饱问题已经解决，但不公平现象依然存在。

在相当长的历史时期内，公平与效率的矛盾决不会因为生产力的发展而解决，两者之间往往顾此失彼。现实的选择当然应该是在两者之间进行权衡，选择一种既能保证效率又能兼顾公平的方案。多数经济学家主张“效率优先，兼顾公平”，即优先促进效率，发展经济，当经济发展到一定规模之后，再以尽量小的效率损失换取尽可能高的公平程度。

（一）加强教育事业

加强教育的目的，是使人们具备更高的素质和更强的劳动技能。有一部分人因为从小缺乏受教育的机会，所以没有能力从事有较高收入的工作；另有一些人由于学习的专业太狭窄，因此一旦专业不对口，就会失业，重新上岗变得很困难。接受教育需要付出成本，这往往又是贫穷家庭难以承受的。国家对未成年人实行免费教育，使富裕家庭和贫穷家庭的孩子享有均等的教育机会，不让贫穷家庭的孩子输在起跑线上；对失业的人或者低教育水平的人进行继续教育，提高他们的素质……这些措施都会使受教育者受益，从而可以得到获取较高收入的机会。

（二）创造就业机会

对劳动力保持较高需求，可以较好地解决由失业带来的贫困。因为易于失业的人往往是劳动技能比较差和收入水平比较低的人，而失业又会使他们更加贫穷，所以如果就业机会增加，即使个人收入不高，但家庭成员中参加工作的人数多了，总收入也会增加。

（三）改善市场环境

人们需要通过出借要素获取收入，土地、劳动、资本和企业家才能作为要素参与生产过程之中，都可以取得收入。只要市场是竞争性的，竞争的力量就会把人们的收入保持在合理的水平，使人们的收入分配趋于公平。但有些要素市场是带有明显垄断性质的，在这种市场里的人，靠着垄断的权力赚取“经济租金”性质的收入，而不具有垄断要素的人就被排除在外。要改变这种现象，就要引入竞争，采取措施打破垄断，进入市场的人多了，要素收入的分配也就会趋于公平。

（四）税收调节

对个人所得征收超额累进所得税是实现收入公平的有力杠杆。人们收入越高，缴纳的所得税以大于收入增加的比例提高，个人的收入积聚就受到了较大的限制。税收可以使一部分人因持有财产而获取的收入通过调节而转移给国家，国家可以再把这笔钱补助给低收入者。同样，与个人所得税一样，遗产税和财产税也具有调节收入的功能。

知识拓展：我国公平与效率关系的历史演变

第四节　洛伦兹曲线和基尼系数

一、洛伦兹曲线

为了研究国民收入在国民之间的分配，美国统计学家马克斯·洛伦兹（Max Otto Lorenz）提出了著名的洛伦兹曲线，即根据实际统计资料制作出的反映人口比例与收入比例对应关系的曲线。

在实际统计工作中，首先将人口按收入由低到高排列，然后计算收入最低的任意百分比人口所得到的收入百分比。例如：20% 的低收入人口得到的收入占国民总收入的比例为

3%；60% 的低收入人口得到的收入占国民总收入比例为 30% 等（如表 7–1 所示），最后，将这样得到的人口累计百分比和收入累计百分比的对应关系描绘在图形上，即得到洛伦兹曲线，如图 7–9 所示，横轴表示人口累计百分比，纵轴表示收入累计百分比，*OEF* 即为洛伦兹曲线。

表 7–1　收入分配资料

人口累计	收入累计
0%	0%
20%	3%
40%	10%
60%	30%
80%	49%
100%	100%

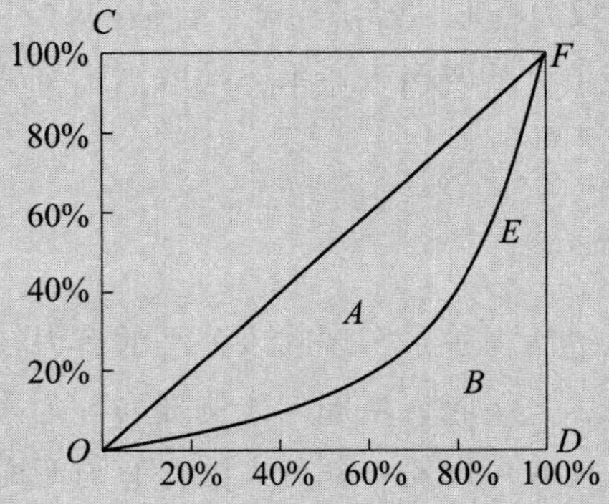

图 7–9　洛伦兹曲线

洛伦兹曲线的弯曲程度反映了收入分配的不公平程度。弯曲程度越大，表示收入分配越不公平。例如：对角线 *OF* 是一条直线，弯曲程度最小，表示人口累计百分比等于收入累计百分比，即任一人口百分比都等于其收入百分比，这表明收入分配是完全公平的。如果所有收入都集中在一个人手中，而其余人口均一无所获，收入分配完全不公平，洛伦兹曲线成为 90° 折线 *ODF*。

洛伦兹曲线比较直观地显示出收入分配公平程度的情况，但是，人们有时需要用数字来进行量化，于是就有了基尼系数。

二、基尼系数

基尼系数由意大利统计与社会学家科拉多·基尼（Corrado Gini）提出，用来表示收入分配的差异程度。如图 7–9 所示，把由洛伦兹曲线与对角线 *OF* 围成的区域的面积记为 *A*，洛伦兹曲线与 *OD* 和 *DF* 围成的区域的面积记为 *B*，则 *A* 与（*A*+*B*）的比值就是基尼系数。若设 G 为基尼系数，则：

$$G=A/(A+B)$$

显然，基尼系数介于 0 与 1 之间。若基尼系数为 0，则表示收入分配绝对公平，在图形上表现为洛伦兹曲线与 OF 重合；若基尼系数为 1，则表示收入分配绝对不公平，在图形上表现为洛伦兹曲线与 ODF 重合。基尼系数越小，表示收入分配越公平；基尼系数越大，表示收入分配越不公平。

应用分析

我国的基尼系数

关于基尼系数与收入分配的关系，联合国通用标准如表 7-2 所示。

表 7-2　基尼系数与收入分配的关系

基尼系数	收入分配
小于 0.2	收入分配绝对公平
0.2～0.3	收入分配比较公平
0.3～0.4	收入分配基本合理
0.4～0.5	收入分配差距较大
0.5 以上	收入分配差距悬殊

我国 2010—2022 年的基尼系数如图 7-10 所示。

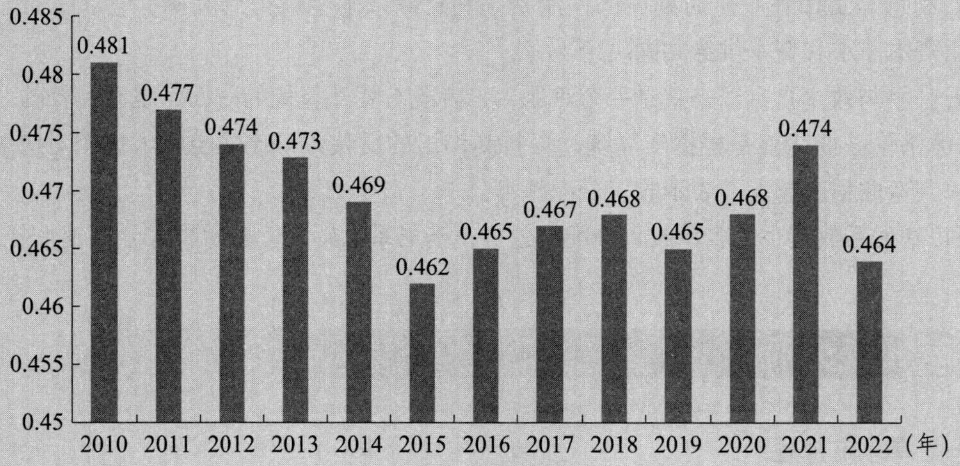

图 7-10　我国的基尼系数

由图 7-10 可知，2015 年之前，我国的基尼系数处于下降趋势；从 2015 年开始逐渐上升，其间有所回落，但始终处于 0.4 之上。这说明目前我国的贫富差距较大。党和国家也已经意识到了这个问题，近几年来通过各种政策和收入分配改革促进公平。例如：2018年10月1日和2019年1月1日，我国分两步实施了历史上覆盖面最广、力度最大、以减税为主题的个人所得税改革。这次改革坚持以人民为中心的发展思想，着眼解决原来个人所得税制中存在的突出问题，在促进社会公平方面实现了很多突破性进展。

问题：你还知道哪些有利于促进社会公平的政策？

本章小结

1. 企业对生产要素的需求取决于生产要素的边际生产力，即边际收益产量，就是企业增加一单位生产要素投入所带来的价值。

2. 生产要素的需求曲线和供给曲线的交点决定了均衡价格和均衡数量。

3. 在工资高到一定程度时，再增加工资，个人的劳动供给可能减少，因此，个体劳动的供给曲线向后弯曲。

4. 工资由劳动市场的供求关系决定。

5. 在土地的供给不变的前提下，地租由土地的需求决定。

6. 准租金（或称准地租）是指从短期来看，供给固定且不存在其他用途的资源的报酬，即供给量固定不变的生产要素的收益。

7. 经济租金是要素收入（或价格）的一部分，该部分并非为获得该要素在当前使用所必须支付的，它代表要素收入中超过其在其他用途上可能获得的报酬。

8. 利息是货币在一定时期内的使用费。利息除以本金就得到利率，它表示资本的价格，由资本需求和资本供给共同决定。

9. 公平与效率自古以来就是一个难题，二者既有相互替代的一面，也有互补的一面。

10. 洛伦兹曲线就是根据实际统计资料制作出的反映人口比例与收入比例对应关系的曲线，其弯曲程度越大，表示收入分配越不公平。

11. 基尼系数越小，表示收入分配越公平；基尼系数越大，表示收入分配越不公平。

能力训练

一、单项选择题

1. 不同的贷款存在不同的风险，一般来说，风险越高的贷款，其利率（　　）。

A. 越低　　B. 越高　　C. 不变　　D. 不一定

2. 有甲、乙、丙、丁4个国家，甲国的基尼系数为0.2，乙国的基尼系数为0.3，丙国的基尼系数为0.4，丁国的基尼系数为0.5，这4个国家中，（　　）国的贫富差距最大。

A. 甲　　　　B. 乙　　　　C. 丙　　　　D. 丁

3. 由于人们的劳动质量和劳动效率的差异而造成的工资差异是（　　）。

A. 补偿性工资差异　B. 生产率工资差异　C. 非竞争性工资差异　D. 特殊的工资差异

4. 某人有一个门头房，一共有 4 个客户求租。开理发店的客户出价 4.5 万元 / 年；开鞋店的客户出价 3.2 万元 / 年；开电动车专卖店的客户出价 4.2 万元 / 年；开服装专卖店的客户出价 4.1 万元 / 年。这个人应该把门头房出租给________，他获得的经济租金是________。（　　）

A. 电动车专卖店；0.3 万元　　B. 理发店；0.3 万元

C. 鞋店；1.3 万元　　D. 服装店；0.4 万元

5. 如果一个企业增加 1 单位生产要素投入可以生产 2 个产品，产品价格为 10 元 / 个，那么产品的边际收益是________，要素的边际收益是________。（　　）

A. 10；10　　B. 10；20　　C. 20；10　　D. 20；20

二、思考分析题

1. 什么是边际收益产量？它和边际收益有什么区别？

2. 如果企业增加一单位生产要素投入可以多生产两个产品，产品价格为 10 元 / 个，那么该产品的边际收益是多少？要素的边际收益又是多少？

3. 尽管个体劳动的供给曲线可能向后弯曲，但市场劳动供给曲线还是向右上方倾斜的，为什么会这样？

4. 为什么人们的工资存在差异？怎样做才能缩小工资差异？

5. 准租金 = 总收入 – 总可变成本，经济利润 = 总收入 – 总成本，从数量上来说，准租金和经济利润哪个大？

6. 李先生到某银行存了 1 年的定期存款 1 万元，利率为 1.7%，但通货膨胀率为 2%。一年后他会获得多少钱？他的钱实际上是增值了还是贬值了呢？

7. 我国的基尼系数近年来一直处于高位，政府怎么做才能降低基尼系数？

第八章　市场失灵与政府调节

◆ 知识目标

1. 掌握公共物品的概念与特征
2. 掌握外部性的含义
3. 掌握信息不完全和信息不对称的含义
4. 熟悉逆选择和道德风险
5. 熟悉解决外部性的对策

◆ 能力目标

1. 能够解释公共物品导致的市场失灵
2. 能够解释外部性的原因
3. 能够分析解决外部性问题
4. 能够分析解决信息不完全和信息不对称问题
5. 能够解释逆选择和道德风险

◆ 素养目标

1. 培养综合分析能力与宏观视野
2. 学会辩证地看待与分析问题

【先贤哲言】

刳胎杀夭，麒麟不游；覆巢毁卵，凤凰不翔；钻燧取火，构木为台；焚林而田，竭泽而渔。

——《淮南子·本经训》

通过前面内容的学习，我们知道，完全竞争市场非常有效率，既实现了生产效率，也实现了资源配置效率，但前提是没有导致市场失灵的因素的影响。如果存在导致市场失灵的因素，完全竞争也不可能达到最优状态。市场失灵是指市场机制失去了效率，导致非效率结果的出现。导致市场失灵的因素主要有垄断、公共物品、外部性、信息不完全和不对称。垄断产生的高价格和低产量会导致效率降低，前面章节已经阐述。本章主要阐述公共物品、外部性、信息不完全和不对称对市场有效性的影响。

第一节 垄断

完全竞争市场导致的市场均衡非常有效率，但其完美的假设条件并不容易得到满足，现实生活中总会出现这样或那样的垄断，垄断的存在降低了市场效率，导致市场失灵。

一、垄断与市场失灵

在完全竞争市场上，企业的需求曲线是水平的，根据 $MR=MC$ 的利润最大化原则，在 LAC 曲线的最低点处达到利润最大化的长期均衡。这时候，价格等于最小长期平均成本，经济利润为零，价格最低，产量最高。只要市场上存在垄断因素，企业的需求曲线就是向右下方倾斜的，长期均衡时，需求曲线与 LAC 曲线的切点即均衡点就会在 LAC 曲线的左侧。垄断性越强，需求曲线越陡峭，切点的位置就会越高，从而成本越高，价格越高，产量越低。高成本导致社会付出了更多的资源来生产一单位产品，浪费了资源；高价格导致消费者付出变多，降低了消费者效用；低产量导致能够得到满足的消费者变少，减少了消费者福利。因此，垄断导致了市场失灵，降低了市场效率。

二、反垄断政策

垄断会导致低产量、高价格，降低市场效率。因此，政府一般会对垄断进行管制，包括对垄断价格与产量的管制和反垄断政策。

（一）政府对垄断价格与产量的管制

针对垄断厂商带来的高价格与低产量导致的效率损失，政府可以对垄断厂商的价格进行管制，通过限制价格来提高效率。政府价格管制的主要形式包括政府定价、政府限价、政府指导价和政府补贴价格。例如：可以将垄断厂商的价格定在与平均成本相等或比平均成本稍高的水平上，这样垄断厂商只能获得正常利润或少许经济利润。价格的降低导致垄断厂商不能依靠高价来获利，只能通过增加产量来增加收益，从而带来产量的提高。价格降低还会带来消费者剩余的增加，从而使市场效率得以提高。

（二）制定反垄断法

政府对垄断的更加强烈的反应是制定反垄断法，对违反反垄断法的行为进行调查和处罚，从而提高市场效率。

世界上较早的反垄断法是美国在1890年通过的《谢尔曼法》和1914年的《克莱顿法》。我国的市场经济发展较晚，企业垄断行为出现得较晚，反垄断法提上议事日程也较晚。《中华人民共和国反垄断法》（以下简称《反垄断法》）由中华人民共和国第十届全国人民代表大会常务委员会第二十九次会议于2007年8月30日通过，自2008年8月1日起施行；2022年修订版于2022年8月1日起施行。《反垄断法》第一条说明，为了预防和制止垄断行为，保护市场公平竞争，提高经济运行效率，维护消费者利益和社会公共利益，促进社会主义市场经济健康发展，制定本法。《反垄断法》出台之后，反垄断就有了强大的武器。

应用分析

中国知网垄断被罚

2022年5月，国家市场监督管理总局依据《反垄断法》对中国知网（以下简称“知网”）涉嫌实施垄断行为立案调查。调查期间，国家市场监督管理总局成立专案组，依法扎实高效、稳妥有序推进案件查办，对知网进行现场检查，获取大量证据材料；对其他竞争性平台和大量用户广泛开展调查取证；对本案证据材料进行深入核查和大数据分析；组织专家反复深入开展研究论证；多次听取知网陈述意见，保障其合法权利。

经查，知网在中国境内中文学术文献网络数据库服务市场具有支配地位。2014年以来，知网滥用该支配地位实施垄断行为。一是通过连续大幅提高服务价格、拆分数据库变相涨价等方式，实施了以不公平的高价销售其数据库服务的行为；二是通过签订独家合作协议等方式，限定学术期刊出版单位、高校不得向任何第三方授权使用学术期刊、博硕士学位论文等学术文献数据，并采取多种奖惩措施保障独家合作实施。调查表明，知网实施不公平高价、限定交易行为排除、限制了中文学术文献网络数据库服务市场竞争，侵害了用户合法权益，影响了相关市场创新发展和学术交流传播，构成《反垄断法》第二十二条第一款第（一）项、第（四）项禁止的“以不公平的高价销售商品”和“没有正当理由，限定交易相对人只能与其进行交易”的滥用市场支配地位行为。

根据《反垄断法》第五十七条、第五十九条规定，综合考虑知网违法行为的性质、程度、持续时间和消除违法行为后果的情况等因素，2022年12月26日，国家市场监督管理总局依法作出行政处罚决定，责令知网停止违法行为，并处以其2021年中国境内销售额17.52亿元5%的罚款，计8 760万元。同时，坚持依法规范和促进发展并重，监督知网全面落实整改措施、消除违法行为后果，要求知网围绕解除独家合作、减轻用户负担、加强内部合规管理等方面进行全面整改，促进行业规范健康创新发展。

知识拓展：并不是所有的垄断行为都是违法的

问题：你知道中国知网是干什么的吗？它为什么被罚？

第二节　公共物品

由于公共物品和私人物品的不同特点，因此市场机制不能生产出足够的公共物品供给社会消费。

一、公共物品的概念、特征与类型

公共物品是与私人物品相对应而言的。私人物品是指所有权属于个人，具有排他性和竞用性的特点，能够通过市场机制达到资源优化配置的物品。排他性是指如果一个人拥有了私人物品，就意味着其他人不能同时拥有该物品；竞用性是指人们对私人物品的消费需要与其他人竞争。绝大多数与衣、食、住、行相关的物品和服务都属于私人物品。

（一）公共物品的概念

公共物品是指具有非排他性和非竞用性（有的也写作非排斥性和非竞争性），依靠市场机制无法实现有效配置的物品。公共物品在消费上或使用上是不排他的，也不用与其他人竞争，是社会公众可以共享的产品、服务或资源，主要包括国防、治安、法律制度、公共基础设施、重大科研成果、基础义务教育、公共卫生保健、社会保障和公共福利制度等。

微课：公共物品

公共物品与由公共支出生产的产品是两个不同的概念。公共物品通常由公共支出安排生产，但是并非所有由公共支出生产的产品都是公共物品。例如：一国的邮政可能是由公共支出来维持的，或者至少部分费用由公共支出来维持，但是邮政业务既不具有非排他性，也不具有非竞用性。政府用公共支出生产的具有非排他性和非竞用性的产品才属于公共物品。当然，也不是只有政府才提供公共物品，社会团体和私人也可以提供一些公共物品。

（二）公共物品的特征

公共物品最本质的特征有两个：非排他性和非竞用性。

1. 非排他性

不能通过收费的方法把不付费的人排除在消费之外就是非排他性。对于私人物品来说，消费者支付了价格就取得了该物品的所有权，并可以轻易排斥他人消费这种物品。而公共物品的消费是集体进行的，其效用在不同消费者之间不能分割。因此，如果将不为公共物品付费的人排除在外，或者在技术上不可能，或者成本高昂。如马路上的路灯，甲的使用并不排斥乙、丙或其他人的使用。

2. 非竞用性

消费者对物品的消费不需要与其他人竞争就是非竞用性。对于一般私人物品来说，一个人消费了这一物品，别人就无法再消费了，这就是竞用性。公共物品则不同，公共物品一旦提供出来，任何消费者对公共物品的消费都不影响其他消费者的利益，也不会影响整个社会的利益。

非竞用性有两个方面的含义：第一，边际生产成本为零，即多一个人消费公共物品不会增加其生产成本；第二，边际成本为零，即每个消费者的消费都不影响其他消费者的消费数量和质量。

（三）公共物品的类型

非排他性和非竞用性是公共物品的两个最基本的特征，同时具备这两个特征的被称为纯公共物品。但是，在现实生活中同时具备这两个特征的公共物品并不多。国防和公海上的航标灯一般被认为具有这两个特征，是纯公共物品。其他的公共物品大都只具有其中的一个特征。

1. 俱乐部物品

只具有非竞用性而不具有非排他性的物品称为俱乐部物品。例如：公路上的桥梁具有非竞用性，在交通的非高峰期，增加额外一辆车通过大桥所引起的边际成本近似于零；但不具有非排他性，因为通过设立收费站可以排斥任何不交费的车辆通过大桥。高速公路、电影院、游泳池、收费的不拥挤的公园等，都属于俱乐部物品。

2. 公共资源

与俱乐部物品刚好相反，只具有非排他性而不具有非竞用性的物品称为公共资源，也被称为公共池塘物品。例如：在公共湖泊上捕鱼具有非排他性，只要湖泊是社会成员共有的，就不能排斥任何一个捕捞者到湖中捕鱼；但不具备非竞用性，因为捕捞者的不断增加会减少湖内可供捕捞的鱼的数量，这无疑会增加每一个捕捞者的成本。清洁的空气、公共绿地、公共渔场、公共厕所、失业补助、野生动物、不收费博物馆、不收费旅游景点等都属于公共资源。

俱乐部物品和公共资源物品通称为“准公共物品”，即只具有纯公共物品的一个特征的物品。准公共物品一般具有“拥挤性”的特点，当消费者的数量增加到某一个值，即到达“拥挤点”后，每增加一个人，将减少原有消费者的效用，从而出现边际成本为正的情况，而纯公共物品，每增加一个人消费的边际成本为零。

二、公共物品与市场失灵

公共物品具有的非排他性和非竞用性两个特点都会导致市场失灵。

（一）非排他性导致的市场失灵

由于公共物品的非排他性，任何公共物品购买者都不能独占该物品带来的全部效用或收益。既然不能独占，那么应该由谁支付？应该支付多少才合适？既然不付费就可以享用公共物品，为什么还要付费呢？因此，非排他性使人们不愿意负担公共物品的生产成本。

例如：美国某公司曾生产出一种对汽车尾气进行过滤的装置，该装置对净化城市空气大有益处，但因为增加了汽车的生产成本而遭到汽车制造商的拒绝。消费者同样拒绝购买这种对每个人都能带来好处的物品——凭什么我付出代价，没付钱的人也能受益？

我国北方冬天非常冷，农村地区没有集中供暖设施，基本都是靠烧煤取暖，因为对煤炭的利用率自然比集中取暖要低，也没有排放处理设备，所以一到冬天，取暖导致的大气污染非常严重。为了减轻大气污染，政府在农村推广无烟煤取暖，但效果非常差。因为无烟煤燃烧比较充分，基本没有污染，但价格比普通煤炭贵一倍左右，所以很难卖得出去。农民们就想：凭什么大家都能享受清洁的空气，却只要我为此多付钱呢？最后还是政府强制推行，禁止普通煤炭买卖，才在农村推广了无烟煤取暖。

应用分析

长江10年禁捕，渔民转业上岸

2019年年初，多部委联合印发的《长江流域重点水域禁捕和建立补偿制度实施方案》（以下简称《方案》）提出：2019年年底以前，完成水生生物保护区渔民退捕，率先实行全面禁捕；2020年年底以前，完成长江干流和重要支流除保护区以外水域的渔民退捕，暂定实行10年禁捕。《方案》出台的背景是长江生物完整性指数到了最差的“无鱼”等级。

长江是我国第一大河流，也是世界上水生生物最丰富的河流之一。据不完全统计，长江流域有水生生物4 300多种，其中鱼类400余种，特有鱼类180余种。保护好长江的生物多样性，事关国家的生态安全与长远发展。

然而，由于长期受到多种人为干扰的影响，长江流域的水生生物资源已经严重衰退。其中，酷渔滥捕是破坏水生生物资源最主要、最直接的因素之一。

如今，“四大家鱼”（青鱼、草鱼、鲢鱼、鳙鱼）资源量已大幅萎缩，种苗发生量与20世纪50年代相比下降了90%以上，产卵量从最高1 200亿尾降至最低不足10亿尾。

长江里的鱼，已经难以支撑起渔民的生活，即使连捕几天，也不会有什么像样的收获，相反，养船的费用倒成了不景气生活中的刚性支出。对于渔民来说，长江已经是资源枯竭型江河，但由于多年的依赖，他们靠自己的力量难以在岸上找到谋生的出路。因此，即使长江里的鱼再少，他们也只能挣扎在渔船上。部分渔民为了获得捕捞收益，开始采取“电毒炸”“绝户网”等非法作业方式竭泽而渔，最终形成“资源越捕越少，生态越捕越糟，渔民越捕越穷”的恶性循环。

《方案》的出台，为长江摆脱“无鱼”等级带来了希望。

问题：为什么长江里的鱼越捕越少？用经济学的理论怎么来解释？

（二）非竞用性导致的市场失灵

有些公共物品是非竞用性的，如不拥挤的桥梁和公路、宽敞的游泳池、卡介疫苗、甲肝疫苗、有线电视、宽带等，这些物品的使用和消费必须付费，以便收回生产成本。但对于某些不是必须使用的公共物品来说，如果收费，人们就不使用了。例如：疫苗收费，许多人就选择不打；体育馆里的球场收费，许多人就选择不去体育馆。所以说，如果不支付费用就不允许消费或使用，意味着这些物品的使用率降低，造成这些物品的闲置、浪费，资源配置效率降低，即市场机制不能促进资源的最优配置。又如：由于不拥挤的高速公路或桥梁禁止未付费者通行，因此高速路上没几辆车，但普通公路拥堵不堪，这也减少了社会总福利，降低了社会满足感。

由于市场失灵，靠市场机制生产的公共物品数量不足，难以满足人们对公共物品的需要，因此，公共物品的收费由政府通过税收手段强制征收，公共物品的生产由财政拨款维持和扩大，消费者不能自由选择。

三、公共选择

由于公共物品的特点，市场机制不能保证其生产数量以满足人们的需要，因此，公共物品的生产资金需要政府以税收的手段强行征收，然后由政府承担生产和提供公共物品的职能。但是这又涉及另一个问题，政府的财政收入也是有限的，不可能提供满足所有人需要的公共物品，只能有选择地提供。那么政府应选择提供什么样的公共物品呢？提供多少公共物品呢？公共物品应满足哪些人的需要呢？这就是公共选择问题。

公共选择是指公共机构为提供公共物品进行资源配置的选择。公共选择要解决的问题是：生产什么公共物品？如何生产公共物品？为谁生产公共物品？在进行这些问题的决策时，大多数人肯定都想争取对自己有利的决策，人们的意见就可能存在分歧，因此，只能通过投票机制来表达对公共物品的偏好。公共选择本质上属于集体决策，采取投票的形式确定结果。既然投票，就需要有一定的规则。集体决策的规则有两种基本形式：一致同意规则和多数规则。

（一）一致同意规则

一致同意规则是指一项集体行动方案只有当所有参与人都认可的时候才能实施。这里的认可意味着赞成或至少不反对。换句话说，在一致同意规则下，每一个参与者都对集体决策拥有否决权。如果有人不同意，就要进行修改，一直到改到所有人都同意为止。例如：联合国安理会的所有议案都必须得到五个常任理事国的一致认可才能实施，如果有任何一个国家反对，该议案就不能通过。一致同意规则能够保证所有人的利益，避免“搭便车”行为，如果能够达成协议，则符合帕累托效率标准，使资源配置达到最优。但在该规则下，有时候需要反复修改提案，需要大量投入，导致达成协议的成本太高，甚至有时候根本无法达成协议。

（二）多数规则

多数规则是指一项集体行动方案必须得到所有参与人中的多数人认可才能实施。这里的多数包括简单多数和比例多数。简单多数规则即超过半数以上的参与人认可就可以通过；比例多数规则即赞成票达到规定比例才能通过。例如：美国国会、州和地方的立法机构常常使用简单多数规则，但在弹劾和罢免总统、修改宪法时，则使用三分之二的比例多数规则。与一致同意规则相比，多数规则相对节约决策成本，也更容易达成协议。但是，它对多数派有利，对少数派不利，在特定条件下，会出现多数派对少数派的暴政。

投票规则之所以非常重要，是因为公共物品的生产不仅取决于个人偏好，也取决于所采用的投票规则。由于公共物品必须集体购买、集体消费、集体投票，因此投票集团的偏好对公共物品的生产会起决定性作用。

应用分析

美国总统的选举规则

在 2016 年美国总统大选中，特朗普获得 306 票，大胜对手希拉里的 232 票，成为美国总统。你可能有疑问，美国不是有 3 亿多人吗？怎么只有 500 多张票呢？

根据美国选举制度，美国总统由全国选民投票选举，但并非选民直选产生，而是实行选举人团制度。选民投票产生代表 50 个州和华盛顿哥伦比亚特区的 538 名选举人以组成选举人团，总统候选人获得超过半数选举人票（至少 270 张）即可获胜。

美国各州拥有的选举人票数量同该州在国会参、众议员人数相等。参议院由每个州选举出的 2 名议员组成，而众议院议员人数则根据各州人口比例来确定。人口多的州产生的众议院议员人数就多，在总统选举时拥有的选举人票也多。如人口最多的加利福尼亚州的选举人票多达 55 张，而人口较少的阿拉斯加州只有 3 张。哥伦比亚特区虽没有参、众议员，但仍拥有 3 张选举人票。

除缅因和内布拉斯加两个州按得票率分配选举人票外，其余 48 个州和华盛顿哥伦比亚特区均实行“胜者全得”（Winner-Take-All，又译作“赢者通吃”）规则，即把本州的选举人票全部给予在该州获选民票最多的总统候选人。这种制度的好处是兼顾了人口较少的州的利益，使总统候选人不能把全部精力用在大州上，也要考虑小州，从而避免政策资源的过度倾斜造成地区间的发展不均衡。

但有其利必有其弊。将参议院席位包括在选举人总票数中部分抵消了人口大州在众议院的优势，导致有的州平均20万人就有一张选举人票，而有的州要平均60万人才有一张选举人票，不能反映民主政治发展的要求。

“胜者全得”的计票规则也有悖公平，因为它有可能使得选民票数与选举人票数倒置：获得选民多数票的候选人不一定能获得选举人的多数票，获得选民少数票的候选人却因为获得选举人的多数票而当选总统，从而产生“少数票总统”。如在2000年大选中，小布什获得47.2%的选民票，戈尔获得48.1%的选民票，而在选举人票方面，小布什获得271张，戈尔获得266张，尽管戈尔获得了更多的选民票，但小布什最终当选总统。类似情况在历史上也曾多次出现。

另外，选举人团制度使得美国两党在全国范围内展开声势浩大的竞选活动，导致竞选经费增加，而这些都是无效率的消耗。

问题：美国总统选举的投票规则是集体决策中的什么规则？

四、选举成本

现代民主政治的基本原则之一就是选举制度。选举活动的各项支出就是选举成本。为了让选民了解自己的政治主张从而给自己投票，候选人需要筹措巨额竞选经费以拉拢各种专业人才组成竞选委员会为自己服务，如起草和制定竞选纲领、在各种新闻媒体上宣传竞选纲领、与对手参加电视辩论来争取选民支持、参加各种活动来争取选民等，所有这些活动的花费十分巨大。选举活动的支出不能来自公共支出，如果可以用公共支出支付选举花费，那可能所有人都想当候选人。

因此，在实际竞选活动中，竞选经费往往来自特殊利益集团的赞助。特殊利益集团是指具有共同利益的人组成的集团。特殊利益集团按照成本收益原则向自己选中的候选人提供赞助；接受赞助之后，候选人必然要代表特殊利益集团的利益，提出符合他们需要的竞选纲领；候选人一旦当选，必然会以各种形式对特殊利益集团进行回报。这也是西方民主制度的一大软肋。

应用分析

金主政治与论功行赏

回顾历届美国总统大选，都是烧钱运动。

21世纪以来，随着美国政治募捐管理规定进一步松绑并取消捐款总额上限，美国总统选举的花费不断增加，屡创新高。2004年美国总统大选花费近7亿美元，其中小布什阵营花了近3.6亿美元，克里阵营花了近3.3亿美元；2008年美国总统大选花费超过10亿美元，其中奥巴马阵营花了7.3亿美元，麦凯恩阵营也花了3.33亿美元；2012年美国总统大选花费首次突破20亿美元，成为美国史上“最贵大选”，奥巴马和罗姆尼阵营加上各自政党的花费，都超过了10亿美元；2016年，特朗普筹集了7.9亿美元，希拉里筹集了12.3亿美元，总花费也超过了20亿美元，如果再加上国会议员选举，2016年美国总统大选的总花费达到68亿美元。2020年特朗普和拜登之争再加上国会议员选举，总花费超过了140亿美元。

这么多的金钱，来自哪里？每个美国总统候选人都会成立筹款委员会，通过自费、竞选团队筹集、“超级政治行动委员会”筹集和接受个人与机构捐款等方式筹集经费，许多大富豪和大型企业都很踊跃捐款。但花了钱是要回报的，所以，每次总统大选过后，“论功行赏”必不可少。在新旧两任总统交接的两三个月里，至少有数百名政府高官要被重新任命。这给了美国新总统“论功行赏”的机会。选举过程中的一些政治捐助大户会成为政府官员、驻外大使。数十年来，无论是民主党出身还是共和党出身，美国总统们都坚持了这种交易。

美国马凯特大学法学院教授瑞恩·斯科维尔（Ryan Scoville）2019年发表了一篇文章。这篇名为《不合格的美国大使》的文章指出，自20世纪50年代以来，历任美国总统将约30%的大使职位，交给了自己的捐赠者。为奥巴马筹款超过50万美元的超级筹款人，80%都获得了重要职位。特朗普任内头两年，这一比例升到40%。

2021年3月18日，美国《纽约时报》发表了题为《不要再让富人购买大使职位》的文章，呼吁拜登取缔富人通过捐赠来获取美国驻外大使职位的渠道，以结束“有钱就能上，大使一职也能买”的历史传统。文章认为，对于在竞选活动中出资较大的捐款人，当选的美国总统往往会任命其为美国驻外大使，以资奖励。这样的行为是美国政府用纳税人的钱，资助竞选活动中的“金主”去有异域风情的地方豪华旅游，这是软腐败的一种形式。

这种交易背后有一个黑暗的逻辑：竞选美国总统需要很多很多的钱，满怀感激之情的当选总统，为他们的“恩人”举办盛大派对，或者派他们去巴黎、伦敦或拿骚（巴哈马首都），在外事活动中玩上几年，还有什么致谢方式能比这更气派呢？而且，一旦某人当选总统之后，总统的幕僚和亲近人员都鸡犬升天，捞个一官半职，纷纷出任政府高官，这在美国司空见惯，习以为常。

问题：西方的民主选举真的是他们宣传的平等选举吗？

第三节 外部性

一、外部性及其类型

外部性又称为外部影响、外部效应，是指某经济主体的生产或消费行为对其他经济主体带来了不可补偿的成本或给予了无须补偿的收益的情形。换句话讲，外部性是一个经济主体的行为对另一个经济主体的福利所产生的影响，而这种影响（成本或收益）未能通过市场价格反映出来，施加这种影响的人也没有为此付出代价或得到补偿。

微课：外部性

这种外部性产生的影响有时是对他人有利的，就称为正外部性，也叫外部经济；有时是对他人不利的，就称为负外部性，也叫外部不经济。

（一）外部经济

若某个生产者（或消费者）的一项经济活动给社会上其他成员带来了好处，但其自身没有为此得到补偿，此时，该生产者（或消费者）从其活动中得到的私人利益小于该活动所带来的社会利益，这种性质的外部影响被称为外部经济，或者叫正外部性。根据经济活动的主体是生产者还是消费者，外部经济可以分为生产的外部经济和消费的外部经济。

例如：养蜂人与苹果种植者合作，蜜蜂为苹果花授粉，苹果花为蜜蜂提供花蜜，这是典型的生产的外部经济；父母为孩子的教育支付费用，孩子学有所成报效社会，父母并不能完全拥有孩子成长之后的收益，这是典型的消费的外部经济；一个人在自己家的周围种植花草，美化了环境，使周围和路过的人从中受益，这也是消费的外部经济。

（二）外部不经济

若某个生产者（或消费者）的一项经济活动给社会上其他成员带来了危害，但其自身没有支付抵偿这种危害的成本，此时，该生产者（或消费者）为其活动所付出的私人成本小于该活动所造成的社会成本，这种性质的外部影响被称为外部不经济，或者叫负外部性。根据经济活动的主体是生产者还是消费者，外部不经济也可以分为生产的外部不经济和消费的外部不经济。

例如：企业排放废水污染河流，导致用河水灌溉的庄稼收成下降，排放废水的企业没有给农民任何补偿，这是生产的外部不经济；一个人在公众场合言行失当，对周围人造成不良影响，这是消费的外部不经济。

上述各种外部影响可以说是无处不在、无时不在。尽管就单个生产者或消费者来说，其造成的外部经济或外部不经济对整个社会的影响也许微不足道，但所有这些生产者和消费者加起来，所造成的外部经济或不经济的总的效果将是巨大的。例如：由于生产扩大而引起的污染问题现在已经严重危及人类自身的生存环境。

应用分析

外部性与环境

人们的行为对他人产生了非自愿的成本或收益，而又没有补偿他人或得到他人的补偿的时候，就产生了外部性。外部性有时候是有利的，有时候是不利的。

例如：当你心情愉悦地约会归来，路上遇到乞讨的可怜人，可能你会慷慨解囊，这是外部经济行为；但如果你刚好遇到一件不太好的事情而导致心情郁闷，遇到乞丐可能分文不予，还想踢他两脚，这是外部不经济行为。同样的一件事情在我们心情愉悦时与心情郁闷时产生的影响不一样。

人所处的环境不同也会使外部性的效果不同。如果在人烟稀少的空旷地方，随便大喊大叫都不会产生多大的外部不经济；但如果在摩肩接踵的闹市区或拥挤的公交车上，旁若无人的大声喧哗会使人心生厌恶，产生巨大的外部不经济。

所以，外部性的好坏、大小与人们的心情、行为和所处环境密切相关。我们的一言一行，都要注意到所处的环境以及对别人的造成的影响，尽量减少负的外部性行为，增加正的外部性行为。人与人之间互相理解，互相包容，融洽相处，社会无疑会变得更美好。

问题：生活中还有哪些外部经济和外部不经济现象？在校园里或课堂上，哪些行为是外部经济行为，哪些行为又是外部不经济行为？

二、外部性和资源配置不当

在具有外部性的活动中，不管是外部经济还是外部不经济，都会使市场均衡产量与社会所要求的最佳数量不一致，导致资源配置失当，使市场机制不再有效。

（一）外部经济导致的资源错配

私人利益是指某一经济主体通过市场上的经济活动所得到的收益；社会利益是指一项经济活动给全社会带来的收益。外部经济的存在会导致一项活动的私人利益小于社会利益，即单个经济主体不能完全占有自己活动的收益。个体做决策时依据的是私人利益与私人边际成本相等的原则，因此就导致个体决策的产量水平小于社会最优产量水平。如图 8-1（a）所示，横轴 Q 表示活动的数量，纵轴 P 表示活动的价格。私人边际利益曲线为 MR_P，社会边际利益曲线为 MR_S，由于私人利益小于社会利益，因此 MR_S 在 MR_P 右侧。

在做产量决策时，个体根据私人边际利益等于边际成本的条件，决定利益最大化的产量为边际成本曲线 MC 与私人边际利益曲线 MR_P 交点 E_0 所对应的产量 Q_0；但是对整个社会来说，社会最优产量应该是边际成本曲线 MC 与社会边际利益曲线 MR_S 的交点 E_1 对应的产量 Q_1。很显然，$Q_0<Q_1$，由于外部经济的存在，因此社会最优产量大于市场提供的产量。对于该产品的生产，资源投入太少，导致产量不足。

（二）外部不经济导致的资源错配

外部不经济存在的情况会导致一项活动的私人成本小于社会成本，即单个经济主体没有完全承担自己活动的成本，而是由社会承担了私人活动的部分成本。个体做决策时依据的是私人利益与私人边际成本相等的原则，因此就导致个体决策的产量水平大于社会最优产量水平。如图 8–1（b）所示，私人边际成本曲线为 MC_P，社会边际成本曲线为 MC_S，由于私人成本小于社会成本，因此 MC_P 在 MC_S 右侧。

在做产量决策时，个体根据私人边际利益等于边际成本的条件，决定利益最大化的产量为边际利益曲线 MR 与私人边际成本曲线 MC_P 交点 E_0 所对应的产量 Q_0；但是对整个社会来说，社会最优产量应该是边际利益曲线 MR 与社会边际成本曲线 MC_S 的交点 E_1 对应的产量 Q_1。很显然，$Q_0>Q_1$，由于外部不经济的存在，因此市场提供的产量大于社会最优产量。对于该产品的生产，资源投入太多，导致产量过多。

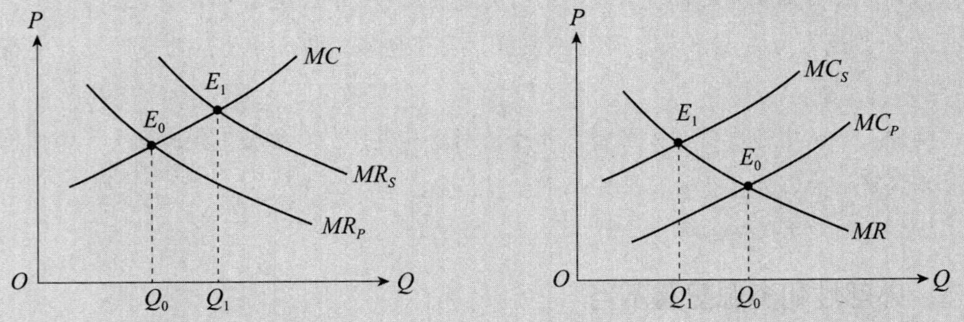

（a）外部经济　　（b）外部不经济

图 8–1　外部性导致的资源错配

总而言之，如果一个人的某种活动成本完全由自己承担，但收益并不都是自己的，那么他的这种活动有很大可能低于社会最适量的水平；如果一个人活动的成本不由自己完全承担，但收益都是自己的，那么他的这种活动大概率超过社会最适量的水平。因此，当存在外部性时，市场不能保证追求个人利益的行为使社会福利最大化，从而导致市场失灵。

三、解决外部性的对策

（一）税收或补贴

政府可以使用税收或补贴的政策来平衡资源配置。对造成外部不经济的企业征税，数额等于其给社会造成的损失，使其私人成本与社会成本相等。例如：某企业排放造成污染，政府向该企业征税，数额等于治理污染的费用，有时候再加上一笔额外罚款，使该企业的总成本等于甚至大于社会成本，其污染水平自然就会降低。对造成外部经济的企业，政府发放补贴，使其私人利益等于社会利益，从而鼓励外部经济行为。例如：政府对高新技术企业减免税收或发放科研课题经费，就鼓励了相关行为；各地方设立见义勇为基金对见义勇为者进行奖励也会鼓励这类外部经济行为。不管是什么情况，只要政府采取措施使得私人成本和私人利益与相应的社会成本和社会利益相等，市场机制就会有效配置资源。

应用分析

见义勇为的外卖小哥

彭清林是湖南张家界人，在杭州从事外卖工作。2023 年 6 月 13 日下午，他骑电动车送单经过西兴大桥，发现桥上堵车，不少人在桥边探头往下看。彭清林停住车，看见江中有一名女子正在扑腾。见她不断下沉，已看不到头部，彭清林翻过栏杆，脱下外套和鞋子，从 12 米高的西兴大桥上一跃而下，纵身跳入水中。

“落水的一刻冲击力很大，感觉浑身疼，呛了几口水，视线也有些模糊。好在她离我不远，我一手将她揽住，另一只手抓住上面丢下来的救生圈，往不远处的桥墩移动。”彭清林说。警方的快艇也很快赶到，将女子拉上船。电动车上还有外卖要送，而快艇要在码头靠岸，彭清林自己游回岸边，返回桥上，继续送完外卖，才回家换衣裤。

彭清林救人后腰部一直不舒服，一晚上没睡。第二天早上，他去医院检查。经初步检查，彭清林胸椎压缩性骨折，须住院观察。据医生介绍，他的内脏没有损伤，但冲击力过大，导致压缩性骨折，须住院 7 到 10 天，暂时无须手术治疗。

6 月 14 日，杭州公安授予彭清林一等治安荣誉奖章；杭州市见义勇为基金会授予其“见义勇为积极分子”荣誉称号，奖金 3 万元。

外卖平台授予彭清林“先锋骑手”称号和 5 万元现金奖励，表彰骑手的见义勇为行为，弘扬社会正能量。另外，外卖平台也为他申请到了免费上大学的名额，帮助他提升自己，未来能实现更好的发展。外卖平台杭州站点还将彭清林纳入储备站长的名单。

问题：从外部性的视角来看，为什么要给予见义勇为者奖励？

（二）企业合并

企业合并的办法实质上是将外部性内部化，从而使外部性消失。例如：一个企业的生产对其他经济主体产生了影响，如果是外部经济，则该企业的生产就会低于社会最优水平；如果是外部不经济，则该企业的生产就会高于社会最优水平。但如果这个企业与受其影响的经济主体合并，这种影响就将局限在企业内部，影响的是自己，等于将外部性内部化了。合并后，企业的私人成本等于社会成本，私人利益等于社会利益，它根据 $MR=MC$ 规则决定的产量就等于社会最优产量水平，于是资源配置达到最优。

（三）明确产权

外部性之所以导致资源配置失当，很多时候是因为财产权不明确。如果财产权完全确定并得到充分保障，有些外部影响可能就不会发生。例如：某企业排污影响了周围的农田，如果给予农民不受污染的权利，则农民就会要求企业补偿污染造成的损失，则企业要么补偿农民损失，要么把周围农田买下来。不论哪种处理方式，都使企业为

知识拓展：“有刺铁丝网”与美国西部的繁荣

其不良的外部性行为支付了代价，其私人成本与社会成本之间没有差异，因而，也就解决了外部性问题。

第四节 信息不完全和不对称

信息是有价值的，消费者充分了解商品的质量，就能够避开假冒伪劣的商品；生产者充分掌握了需求信息，就能够生产得恰到好处。因此，信息能够减少经济主体的决策风险和失误，从而能够提高经济主体的收益。但在现实生活中，经济主体想要掌握充分且有效的信息是不可能的，他们面临信息的不完全和不对称，会导致决策失误，利益受损。

一、信息不完全和不对称的含义

（一）信息不完全

信息不完全有两种含义：一是指绝对意义上的不完全，即由于认知能力的限制，人们不可能知道在所有时间、所有地方发生的或将要发生的所有事情；二是指相对意义上的不完全，即市场经济本身不能生产出足够的信息并有效地配置它们。因为信息和普通商品不同，所以人们购买普通商品时，可以先了解其价值，看看值不值得购买，再做决策。但购买信息这种商品时，却无法事先了解和评估。人们购买信息是因为不知道，一旦知道该信息，人们就不会付费，这样就产生了一个两难的问题：如果卖方不让买方事前了解信息，买方不知道值不值得购买；但如果让买方事前了解信息，买方就可能不愿意付费。在这种情况下，信息的市场交易想要成功，就只能依靠买卖双方的信任，相互陌生的双方是很难建立起信任的，市场的作用就会受到很大限制。因此，市场机制不能产生足够的信息。

应用分析

猜到了开头没猜到结尾

一艘游轮遭遇海难，船上有对夫妻好不容易来到救生艇前，艇上只剩一个位子，这时，男人把女人推向身后，自己跳上了救生艇。女人站在渐沉的大船上，向男人喊出了一句话……

“大家猜，女人会喊出什么话？”是不是“我永远不会放过你的”？

不是，女人喊的是：“照顾好我们的孩子！”

轮船沉没了，男人回到家乡，独自带大女儿。多年后，男人病故，女儿整理遗物时，发现了父亲的日记。原来，父亲和母亲乘坐游轮时，母亲已患了绝症。关键时刻，父亲冲向了那唯一的生机。

他在日记中写道：“我多想和你一起沉入海底，可我不能。为了女儿，我只能让你一个人长眠在深深的海底……"

问题：当掌握的信息不完全时，急于下结论会出现什么问题？

（二）信息不对称

信息不对称是指市场上交易双方对信息的占有量不同。一方掌握的信息多一些，另一方掌握的信息就少一些。在交易过程中，拥有较少信息的一方处于劣势，拥有较多信息的一方则处于优势，这实际上是一种信息租金（收入）。我们经常说的"从南京到北京，买的没有卖的精"，指的就是这种信息不对称的情况。

有些市场是卖方掌握的信息相对较多，买方掌握的信息相对较少。例如：汽车的销售商比购买汽车的消费者掌握了更多有关汽车的信息，二手车市场更是如此；劳动市场上劳动的卖方比买方更了解自己的劳动能力等。有些市场是买方掌握的信息相对较多，卖方掌握的信息相对较少，保险与信用市场大多是这类情况。例如：健康保险的购买者当然比保险公司更了解自己的健康状况。一旦供求双方所掌握的信息出现不对称，市场机制将出现问题，在此情况下所导致的均衡结果对社会来说是一种无效率的状况。例如：对生产者来说，信息不对称导致生产的盲目性，有些产品生产过多，而另一些产品生产过少；对消费者来说，信息不对称导致购买的盲目性，可能购买了一些价高质次的产品，却错过了一些质优价廉的产品。更坏的情况是，由于缺乏足够的信息，有些重要的产品甚至根本就无法生产，或者即使生产，也难以得到充分发展。

应用分析

佳 × 士领罚单，美白效果 P 出来?

"使用佳 × 士双效炫白牙膏，只需一天，牙齿真的白了。"看到某艺人作为代言人的广告，你心动了吗?

然而，根据上海市工商局的调查，画面中突出显示的美白效果是后期通过电脑修图软件处理生成的，并非牙膏的实际使用效果。这一广告构成虚假广告，已被工商部门依法罚款 600 余万元。

"牙膏的作用一般是清洁，偶尔有防酸或脱敏等功能，美白实际上是很难做到的。"一位业内人士表示，根据国家已经实施的《功效型牙膏标准》，牙膏必须出具"功效作用验证报告"才能宣传其功效。广告中使用修图技术可以理解，但广告标的必须维持真实性的原则，如果将过度修图用于广告标的，就属于违反规定。

随着人们口腔健康意识的提升，功效牙膏新品频出，杀菌、止血、抗敏感等功效宣传也屡见不鲜，甚至有一款牙膏声称能有效杀灭幽门螺旋杆菌。其实，牙膏最初的主要成分是摩擦剂和保湿剂。后来为了应对各种常见的口腔问题，厂家研发出一些有效成分添加到牙膏中，就形成了功效型牙膏。功效型牙膏对于口腔的各种问题只有辅助治疗的作用。

问题： 你用的是功效型牙膏吗？有作用吗？生活中还有哪些信息不对称的现象？

二、逆选择

微课： 逆选择

在信息完全和对称的条件下，市场机制非常有效；反之，在信息不完全或不对称的条件下，市场机制有时就不能很好地发挥作用。当消费者掌握的信息不完全时，对商品的需求量可能不随价格的下降而增加，而是随价格的下降而减少；当生产者掌握的信息不完全时，对商品的供给量也可能随价格的上升而减少。这就是"逆选择"问题。当商品的需求与供给变化出现异常时，意味着市场的低效率，甚至市场失灵。

逆选择是指在交易双方信息不完全或不对称的情况下，次等商品优先成交而好的商品被挤出市场的现象，即市场机制做出了与正常情况下相反的选择，使市场机制不再有效。逆选择一般发生在市场交易之前，当交易双方掌握的信息不一样多时，很容易会产生逆选择问题。

美国经济学家乔治·阿克洛夫（George A.Akerlof）对旧车交易中总是次品充斥市场的状况做了理论分析，充分说明了逆选择对正常市场机制的破坏性影响。

假设某个旧车市场有 200 个卖方，每个卖方出售 1 辆旧车，即共有 200 辆旧车待售；市场上恰好也有 200 个买方，每个买方购买 1 辆旧车。假定 200 辆旧车中质量较好与较差的车各占一半，都为 100 辆。买方对质量较好的旧车最高出价 10 万元，对质量较差（次品）的旧车最高出价 5 万元。质量较好的旧车的卖方愿意接受的最低价格为 8 万元，质量较差的旧车的卖方愿意接受的最低价格为 4 万元。如果买卖双方信息完全和对称的话，则市场达到均衡是没有问题的。100 辆质量较好的旧车每辆都会在 8 万元到 10 万元之间成交；100 辆质量较差的旧车每辆都会在 4 万元到 5 万元之间成交。市场既不存在过剩供给，也没有过度需求。

然而实际上，买卖双方掌握的信息并不是完全的和对称的，卖方知道自己的车的质量，买方对此可能不是十分清楚。假定买方只知道待售的 200 辆旧车中有一半质量较差，一半质量较好，即他购买到好车或差车的概率为 0.5。在这种情况下，每一个买方对所购汽车愿意支付的价格将为 75 000（$=100\ 000\times0.5+50\ 000\times0.5$）元，即 7.5 万元。哪一个卖方愿意以 7.5 万元的价格出售他的旧车呢？毫无疑问，只有那些拥有较差质量旧车的卖方愿意接受此价格。由于拥有较好质量的旧车的卖方愿意接受的最低价格是 8 万元，因此，在 7.5 万元价格水平下，不会有一辆质量较好的旧车成交。如果购买旧车的人知道，在 7.5 万元的价格水平上不会有任何一人出售质量较好的旧

知识拓展： 劣币驱逐良币

车，而只有质量较差的旧车可供购买，那么他愿意支付的最高价格就不是7.5万元，而是5万元，旧车市场最终只能是100辆质量较差的车在4万元到5万元的价格区间成交，次品充斥市场。最终成交的数量低于供求双方想要成交的数量，有100个卖方的车没卖出去，100个买方没买到车。显然，从社会的角度来看，因非完全和非对称信息导致的旧车市场的均衡是无效率的。

三、道德风险

道德风险是一种事后行为，是指交易达成后，交易的一方（通常为拥有信息优势的一方）倾向于从事交易另一方并不希望发生的高风险活动，从而可能给交易的另一方带来巨大的损失。

道德风险的概念起源于海上保险，1963年美国数理经济学家肯尼斯·约瑟夫·阿罗（Kenneth J.Arrow）将此概念引入经济学中，指出道德风险是个体行为由于受到保险的保障而发生变化的倾向，是一种客观存在的、相对于逆选择的事后机会主义行为，是交易的一方由于难以观测或监督另一方的行动而导致的风险。

道德风险又称为道德公害或败德行为，其产生的原因是非对称信息。它会破坏市场机制的运作，使得市场失效。例如：个人在获得保险公司的保险后，缺乏提防行动，甚至会采取更为冒险的行为，使发生风险的概率增大。就家庭财产保险来说，在没有购买家庭财产保险的情况下，个人会采取多种防范措施以防止家庭财产失窃，如安装防盗门、家人尽量减少同时外出等，家庭财产失窃的概率较小。一旦向保险公司购买了家庭财产保险，由于家庭财产失窃后由保险公司负责赔偿，个人有可能不再采取防范性措施，从而导致家庭财产损失的概率增大。对于保险公司来说，保险卖出去之前面临客户的逆选择，即风险越高的人买保险越积极；保险卖出去之后，又面临客户的道德风险，即机会主义行为或粗心大意使出险概率变大。因此，保险公司的客户的平均风险高于普通人群的平均风险。

应用分析

店大欺客：西安奔驰车主坐引擎盖维权

2019年4月11日，西安奔驰女车主坐在汽车引擎盖上哭诉维权的视频在网上流传。在视频中，这位女士表示，她在西安利之星奔驰4S店购买了一辆奔驰车，但新车还没开出4S店，就发现车辆发动机存在漏油问题。

从2019年3月27日提车到4月8日，这位车主与4S店反复交涉，但4S店多次改变口径，从开始同意退款、换车、补偿，到最后变成根据国家的“三包”规定只能换发动机。在这位车主看来，“销售推售后，售后推厂方，厂方推4S店”让她的维权陷入逻辑怪圈。无奈之下，她只好到店里维权。

经事后调查发现，该奔驰车发动机中有一个螺栓，导致发动机出现漏油问题。如果发动机内有一个螺栓，在出厂路试的时候螺栓可能对发动机造成损伤，客观上存在检测员没有发现就交付给4S店的可能性。

消费者在4S店购买车辆都要交PDI（Pre-delivery Inspection）检测费用，这项检测很有必要。新车从生产厂到经销商可能经历了上千千米的运输路途和长时间的停放，为了保证新车的安全性和原厂性能，PDI检查必不可少。越是高档车辆，自动化程度越高，PDI项目的检查也就越多。想要检查发动机，必须将车辆抬升起来，很多4S店图省事就忽略了这个环节。

当然，这个事情最后的处理结果还是让人比较满意的，奔驰公司出面为维权车主更换了车辆，并且给了一些补偿。但这件事情反映出来的消费者弱势、维权难的现象依然存在。与企业相比，消费者无疑处于弱势地位，面临来自企业的道德风险。

问题：现实生活中还有哪些“道德风险”事件？你有没有成为过道德风险的制造者？

四、信息与劳动市场

劳动市场是一个典型的信息不对称市场，一个很重要的原因是招聘者获得的信息不完全。招聘者知道应聘者当中有一些水平高，有一些水平低，关键是如何甄别呢？尽管有简历筛选、初试、复试等环节把关，也仍然不能完全据此确定应聘者的水平高低，不可避免地会有人鱼目混珠。虽然招聘者可以再通过试用期的方式来补救，但这时所有的招聘成本已经付出，特别是丧失了雇用高水平人才的机会，代价高昂。

因此，信息不完全对招聘者的影响比较大。如果信息是完全的，那么高水平的劳动者将得到高工资，低水平的劳动者将得到低工资。但招聘者并不能直接观察到应聘者的能力。每个应聘者都会宣称自己是高水平的，招聘者不清楚应聘者哪个水平高，哪个水平低，只能“一视同仁”，用相同的工资水平来招聘，再通过实践，让高水平的人在工作中脱颖而出。

另外，招聘者还面临如何确定“一视同仁”的招聘工资的问题。招聘者明白，应聘者队伍的素质随工资的提高而提高，随工资的下降而下降，因此，平均效率随工资水平的提高而提高，反之亦然。当工资水平提高时，会吸引高效率的应聘者加入，员工队伍平均效率会提高，但提高的速度会越来越慢；当工资下降到很低水平时，平均效率已经下降到零，此时，即使那些效率很低的人也认为工资太低了，就不会有人来应聘。

在招聘时，招聘者一要考虑工资水平，二要考虑工作效率，将二者结合起来就是“工资效率”，即每单位工资水平上的效率。招聘者追求的既不是工资最低化，也不是效率最大化，而是“工资效率”最大化。

应用分析

劳动市场的"信号成本"

在劳动市场上，招聘者虽然观察不到应聘者的能力，但是能够观察到应聘者的外部特征。招聘者可以通过观察应聘者的外部特征来形成对应聘者实际工作能力的主观信念，如性别、年龄、种族、受教育程度等。像性别、年龄、种族这些不受应聘者本身控制的特征，通常被称为"指标"。通过"指标"并不能真正识别出应聘者的能力水平，因为这些"指标"与应聘者的刻苦、勤奋、责任心、技术水平、专业知识、职业素养等与能力直接相关的技能和素质关系不大。只有应聘者能自我控制的特征，如受教育程度，才被称为"信号"，即代表能力水平的指标。

作为真正的高水平的应聘者，为了使自己区别于低水平的应聘者，有必要向招聘者传递一些低水平的应聘者所无法传递的信号。通常来说，应聘者的受教育程度越高，招聘者认为其是高水平的应聘者的概率越大。所以，应聘者的受教育程度越高，得到雇用的可能性越大。

如果拿到高学历不需要成本，则所有的应聘者都会选择高学历。但受教育需要付出成本：体力、脑力、时间、努力、勤奋等。为了得到某些有利于自己的"信号"而付出的成本，通常被称为"信号成本"。

由于应聘者获得高学历需要付出"信号成本"，因此教育本质上是一个选拔过程，受教育水平越高，"信号成本"也越高。应聘者在决定自己接受多少年教育时，会考虑"多接受一年教育"所带来的收益和所要付出的成本的相对大小。

假设应聘者取得高学历的成本和他的能力负相关：能力越高的应聘者获得高学历所需付出的成本越低，能力越低的应聘者获得高学历所需付出的成本越高，则能力高的应聘者获取高学历是划算的，能力低的应聘者获取高学历是不划算的。因此，应聘者的受教育程度首先传递了代表能力水平的一种信号，而且是一个国家信用做担保的信号，公信力非常高；其次，通过获得文凭，应聘者得到了专业知识和技能水平的积累，学习能力的增强，综合素质也相应会提高。

问题：为了在劳动市场取得优势，我们需要付出哪些"信号成本"？

应用分析

能力重要还是学历重要？

经常有人会问一个问题：究竟是能力重要还是学历重要？当然是能力重要，但能力来源于什么呢？能力来源于学习，所以，学习经历也就是学历是能力的最重要来源。通过努力学习，我们增加知识、技能和经验，提高自己的素质、能力与效率。当然，这种学习包括学校的学习经历和社会的学习经历，其中，学校的学习经历是基础，它教会我们基本的文化素养与知识体系，锻炼与提高我们的思维、逻辑与学习能力，最终使我们变得更好、更高、更强大。

党的二十大报告指出：“我们要坚持教育优先发展、科技自立自强、人才引领驱动，加快建设教育强国、科技强国、人才强国，坚持为党育人、为国育才，全面提高人才自主培养质量，着力造就拔尖创新人才，聚天下英才而用之。”我们通过学习，成为国家的栋梁之材，为中国梦的实现做出更大贡献。

2023 年 7 月 7 日上午，2023 国际青年交流大会在济南开幕。中华全国青年联合会副主席、中国人民解放军航天员大队特级航天员王亚平在开幕式上发言。

“青年的命运，从来都同时代紧密相连。我从一名普通的农家子弟成长为一名优秀的飞行员再到一名合格的航天员，我什么都没有，有的只是一颗追求梦想的心，在我成长路上的一切机会、机遇都是祖国的发展、事业的进步、时代的繁荣赋予的。所以能赶上这个时代，是我们这一代人最大的幸运；能将个人的梦想融入国家的梦想当中，并为之拼搏奋斗，也是我最大的幸福。”王亚平说。

青春孕育无限希望，青年创造美好明天。王亚平说，未来的世界，关系到各国青年的前途命运，也取决于各国青年的拼搏奋斗。面对世界之变、时代之变、历史之变，青年理应团结起来、携手同行，用青春的能动力和创造力来应对世界共同的挑战，用自己的青春和奋斗共同打造出一个更加美好的世界，为弘扬全人类共同价值、全球发展进步注入自己的青春之力。

问题：能力重要还是学历重要？为什么呢？

五、解决信息不完全和不对称的对策

（一）市场机制

信息不完全和不对称带来了许多问题，市场机制本身可以解决部分问题。生产者为了利润最大化，必须根据消费者的偏好进行生产，否则，生产出来的商品就可能卖不出去。虽然生产者很难掌握消费者的偏好信息，但在市场经济中，这一类信息的不完全并不会影响生产者的正确决策，因为各种商品价格是已知的，生产者只要知道了商品的价格，就可以由此计算出生产该商品的边际收益，从而就能够确定其利润最大化的产量。

（二）增加市场透明度

在现代市场经济中，市场参与者决策所需的信息包括商品供求、交易价格、市场监管以及财政、经济和金融的各项指标和政策等。增加这些信息的完整、全面、真实和可靠的程度就是增加市场透明度。增加市场透明度，能够使一般市场参与者通过合法渠道就能够得到决策所需的各种信息，并有效促进市场交易的公平与效率。

（三）信息公开

之所以存在信息不完全和不对称，是因为有人想要通过比别人掌握更多的信息从中谋利。这就需要政府出面，制定政策与制度，使一切市场信息应公开尽公开，对违反规定不进行信息公开的行为进行处罚，降低某些人通过掌握不公开信息谋利的可能性，从而促进信息公开，提高市场交易的效率。

本章小结

1. 公共物品是指具有非排他性和非竞用性，依靠市场机制无法实现有效配置的物品。由于公共物品依靠市场机制无法有效提供，因此主要依靠政府来提供。

2. 非排他性是指不能通过收费的方法把不付费的人排除在消费之外。非竞用性是指消费者对物品的消费不需要与其他人竞争。只具有非竞用性而不具有非排他性的物品称为俱乐部物品。只具有非排他性而不具有非竞用性的物品称为公共资源，也被称为公共池塘物品。

3. 公共选择是指公共机构为提供公共物品进行资源配置的选择。公共选择本质上属于集体决策，集体决策的规则包括一致同意规则和多数规则。

4. 外部性是指某经济主体的生产或消费行为对其他经济主体带来了不可补偿的成本或给予了无须补偿的收益的情形。外部性包括正外部性和负外部性，或者称为外部经济和外部不经济。

5. 外部经济是指某个生产者（或消费者）的一项经济活动给社会上其他成员带来了好处，但其自身没有为此得到补偿。外部不经济是指某个生产者（或消费者）的一项经济活动给社会上其他成员带来了危害，但其自身没有支付抵偿这种危害的成本。

6. 外部经济的存在会导致某些有益于社会的活动的市场均衡产量少于社会最优产量。外部不经济的存在会导致某些不利于社会的活动的市场均衡产量多于社会最优产量。外部经济或外部不经济均会导致资源错配，市场失灵。

7. 税收或补贴、企业合并和明确产权等对策可以解决外部性问题。

8. 信息不完全有两种含义：一是指绝对意义上的不完全，即由于认知能力的限制，人们不可能知道在所有时间、所有地方发生的或将要发生的所有事情；二是指相对意义上的不完全，即市场经济本身不能够生产出足够的信息并有效地配置它们。信息不对称是指市场上交易双方对信息的占有量不同。

9. 逆选择是指在交易双方信息不对称的情况下，次等商品优先成交而好的商品被挤出市场的现象。

10. 道德风险是一种事后行为，是指交易达成后，交易的一方（通常为拥有信息优势的一方）倾向于从事交易另一方并不希望发生的高风险活动，从而可能给交易的另一方带来巨大的损失。

11. 劳动市场是一个信息不对称市场。学历是应聘者向招聘方传递自身能力的一种信号。

12. 解决信息不完全和不对称的措施包括：市场机制、增加市场透明度和信息公开。

能力训练

一、单项选择题

1. 交易达成以后，交易的一方（通常为拥有信息优势的一方）倾向于从事交易另一方并不希望发生的高风险活动，从而可能给交易的另一方带来巨大的损失，这是指（　　）。

A. 信息不完全　　B. 信息不对称　　C. 逆选择　　D. 道德风险

2. 在交易双方信息不对称的情况下，次等商品优先成交而好的商品被挤出市场的现象是指（　　）。

A. 信息不完全　　B. 信息不对称　　C. 逆选择　　D. 道德风险

3. 外部经济的存在会导致某些有益于社会的活动的市场均衡数量（　　）社会最优数量。

A. 多于　　B. 少于　　C. 等于　　D. 不确定

4. 如果有一个团体决定通过投票的规则来选举领导人，规定得到票数最多而且票数过半的人当选为领导人，该集体决策规则是（　　）。

A. 一致同意规则　　B. 多数规则　　C. 半数规则　　D. 少数规则

5. 解决外部性的对策一般不包括（　　）。

A. 税收或补贴　　B. 企业合并　　C. 明确产权　　D. 强制命令

二、思考分析题

1. 什么是公共物品？它的特征是什么？

2. 为什么依靠市场机制无法生产足够的公共物品供人们消费？

3. 一致同意规则与多数规则的优缺点各是什么？

4. 公共物品都是政府提供的吗？私人可不可以提供公共物品？

5. 汽车尾气是雾霾的主要成分之一，为什么雾霾越来越严重，还有越来越多的人买汽车开呢？

6. 什么是“搭便车”行为？为什么会产生这种行为？

7. 为什么人们吃猪、羊、牛的数量很多，它们没有灭绝；人们吃鲸、虎等野生动物并不太多，它们却濒临灭绝？

8. 什么是外部性？它包括哪些内容？

9. 下列各种行为会导致外部经济还是外部不经济？

（1）上课期间未经允许大声讲话。

（2）在课堂上回答问题。

（3）燃放烟花。

（4）提高自己的素质和能力。

（5）疫情期间不戴口罩。

（6）公共空间毫无遮掩地打喷嚏。

10. 火车驶过田间地头，机车喷出的火花（蒸汽机时代）飞到麦穗上，给农民造成了损失，但铁路公司并不用向农民赔偿；飞驰而过的列车把吃稻谷的飞鸟吓走了，农民受益，铁路公司也不能向农民收“赶鸟费”。这两个现象分别反映了什么问题？

11. 如何解决外部性问题？

12. 信息不完全和不对称为什么会导致市场失灵？

13. 如果买方不了解商品质量，一般不会出高价，在买方出低价的情况下，成交的就只有低质量商品，久而久之，高质量商品退出市场，低质量商品占领了市场。这种现象是什么？

14. 助学贷款对贫困学生来说无疑帮助非常大，但银行面临道德风险而导致其发放助学贷款的积极性下降。银行面临的道德风险有哪些？

15. 逆选择和道德风险有什么区别？

16. 为什么马路边的玉器古玩摊位上的商品绝大部分都是赝品，很少有真品？

第九章　国民收入核算和决定

◆ 知识目标

1. 掌握 GDP 与 GNP 的概念
2. 掌握 GDP 核算方法
3. 掌握 NDP、NI、PI 和 DPI 的含义
4. 掌握凯恩斯消费理论
5. 熟悉其他消费理论

◆ 能力目标

1. 能够解释 GDP 与 GNP 的差异
2. 能够区分名义 GDP 与实际 GDP
3. 能够阐释三种 GDP 核算方法
4. 能够阐释国民收入的决定
5. 能够解释乘数理论

◆ 素养目标

1. 坚定中国特色社会主义道路自信、理论自信、制度自信、文化自信
2. 树立“好日子是奋斗出来的”精神理念

【先贤哲言】

予每博观天下之势，大抵其地奢则其民必易为生，其地俭则其民必不易为生者也。

——明 · 陆楫

前面的章节都属于微观经济学的知识，从这一章开始，我们进入宏观经济学的学习。宏观经济学研究社会总体的经济行为及其后果，包括经济增长、就业与失业、通货膨胀、

宏观经济政策、国际贸易等相关内容。宏观经济学的研究目的就是通过宏观调控促使各种经济资源得到充分利用，从而保证充分就业，生产出更多的社会财富，提高国民收入，使人们生活更美好、更幸福。宏观经济学以国民收入为中心，也被称为收入理论。

第一节　国民收入核算

一、国民收入指标体系

宏观经济学研究整个社会的经济活动，首先要能够核算出总产出或总收入。经济活动的核算指标包括国内生产总值（GDP）、国内生产净值（NDP）、国民收入（NI）、个人收入（PI）、个人可支配收入（DPI）等，核心指标是国内生产总值（GDP）。

（一）国内生产总值

微课：国内生产总值

1. 概念

为理解这一概念，让我们先从一个企业的生产说起。假设某企业在 2023 年生产和销售 500 万元产品，那么能否说这 500 万元产品的价值都是这个企业生产的或者说创造的呢？不能，因为生产中必须消耗原材料、零部件、能源等。假设这些消耗是 200 万元，则该企业新生产的价值只有 300 万元。这 300 万元的价值是该企业生产的产品价值与从外部购进的原材料、零部件、能源等价值之间的差额，这个差额称为价值增值。价值增值才是该企业在 2023 年真正生产、真正贡献给社会的价值。因此，当人们说企业在某年的产出时，指的是价值增值。

弄清这一点对认识经济学所说的总产出概念是至关重要的。假设一件上衣从生产到最终使用一共要经过 5 个阶段：种棉、纺纱、织布、制衣、销售。

假定棉花价值为 50 元，并都是当年新生产的价值，不再包含为生产棉花所投入的种子、肥料等的价值；纺纱厂以 50 元购买棉花，纺成棉纱售价 80 元，则纺纱厂生产的价值是 30 元，即增值 30 元；织布厂以 80 元购买棉纱，织成棉布售价 120 元，则织布厂生产的价值是 40 元，即增值 40 元；制衣厂将 120 元的棉布制成衣服以 170 元的价格卖给销售商，则制衣厂生产的价值是 50 元，即增值 50 元；销售商卖给消费者为 230 元，则销售商在销售中增值 60 元。

由上述过程可见，这件上衣在 5 个阶段中的价值创造（即增值）共计：50+30+40+50+60=230 元，正好等于这件上衣的最后售价。

像这件上衣一样在一定时期内生产出来，可供社会最终消费和使用或者库存的产品就称为最终产品，而棉花、棉纱、棉布等则称为中间产品。中间产品是指为了再销售和进一步加工或生产而购买的产品，如原材料、零部件、半成品、燃料、动力、辅助材料等，它是构成企业本期生产活动成本的重要内容。

上衣的例子说明，最终产品在整个生产过程中的价值增值，就等于最终产品的价值。一个国家在一定时期内（通常指一年）生产成千上万种最终产品，这些最终产品的价值总和就等于生产这些最终产品的各行各业新创造出来的价值总和。这被认为是该国在该时期内真正生产的价值，称为国内生产总值。

因此，国内生产总值（Gross Domestic Product，GDP）是指一定时期内（如一年）在一个国家或地区的领土范围内运用生产资源所生产的全部最终产品和服务的市场价值。

2. 理解要点

从上述的定义可以看出，GDP 有以下七个方面的含义：

（1）GDP 是一个市场价值的概念。各种最终产品和服务的市场价值就是用单个最终产品和服务的单位价格乘以产量获得的。假如某国一年生产 10 万双运动鞋，每双运动鞋售价为 300 元，则该国一年生产的运动鞋的市场价值为 3 000 万元。

（2）GDP 核算的是最终产品的价值。中间产品价值不计入 GDP，否则会造成重复计算。例如：一个汽车生产企业用价值 20 000 元的钢铁、5 000 元的玻璃和 2 000 元的轮胎生产了一辆新汽车，售价 50 000 元。这 50 000 元最终产品中已经包含 27 000 元的钢铁、玻璃和轮胎的价值。如果核算 GDP 的时候再将作为中间产品的钢铁、玻璃和轮胎的价值核算进去，会造成重复计算，使 GDP 被高估。

（3）GDP 核算的是生产出来的产品价值。一定时期内只要是生产出来的最终产品的价值就包括在 GDP 之内，而不管其有没有销售出去。若某企业 2023 年生产了 1 000 万元产品，只卖出 800 万元，剩下的 200 万元产品可以看作企业自己买下来进行了存货投资，同样应该计入 GDP。如果该企业生产了 1 000 万元产品，却卖出了 1 200 万元产品，则计入 GDP 的仍然是 1 000 万元，只是库存减少了 200 万元产品而已，多卖出的那 200 万元的库存是 2022 年生产出来没卖出的，在计算 2022 年 GDP 的时候已经计算进去了。如果 2023 年再计算进去，就会造成重复计算。

（4）GDP 是流量而不是存量。流量是一段时期内发生的变量，存量是一定时点上存在的变量。GDP 核算的是一段时期内（如 2023 年）生产的最终产品和服务的市场价值，因而是流量而不是存量。第七次全国人口普查，普查标准时点是 2020 年 11 月 1 日零时，全国人口为 1 443 497 378 人，这是我国的人口存量。

（5）GDP 是一个地域概念。GDP 是一个国家或地区领土范围内生产的最终产品和服务的市场价值，因而是一个地域概念。而与之相联系的国民生产总值（Gross National Product，GNP）则是一个国民概念，是指一定时期内某国国民所拥有的全部生产资源所生产的最终产品和服务的市场价值。因此，一个在日本工作的美国公民的收入要计入美国的 GNP 中，但不计入美国的 GDP 中；要计入日本的 GDP 中，但不计入日本的 GNP 中。反之，一个在美国开设公司的日本老板取得的利润是日本 GNP 的一部分，不是美国 GNP 的一部分；但它是美国 GDP 的一部分，而不是日本 GDP 的一部分。

在 1992 年之前，美国等西方国家均采用 GNP 作为核算国民经济活动的基本指标。后来之所以改用 GDP 指标，是因为 GDP 与一个国家或地区的经济发展水平和国民经济活动成果关系更加密切。同时，由于国外净收入数据不足，获得国外数据比较困难，因此 GNP 不易衡量，而 GDP 则比较容易衡量。

（6）GDP 仅指市场活动导致的价值。以出售为目的生产出来的产品和服务，不管有没有销售出去，都核算为 GDP。家务劳动、自给自足等非市场活动由于不以出售为目的，因此不计入 GDP。

（7）GDP 不包括二手产品的销售以及金融交易。二手产品销售并没有为当前的生产做出任何贡献，因此不能将其计入 GDP 中。例如：某人花 200 万元买了一套二手房，这 200 万元不能计入 GDP，因为它在建造完工销售出去的当年已经核算过了，再次成交的当年没有任何产出。但买卖这套房产的经纪人费用可以计入 GDP，因为这笔费用是经纪人在买卖房产过程中提供的服务所获得的报酬，属于当前产出的一部分。

同样，纯粹的金融交易并没有为当前的生产做出任何贡献。这种交易既包括公共转移支付（如社会保障和福利支出），也包括父母给孩子的红包、零花钱、生活费以及亲朋好友之间的份子钱等私人转移支付。资金从一个人手中转移到另一个人手中，并没有用于交换任何当前生产的产品，对当年的价值创造没有任何贡献。股票和债券交易也不计入 GDP，因为它们的交易仅代表企业所有权（股票）或贷款（债券）的转移。但是，证券经纪人的服务费用应该计入 GDP，因为证券经纪人促进了股票的交易，这种服务属于经济体当前产出的一部分。

3. 名义 GDP 和实际 GDP

由于 GDP 核算的是最终产品和服务的市场价值，因此，GDP 变动可能源于两个因素，一是所生产的最终产品和服务的数量变动；二是产品和服务的市场价格变动。为了区分 GDP 变动究竟是产量变动导致的还是价格变动导致的，就需要区分名义 GDP 和实际 GDP。

名义 GDP（或货币 GDP）是指按当年价格计算出来的全部最终产品和服务的市场价值；实际 GDP 是指以从前某一年为基期，以基期价格计算出来的全部最终产品和服务的市场价值。基期价格是指作为比较基础的年份的价格。假设某地区 2021 年生产了 1 万千克苹果，价格为 8 元 / 千克，则该地区的名义 GDP 为 8 万元。如果该地区 2022 年生产了 2 万千克苹果，价格为 12 元 / 千克，则该地区的名义 GDP 为 24 万元。如果以 2021 年为基期，则该地区 2022 年的实际 GDP 为 16（$=2\times8$）万元。

因为一个国家的产品和服务有成千上万种，所以将名义 GDP 折算为实际 GDP 时，要使用 GDP 平减指数。GDP 平减指数又称为 GDP 缩减指数，等于名义 GDP 除以实际 GDP。在上例中，2022 年按现价计算的 GDP 为 24 万元，用 2021 年不变价计算的 GDP 为 16 万元，则 GDP 平减指数为 $24\div16\times100\%=150\%$。

GDP 平减指数由于涉及全部产品和服务，能够更加准确地反映一般物价水平走向，因此，一般作为表示通货膨胀的指标之一，来观察物价的变化。

知识拓展：购买力平价

4. 潜在 GDP 和人均 GDP

（1）潜在 GDP。潜在 GDP 是指一个国家或地区在一定时期内可供利用的经济资源在充分利用的条件下所能生产的最大产量，也就是该国或地区在充分就业状态下所能生产的 GDP，又称为充分就业 GDP。潜在 GDP 反映的是一个国家或地区在一定时期内的最大产出能力。

通过将潜在 GDP 与核算出来的现实 GDP 进行比较，我们可以判断资源利用状态。如果潜在 GDP 大于核算 GDP，则说明经济资源没有得到充分利用，存在失业，经济处于萧条状态；如果潜在 GDP 等于核算 GDP，则说明所有的经济资源都参与了生产过程，得到了充分利用，没有闲置资源，社会实现了充分就业，而且没有通货膨胀；如果潜在 GDP 小于核算 GDP，则说明物价上涨，经济中出现了通货膨胀。

（2）人均 GDP。人均 GDP 即按人口数量平均的 GDP。第 t 年的人均 GDP 就等于第 t 年的 GDP 除以第 t 年的人口数量。GDP 只是反映了一个国家的经济总量和市场规模，人均 GDP 才真正反映了一个国家的富裕程度和人民的生活水平。

我国 1978 年人均 GDP 为 381 元 / 人，以美元计为 226 美元 / 人，在全球 200 多个国家和地区中排在倒数第 7 位；2017 年为 8 836 美元 / 人，排在第 70 位；2018 年为 9 780 美元 / 人，排在第 72 位；2019 年为 10 276 美元，突破 1 万美元，使全球人均 GDP 过万美元的人口数量从 15 亿增长到接近 30 亿，几乎增长了一倍，为全球经济发展和人民生活水平的提高做出了巨大贡献。2020 年我国人均 GDP 为 72 447 元，2021 年为 80 976 元（约为 1.25 万美元，超过了全球平均水平的 1.21 万美元），2022 年为 85 698 元。与 1978 年相比，我国人均 GDP 由 381 元增长至 2022 年的 85 698 元，是 1978 年的近 225 倍。

5. 绿色 GDP

GDP 反映了一个国家的经济实力和规模，但它反映不出为了获得 GDP 而付出的成本和代价。各国为了追求经济增长，不惜破坏环境，全球变暖与环境恶化使目前的经济增长模式难以为继，绿色 GDP 的概念应运而生。

绿色 GDP 的基本思想是英国著名经济学家约翰·希克斯（John R.Hicks）在其著作中提出来的。绿色 GDP 是指一个国家或地区在考虑了自然资源与环境影响之后的经济活动的最终成果，它等于 GDP 减去经济活动中所付出的资源耗减成本和环境保护成本。即：

绿色 GDP=GDP 总量 –（环境资源成本 + 环境资源保护成本）

应用分析

中华人民共和国 2022 年国民经济和社会发展统计公报

2022 年是党和国家发展史上极为重要的一年。党的二十大胜利召开，擘画了全面建设社会主义现代化国家、以中国式现代化全面推进中华民族伟大复兴的宏伟蓝图。面对风高浪急的国际环境和艰巨繁重的国内改革发展稳定任务，在以习近平同志为核心的党中央坚强领导下，各地区各部门坚持以习近平新时代中国特色社会主义思想为指导，按照党中央、国务院决策部署，统筹国内国际两个大局，统筹疫情防控和经济社会发展，统筹发展和安全，坚持稳中求进工作总基调，完整、准确、全面贯彻新发展理念，加快构建新发展格局，着力推动高质量发展，加大宏观调控力度，应对超预期因素冲击，经济保持增长，发展质量稳步提升，创新驱动深入推进，改革开放蹄疾步稳，就业物价总体平稳，粮食安全、能源安全和人民生活得到有效保障，经济社会大局保持稳定，全面建设社会主义现代化国家新征程迈出坚实步伐。

初步核算，全年国内生产总值 1 210 207 亿元，比上年增长 3.0%。其中，第一产业增加值 88 345 亿元，比上年增长 4.1%；第二产业增加值 483 164 亿元，比上年增长 3.8%；第三产业增加值 638 698 亿元，比上年增长 2.3%。第一产业增加值占国内生产总值比重为 7.3%，第二产业增加值比重为 39.9%，第三产业增加值比重为 52.8%。全年最终消费支出拉动国内生产总值增长 1.0 个百分点，资本形成总额拉动国内生产总值增长 1.5 个百分点，货物和服务净出口拉动国内生产总值增长 0.5 个百分点。全年人均国内生产总值 85 698 元，比上年增长 3.0%。国民总收入 1 197 215 亿元，比上年增长 2.8%。全员劳动生产率为 152 977 元 / 人，比上年提高 4.2%。

从 2018—2022 年国内生产总值及其增长速度（见图 9–1）可以看到，2020 年经济增长受疫情影响较大，2021 年开始大幅反弹，2022 年增长速度又下降，这反映了疫情之中经济增长的不稳定性。但在重大疫情影响之下，我国仍然能保持正的增长速度，在全球来说都是凤毛麟角。这得益于党中央、国务院的正确领导，得益于全国人民的众志成城，得益于我国经济的强大底蕴和韧性，得益于具有强大生命力的伟大中华文明。

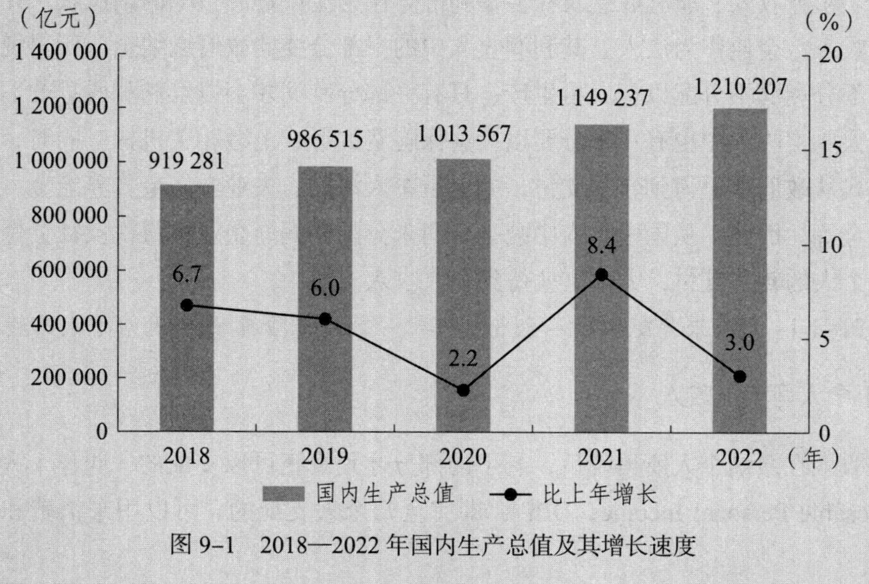

图 9–1　2018—2022 年国内生产总值及其增长速度

资料来源：国家统计局 . 中华人民共和国 2022 年国民经济和社会发展统计公报，2023-02-28.

问题：我国为什么能在疫情的影响下保持 GDP 总量增长？

（二）国内生产净值

国内生产净值（Net Domestic Product，NDP）是指一个国家或地区一定时期内新增加的最终物质产品和服务的市场价值总和。GDP 扣除资本耗费（即折旧），就得到国内生产净值，即：

NDP=GDP－折旧

（三）国民收入

国民收入（National Income，NI）是指按生产资源报酬计算的国民收入，也就是一个国家或地区一年内各生产资源所有者得到的全部收入总和，包括工资、利息、租金和利润。用国内生产净值扣除间接税和企业转移支付，再加上政府补助金就可得到国民收入，即：

NI=NDP－间接税－企业转移支付＋政府补助金

间接税作为税收的一种被政府拿走，企业转移支付给了企业捐款接受者和赖账者，所以，这两部分属于市场价值而计入 GDP，但没有形成生产资源收入而不能计入国民收入。政府给企业的补助金虽不列入产品价格，但进入企业参与收入分配，因此形成生产资源收入而计入国民收入。

（四）个人收入

个人收入（Personal Income，PI）是指一个国家或地区一年内个人得到的全部收入，包括工资、租金收入、股利股息及社会福利等。作为生产资源报酬的国民收入并不会全部成为个人收入。企业作为法人，其利润收入中的一部分要向政府缴纳企业所得税，企业还要留下一部分利润不分配以扩大再生产，只有一部分利润才会以红利和股息的形式分配给个人；个人要素收入中也有一部分要以社会保险费的形式上缴相关机构。同时，人们也会以各种形式从政府那里得到转移支付，如退伍军人津贴、失业救济金、养老金、困难补助金、奖学金等。因此，从国民收入中减去公司未分配利润、企业所得税及社会保险费，加上政府给个人的转移支付，大体上就得到个人收入。即：

PI=NI－公司未分配利润－企业所得税－社会保险费＋政府给个人的转移支付

（五）个人可支配收入

个人收入在缴纳个人所得税后，剩下的部分才是真正可以支配的，叫作个人可支配收入（Disposable Personal Income，DPI），即完全归个人支配的、可以用来消费和储蓄的收入，即：

DPI=PI－个人所得税

表 9-1 揭示了国民收入各指标之间的关系。

表 9–1 国民收入各指标的关系

<table>
<tr><td rowspan="6">GDP</td><td>GDP– 折旧</td><td></td><td></td><td></td><td></td></tr>
<tr><td rowspan="5">=NDP</td><td>NDP– 间接税 – 企业转移支付 + 政府补助金</td><td></td><td></td><td></td></tr>
<tr><td rowspan="4">=NI</td><td>NI– 公司未分配利润 – 企业所得税 – 社会保险费 + 政府给个人的转移支付</td><td></td><td></td></tr>
<tr><td rowspan="3">= PI</td><td>PI– 个人所得税</td><td></td></tr>
<tr><td rowspan="2">=DPI</td><td>消费 C</td></tr>
<tr><td>储蓄 S</td></tr>
</table>

应用分析

我国的人均可支配收入

据中华人民共和国2022年国民经济和社会发展统计公报，2022年全国居民人均可支配收入36 883元，比上年增长5.0%，扣除价格因素，实际增长2.9%（见图9–2）。全国居民人均可支配收入中位数31 370元，比上年增长4.7%。按常住地分，城镇居民人均可支配收入49 283元，比上年增长3.9%，扣除价格因素，实际增长1.9%。城镇居民人均可支配收入中位数45 123元，比上年增长3.7%。农村居民人均可支配收入20 133元，比上年增长6.3%，扣除价格因素，实际增长4.2%。农村居民人均可支配收入中位数17 734元，比上年增长4.9%。城乡居民人均可支配收入比值为2.45，比上年缩小0.05。按全国居民五等份收入分组，低收入组人均可支配收入8 601元，中间偏下收入组人均可支配收入19 303元，中间收入组人均可支配收入30 598元，中间偏上收入组人均可支配收入47 397元，高收入组人均可支配收入90 116元。全国农民工人均月收入4 615元，比上年增长4.1%。全年脱贫县农村居民人均可支配收入15 111元，比上年增长7.5%，扣除价格因素，实际增长5.4%。

2022年全国居民人均消费支出24 538元（见图9–3），比上年增长1.8%，扣除价格因素，实际下降0.2%。其中，人均服务性消费支出10 590元，比上年下降0.5%，占居民人均消费支出的比重为43.2%。按常住地分，城镇居民人均消费支出30 391元，比上年增长0.3%，扣除价格因素，实际下降1.7%；农村居民人均消费支出16 632元，比上年增长4.5%，扣除价格因素，实际增长2.5%。全国居民恩格尔系数为30.5%，其中城镇为29.5%，农村为33.0%。

由统计数据可知，全国居民人均消费支出扣除价格因素影响之后，实际下降0.2%，这反映了疫情对人们消费的影响。城镇居民人均消费支出扣除价格因素之后实际下降1.7%，农村居民人均消费支出扣除价格因素之后实际增长2.5%，反映了农村居民的消费信心受疫情影响不大。

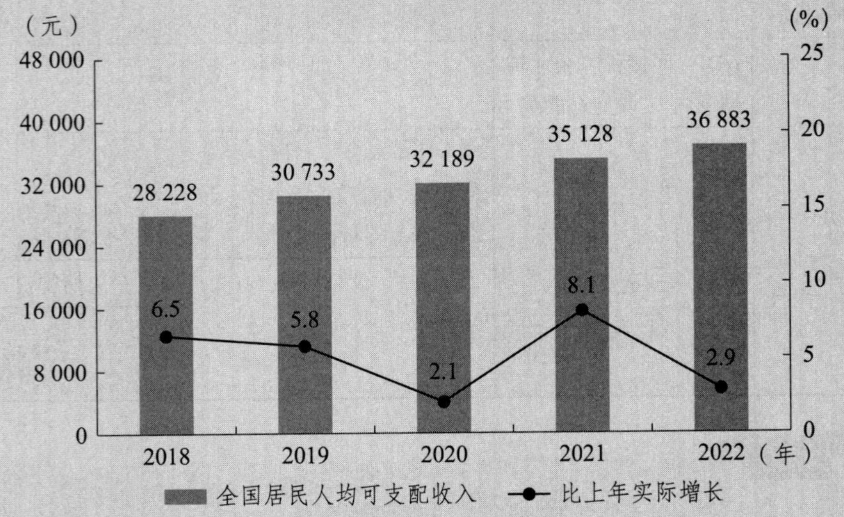

图 9-2　2018—2022 年全国居民人均可支配收入及其增长速度

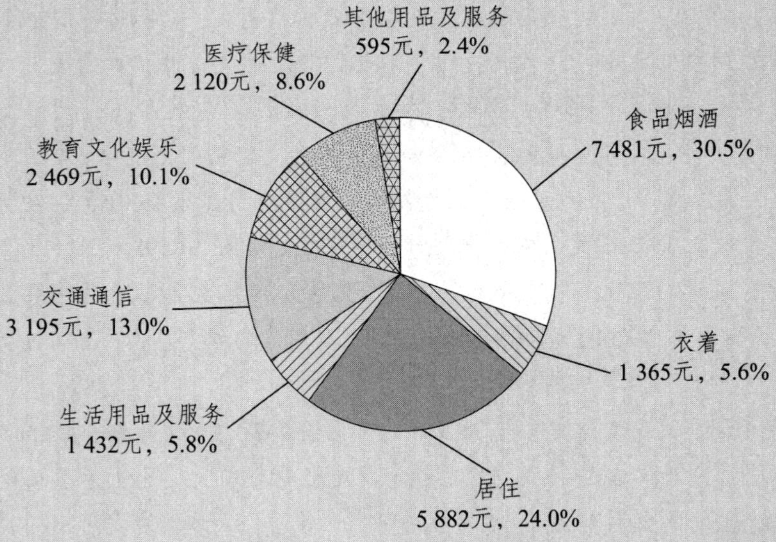

图 9-3　2022 年全国居民人均消费支出及其构成

资料来源：国家统计局．中华人民共和国 2022 年国民经济和社会发展统计公报，2023-02-28.

问题：GDP 和个人收入之间是什么关系？

二、国内生产总值核算方法

国内生产总值核算方法有三种，即生产法、收入法和支出法，三种方法从不同的角度反映了国民经济生产活动成果。

（一）生产法

生产法又称为部门法或增值法，它是通过汇总一个国家或地区各部门产品和服务每一生产阶段的增加值来核算 GDP 的方法，即从国民经济各部门在核算期内生产的总产品价值中，扣除生产过程中投入的中间产品价值，得到增加值，再将所有的增加值加起来，就得到 GDP。这是从价值创造的角度衡量一个国家或地区在核算期内全部最终生产成果的一种方法。增加值是总产值与中间产品价值（中间消耗）之差，其核算公式为：

GDP= 总产值 – 中间投入

例如：某汽车制造公司的增加值是该公司汽车销售收入减去消耗的汽车配件、轮胎、玻璃、油漆、钢材和其他投入的支出。

（二）收入法

收入法以生产资源的收入（即企业生产成本）来核算 GDP，所以又称为成本法。它是从形成收入的角度，根据生产资源在生产过程中应得的收入反映最终生产成果的一种核算方法。

按照收入法核算的 GDP 包括以下项目：工资、利息、租金等生产资源报酬；公司税前利润，包括企业所得税、社会保险税、股东红利及公司未分配利润等；企业间接税及企业转移支付。其核算公式为：

GDP= 工资 + 利息 + 租金 + 税前利润 + 间接税 + 企业转移支付

（三）支出法

支出法是通过将一年中用于购买总产出的所有支出都加总起来计算 GDP。它是从总产出的最终使用去向的角度，衡量核算期内生产活动最终成果的一种方法，也是计算 GDP 最简单的方法。

总产出的最终使用去向是哪里呢？只要看谁是最终使用者就可以知道。在现实生活中，产品和服务的最终使用包括个人消费、私人国内总投资、政府购买和净出口。

1. 个人消费（C）

个人消费包括家庭用于购买使用年限在 3 年以上的耐用消费品（如汽车、冰箱、洗衣机等）的支出、非耐用消费品（如面包、牛奶和衣服等）的支出和服务（如教育、旅游和律师费等）的支出，但不包括建造住宅的支出。

2. 私人国内总投资（I）

私人国内总投资项目包括：（1）企业对机器、设备和工具的最终购买；（2）所有的建筑设施；（3）存货。

上述第二项既包含住宅建筑，也包含新工程、仓库和商店。为什么将住宅建筑视为投资而不是消费呢？这是因为公寓建筑和房屋像工厂和商店一样，只要出租出去就能获得收入，所以，所有的住宅建筑都被视为投资品。

存货（未销售的产品）的增加也是一种投资，因为它们代表的是“未消费的产出”。如果某企业今年存货增加 100 万元，我们就认为该企业增加了 100 万元的存货投资；如果某企业今年存货减少 100 万元，则“存货的减少”意味着今年卖出去的产品比生产出来的产品要多 100 万元，很显然这是通过销售以前年度生产出来的产品实现的，这些产品已经计入以前年度的 GDP。因此，在今年，我们将这 100 万元存货的减少视为“负投资”，并将其从当前的总投资中扣减。这样，该企业今年的总支出刚好等于今年的总产值。

在经济学中，投资不包括无形资产（股票、债券）的转让和有形资产（房屋、工厂）的再销售。这类交易仅仅是转移了现存资产的所有权，并没有创造新的资产。因此，这类交易（金融投资）并不计入 GDP 账户中的投资项目。

总投资的“总”字指的是所有投资品，既包括用于补偿在生产当年的产出时所耗费（消耗或废弃）的机器、设备和建筑的投资，即重置投资，也包括经济体中资本存量的增加，即净投资。因此，总投资既包括对重置资本的投资，也包括对追加资本的投资。

3. 政府购买（G）

政府购买支出由两部分组成：（1）各级政府为提供公共服务而购买的产品和服务的支出；（2）政府对如学校和高速公路等有长期使用期限的社会公共资源的购买支出。政府花钱设立政府机关、巩固国防、建设道路、开办学校、购买雇员服务等方面的支出都属于政府购买支出。政府购买只是政府支出的一部分，政府支出的另一部分，如转移支付、公债利息等，都不计入 GDP，这是因为政府购买时通过雇用公务人员、建设公共设施、制造武器弹药等为社会提供了服务，而转移支付只是把收入从一些人手中转移给另一些人，并没有相应的产品或服务的交换发生。

4. 净出口（X–M）

净出口是指出口减去进口的差额。因为进口表示收入流到国外，是对外国产品和服务的支付，不是用于购买本国产品的支出；出口表示收入从国外流入，是对本国产品和服务的支付。因此，只有净出口才应计入总支出，表示对我国产品和服务的净支付。

用 X 表示出口，M 表示进口，则（X–M）表示净出口，它可能为正，也可能为负。

把上述四个项目加起来，用支出法计算 GDP 的公式为：

$$GDP = C + I + G + (X - M)$$

表 9–2 是 2015 年美国 GDP 各项支出的构成情况。

表 9–2　2015 年美国 GDP 各项支出的构成

构成	金额（10 亿美元）	占比（%）
个人消费	12 268	68
私人国内总投资	3 018	17

续表

构成	金额（10 亿美元）	占比（%）
政府购买	3 184	18
净出口	–532	–3
GDP	17 938	100

资料来源：N Gregory Mankiw. Principles of Macroeconomics. 8th ed. New York：Cengage Learning，Inc.，2018：482.

从理论上讲，生产法、收入法和支出法三种算法得出的 GDP 数据结果应当一致，但由于不同算法的数据来源不同，其结果会有一定的差异，这是正常现象。

在我国，一般季度 GDP 采用生产法进行核算，年度 GDP 综合采用生产法和支出法进行核算。

知识拓展：为什么可以用收入法和支出法核算 GDP

第二节　简单国民收入的决定

通过学习我们已经知道了一个经济体的国民收入是如何计算出来的。2022 年我国 GDP 达到 1 210 207 亿元，这么多的产值是怎么生产出来的呢？这就涉及国民收入的决定问题。

国民收入决定理论是现代西方宏观经济学的创始人凯恩斯提出来的，凯恩斯采取的是短期数量分析，假设总供给短期不变，则国民收入就取决于总需求或有效需求，从而建立了以需求为中心的国民收入决定理论。凯恩斯的国民收入决定理论涉及四个市场：产品市场、货币市场、劳动市场和国际市场。我们仅讨论产品市场的国民收入决定理论，也叫简单国民收入决定理论。

一、均衡国民收入

（一）假设前提

在凯恩斯之前的传统经济学一直相信供给会自发创造需求，利率自动调节储蓄和投资，资本主义不可能出现生产相对过剩和经常性失业。然而 1929—1933 年，资本主义世界发生了空前的经济危机，3 000 多万人失业，1/3 的工厂停产，金融秩序一片混乱，整个经济倒退到第一次世界大战前的水平。

持续的经济衰退和普遍失业，使传统经济学遇到了严峻挑战。1936 年，凯恩斯出版了《就业、利息和货币通论》一书，提出了有效需求原理和国民收入均衡问题，建立了以需求为中心的国民收入决定理论，并在此基础上引发了经济学上著名的“凯恩斯革命”，建立了现代西方宏观经济学。

在进行简单国民收入决定的需求分析时，有几个重要的假设：

1. 两部门假设

假设所分析的经济中不存在政府，也不存在对外贸易，只有家庭部门（居民户）和企业部门，消费行为和储蓄行为都发生在家庭部门，生产行为和投资行为都发生在企业部门。同时，假设企业投资是自发或外生的，即不随利率和产量的变化而变化。

2. 价格不变

假设不论需求量为多少，经济体系均能以不变的价格提供相应的供给量。这就是说，社会总需求变化只会引起产量变化，而不会引起价格变化。凯恩斯写作《就业、利息和货币通论》一书时，面对的是经济大萧条，工人大批失业，资源大量闲置。在这种情况下，如果社会总需求增加，就会使闲置的资源得到利用，使产量增加，而不会使资源的价格上升，因此产品成本和价格大体上能保持不变。凯恩斯定律被认为适用于短期分析，即分析的是短期内收入和就业如何决定，因为在短期内，价格不易变动，或者说具有黏性，当社会需求变动时，企业首先考虑的是调整产量，而不是改变价格。

3. 供给不受约束

只要有需求，就有供给，需求有多大，供给就有多少。因为当时面临大萧条的经济状况，大量的资源和要素闲置，只要有需求，企业就能够增加生产，形成供给。此外，凯恩斯还假设折旧和公司未分配利润为零，这样，GDP、NDP、NI 和 PI 就都相等。

凯恩斯的理论是通过对当时严重的经济萧条进行思考而产生的，因此，有人称凯恩斯的经济学为萧条经济学。

（二）总需求的组成

从需求角度看，总需求是整个社会对产品与服务需求的总和。支出形成需求，在现实经济社会中，总需求就包括支出法核算 GDP 中的四大支出形成的需求，即消费需求、投资需求、政府需求与净出口需求四个部分。

消费需求是指居民户对产品与服务的需求或支出，用 C 表示。它包括耐用消费品支出、非耐用消费品支出、住房租金及对其他服务的支出。一般而言，消费需求在总需求中是相当稳定的。

投资需求是指厂商对投资品的需求或支出，用 I 表示。它包括企业固定资产投资（用于厂房、设备等固定资产的投资）、存货投资（用于原材料、半成品及未销售的成品的投资）以及居民住房投资。一般而言，投资需求在总需求中波动比较大。

政府需求是指政府支出对各种产品与服务的需求，用 G 表示。随着国家对经济生活干预的加强，这部分支出一直在提高。

净出口是指出口减去进口。出口需求是外国居民对本国生产的商品和服务的需求，用 X 表示。进口是本国居民对外国生产的商品和服务的需求，用 M 表示，净出口就等于（X–M）。

（三）均衡国民收入的形成

由于假设供给不受约束，不管总需求有多大，供给总是能与总需求相等，因此，与总需求相等的产出就是均衡产出，也就是均衡国民收入。

在两部门经济中，总需求由居民消费和企业投资构成，均衡产出用公式表示为：$y=c+i$，即国民收入 = 消费 + 投资。这里用小写字母 y、c、i 分别表示剔除了价格变化的实际国民收入、实际消费和实际投资。

二、消费理论

均衡产出既然是与总需求相等的产出，则分析均衡产出如何决定，就是分析总需求的各个组成部分是如何决定的。消费形成消费需求，是构成总需求最重要的部分，也是经济发展的重要推动力。许多经济学家对消费进行了研究，影响最大的是凯恩斯的消费理论。

（一）凯恩斯的消费理论

1. 消费函数

在现实生活中，消费受很多因素的影响，如收入的水平、商品的价格、利率的高低、收入分配状况、家庭财产状况、消费信贷状况、消费者年龄构成、风俗习惯等。凯恩斯的消费理论认为，在影响消费的各种因素中，家庭收入是最重要的决定因素。消费与收入之间的依存关系就是消费函数。如果以 c 表示消费，y 表示收入，则消费函数就是：

$$c=f(y)$$

在收入与消费之间存在一条基本规律：随着收入的增加，消费也会增加，但消费的增加不如收入增加得多，也就是消费增量小于收入增量。这被称为边际消费倾向递减规律。

边际消费倾向（Marginal Propensity to Consume，MPC）是指消费变动额与收入变动额之间的比率，也就是每增加一个单位的收入中用于消费的增加额，用公式表示就是：

$$MPC=\Delta c/\Delta y$$

式中，Δc 表示消费变动额；Δy 表示收入变动额。

例如：国民收入由 1 万亿元增加到 2 万亿元（增加了 1 万亿元），消费由 1 万亿元增加到 1.5 万亿元（增加了 0.5 万亿元），则边际消费倾向就是 0.5（=0.5/1）。

由于消费变动额只是收入变动额的一部分，因此边际消费倾向的数值大于 0 而小于 1，并且边际消费倾向是消费函数 $c=f(y)$ 的斜率。而对于特定的线性消费函数而言，它是一个固定的常数。

平均消费倾向（Average Propensity to Consume，APC）是指在任一收入水平上消费在收入中所占的比率。用公式表示则是：

$$APC = c/y$$

例如：一个社会国民收入为 2 万亿元，消费支出为 1.6 万亿元，则平均消费倾向就是 0.8（=1.6/2）。

在短期内，当 $APC=1$ 时，表明全部收入用作消费；当 $APC<1$ 时，表明收入除了消费外，还有剩余收入可用于储蓄；当 $APC>1$ 时，即消费大于收入，表明消费者为了维持一个起码的消费水平，可通过动用过去的存款或依靠社会救济等，使消费暂时超过收入。

如果收入和消费两个变量之间存在线性关系，则边际消费倾向为一个常数，这时消费函数就可用下列方程表示：

$$c=\alpha+\beta y$$

式中，c 表示消费；y 表示收入；α 和 β 是常数。α 表示自发消费或基本消费，即由人的基本需求决定的必需的消费，它不随收入的变动而变动，是一个固定的量；β 表示边际消费倾向，β 和 y 的乘积表示由收入引起的消费，即引致消费，它的大小取决于收入与边际消费倾向。$c=\alpha+\beta y$ 的经济学含义是：消费等于自发消费与引致消费之和。

例如：$\alpha=500$，$\beta=0.7$，则 $c=500+0.7y$。这就是说，如果收入增加一个单位，其中就有 70% 用于消费。只要 y 为已知，就可以计算出全部消费量。

应用分析

穷人比富人更愿意消费

凯恩斯认为，人们的消费虽然随收入的增加而增加，但在所增加的收入中用于增加消费的部分越来越少；在收入减少的时候，消费也随之减少，但也不如收入减少得那么厉害。这就是边际消费倾向递减规律。

那么，为什么会存在这个规律呢？凯恩斯认为，边际消费倾向递减规律是由人类的天性决定的。对于一个经济体来说，各种生产资源只有参与生产活动生产出来产品与服务才能获得收入，因此，只要有收入就有与收入相等价值的产品和服务供给。收入增加 1 万元，供给也增加了 1 万元的产品和服务，但由于边际消费倾向递减规律的存在，消费只增加了 0.8 万元，因此出现了消费不足，也就是需求不足，使生产出来的产品和服务不能及时销售出去，从而产品积压，企业减产，形成经济萧条。

一般而言，富人的边际消费倾向低于穷人的边际消费倾向；收入不稳定的个人通常具有较低的边际消费倾向。人们对未来收入的预期对边际消费倾向影响甚大：当经济萧条时，人们对未来预期悲观，边际消费倾向降低，从而使消费需求更低，使得萧条更为萧条。

问题：对于一个经济体来说，消费倾向是高好还是低好？

2. 储蓄函数

收入当中未被消费的部分会被用来储蓄。由于随着收入的增加，消费的增加越来越少，因此随着收入的增加，储蓄的增加越来越多。储蓄与收入的这种关系就是储蓄函数。如果以 s 表示储蓄，y 表示收入，则储蓄函数就是：

$$s = f(y)$$

储蓄倾向是指储蓄在收入中所占的比例。储蓄倾向也可以分为平均储蓄倾向和边际储蓄倾向。

平均储蓄倾向（Average Propensity to Save，APS）是指在任一收入水平上储蓄在收入中所占的比例，用公式表示为：

$$APS = s/y$$

边际储蓄倾向（Marginal Propensity to Save，MPS）是指收入变动一个单位时储蓄的变动额，即储蓄变动额与收入变动额的比率，用公式表示为：

$$MPS = \Delta s/\Delta y$$

式中，Δs 表示储蓄变动额；Δy 表示收入变动额。

边际储蓄倾向的数值大于 0 而小于 1，且边际储蓄倾向是储蓄函数 $s=f(y)$ 的斜率。对于特定的线性储蓄函数来讲，它是一个固定的常数。

一般而言，在其他条件不变的情况下，储蓄随收入的变化成同方向变化，但变化的幅度不是同比例的。同时，由于储蓄为收入与消费之差，因此在一定的收入条件下，消费增加，储蓄就会相应减少；消费减少，储蓄就会相应增加。假定储蓄和收入之间也存在线性函数关系，则线性储蓄函数就可根据线性消费函数推导出来：因为 $s=y-c$，而 $c=\alpha+\beta y$，所以 $s=y-(\alpha+\beta y)=-\alpha+(1-\beta)y$。

式中，$(1-\beta)$ 表示边际储蓄倾向；$(1-\beta)y$ 表示收入引致的储蓄。

$s=-\alpha+(1-\beta)y$ 的经济学含义是：储蓄等于收入引致的储蓄减去自发消费。

例如：$\alpha=500$，$\beta=0.7$，则 $s=-500+0.3y$。这就是说，如果收入增加一个单位，其中就有 30% 用于储蓄。只要 y 已知，就可以计算出储蓄。

3. 消费函数和储蓄函数的关系

（1）消费和储蓄之和等于收入。由于收入中未消费的部分被定义为储蓄，因此 $c+s=y$。

（2）APC 和 APS 之和永远等于 1；MPC 和 MPS 之和也永远等于 1。具体分析如下：

1）$y=c+s$，方程两边同除以 y，则 $y/y=c/y+s/y$，即 $APC+APS=1$；

2）因为 $y=c+s$，所以 $\Delta y=\Delta c+\Delta s$，方程两边同除以 Δy，则 $\Delta y/\Delta y=\Delta c/\Delta y+\Delta s/\Delta y$，即 $MPC+MPS=1$。

应用分析

美式“助学贷”

目前，美国大学生还不起助学贷款的情况相当严重，本来是为了帮助更多人接受高等教育的助学贷款反而成了许多大学生一生的枷锁。

据纽约联储发布的《家庭信贷报告》，截至 2018 年第四季度，美国大学生助学贷款总额接近 1.5 万亿美元，承担助学贷款的总人数超过 4 400 万人，相当于每 4 个美国成年人当中就有 1 人负债。助学贷款占消费贷比重已经超过 10%，成为全美仅次于住房抵押贷款的第二大贷款。

另外，由于助学贷款利率较低，本科为 5.05%，研究生为 6.6%，基本低于银行贷款利率和汽车消费贷款利率，这也让很多美国人高估了自己毕业以后的还贷能力，超过 1/10 的助学贷款借款人至少逾期 90 天，目前严重违约率已经达到 9.1%，而住房抵押贷款和汽车消费贷款的违约率分别为 1.1% 和 4%。

《美国新闻与世界报道》的数据显示，美国公立大学的平均学费和其他费用比私立大学的平均费用低约 73%，在 2019—2020 年为 10 116 美元，而私立大学的平均费用为 36 801 美元。高昂的学费让大量美国年轻人不得不依靠联邦助学贷款来完成自己的学业，但是毕业之后，他们却发现自己的工资根本不足以偿还自己当年的贷款。据统计，70% 的美国大学生毕业时会身负沉重的助学贷款，平均每人 3.7 万美元。而自 2008 年金融危机后，美国大学毕业生的工资增长低迷，几乎呈静止状态——美国社会有关“上大学是否值得”的讨论由此也变得越来越普遍。

纽约联储的报告显示，60 岁以上还在还助学贷款的美国老年人从 2005 年的 70 万人，已经飙涨到 2015 年的 280 万人，他们的平均负债金额也从 12 100 美元增加至 23 500 美元。美国前总统奥巴马也曾表示，毕业后他用了 21 年时间，直到当选总统之前 4 年（2004 年）才还清助学贷款。

25 岁的泰勒·麦克基尼（Tyler McKinney）2017 年从阿拉斯加大学安克雷奇分校毕业，欠下 3.3 万美元助学贷款。借助巨额助学贷款拿到的学位让他在 IT 行业有了一份年薪 6.83 万美元的工作。他想买房，但在还清助学贷款前，他只能每月花 875 美元租一套公寓，同时每月要拿出 500 多美元偿还助学贷款。麦克基尼说他买得起房，但他需要等待，“如果我在助学贷款还没还清前就买房，就只能到 50 多岁才能还清这笔债务了……在我进行任何新投资前，我想摆脱这笔债务”。

资料来源：美式“助学贷”：读完大学还到 60 多岁还没还完 [EB/OL]. 观察者网，2019-03-24.

问题：如果上大学借的助学贷款需要你一直还到 40 岁才能还清，你还愿意上大学吗?

（二）其他消费理论

1. 相对收入消费理论

美国经济学家詹姆斯·杜森贝里（James S.Duesenberry）提出：消费者受过去的消费习惯以及周围人群消费水平的影响来决定消费，因此消费决定是相对的。其理论核心是消费者易于随收入的提高增加消费，但不易于随收入的降低而减少消费，这种特点被称为棘轮效应，也就是我们经常说的“由俭入奢易，由奢入俭难”。相对收入消费理论还指出，消费者的消费行为要受周围人群消费水平的影响，这被称为示范效应，即如果周围人群的消费由于收入的增加而增加，即使自己收入没有增加，消费也会增加。

微课：棘轮效应

2. 生命周期消费理论

凯恩斯的消费理论认为，人们在特定时期的消费与他们在该时期的可支配收入直接相关。美国经济学家弗兰科·莫迪利安尼（Franco Modigliani）强调，人们会在更长时间范围内计划他们的生活消费开支，以达到在整个生命周期内消费的最佳配置。“人无远虑，必有近忧”，人们不会那么短视，实际上，人们会审慎地在整个生命周期范围内计划自己的消费，使一生的消费平稳化。

一般而言，年轻人家庭收入偏低，消费可能超过收入；随着他们进入中年，收入增加，收入会大于消费，不但可能偿还年轻时欠下的债务，还可能存下积蓄用以养老；到年老退休时，收入下降，消费又会超过收入，这时候就可以动用以前的储蓄，使自己的消费水平保持平稳。根据生命周期消费理论，如果社会上年轻人和老年人比例增大，则整个社会的消费倾向会提高；如果社会上中年人比例增大，则整个社会的消费倾向会下降。

3. 永久收入消费理论

永久收入消费理论是美国经济学家米尔顿·弗里德曼（Milton Friedman）提出来的。该理论认为，消费者的消费支出不是由其现期收入决定，而是由其永久收入决定的。永久收入指的是消费者可以预计到的长期收入。永久收入大致可以根据所观察到的若干年收入数值的加权平均数计算，距现在时间越近，权数越大；反之，则越小。

一个未来预期收入良好的人的消费可能超过现期收入水平，因为他相信未来是美好的，未来能够有足够的收入支持现在的超前消费。经济衰退时，如果消费者仍按永久收入预期进行消费，消费倾向就会高于长期平均消费倾向；经济繁荣时，如果消费者仍按永久收入预期来消费，消费倾向就会低于长期平均消费倾向。

因此，弗里德曼认为，政府通过增减税来影响总需求的政策不会奏效，因为通过减税而增加的收入只是临时收入，人们预期到未来税收还会增加，所以通过减税而增加的收入并不会立即被用来增加消费，因而对总需求的影响也微乎其微。

（三）影响消费的其他因素

1. 利率

传统观点认为，利率提高会刺激储蓄，但现代观点认为，是否会如此要根据利率变动对储蓄的替代效应和收入效应而定。一方面，当利率提高时，未来消费更划算，人们会减少当前消费，增加储蓄，这就是利率变动对储蓄的替代效应，即利率提高使储蓄增加；另一方面，利率提高使未来的利息收入增加，从而使总收入增加，财富效应使当前消费增加，储蓄减少，这就是利率变动对储蓄的收入效应，即利率提高使储蓄减少。

人们的收入不同，利率提高时受到的影响不同。对于低收入者来说，利率提高主要发生替代效应，人们会增加储蓄，减少消费；对于高收入者来说，由于他们的储蓄比较多，利率提高时利息增加得比较多，因此主要发生收入效应，利率提高会减少储蓄，增加消费。对全社会而言，利率提高对储蓄的影响由人们增加和减少储蓄的总和决定。利率对消费的影响需要综合考虑才能加以确定。

2. 物价水平

物价水平变动会影响人们的实际收入，从而影响消费。如果名义收入（即货币收入）不变，价格上升时，实际收入下降，消费会减少；价格下降时，实际收入上升，消费会增加；如果物价与收入同比例提高，理论上消费不受影响，但是由于大部分消费者存在“货币幻觉”，也就是人们容易只看到收入的增加，却会忽略物价的上升，以为自己变富了，因此消费倾向会提高。

3. 收入分配

对一个社会来说，高收入家庭消费倾向较小，低收入家庭消费倾向较大。如果一个国家国民收入分配越平均，则全社会的平均消费倾向越大，消费越多；反之，收入分配越不平均，大量财富集中于富人之手，则全社会的平均消费倾向就会越小，消费也越少。

4. 社会保障制度

社会保障制度越完善，保障水平越高，人们不用担心失业、养老和医疗等的影响，没有了后顾之忧，就会越敢于消费，即消费越多；社会保障制度越不完善，保障水平越低，人们不得不为失业、养老和医疗等做准备，就越不敢消费，即消费越少。

应用分析

中美贸易摩擦：原来是债务消费惹的祸

2018 年 3 月 8 日，特朗普宣布将于 15 天后对美国从中国进口的钢铁和铝分别加征 25% 和 10% 的关税。3 月 22 日，美国贸易代表办公室（USTR）公布“301 调查报告”，认定中国政府在技术转让、知识产权和创新方面的相关行动、政策和实践是不合理或歧视性的，对美国商务形成负担或限制。4 月 4 日，美国贸易代表办公室宣布自 7 月 6 日开始对 1 333 种、总值 500 亿美元的中国商品加征 25% 的关税。

中美贸易摩擦的直接原因是美国对中国巨大的贸易逆差。美国认为，贸易逆差的原因是中国政府对知识产权的保护不力和所谓的强迫技术转让。但不少经济学家指出，这种判断和逻辑背后忽略了很多经济学常识。

美国耶鲁大学教授、《中美贸易的不平衡依赖》一书的作者史蒂芬·罗奇（Stephen S.Roach）犀利地指出，美国贸易逆差的主要原因是美国人长期以来“花明天的钱买今天的东西”，美国家庭的债务消费构成了整个国家贸易赤字的基础。他写道：“美国政客常爱怪罪中国和贸易协议，并用其来解释本国的失业和工资停滞问题。但贸易赤字完全是美国自己造成的，美国入不敷出，拿明天的钱消费今天的东西已经持续几十年了，依靠大笔向外国借钱，美国人见证了历史上最惊人的一轮消费膨胀。政客们当然不想批评自己国家选民的不节制和挥霍，找个外国替罪羊要容易得多。”

根据世界银行和美联储的统计，1970 年美国家庭消费支出是 6 666 亿美元，到了 2017 年这个数字激增到了 13.7 万亿美元，占 GDP 的比重将近 70%。美国人口虽然只占全世界的 4.4%，但消费了全世界 22% 的商品。一边是花的钱越来越多，另一边是存的钱越来越少——1970 年美国家庭存款占 GDP 比重达到 13%，到了 2017 年只有区区的 2.6%。

在全球化背景下，其实各个国家在工业化进程中都保持过长期的贸易顺差，美国从 1874 年到 1970 年的 97 年里有 93 年的顺差，德国从 1880 年到 2016 年的 137 年里有 84 年顺差，日本从 1981 年到 2010 年连续 30 年顺差。中国从 20 世纪 90 年代工业化进程加快以来，也一直保持着顺差。

根据美国官方数据，美国贸易顺差的趋势也正是止于 1970 年。从那以后，美国几乎再也没有过贸易顺差，而贸易逆差逐年上升，一直到 2017 年达到 5 680 亿美元。谁借给美国钱来帮助其维持消费？美国政客很少提到向高储蓄率的中国借钱帮助美国消费的事实，而总拿贸易逆差做文章。

罗奇的定量研究进一步揭示了国民储蓄率低与贸易逆差大的正相关性的全球普遍性。国民储蓄率低的美国、英国、加拿大、芬兰、法国、葡萄牙和希腊的贸易逆差高于其他同等发展水平国家，而德国、日本、荷兰、挪威、丹麦、韩国这些高储蓄率国家更经常出现贸易顺差。

问题：美国对中国巨大的贸易逆差的原因是什么？

三、均衡国民收入的决定

两部门经济中只有家庭和企业，家庭进行消费，企业进行投资，此时的国民收入是一定时期内消费支出和投资支出的总和，即 $y=c+i$。在简单收入决定模型中，假设投资是一个固定的量，不随利率和国民收入的变化而变化，即投资 i 是一个常数。我们知道，与总需求相等的国民收入就是均衡收入，因此，将消费函数代入均衡收入方程式 $y=c+i$ 就能够求得均衡国民收入。即：

$$\begin{cases} y=c+i \\ c=\alpha+\beta y \end{cases} \Rightarrow \quad y=(\alpha+i)/(1-\beta)$$

可见，如果知道了消费函数和投资量，就可求得均衡国民收入。例如：假定消费函数 $c=1\,000+0.8y$，自发投资始终为 600 亿元，则均衡收入 $y=(1\,000+600)/(1-0.8)=8\,000$ 亿元。

表 9–3 显示了消费函数 $c=1\ 000+0.8y$ 及自发投资为 600 亿元时均衡收入决定的情况。表中数据说明，当收入（总供给）为 8 000 亿元时，c=7 400 亿元，i=600 亿元，则总需求为 8 000 亿元，总供给等于总需求，说明 8 000 亿元是均衡国民收入。

如果收入小于 8 000 亿元，以 6 000 亿元为例，表示总供给为 6 000 亿元。这时，c=5 800 亿元，i=600 亿元，则总需求为 6 400 亿元，超过了总供给 6 000 亿元，这意味着企业销售出去的产量大于生产出来的产量，这时扩大生产是有利可图的。于是，企业会增雇工人，增加产量，使收入向均衡国民收入靠拢。

相反，如果收入大于 8 000 亿元，以 10 000 亿元为例，表示总供给为 10 000 亿元。这时，c=9 000 亿元，i=600 亿元，则总需求为 9 600 亿元。总供给大于总需求，这意味着企业生产出来的产量大于销售出去的产量，于是，企业便会减少生产，使收入下降，向 8 000 亿元靠拢。

只有收入达到均衡水平（即 8 000 亿元）时，既没有非计划的存货投资，也没有非计划的存货负投资，总供给等于总需求，产量正好等于销量，存货保持正常水平，这就是企业愿意保持的产量水平。

表 9–3　均衡收入的决定　　单位：亿元

收入（y）	消费（c）	储蓄（s）	投资（i）
3 000	3 400	–400	600
4 000	4 200	–200	600
5 000	5 000	0	600
6 000	5 800	200	600
7 000	6 600	400	600
8 000	7 400	600	600
9 000	8 200	800	600
10 000	9 000	1 000	600

四、乘数理论

（一）乘数原理

从表 9–3 可知，自发投资量是 600 亿元时，均衡国民收入是 8 000 亿元；若投资增加到 700 亿元，则均衡收入增加到 8 500 亿元［$y=(\alpha+i)/(1-\beta)=(1\ 000+700)/(1-0.8)=8\ 500$］。投资增加了 100 亿元，均衡收入增加了 500 亿元，增加的收入是增加的投资的 5 倍。可见，当投资增加时，收入增量将是投资增量的数倍。如果以 k 代表倍数，这个 k 就被称为投资乘数。可见，投资乘数指的是收入的变化与引起这种变化的投资支出的变化的比率。在上例中，投资乘数为 5。

投资的增加之所以会有乘数效应，是因为国民经济体系中各经济部门之间是相互联系的。某一部门的一笔投资会在国民经济各部门中引起连锁反应，从而增加其他部门的投资与收入，最终使国民收入成倍增长。

例如：投资 100 亿元修筑一条高速公路，首先，会有第一批人（包括路桥公司的工作人员、筑路工人、失地农民、售卖筑路材料的公司等）获得 100 亿元的收入，这 100 亿元是投资对国民收入的第一轮增加；其次，这部分人获得收入之后会消费，从而卖给他们消费品的个人与企业会获得收入，假定该社会的边际消费倾向是 0.8，因此，增加的这 100 亿元收入中会有 80（$=100\times0.8$）亿元用于购买消费品，则国民收入会增加 80 亿元；然后，获得 80 亿元收入的人们还会消费 64（$=80\times0.8$）亿元，则国民收入会增加 64 亿元……以此类推，这个过程不断继续下去，最后使国民收入增加 500 亿元，其过程如下：

$$
\begin{aligned}
&100+100\times0.8+100\times0.8\times0.8+\cdots+100\times0.8^{n-1}\\
&=100\times(1+0.8+0.8^2+0.8^3+\cdots+0.8^{n-1})\\
&=100\times1/(1-0.8)\\
&=500\text{（亿元）}
\end{aligned}
$$

上式表明，当投资增加 100 亿元时，收入最终会增加 500 亿元。如以 Δy 表示收入的增量，Δi 表示投资的增量，则二者之比率是：$k=\Delta y/\Delta i=5$。

上面的例子也说明，乘数 =1/（1- 边际消费倾向），即 $k=1/(1-MPC)=\dfrac{1}{1-\beta}$，由于 $MPS=1-MPC$，因此，$k=1/(1-MPC)=1/MPS$。

可见，乘数的大小和边际消费倾向有关，边际消费倾向越大，或边际储蓄倾向越小，则乘数就越大。

以上分析的是投资的乘数效应。实际上，总需求的任何变动，如个人消费的变动、政府购买的变动、净出口的变动，都会引起国民收入若干倍的变动，都具有乘数效应，使国民收入成倍增加。

知识拓展：三部门经济中的各种乘数

（二）乘数效应的两面性

以上是从投资增加的方面说明乘数效应的。实际上，投资减少也会引起国民收入的减少，可见，乘数效应的作用是两方面的。因此，西方经济学家把乘数效应称为一把“双刃剑”。

通过对乘数原理的分析，我们知道，乘数的大小是由边际消费倾向决定的，乘数与边际消费倾向成正比，与边际储蓄倾向成反比。乘数效应主要反映在最初几轮的消费上，因此最初几轮的实际边际消费倾向对国民收入的影响很大。一般而言，当国民经济萧条的时候，要注意发挥乘数的正效应，通过消费、投资等增量来实现国民经济的增长；当国民经济增长过度、出现通货膨胀的时候，则要利用乘数的反效应，通过消费、投资等减量来抑制通货膨胀。

这里，我们引进一对宏观经济学的重要概念：注入项和漏出项。这两个概念是就增加还是减少国民收入而言的。如果某个变量的增加使对产品和服务的消费增加，使总需求增加，从而使国民收入增加，那就是注入项；如果某个变量的增加使对产品和服务的消费下降，使总需求下降，从而使国民收入减少，那就是漏出项。因此，消费、投资、政府购买和出口属于注入项，而储蓄和税收属于漏出项。

应用分析

节俭悖论

在收入既定的情况下，消费与储蓄是反方向变化的，即消费增加，储蓄减少；消费减少，储蓄增加。如果消费增加，储蓄减少，一般会增加企业产品和服务的供应数量，因为供不应求就会刺激企业增加投资、扩大再生产，从而使就业人数扩大，经济繁荣，国民收入增加；反之，如果消费减少，储蓄增加，储蓄不能及时转化为消费的增长，那么整个社会的国民经济活动就会有一种紧缩的压力，这种压力过大，就会造成通货紧缩，国民收入下降，经济萧条。

按照传统的价值观念，节俭（即增加储蓄）是好的，不节俭（即减少储蓄）是恶的。但根据消费与储蓄对国民收入的不同影响，凯恩斯得出一个与传统价值观念相矛盾的推论：按储蓄变化会引起国民收入反方向变化的理论，增加储蓄，减少消费，会使国民收入下降，经济衰退，是恶的；而减少储蓄，增加消费，会使国民收入增加，经济繁荣，是好的。这就是“节俭悖论”。

节俭悖论尤其强调在萧条时期增加储蓄会使萧条更严重，并且储蓄过多很可能还会减少实际的储蓄。也就是说，储蓄越多越好是有条件的，越多越好的储蓄只有在正确的宏观经济政策的调节之下，即储蓄能及时转化为投资的条件下才能成立。在萧条时期一味强调储蓄，效果只能适得其反。

应该特别注意的是，节俭悖论仅仅适用于各种资源没有得到充分利用，总供给可以无限增加的情况。如果各种资源已被充分利用，从而形成资源约束，这一结论就不适用。

问题：对于“既然消费有利于经济发展，有利于国民收入的增加，那就让我们尽情地消费吧，消费越多越好”的观点，你如何评价？

本章小结

1. GDP 是指一定时期内（如一年）在一个国家或地区的领土范围内运用生产资源所生产的全部最终产品和服务的市场价值。中间产品和二手产品的销售不计入 GDP。

2. 流量是一段时期内发生的变量，存量是一定时点上存在的变量。

3. 国民生产总值是一个国民概念，是指一定时期内某国国民所拥有的全部生产资源所生产的最终产品和服务的市场价值。

4. 名义 GDP（或货币 GDP）是指按当年价格计算出来的全部最终产品和服务的市场

价值。实际 GDP 是指以从前某一年为基期，以基期价格计算出来的全部最终产品和服务的市场价值。

5. 潜在 GDP 是指一个国家或地区在一定时期内可供利用的经济资源在充分利用的条件下所能生产的最大产量，也就是该国或地区在充分就业状态下生产的 GDP，又称为充分就业 GDP。

6. 绿色 GDP 是指一个国家或地区在考虑了自然资源与环境影响之后的经济活动的最终成果，它等于 GDP 减去经济活动中所付出的资源耗减成本和环境保护成本。

7. GDP 核算方法有三种，即生产法、收入法和支出法。生产法又称为部门法或增值法，通过汇总一个国家或地区各部门产品和服务每一生产阶段的增加值来核算 GDP；收入法又称为成本法，通过加总生产资源的收入（即企业生产成本）来核算 GDP；支出法则通过将一年中用于购买总产出的所有支出加总起来核算 GDP。

8. 两部门假设是假设经济体中只存在家庭和企业，没有政府和对外贸易。

9. 总需求包括消费需求、投资需求、政府需求和净出口需求。由于假设总供给不受约束，因此，与总需求相等的收入就是均衡国民收入。

10. 消费与收入之间的依存关系就是消费函数。边际消费倾向是指消费变动额与收入变动额之间的比率。随着收入的增加，边际消费倾向递减。平均消费倾向是指在任一收入水平上消费在收入中所占的比率。

11. 投资乘数是指收入的变化与引起这种变化的投资支出的变化的比率。边际消费倾向越大，或边际储蓄倾向越小，乘数就越大。总需求的任何变动，如投资、消费、净出口和政府购买的变动，都会引起国民收入若干倍的变动，都具有乘数效应。

12. 消费、投资、政府购买和出口属于国民收入的注入项，而储蓄和税收属于国民收入的漏出项。

能力训练

一、单项选择题

1.（　　）是指一定时期内（如一年）在一个国家或地区的领土范围内运用生产资源所生产的全部最终产品和服务的市场价值。

A. 国民生产总值　　B. 国内生产总值　　C. 国内生产净值　　D. 国民收入

2. 通过将一年中用于购买总产出的所有支出都加总起来计算 GDP 是（　　）。

A. 生产法　　B. 收入法　　C. 支出法　　D. 加总法

3. 下列项目中，（　　）会使社会总消费增加。

A. 贫富差距越来越大　　B. 个人所得税提高

C. 开征遗产税　　D. 社会保障水平越来越高

4. 以下各项目中，（　　）会使国民收入增加。

A. 人们更愿意存钱了
B. 人们更愿意花钱了
C. 企业税收增加
D. 进口增加

5. 以下项目中计入 GDP 是（　　）。

A. 一个木匠为客户做的衣橱
B. 小王买的 10 000 元国债
C. 某人购买的一套二手房
D. 小李的父亲给他的 2 000 元钱生活费

二、思考分析题

1. 为什么国民收入核算人员比较的是不同年份总产出的市场价值，而不是生产的实物数量？将不同时期总产出的市场价值进行比较时会产生什么问题？这个问题是如何解决的？

2. 为什么仅将最终产品纳入某一特定年份 GDP 的核算？为什么使用过的汽车的价值不计入 GDP？

3. 消费支出主要有哪些类型？为什么新房屋的购买是投资支出，而不是消费支出？

4. 什么是净出口？一个国家的出口和进口是如何影响国内生产的？净出口可能为负吗？

5. 假设一个土豆种植户将其全年收获的土豆以 10 万元的价格卖给了某超市，该超市将土豆直接出售给最终消费者，一共卖了 13 万元。那么，这两次交易增加了多少消费支出？增加了多少 GDP？

6. 以下哪些项目应计入 GDP，哪些项目应计入 GNP？请解释你的答案。

（1）一个木匠为自己做的衣橱。

（2）汽车经销商向一位消费者卖出一辆新车。

（3）某房产公司卖给客户一套新建房屋。

（4）一本崭新的经济学教材的出版和销售。

（5）一家外国独资公司生产的电视机。

（6）企业存货增加 20 亿元。

（7）本国企业在外国投资的工厂生产的产品。

（8）去美国留学的中国人在美国购买的新电视机。

（9）小王购买的 1 000 股股票。

7. 如果甲、乙两国合并成一个国家，对 GDP 总和会有什么影响？为什么？

8. 某银矿公司支付 7.5 万元给矿工，开采了 50 千克银卖给某银器制造商，售价 10 万元；该银器制造商支付 5 万元工资给工人，打造了一批项链卖给消费者，售价 40 万元。那么：

（1）用支出法计算 GDP。

（2）每个生产阶段生产了多少价值？用生产法计算 GDP。

（3）在生产活动中产生的工资、利润各为多少？用收入法计算 GDP。

9. 假设一经济社会生产三种产品：书籍、面包和豆角，它们在 2021 年和 2022 年的产量和价格如表 9-4 所示。

表 9-4　2021 年和 2022 年书籍、面包和豆角的产量和价格

产品	2021 年		2022 年	
	产量	价格	产量	价格
书籍	100 本	20 元	110 本	25 元
面包	200 条	5 元	200 条	6 元
豆角	500 千克	6 元	450 千克	8 元

试求：（1）该经济社会 2021 年和 2022 年的名义 GDP。

（2）以 2021 年为基期，该经济社会 2022 年的实际 GDP 是多少？

（3）计算该经济社会 2021—2022 年的 GDP 平减指数，2022 年价格比 2021 年价格上升了多少？

10. 为什么富人的边际消费倾向通常低于穷人的边际消费倾向？

11. 如果你想从现在开始每年存一笔相等金额的钱，等 60 岁退休的时候能拿到 100 万元，假设利率提高，你每年存的这笔钱是应该少存点还是应该多存点？

12. 下列项目中哪些会使消费增加？

（1）贫富差距越来越大。

（2）收入增加。

（3）个人所得税提高。

（4）社会保障水平越来越高。

（5）生育率提高。

（6）开征遗产税。

13. 为什么政府购买支出乘数的绝对值大于税收乘数的绝对值？也大于政府转移支付乘数的绝对值？

14. 以下各项目中哪些会使国民收入增加，哪些会使国民收入减少？

（1）人们更愿意花钱了。

（2）人们更愿意存钱了。

（3）企业税收下降。

（4）出口增加。

（5）进口增加。

（6）政府购买支出增加。

15. 如果边际消费倾向为 0.8，当政府同时增加 100 亿元的购买支出或税收时，国民收入分别会发生什么样的变化？

16. 为什么投资对国民收入具有乘数效应？

17. 假设某经济体只有家庭和企业两个部门，消费函数为 $c=200+0.8y$，投资 $i=200$，则其自发消费、边际消费倾向、投资乘数和均衡国民收入各是多少？

第十章　经济周期、失业和通货膨胀

◆ 知识目标

1. 掌握经济周期的概念与特征
2. 掌握失业的概念与类型
3. 掌握流动性偏好的内容
4. 掌握通货膨胀的概念

◆ 能力目标

1. 能够解释经济周期
2. 能够阐释失业的影响和原因
3. 能够解释通货膨胀
4. 能够分析通货膨胀的影响

◆ 素养目标

1. 培养认真细致、统揽全局的品质
2. 理解现代市场经济的宏观视野

【先贤哲言】

汉兴，以为秦钱重难用，更令民铸荚钱。黄金一斤。而不轨逐利之民蓄积余赢以稽市，物痛腾跃，米至石万钱，马至匹百金。

——《汉书·食货志（下）》

人类经济发展史表明，经济增长从来就不是按部就班、风平浪静的。一个国家可以经历许多年的繁荣发展，接下来可能就会经历一些年的经济衰退，甚至遭遇一场经济危机。

1997 年的亚洲金融危机让人胆战心惊，2008 年席卷全球的金融危机更是让人记忆犹新。当经济处于增长阶段的时候，人们会享受高速增长带来的就业上升、收入增长等福利；但当经济处于衰退阶段的时候，人们就会承受失业上升、收入下降等困难。有的经济体还会遇到异乎寻常的物价上涨，如津巴布韦 2009 年曾经发行过 100 万亿津元的纸币，发生了恶性通货膨胀。

第一节　经济周期理论

一、什么是经济周期

经济运行中周期性出现的经济扩张与经济收缩交替更迭、循环往复的现象就是经济周期。单个周期（一次“上升”之后发生一次“下降”）在持续时间和强度上都存在显著的不同。

如图 10–1 所示，经济周期的两个主要阶段是扩张和收缩（“波峰”和“波谷”仅仅是两个转折点）。进一步细分，经济周期可以分为四个阶段：繁荣、衰退、萧条、复苏。繁荣与萧条是两个主要阶段，衰退和复苏是两个过渡性阶段。

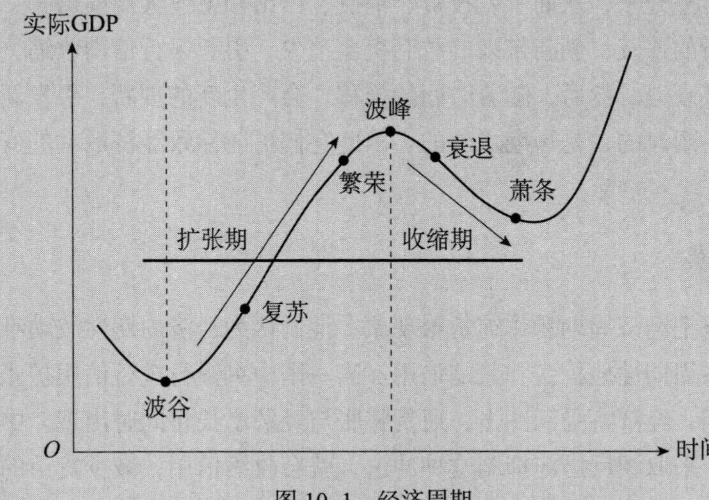

图 10–1　经济周期

从复苏到繁荣属于经济的扩张期，在此期间，生产扩张，就业增长，投资增加，信用扩张，价格水平上升，公众预期乐观，生产资源利用得越来越充分，整个经济一派欣欣向荣的景象。但资源总是有限的，当高速增长难以为继的时候，产量水平到达极限，繁荣到达顶点，经济开始收缩。

从衰退到萧条属于经济的收缩期，在此期间，需求下降，企业库存增加，生产萎缩，甚至一些企业倒闭，国民收入、就业水平下降，价格和利润跌落，投资下降，信用收缩，公众预期悲观，就业和产量跌至谷底。随着时间的推移，经济开始恢复，进入新一轮循环。

知识拓展：康波周期

经济周期的持续时间通常为 2～10 年，经济从一个波峰（收入最高点）到另一个波峰，构成一次完整的经济周期。

二、经济周期的成因

经济学家已经提出许多种解释经济周期的理论，这些理论有一个共同点，即都建立在经济波动是由于受到现实冲击的基础上。

现实中对经济的冲击有些来自需求，有些来自供给。需求冲击是指产品和服务的需求发生了突然的、毫无预料的变化。供给冲击是指产品和服务的供给发生了突然的、毫无预料的变化。当经济体系面对这种突然而至的变化的时候，产出和就业就会受到影响而产生波动。对于经济周期的成因的解释大致有以下几种：

（一）不规律的创新

经济学家约瑟夫·熊彼特（Joseph A.Schumpeter）提出，创新导致经济周期的发生。创新是指生产和经营采用前所未有的方法，包括开发新产品、使用新生产方法、开辟新市场、采用新材料和建立新的企业管理组织。这一切会给创新者带来巨大盈利。相关创新通过经济体系迅速传播开来，从而引发投资、消费、产出和就业大规模增长，促使经济走向繁荣。但随着创新的普及，创新带来的盈利机会消失，引起银行信用收缩，投资下降，产出下降，直至经济衰退。然后，随着时间的推移，会产生新的创新，引发新一轮增长。由于创新的产生是不规律的，是预期之外的，因此它们可能导致经济活动的变异，从而引发经济周期。

（二）货币因素

一些经济学家把经济周期看作纯货币现象。他们认为经济周期性波动唯一的和充分的原因就是银行体系周期性地扩张和紧缩信用。当一国中央银行进行信用扩张时，发行的货币超过人们的预期，经济将受到冲击，通货膨胀与经济增长将同时出现。中央银行发现经济受到冲击以后，采取相反措施抑制这种冲击，就会收缩信用，减少货币的发行，最终带来价格的下降，企业利润下滑，生产萎缩，经济收缩。

（三）投资过度

新技术的发明、新市场的开拓以及低利率等原因使投资有利可图，投资的增加引起经济繁荣，表现为对资本品（即生产资料）需求的增加以及投资品价格的上升，就业增加，收入上升，经济进入扩张期。然而，资本品的生产过度发展引起了消费品生产的减少，形成结构性失衡，资本品过多导致资本品过剩，需求下降，生产萎缩，使经济由繁荣转入萧条。

（四）消费不足

消费不足周期理论的代表人物是英国经济学家托马斯·罗伯特·马尔萨斯（Thomas Robert Malthus）、约翰·阿特金森·霍布森（John Atkinson Hobson）和法国经济学家让-沙尔-列奥纳多·西蒙·德·西斯蒙第（Jean-Charles-Léonard Simonde de Sismondi）等。他们主要解释了经济周期中危机阶段的出现以及生产过剩的原因，并没有形成解释经济周期整个过程的理论。消费不足周期理论认为，经济中出现萧条与危机是因为社会对消费品的需求赶不上消费品的增长。而消费品需求不足又引起对资本品需求不足，进而使整个经济出现生产过剩性危机。消费不足的根源则主要是国民收入分配不公平造成的穷人购买力不足和富人储蓄过度。

第二节 失 业

经济周期会带来两个严重的问题：失业和通货膨胀。经济扩张期会带来通货膨胀，失业减少；经济收缩期会带来通货紧缩，失业增加。因此，在一定时期内，失业和通货膨胀存在此消彼长的关系。

一、什么是失业

没有工作就是失业吗？并非如此。那什么是失业呢？

失业是指在劳动力市场上有工作能力和工作意愿并积极寻找工作，但未能按照现行工资水平找到工作的现象。失业需要满足三个条件：无工作、想找工作、接受现行工资水平。那些没有工作自己也不想找工作或者不接受现行工资的人不属于失业，他们属于“不在劳动力市场”或者“非经济活动人口”。

关于失业者，一般是在排除了丧失工作能力的人以及学生、军人、囚徒等不可雇用者后，符合失业条件的劳动年龄人口。关于劳动年龄人口，各国标准不一。目前，我国工人的法定劳动年龄为16周岁以上，男性60周岁、女性50周岁以下；干部的法定劳动年龄为16周岁以上，男性60周岁、女性55周岁以下；从事一定社会劳动，但劳动报酬低于当地城市居民最低生活保障标准的人员，视同失业者。

失业率是指失业人数占劳动力人数的比例。失业率是重要的经济指标，也被视为经济指标中“皇冠上的明珠”。失业率下降代表经济健康发展，失业率上升代表经济发展放缓或进入衰退。一般用失业率来衡量失业状况，用公式表示为：

$$失业率 = \frac{失业人数}{劳动力人数} \times 100\%$$

知识拓展：劳动参与率

许多国家都把降低失业率作为政府首要的宏观经济目标。首先，失业造成了社会资源的浪费。劳动力是一种重要的社会资源，并且是一种闲置就会丧失的社会资源。机器的闲置并不会显著影响其在今后的使用，而劳动力的闲置意味着这部分社会资源的永久性丧失。其次，失业还会造成劳动力质量上的损失。失业中断了劳动力边做边学的进程，特别是在技术进步较快的领域，失业者很容易成为技术上的落伍者。

二、失业的影响

（一）失业的经济影响

失业产生的基本经济影响是产出的损失。当经济不能为所有具备劳动技能并且愿意工作的人提供足够的工作机会时，产品和服务的潜在产出就成了无法挽回的损失。愿意工作并且有工作能力却没有找到工作的人如果参与工作能够产生的价值，就是失业的损失，这一潜在损失被称为 GDP 缺口。

GDP 缺口 = 潜在 GDP – 实际 GDP

失业率与 GDP 缺口密切相关，失业率越高，GDP 缺口越大。美国经济学家阿瑟·奥肯（Arthur M.Okun）在《繁荣政治经济学》一书中提出：失业率增加 1%，GDP 减少 2%～3%。这一理论被称为奥肯定律。按此方法，可以测算与失业率相关的产出水平的损失。

（二）失业的社会影响

失业会造成贫困和痛苦。即使在发达国家，如果失业者在失业救济期满（半年左右）仍然未找到工作，也会丧失领取失业救济金的资格。在社会保障体系不够完善的国家，失业者只能依靠积蓄来维持生存。一般而言，失业者承受着非常大的心理压力和经济压力，领取失业救济金也不能使他们摆脱这种痛苦。

对失业者及其家庭来说，失业意味着经济拮据以及生活方式的改变，激化家庭矛盾，造成家庭不和；失业还会加大贫富差距，影响消费乃至经济发展，甚至影响社会稳定。美国霍普金斯大学的经济学家经过研究认为，在严重的经济衰退中，由于失业率过高而导致的心脏病、酒精中毒、婴儿死亡、精神错乱、虐待儿童以及自杀，均比正常时期高 15% 以上，吸毒率、离婚率及犯罪率也都随之提高。

三、失业的类型

失业可分为自愿失业和非自愿失业两大类型。自愿失业是指劳动者因不愿意接受现行工资水平而引起的失业。与此对应，非自愿失业是指劳动者愿意接受现行工资水平仍然找不到工作而引起的失业。由此可见，非自愿失业才是真正的失业。

一般而言，非自愿失业可以分为以下几类：

（一）摩擦性失业

在任何时候都有劳动者处于待业状态。他们中的一些人是自愿辞职处于从一份工作转换到另一份工作的过程中，一些人是被解雇后正在寻找另一份工作，还有一些人是因为季节性需求而暂时被解雇。除了那些待业的人外，还有许多年轻人正在寻找自己的第一份工作。

人们在寻找工作或转换工作的过程中面临暂时困难而出现的失业被称为摩擦性失业（Frictional Unemployment），包括搜寻性失业和等待性失业。"摩擦"的意思是劳动力市场的运行不完善，无法使劳动者和工作匹配。

摩擦性失业是不可避免的。在市场经济中，人们经常希望找到更高收入、更能发挥自己才能或更为轻松的工作。在找到新工作机会之前，他们需要一定的搜寻信息、自我充实的时间。劳动市场信息渠道不畅通或组织不完善可能加剧摩擦性失业。

（二）结构性失业

结构性失业（Structural Unemployment）是指经济结构变动引起的劳动力供给与需求不匹配所造成的失业。消费需求和技术水平随着时间而发生的变化会从工作性质和工作地理位置上改变对劳动者的需求结构。

随着经济的发展、产业结构的变化，新的产业逐渐取代旧的产业。从工作性质上来看，对某些技能的需求（如纺纱厂接线头和缝制衣服）有可能下降甚至消失，对其他技能（如软件开发和大数据分析）的需求有可能增加。由于劳动力无法迅速或完全地对工作机会的新结构做出反应，因此导致了失业。那些拥有已经过时或不再被需要的技能或经验的劳动者发现，他们曾经引以为傲的技能或经验已经没有市场了，在适应或掌握雇主所需要的技能之前，他们就处于失业状态。

从地理位置上来看，对劳动力的需求也会随着时间而发生变化。随着产业从一个地区到另一个地区的转移，对劳动力的需求也在发生转移，即当工作机会从一个地区转移到其他地区时，产业迁出地区的劳动力将面临日益严峻的就业形势。

结构性失业通常表现为职位空缺与失业并存。一方面，有许多就业机会等待劳动者来应聘；另一方面，有许多人因为缺乏新工作机会所要求的技能或地理位置不匹配等各种条件的限制而不能抓住这些就业机会。

（三）周期性失业

周期性失业（Cyclical Unemployment）又称为总需求不足失业，是指由于经济中的总需求下降导致的失业。它一般出现在经济周期的收缩期，即衰退和萧条阶段。当对产品和服务的需求下降时，企业前景黯淡，纷纷压缩生产，大量裁减雇员，失业者增加。美国在1929—1933年大萧条时期25%的失业率主要就是周期性失业所致，2011年8.9%的失业率也是美国次贷危机造成的经济衰退中的周期性失业。

在动态经济中，由于摩擦性失业和结构性失业在很大程度上是不可避免的，因此充分就业必定小于100%的劳动力就业水平。经济学家认为，当经济中只存在摩擦性失业和结构性失业时，该经济就实现了“充分就业”。也就是说，在充分就业时，经济中不存在周期性失业。大多数经济学家认为，当失业率小于5%时，经济就是充分就业的。

四、失业的原因

失业的形成主要有四大原因，即工资刚性、总需求不足、寻找工作的信息不完全和劳动者自身的原因。

（一）工资刚性

工资刚性是指工资确定之后不易变动（尤其是不易下降）的特性，即工资的弹性不足。因为工资刚性使工资不能调整到使劳动需求等于劳动供给的水平，所以造成失业。那么工资刚性的原因又是什么呢？

1. 最低工资标准

如果劳动力市场存在失业，在工资自由调整的情况下，工资会下降，从而劳动需求增加，劳动供给减少，失业消失。可是由于最低工资标准的存在，迫使现行工资下降到最低工资水平时不能继续下降，从而使过剩的劳动供给一直存在，愿意工作的人多于工作岗位，有一些人成为失业者。

2. 工会集体谈判

当工会与企业谈判时，工会提出的工资、津贴和工作条件会比没有工会时单个员工对企业提出的高。如果工会和企业没有达成协议，工会就会组织员工罢工。由于罢工减少了生产、销售和利润，因此，面临罢工威胁的企业可能同意支付更高的工资。当工会把工资提高到均衡水平之上时，它就增加了劳动供给，并减少了劳动需求，从而引起了失业。

3. 效率工资

效率工资是指企业为提高员工的生产率而支付的高于均衡水平的工资。如果工资高于均衡水平，就可以吸引高效率员工的加盟，使企业经营效率更高。除此之外，企业也担心降低工资会使高质量的劳动力转移到别的企业。另外，较高的工资会增加员工偷懒的机会成本，一旦被开除，他们将无法在其他企业得到同样高的工资。因此，即使存在超额劳动供给，企业保持高工资也是有利的。

（二）总需求不足

就业水平取决于国民收入水平，国民收入取决于总需求。因此，总需求不足也是失业的原因之一。一般有三个原因导致总需求不足。

1. 边际消费倾向递减

由于边际消费倾向递减规律的存在，因此随着收入的增加，消费虽然也在增加，但在增加的收入中，用于消费的部分越来越少，从而使得消费不足，影响总需求，进而影响国民收入水平和就业。

2. 资本边际效率递减

资本边际效率是指将资本的未来收益折算为现值，并使该现值恰好等于该资本购买价格的贴现率。其计算公式为：

$$C=\frac{R_1}{1+r}+\frac{R_2}{(1+r)^2}+\frac{R_3}{(1+r)^3}+\cdots+\frac{R_n}{(1+r)^n}$$

式中，C 表示资本的购买价格；R_1，R_2，R_3，…，R_n 表示第一，第二，第三，…，第 n 年的预期收益；r 表示贴现率。

资本边际效率可以简单地看作投资收益率。因为资本总是先投资在收益率最高的项目上，再投资收益率稍低的项目上，以此类推。在风险相同的条件下，收益率越高的项目越稀缺，对于资本来说，投资越多，收益率越低，因此，资本边际效率递减。当资本边际效率低于资金成本（也就是利率）的时候，投资是不划算的。因此，资本边际效率递减最终会导致投资下降甚至停止，使投资需求不足，进而影响总需求，使国民收入水平下降，失业增加。

3. 流动性偏好

流动性偏好也称为货币需求，是指由于货币具有使用上的灵活性，因此人们宁肯牺牲利息收入而储存不生息的货币来保持财富的心理倾向。凯恩斯认为，人们需要货币，是由于三种动机：交易动机、预防动机和投机动机。

（1）交易动机。交易动机是指人们为了应付日常交易而对货币产生的需求。货币的交易需求量取决于收入、交易的商品价格以及收入与支出的时间间隔。收入越高，交易量越大，为应付日常支出所需要的货币就越多；交易的商品价格越高，所需要的货币自然也就越多；收入与支出的时间间隔越长，人们越需要准备更多的货币来满足两次收入间隔期间的支出。

（2）预防动机。预防动机也称为谨慎动机，是指为了预防意外支出和收入延迟而对货币产生的需求。企业和个人为了应付意外事故、失业、疾病和其他预料之外的事情，都需要预先准备一部分货币。预防动机的货币需求取决于未来收入与支出的不确定性和收入的高低。收入与支出的不确定性越高的人，预防动机的货币需求越多；收入越高的人，为应付不时之需准备的货币也越多。

（3）投机动机。投机动机是指人们为了抓住有利的获利机会而持有一部分货币的动机。债券等有价证券的价格一般都随利率成反方向变化，即利率上升，有价证券的市场价格下降；利率下降，有价证券的市场价格上升。投机者会利用利率水平和有价证券价格的变化进行投机。

当利率极低时，有价证券价格极高，人们会预期到将来有价证券的价格很大概率会下跌，因此，纷纷卖出有价证券而持有货币，以待将来有价证券价格下跌之后再买入来获利。同时，由于利率极低，持有货币的利息损失基本可以忽略不计，但持有证券的风险极高，因此，这时候人们不再购买有价证券来进行投资，而是有多少货币就持有多少货币。这种情况被称为“凯恩斯陷阱”或“流动性陷阱”。

由于流动性陷阱的存在，当利率极低时，中央银行发行的货币都会被人们持有在手中而不能形成有效货币供给，利率就不可能再下降，而中央银行想要通过增发货币来降低利率、刺激投资和消费以增加总需求的目的就难以实现。

总而言之，边际消费倾向递减使消费不足，资本边际效率递减使投资不足，流动性偏好使投资不足。有效需求不足造成生产萎缩，失业率上升。

（三）寻找工作的信息不完全

个人的爱好与技术不同，工作的性质不同，可得到工作岗位的信息是不完全的；企业关于哪些人在找工作、在找什么工作的信息也是不完全的。信息的这种不完全导致了劳动需求和劳动供给不能及时有效匹配，因而不可避免地存在摩擦性失业。

（四）劳动者自身的原因

随着经济的发展和产业结构的升级，产业链低端在收缩，高端则在增长。高新技术、生物医药、金融保险、电子商务等行业的迅速发展提高了对劳动者的素质、技能与专业水平的要求。如果劳动者对自己的教育培训不能及时适应经济结构和产业升级的变化，就会导致低端劳动力供大于求，产生失业。

五、反失业政策

（一）增加总需求

政府可以从宏观上实施扩张性财政与货币政策以刺激总需求，包括增加政府支出、减税、增加货币供给量和降低利率等措施。

某项财政或货币的具体政策措施对就业会产生一种乘数效应，或者说能直接或间接地引起就业人数的成倍增加。例如：政府投资修筑一条高速公路，直接给筑路工人带来就业机会；筑路需要筑路机械，可能增加与机械相关的行业的就业机会；筑路工人有了收入后，要购买日用消费品（如衣物、食物等），也可能购买耐用消费品（如汽车、住房等），又给这些行业带来了就业机会。

扩张性财政与货币政策的着眼点是刺激总需求，但它只能解决需求不足性失业，对于摩擦性失业、结构性失业等不起作用。

（二）人力政策

人力政策又称劳工政策，是指政府为使劳动者适应工作机会要求而采取的一系列政策措施，主要用于解决结构性失业问题。其具体内容是：

1. 提供职业训练

在技术不断变革的社会环境下，经济结构的变化会使一些部门出现失业，而这些失业者的素质不能适应新的工作岗位的要求。为此，政府可以直接为失业者举办各类培训班，或者资助私人企业、学校或其他组织进行在岗或脱产培训。

2. 提供就业信息

信息的不完全是限制失业者找到工作的重要因素。为此，政府应采取鼓励职业介绍网站、人力资源市场或其他就业服务机构的措施。政府还可以利用经济预测方面的优势，为年轻人提供就业指导。当前存在大量空位的部门在若干年后可能不再有就业机会，而专业技能的获得和人力资源的培养需要较长时间。政府设立的各种研究机构在提供此类信息方面具有特殊的优势，它们往往有更充分的信息，较注重社会效益，而且不必像私人就业服务机构那样只考虑经济成本问题。此类信息具有公共物品的特征，是私人机构难以提供的。

3. 反歧视政策

在现实生活中，劳动力市场存在歧视现象，特别是性别歧视和学历歧视。政府的职责就是颁布各种反歧视法律和规章，以减少和消除歧视带来的失业。

4. 增加劳动力的流动性

当一个矿区资源采掘殆尽，或一个地区经济发展走下坡路时，该地区的劳动者需要到其他地区寻找工作。在某些情况下，政府需要帮助失业者克服在地区流动中出现的具体困难。例如：减少对劳动力流动的各种限制与障碍，完善流动人口就业、居住、养老保险等配套措施。

（三）工资管制

在现实生活中往往存在工资的向下刚性，这限制了企业对劳动的需求，并造成失业。如果工资水平降低，企业就可以用人来替代机器，从而增加就业。例如：修水库可以使用昂贵的挖掘机，也可以使用挑担的民工，如果工资非常低，使用人来代替机器就是更加节约成本的生产方法。

针对这种情况，政府可以在特定时期进行工资管制，限制工资的上涨速度或冻结工资。但是，在现实生活中，发达国家之所以一般较少采用这种工资管制政策，主要是因为这种政策会受到较大的政治压力。

作为工资管制的变异方式，一些发达国家的政府与工会会与企业共同协商工资制定的原则，如工资增长与生产率增长保持一致的原则，或规定工资增长与物价增长的某种指数关系（即指数化工资）。

在许多国家，就业政策还可以通过地区政策或产业政策来实现。政府向经济发展落后的地区投资，可以增加该地区就业，如我国的西部大开发政策。

第三节 通货膨胀

失业可以比较明显地被观察到，通过每月失业率的变化就可以明显看出其情况如何。通货膨胀带来的问题可能比失业更加难以察觉。

微课：通货膨胀

一、什么是通货膨胀

通货膨胀（Inflation）是指经济体中价格水平的持续性普遍上涨。发生通货膨胀时，商品和服务变得更贵了，每一元人民币的收入相对于以前来说，只能买到更少的商品和服务。也就是说，通货膨胀削弱了货币的“购买力”。价格普遍上涨是指绝大多数商品和服务价格都上涨，并不代表所有的商品和服务价格都上涨。即使是在急剧通货膨胀时期，有些商品和服务的价格也可能是相对稳定的，而有些价格可能不断下降。例如：虽然美国在 20 世纪 70 年代和 20 世纪 80 年代早期都经历了很高的通货膨胀率，但在这一期间，录像机、电子表及电子计算机的价格却下降了。我国也有相关案例，自 20 世纪 90 年代后期以来，尽管平均物价水平不断上涨，但计算机、手机、电视机和汽车等产品的绝对价格仍在不断下降。如果再把货币的“购买力”因素计算上，价格下降就更多了。这都是技术进步提高了劳动生产率带来的。

二、通货膨胀的衡量

通货膨胀的程度通常用通货膨胀率来表示，通货膨胀率指的是从一个时期到另一个时期价格水平变动的百分比。通货膨胀率不是价格指数，不是价格的上升率，而是价格指数的上升率。它的计算公式为：

$$通货膨胀率 =（现期价格水平 - 基期价格水平）/ 基期价格水平$$

价格水平指的是价格总水平而非个别价格水平，价格总水平是按一定方法选取具有代表性的各种商品和服务进行统计和计算得出的，通常以消费者价格指数、生产者价格指数和 GDP 折算指数来表示，其中，最常用的是消费者价格指数。

消费者价格指数（Consumer Price Index，CPI），也称居民消费价格指数，是反映居民家庭购买的商品和服务价格水平变动情况的宏观经济指标，即选取一组相对固定的典型的商品和服务，比较它们按当期价格购买的花费与按基期价格购买的花费。它的计算公式为：

$$CPI=\frac{一组固定商品和服务按当期价格计算的价值}{一组固定商品和服务按基期价格计算的价值}\times 100\%$$

某一特定年份的通货膨胀率就等于该年物价指数与上一年物价指数之差和上一年物价指数的百分比。例如：假定一个经济体的消费者价格指数从 2021 年的 120 增加到 2022 年的 126，则 2022 年的通货膨胀率为：（126−120）÷ 120 × 100% = 5%。

根据其严重程度，通货膨胀可以分为温和的通货膨胀、急剧的通货膨胀和恶性通货膨胀。通货膨胀率在 10% 以内，即年物价上涨比例不超过 10%，称为温和的通货膨胀，也被认为是经济发展的“润滑油”，这是因为温和的物价上涨会增加企业利润，刺激企业扩大生产，增加雇用，促进经济增长；通货膨胀率在 10%～100%，称为急剧的通货膨胀，这时候由于价格上涨率高，公众预期价格还会继续上涨，会采取行动保卫自己，以免受通货膨胀之害，从而使得物价上涨加剧；通货膨胀率超过 100%，称为恶性通货膨胀，这时物价失控，货币购买力猛降，人们对货币完全失去信任，都想尽快脱手货币，正常经济联系被破坏，最终导致货币体系和价格体系完全崩溃，严重影响经济增长。

知识拓展：生产者价格指数

三、通货膨胀的类型

根据通货膨胀发生的原因，可以把通货膨胀分成需求拉动型通货膨胀、成本推动型通货膨胀和结构性通货膨胀三种类型。

（一）需求拉动型通货膨胀

需求拉动型通货膨胀是指总需求超过总供给所引起的一般价格水平的持续显著的上涨。一般而言，价格水平的上涨是过度的总支出（总需求）超过了经济体的生产能力（总供给）造成的。当发生了急剧且持续的通货膨胀时，其原因不外乎中央银行发行的货币过多，导致总支出不断增加。当然生产也在增长，但当所有的资源都已经参与生产过程，经济体中不存在闲置生产资源的时候，企业部门就无法通过扩张来满足过剩的需求。过剩的需求抬高了那些产出有限的商品的价格，从而引起了需求拉动型通货膨胀。这种通货膨胀的本质是“过多的货币追逐较少的商品”。

应用分析

通货膨胀导致第二次世界大战？

德国是第一次世界大战的战败国，那为什么在短短 20 年左右的时间里，德国又要发动第二次世界大战呢？直接原因是第一次世界大战战败后的巨额赔款而导致的严重的通货膨胀。

第一次世界大战结束后，作为战败国的德国与英、法、美等战胜国签订了《凡尔赛条约》，条约规定德国共需赔偿 2 260 亿马克（以黄金支付），后减至 1 320 亿马克。巨额战争赔款的支付引起德国巨额财政赤字，德国政府最终通过大量发行货币掠夺民间财富来为赔款筹资，导致德国在1919年到1923年发生了严重的通货膨胀。

从1922年1月到1923年12月，德国的货币发行量和物价都以惊人的比率上升。例如：每份报纸的价格从1921年1月的0.3马克上升到1922年5月的1马克、1922年10月的8马克、1923年2月的100马克，直到1923年9月的1 000马克。在1923年秋季，一份报纸的价格在10月1日为2 000马克，在10月15日为12万马克，在10月29日为100万马克，在11月9日为500万马克，在11月17日已高达7 000万马克。

在危机最严重的时候，德国通货膨胀率每月上升2 500%。由于德国自身本来在战争中损失就很大，再加上巨额赔偿款导致的恶性通货膨胀，让德国经济更是雪上加霜，一时之间导致德国国内有700多万人失业，数百万德国人的生活被毁掉。历史学家指出，《凡尔赛条约》显然在道德上伤害了德国人，巨额债务给德国经济发展带来了困难，引起德国人民的不满和绝望，导致很多德国人支持希特勒上台。

1929年爆发的全球经济危机终于成了压垮德国的最后一根稻草。于是，这就给以希特勒为首的纳粹创造了登上历史舞台的机遇。希特勒上台后，为了笼络德国国内的人心，提高民众福利，施行了一系列的减税优惠政策，但是，国库收支严重不平衡的危机更加严重了。到1939年时，德国国家财政收入是175亿马克左右，总债务却达到了惊人的370亿马克左右。为了弥补亏空，获取更大的利益，在纳粹好战分子的疯狂鼓动下，德国开始了对其他国家的侵略和掠夺，这样不仅转移了国内经济糟糕的压力，也通过战争获取了更多的“不义之财”。于是，第二次世界大战爆发了。

问题：为什么战争赔款都是以黄金、白银或者战略物资支付而不是以纸币支付？

（二）成本推动型通货膨胀

成本推动型通货膨胀是指价格水平上涨是生产成本的提高导致的。它从某一特定产出水平上导致成本提高的各因素出发，来解释物价的上涨。成本的提高将减少企业的利润，并减少经济体对商品和服务的供给，从而使供小于求，导致物价上涨。虽然都是需求大于供给，但需求拉动型通货膨胀是需求在拉动价格上涨，而成本推动型通货膨胀主要来源于供给端的冲击，特别是原材料、能源和人力成本的上升等因素。例如：由于劳动力市场的不完全竞争导致的工资提高引起生产成本上升，企业削减生产导致供不应求，商品价格上涨，价格上涨使工人实际收入水平下降，工人又要求增加工资，引起了工资进一步提高。这样，工资提高和价格上涨形成了螺旋式的上升运动，推动了通货膨胀。

（三）结构性通货膨胀

在没有需求拉动和成本推动的情况下，只是由于经济结构的变动，也会导致一般价格水平的持续上涨，这就是结构性通货膨胀。通常用工资结构变动来解释结构性通货膨胀。

工会的集体谈判或习俗会导致工资刚性。当各个行业、各种工资结构成为刚性时，只要有一部分行业由于劳动生产率的提高而使工资提高，其他劳动生产率没有提高的行业的工资由于向这些行业的工资看齐，也会有相应提高，因此导致全社会劳动生产率提高的程度小于工资提高的程度，导致平均生产成本的上升，从而使物价总水平上涨，导致了结构性通货膨胀。

知识拓展：通货膨胀是一种货币现象

四、通货膨胀的经济影响

通货膨胀一旦发生，就会给社会经济生活各个方面带来不同的影响。从理论角度来看，通货膨胀带来了两种成本：未预期到的通货膨胀成本和预期到的通货膨胀成本。从实际来看，通货膨胀会对产量和就业造成影响。

（一）未预期到的通货膨胀成本

未预期到的通货膨胀成本主要有以下几种：

1. 不确定性的增加

对经济主体来说，当通货膨胀未被正确预期时，可能导致不正确的投资和储蓄决策，因此而付出高昂的代价。例如：假设预期明年通货膨胀率为 8%，而实际通货膨胀率为 5%，考虑以下两笔金融交易：

（1）购买定期存单。如果定期存单利率为 12%（10% 是对通货膨胀的补偿，2% 为实际利率），但由于实际通货膨胀率为 5%，因此实际收益是 7%（=12%–5%），会有意外收获。这会让人后悔没有购买更多的定期存单。

（2）获得一笔汽车贷款。假设汽车贷款利率为 12%，由于实际通货膨胀率是 5%，因此实际成本为 7%（=12%–5%），而非预期的 4%（=12%–8%），产生了意外损失，这会让人后悔贷款过多，付出了过高的成本。

如果实际通货膨胀率高于预期的通货膨胀率，那么上面的情况会反过来，即会后悔定期存单买得太多，汽车贷款做得太少。

未预期到的通货膨胀也会影响工作多长时间与企业雇用多少劳动力的决策。如果老板预期明年通货膨胀率为 8%，给员工涨工资 8%，而实际通货膨胀率为 5%，则会有 3% 的未预期到的工资增加，员工会愿意增加工作时间；而老板会希望减少员工的工作时间，甚至希望减少雇用。

未预期到的通货膨胀还会导致许多决策产生额外的成本，包括储蓄、投资以及就业的劳动量等决策，使经济效率降低。同时，因为大多数人不喜欢不确定性，所以未预期到的通货膨胀往往会降低经济福利。

2. 不合意的再分配效应

通货膨胀一旦发生，将会对实际收入进行再分配。这种再分配会使一部分人受益，使另一部分人受损。通货膨胀带来的再分配效应是名义收入和货币收入的不同导致的。名义收入是指以工资、租金、利息或利润的形式获得的货币数量。实际收入是指用名义收入能够实际购买到的产品和服务的数量。两者的关系为：

实际收入 = 名义收入 / 价格指数

如果名义收入和价格指数同比例增加，实际收入将保持不变。但当通货膨胀发生时，并不是每个人的名义收入都与价格水平同比例增加，因而就有实际收入从某些人重新分配到其他人的可能性。如果名义收入和物价水平的变化比例不同，那么实际收入就会受到影响。

例如：假设物价水平在半年内上涨了 5%，如果李某的名义收入增加了 5%，则他的实际收入将保持不变；如果李某的名义收入增加了 8%，则他的实际收入会上涨；但如果李某的名义收入增加了 3%，则他的实际收入就会下降。

通货膨胀对人们的影响取决于它能否被正确预期，如果人们能够正确预期到通货膨胀，就会采取行动使自己免受或降低通货膨胀的影响。下面的讨论是以通货膨胀没有被预期到为前提的。

（1）谁在通货膨胀中受损？

不可预期的通货膨胀会损害固定收入者、储蓄者和债权人的利益，会把这些人的实际收入的一部分转移给其他人。

1）固定收入者。通货膨胀使固定收入者实际收入下降，影响他们的生活水平。一般而言，领取退休金的老人、靠低保金及困难补助等社会救济和福利为生的人的名义收入是固定的，或者调整很少，被认为是通货膨胀的最大受损者。工人和各种行政人员的工资收入也是相对固定的，尽管在通货膨胀严重时期可按物价上涨率进行调整，但调整的幅度总是小于物价上涨的幅度，而且因为工资调整滞后于通货膨胀，所以这部分人也是通货膨胀的受损者。收取固定租金的房东也是受损者。

2）储蓄者。当物价上涨时，一笔存款的实际价值或购买力会下降，从而对储蓄者造成损失。人们发现，在通货膨胀期间，那些曾经可以用来应对突发状况或者能提供一个舒适的退休生活的纸面资产，如储蓄存款、保险单和养老金等的实际价值都会下降。有闲置现金的人损失最大。

3）债权人。由于债务一般都是以名义货币来计量的，不可预期的通货膨胀会对债权人造成损失。假设中国银行借给李某 10 000 元，1 年后偿还。如果在到期偿还时价格水平涨了一倍，那么李某偿还的 10 000 元的购买力只有 1 年前借入的 10 000 元购买力的一半。一般而言，如果将利息忽略不计，偿还的货币数量与借入的应该相等。但由于发生了通货膨胀，每一单位的货币的购买力都只等于原来的一半，即当物价上涨时，货币的购买力就会下降，借出资金的人（即债权人）的利益将受损。由于现代国家一般都通过发行债券来筹集财政资金，债券的购买者（即民众）是债权人，因此发生通货膨胀时，他们的利益会受损。

（2）谁在通货膨胀中受益？

未被预期到的通货膨胀会使弹性收入者、债务人和政府受益。对于他们来说，通货膨胀将实际收入从别人手中重新分配到了他们手中。

1）弹性收入者。收入具有弹性的人可能避过通货膨胀的危害，甚至从中受益。例如：某些受到工会保护的工人的工资在通货膨胀时可能得到调整，从而抵消通货膨胀的影响。由于房地产具有保值功能，在发生通货膨胀时其价格会上涨更多，房产所有者可以通过使房租上涨幅度超过通货膨胀率而从中受益。同样，一些商人也会从通货膨胀中受益，如果他们的产品价格上涨的速度快于中间产品或原材料价格上涨的速度，其收入上涨就会超过成本的上涨，从而使利润的增长率超过通货膨胀率。

2）债务人。没有被预期到的通货膨胀使债务人受益。我们前面所说的债权人的损失就是债务人的收益，通货膨胀增加了债务人的实际收入。在发生通货膨胀的情况下，借款人（即债务人）归还的资金的实际价值小于其借入的款项的实际价值，债务人从通货膨胀中受益。由于债券的发行者（即政府）是债务人，因此政府从通货膨胀中受益。

3）政府。通货膨胀使政府受益。这是因为人们的货币收入是与价格水平一同增长的，个人所得税是累进税制，税收随着人们收入的增长而更快增长。随着货币收入的增长，达到纳税起征点的人数增加，也有更多人进入更高的税率等级，从而使纳税额占个人收入的比例上升，实际可支配收入减少。这种由通货膨胀引起的隐蔽性的增税，被称为通货膨胀税（Inflation Tax）。因此，通货膨胀虽然使一部分人名义上成为高收入者，但收入的更大比重以税收的形式转移到政府手中。一些经济学家认为，这实际上是政府对公众的掠夺。通货膨胀税的存在，既不利于储蓄的增加，也影响了私人投资的积极性。

3. 相对价格的变动

如果通货膨胀被准确预期到，企业清楚了解面临的状况，就可以通过一系列措施尽量使通货膨胀产生的成本压力最小化。但如果通货膨胀没有被准确预期到，企业可能难以知道真实情况，从而导致决策失误。

例如：企业预期通货膨胀率是 10%，并根据自己的预期决定对产品提价 10%。但实际上通货膨胀率是 15%，这时候企业的产品就会变得比以前便宜 5%，对其产品的需求就会比较强劲，基于强劲的需求企业可能增加生产。但实际上，长期需求并没有上升，短期需求上升是因为相对价格暂时下降 5% 导致的。长期来看，需求将下降到原来水平，但企业已经增产，从而导致生产过剩，如果企业能够准确预期到通货膨胀，这种决策失误本来是可以避免的。反之，如果企业预期通货膨胀率是 10%，并根据自己的预期决定对产品提价 10%，但实际上通货膨胀率只有 5%，这时候企业的产品就会变得比以前贵 5%，对其产品的需求会下降，这可能导致企业削减生产。但这种需求的下降也只是暂时的，长期来看需求会回升，不过，企业已经做出了减产决策，最终仍承受了损失。

（二）预期到的通货膨胀成本

如果人们预期到通货膨胀，就会采取措施来减轻通货膨胀对自己的收入和生活造成的不良影响。但采取措施也会增加经济运行的成本。

1. 菜单成本

菜单成本（Menu Cost）是指餐馆调整菜品价格重新印刷菜单的成本，泛指企业变动价格的成本。因为调整价格是有成本的，所以绝大多数企业的价格并不是每天变化的，而是维持价格在一段时间内保持不变。企业调整价格的成本（即菜单成本）包括决定新价格的成本、印刷新清单和目录的成本、把新价格表和目录送给中间商和顾客的成本、为新价格做广告的成本，甚至还包括处理顾客对价格变动抱怨的成本。当发生通货膨胀时，企业一般不愿意马上改变价格，因为这样它就要承受利润减少的损失；但时间一长，企业仍会涨价，这时它就要承担涨价后客户减少、制作价目表和进行新的宣传等的代价。因此，经济中的通货膨胀哪怕是被完全预期到了，也会额外增加企业的成本。

2. 鞋底成本

鞋底成本（Shoe Leather Cost）是指当发生通货膨胀时，消费者或企业为了降低损失而减少对现金的持有所付出的成本。

当发生通货膨胀时，资金贬值，假设没有获得更高的资金回报的途径，人们会更倾向于把钱存入银行，以便获取利息收入来抵消通货膨胀对货币购买力的削弱。为了尽可能把钱放入银行、减少手上持有的货币，人们应对的办法是每次尽量少取钱，虽然这样会增加取钱的次数，但可以使存在银行的钱尽可能多。例如：在通货膨胀时期，王某每月生活费为 2 000 元，相较于月初一次性取 1 000 元，王某更愿意分多次取钱，如每 3 天取一次，每次取 200 元。这样频繁地光顾银行，必然使鞋底磨损得较快，所以这种成本被称为鞋底成本。由于通货膨胀，因此人们必须耗费相当多的时间和精力去购买物品或兑换成稳定的货币，以便保持货币更多的实际价值，这些时间和精力都属于通货膨胀导致的额外成本。

对于企业来说，这种额外成本的影响更大：拥有的资金必须及时用于购买原材料，或者通过其他途径消耗掉，否则这些钱就被通货膨胀“侵蚀”了。但这样一来，企业也就没多少心思发展生产了。众多企业的生产受到影响，在宏观层面就体现为国家的 GDP 下降。所以说，鞋底成本实际上是一种机会成本，由于它的存在，生产受到了影响，严重时甚至发生停滞。

3. 税收扭曲

在现实中，一个经济体的税率不会对预期到的通货膨胀做出充分调整，从而对当事人产生额外成本。例如：迈克 2020 年以 50 美元 / 股的价格买进某公司的股票，并在 2023 年以 150 美元 / 股的价格卖出。按照美国税法，迈克每股得到 100 美元的资本收益。假设从 2020 年到 2023 年，价格水平上涨了一倍，即 2020 年的 50 美元相当于 2023 年的 100 美元，则其真实收益为仅为 50 美元 / 股。但税法不考虑通货膨胀，而是对迈克按照每股 100 美元的资本收益进行征税。因此，通货膨胀扩大了资本收益的规模，无形中增加了这种收入的税收负担。

购买资产也会遇到类似问题。如果以 50 万元购买房产，以 100 万元卖出，则按税法规定，会按 50 万元的所得征收个人所得税，并不考虑物价上涨的影响。

4. 资源配置不当

在通常情况下，市场经济依靠相对价格配置经济资源。消费者会在比较质量与价格后决定买什么、买多少；生产者同样据此决定卖什么、卖多少。通过这些决策，市场决定稀缺的经济资源如何在个人与企业中进行配置。

但当发生通货膨胀的时候，由于不同的企业对通货膨胀的承受能力不同，企业并不是同时改变价格，因此通货膨胀会引起相对价格更剧烈的变动，从而使相对价格扭曲，传递出不正确的市场信号，使消费者与生产者决策失误。

（三）通货膨胀对产量和就业的影响

通货膨胀对产量和就业的影响取决于通货膨胀的类型及其严重程度。

第一种情况，随着通货膨胀的出现，产出增加，收入增加。对于需求拉动型通货膨胀来说，如果经济体系中存在闲置资源，在通货膨胀未被预期且比较温和的情况下，物价上涨扩大了企业的利润空间，从而会促进投资，使产出增加，失业下降。

第二种情况，如果通货膨胀是成本推动型，随着生产成本的上升，企业利润减少。同时，物价上涨时，产品和服务的需求会下降，企业会减少产出，从而导致失业增加。因此，成本推动通货膨胀会减少实际产出，使失业增加。

第三种情况，在一个经济体发生恶性通货膨胀的时候，物价飞涨，人们产生恐慌，对信用货币失去信心，货币的交易和储藏等作用丧失，等价交换难以实行，投机盛行，最终将导致经济崩溃。

总而言之，从短期看，有效需求不足且存在闲置生产能力时，通货膨胀能够刺激经济增长；从长期看，通货膨胀会增加生产性投资风险，提高经营成本，使生产投资下降，不利于经济增长。

应用分析

阿根廷通货膨胀严重

2023 年 4 月 14 日，阿根廷国家统计和人口普查研究所发布报告称，阿根廷 3 月通胀率为 7.7%，过去 12 个月累计通胀率达 104.3%，2023 年以来累计通胀率为 21.7%。超 100% 的通胀数据使得阿根廷成为全球通胀最高的国家之一，仅次于津巴布韦、黎巴嫩、委内瑞拉和叙利亚。根据这份报告，截至 2023 年 3 月，在各类商品和服务中，阿根廷餐厅酒店消费、服装鞋履和烟酒等同比价格变化最大，涨幅均超过 100%；通信、教育和交通运输等方面价格波动相对较小。

阿根廷央行决定 4 月 20 日加息 300 个基点，将基准利率由 78% 上调至 81%，这是该央行今年第二次加息。出于抑制通胀等考虑，自 2022 年 1 月启动加息周期以来，阿根廷已加息 4 300 个基点。此前，自 2020 年 11 月 17 日至 2022 年 1 月 6 日，阿根廷央行一直将基准利率维持在 38% 的水平。阿根廷央行在一份声明中表示，将“继续监测物价总水平、外汇市场动态和货币总量的演变，以调整其利率政策”。

阿根廷通胀持续高企主要受财政、货币政策以及经济结构等多重因素叠加影响。

较长一段时间内，阿根廷政府采取偏宽松的财政和货币政策，财政赤字水平较高，这是该国通胀持续高企的主要原因。

近期，干旱冲击了大豆等农作物收成和出口创汇能力，这也是阿根廷自1929年有官方记录以来最严重的干旱。同时，美联储持续加息环境下，该国面临资本外流和债务负担加剧，美元外逃叠加美元收入减少，美元短缺，而投资者和国内民众对阿根廷金融和经济环境信心也不足，加速了阿根廷比索贬值，通胀形势严峻。

包括阿根廷在内的拉美通胀问题通常被看作结构性通胀，根本原因在于生产供应不足。阿根廷经济发展主要依靠大豆、牛肉等大宗商品出口，而生活日用品主要依赖进口，自身生产供应能力不足。增加出口收入的同时本国市场供应减少，难以在增加出口收入和平抑国内市场通胀之间取得平衡。

问题：阿根廷通货膨胀高企给阿根廷人民的生活造成什么影响?

五、治理通货膨胀的政策

严重的通货膨胀对社会稳定和经济发展是有害的。综观市场经济国家治理通货膨胀的实践，可以总结出以下几种政策：

（一）紧缩性需求管理政策

这是一种用衰退来降低通货膨胀率，通过抑制总需求来抑制需求拉动型通货膨胀的政策，即当通货膨胀严重时，采用紧缩的财政政策和货币政策，抑制总需求的增长，人为地制造一次衰退来降低通货膨胀率。可以采取的措施包括减少政府支出、增税、减少货币供给量和提高利率等。

从实施步骤来看，紧缩性需求管理政策可以分为冷火鸡政策和渐进紧缩政策两类。冷火鸡政策是指政府实施剧烈的紧缩性需求管理政策，以衰退为代价来抑制通货膨胀。这种做法的代价很大，当人们的高通货膨胀预期未被政府扭转时，失业的增加和通货膨胀率的下降将是不对称的。渐进紧缩政策则是小步骤降低通货膨胀率，让人们在一段时间内承担通货膨胀持续的后果。这种做法有助于人们改变通货膨胀预期，而且为此付出的失业代价也较小。

（二）收入政策

收入政策是政府通过影响人们收入的政策措施来消除成本推进型通货膨胀的办法，即通过对价格、工资和租金的控制，消除物价和成本的相互推动，达到制止通货膨胀的目的。收入政策的重点是控制货币工资的增长，一般具有三种形式：

（1）工资－物价冻结，也就是政府用法律手段禁止工资与物价上涨。它通常在战争、自然灾害和通货膨胀严重的时期采用。例如：尼克松 1971 年上台后，针对当时美国两位数的通货膨胀率，曾宣布工资与物价冻结三个月。这种措施能够有效而迅速地制止通货膨胀，但不能够长期使用。因为采用这种措施，价格就起不到调节经济的作用，易造成资源配置失当，降低经济活动的效率；而且，工资和物价冻结一旦结束，物价会报复性上升，引起严重通货膨胀，所以它只能是一项应急措施。

（2）规定工资－物价指导线，并使用税收或劝说等手段促使工会与企业遵守。国家根据劳动生产率的增长，规定货币工资增长幅度，并相应制定价格上涨幅度。例如：1962 年，美国劳动生产率年平均增长率为 3.4%，肯尼迪政府规定货币工资增长率不得超过 3.4%；英国政府在 1964 年规定的工资－物价指导线把工资增长率确定为 3%～3.5%。这种做法对缓解成本推动型通货膨胀能够起到一定作用，被西方国家广泛运用。

（3）税收刺激计划，也就是把税收作为刺激手段来促使工会和企业保持低工资与低物价上涨率，以便制止通货膨胀。具体做法是，政府规定货币工资增长率的基本指导线，并对那些遵守政府指导线的企业减免税收以作为奖励；同时，对得到高工资的工人征收个人所得税，对得到低工资的工人减免个人所得税。这种做法鼓励企业和工会保持低的工资上涨率，但也会造成经济活动效率的损失。因为劳动生产率提高和具有优良素质的工人应该得到高工资，而且企业唯有以高工资才能吸引优质的工人，所以不加区别地执行税收刺激计划将阻碍劳动生产率的提高和企业产量的增加。

（三）指数化政策

指数化政策其实不是一种治理通货膨胀的对策，它对降低物价水平不起作用，而仅仅是想逃脱通货膨胀带来的价格扭曲和金融混乱。具体而言，利率指数化是指债务契约中的利率按通货膨胀率调整以保证实际利率不变；工资指数化是指货币工资按通货膨胀率调整以保证工人实际收入不变；税收指数化是指纳税起征点和纳税等级按通货膨胀率调整。一些国家实施指数化政策，试图将经济与通货膨胀隔离开来，但效果不太理想。

（四）增强中央银行的独立性

通货膨胀实质上是一种货币现象，是货币发行过多的结果，因此，治理通货膨胀就要控制货币发行。西方各国纷纷将中央银行从政府部门中独立出来，使中央银行接受国会领导，以保证中央银行制定货币政策的独立性。西方学者认为，政府的目标是短期的经济增长，一届政府可能以通货膨胀为代价换取经济增长，以显示其政绩；但具有独立性的中央银行可以对政府行为进行货币和利率控制，促使政府兼顾稳定和社会的长远利益。例如：美国、法国、意大利等国家均先后将中央银行从政府的财政部或国库部中独立出来。

本章小结

1. 经济周期是指经济活动水平的循环增长和下降。它经历了扩张期和收缩期，包括繁荣、衰退、萧条和复苏四个阶段。

2. 经济周期的发生，可能是不规律的创新、货币因素、投资过度或消费不足引起的。

3. 失业是指在劳动力市场上有工作能力和工作意愿并积极寻找工作，但未能按照现行工资水平找到工作的现象。

4. 失业率增加 1%，GDP 减少 2%～3%。这一理论被称为奥肯定律。

5. 失业可分为自愿失业和非自愿失业两大类型。自愿失业是指劳动者不愿意接受现行工资水平而引起的失业。非自愿失业是指劳动者愿意接受现行工资水平仍然找不到工作而引起的失业。非自愿失业按其原因可以分为摩擦性失业、结构性失业和周期性失业。

6. 失业的形成主要有四大原因：工资刚性、总需求不足、寻找工作的信息不完全和劳动者自身的原因。其中，工资刚性是最低工资标准、工会集体谈判以及效率工资导致的。总需求不足是边际消费倾向递减、资本边际效率递减和流动性偏好导致的。

7. 通货膨胀是指经济体中价格水平的持续性普遍上涨。通货膨胀率通常用消费者价格指数、生产者价格指数和 GDP 折算指数来表示。

8. 根据通货膨胀发生的原因，可以把通货膨胀分成需求拉动型通货膨胀、成本推动型通货膨胀和结构性通货膨胀三种类型。需求拉动型通货膨胀是指总需求超过总供给所引起的一般价格水平的持续显著的上涨。成本推动型通货膨胀是指价格水平上涨是生产成本的提高导致的。结构性通货膨胀是指经济结构的变动导致的一般价格水平的持续上涨。

9. 通货膨胀给经济体带来了两种成本：未预期到的成本和预期到的成本。未预期到的通货膨胀成本包括不确定性的增加、不合意的再分配效应以及相对价格变动导致的决策失误的成本。预期到的通货膨胀成本包括菜单成本、鞋底成本、税收扭曲和资源配置不当。

10. 治理通货膨胀的政策包括紧缩性需求管理政策、收入政策、指数化政策和增强中央银行的独立性。

能力训练

一、单项选择题

1. 如果你 50 万元购买房产，100 万元卖出，按 50 万元的个人所得征收个人所得税，并不考虑物价上涨的影响。这样来看，通货膨胀会导致你的税收负担（　　）。

A. 减轻　　B. 加重　　C. 不变　　D. 不确定

2. 发生通货膨胀而且又未被预期到的时候，（　　）会受益。

A. 固定收入者　　B. 储蓄者　　C. 债权人　　D. 债务人

3. 流动性偏好（也被称为货币需求）是指由于货币具有使用上的灵活性，人们宁肯以牺牲利息收入而储存不生息的货币来保持财富的心理倾向。以下（　　）不属于货币需求动机。

A. 交易动机　　B. 谨慎动机　　C. 投机动机　　D. 贪婪动机

4. 就业水平取决于国民收入水平，国民收入取决于总需求。因此，失业的原因在于总需求不足，以下（　　）不属于总需求不足的原因。

A. 边际消费倾向递减　　B. 资本边际效率递减

C. 流动性偏好　　D. 信息不完全

5. 经济运行中周期性出现的经济扩张与经济收缩交替更迭、循环往复的一种现象就是经济周期。经济周期可以分为（　　）四个阶段。

A. 扩张、繁荣、衰退、萧条　　B. 繁荣、衰退、萧条、复苏

C. 繁荣、衰退、收缩、复苏　　D. 扩张、衰退、萧条、复苏

二、思考分析题

1. 经济周期可以分为哪几个主要阶段？在这些阶段，实际 GDP、失业率和通货膨胀率会发生什么变化？

2. 充分就业是指所有劳动者都有工作吗？为什么失业是不可避免的？

3. 什么是劳动参与率？为什么我国的劳动参与率居全世界第一？

4. 失业有哪几种类型？有些人认为失业是一件不好的事情，那么这几种类型的失业都是令人不愉快的吗？请解释。

5. 消费者价格指数和生产者价格指数分别指什么？当发生通货膨胀的时候，二者哪一个会更早地表现出价格水平的变化？为什么？

6. 请简要解释需求拉动型通货膨胀和成本推动型通货膨胀的区别。

7. 当发生通货膨胀时，请说明下列哪些人将受损，哪些人将受益。

（1）政府。

（2）老百姓。

（3）有银行贷款的人。

（4）借给别人钱的人。

（5）拥有房产的人。

（6）生产的产品价格上涨超过通货膨胀率的企业主。

（7）领取固定金额养老金的退休老人。

8. 如果某年你的名义收入上涨了 5%，物价上涨了 3%，那么你的实际收入最多上涨多少？如果某年你的名义收入上涨了 8%，实际收入只上涨了 4%，那么通货膨胀率最多为多少？

第十一章　宏观经济政策

◆ 知识目标

1. 掌握宏观经济政策目标
2. 掌握财政政策的含义
3. 掌握转移支付的概念
4. 掌握货币政策的含义
5. 掌握法定准备率的含义
6. 掌握公开市场的含义

◆ 能力目标

1. 能够阐释财政支出与财政收入
2. 能够分析财政政策工具的使用
3. 能够阐释我国的税收类型
4. 能够解释货币创造机制
5. 能够分析货币政策工具的使用

◆ 素养目标

1. 形成理解事物的宏观视野
2. 树立中国特色社会主义市场经济理念

【先贤哲言】

人君知其然，故视国之羡不足而御其财物。谷贱则以币予食，布帛贱则以币予衣。视物之轻重而御之以准，故贵贱可调而君得其利。

——《管子·国蓄》

经济的发展从来都不是一帆风顺的，有时候会增长得快一点，有时候会增长得慢一点，甚至有时候会发生衰退。总需求的过度增长会引起需求拉动型通货膨胀，总需求的大幅下降则会引发衰退和周期性失业。因此，需要政府出面对经济进行调控，由此形成了宏观经济政策。宏观经济政策是指政府为了增进整体经济福利、改善经济运行情况，以达到一定的政策目标而对宏观经济的运行进行的有计划的调节和控制。

第一节 宏观经济政策目标

政府进行宏观调控，其追求的目标包括充分就业、物价稳定、经济持续增长和国际收支平衡。

一、充分就业

充分就业有两层含义：一是指在现有工作条件和工资水平下，所有愿意工作的人都能找到工作的一种经济状态；二是指包括劳动在内的各种生产资源，都按其愿意接受的价格，全部参与生产的一种经济状态，即所有资源都得到充分利用。在所有资源都充分发挥作用的前提下，经济体就能生产出在现有条件下的最大产出，从而最大限度地满足人们的生活需要。经济发展是为了人们生活得更美好，如果连就业都没有，何谈生活美好？因此，充分就业是宏观调控的首要目标，也是最重要的目标。

二、物价稳定

物价稳定是指物价总水平的稳定。通常用价格指数来衡量一般价格水平的变化。物价稳定并不是指没有通货膨胀，因为随着社会生产力的发展，物价上涨不仅不可避免，而且很有必要。物价稳定时，通货膨胀率在1%～3%，并且每年的通货膨胀率差别都不大，在相当长时期内维持在大致相等的水平上。

三、经济持续增长

经济持续增长是指在一个特定时期内经济社会所生产的实际产量和人均产量的持续增长，通常用一定时期内（如一年）实际GDP平均增长率来衡量。经济增长会增加社会福利，但并不是增长率越高越好。这是因为，一方面，经济增长要受到各种资源条件的限制，不可能无限地增长，尤其是对于经济已相当发达的经济体来说更是如此；另一方面，经济增长也要付出代价，如造成环境污染、引起各种社会问题等。如果经济增长过快，对各种资源需求的过快增长就会导致通货膨胀。因此，经济持续增长就是实现与本国具体情况相符的适度增长率。

四、国际收支平衡

随着国际经济交往的日益频繁，如何平衡国际收支成为现代国家重要的宏观调控目标之一。国际收支对现代开放型经济的国家非常重要，一国国际收支状况不仅反映了这个国家的对外经济交往情况，还反映了该国经济的稳定程度。如果一国的国际收支失衡，会对国内经济形成冲击，影响该国国内的就业水平、价格水平和经济增长。国际收支平衡的目标是要做到汇率稳定，外汇储备有所增加，进出口平衡。

以上四大目标既存在一致性，又存在矛盾性。一致性是指一个目标的实现对另一个目标的实现有促进作用，如为了实现充分就业，就要维持必要的经济持续增长。矛盾性是指一个目标的实现对另一个有排斥作用，如充分就业与物价稳定之间难以同时实现。由此，政府在制定经济政策时，必须对经济政策目标进行价值判断，权衡轻重缓急和利弊得失，确定目标的实现顺序和目标指数的高低，同时使各个目标实现最佳的匹配组合，使所选择和确定的目标体系成为一个和谐的、有机的整体。

第二节 财政政策

财政政策是政府为了实现宏观经济政策目标而对其收入和支出水平所做出的决策。财政支出主要是政府购买和转移支付，财政收入则主要是税收和公债。

一、财政支出

财政支出即政府支出，是指整个国家中各级政府的支出总和，由许多具体的支出项目构成，主要分为政府购买和转移支付。

（一）政府购买

政府购买是指政府对产品和服务的购买，包括军需品和警察装备、机关办公用品、政府雇员劳动、公共工程支出等。政府购买涉及产品和服务的实际交易，是一种实质性的支出。政府购买直接形成社会购买力和社会需求，是国民收入的一个组成部分，作为四大需求项目（消费、投资、政府购买和净出口）之一计入 GDP。

（二）转移支付

转移支付是指政府单方面的、无偿的资金支付，包括社会保障、失业救济和困难补助等社会福利支出，政府对农业的补贴，债务利息支出以及捐赠支出等。政府转移支付不涉及产品和服务的交易，是一种货币性支出，是通过政府把一部分人的收入转移给另一部分人。整个社会的收入总量并没有变化，变化的仅是收入总量在社会成员之间的分配比例。

正是由于政府转移支付只是资金使用权的转移，并没有相应的产品和服务的生产和交换的发生，因此它不能算作 GDP 的组成部分。

二、财政收入

政府的财政收入主要来源于税收和公债两个部分。税收是财政收入的主要形式。

（一）税收

税收构成一个国家财政收入的主要来源，具有强制性、无偿性、固定性的特点。根据课税对象，我国税收分为四大类，即流转税、财产税、所得税和行为税。

1. 流转税

流转税又称流通税，是以商品生产、流通环节的流转额或者数量以及非商品交易的营业额为征税对象的一类税收。因为这些税收的一部分由纳税人（销售商）通过加价的方式将税负转嫁给了最终消费者，所以又称为间接税。流转税通常按固定税率征收，又称为比例税。流转税包括 7 个税种：（1）增值税；（2）消费税；（3）营业税；（4）关税；（5）资源税；（6）农业税（含农业特产税）；（7）牧业税。这些税种是在生产、流通或服务领域，按纳税人取得的销售收入或营业收入征收的。

应用分析

何为“营改增”？

营业税，是对在中国境内提供应税劳务、转让无形资产或销售不动产的单位和个人，就其所取得的营业额征收的一种税。营业税属于流转税中的一个主要税种。2011 年 11 月 17 日，财政部、国家税务总局正式公布营业税改征增值税试点方案。2017 年 10 月 30 日，国务院常务会议通过《国务院关于废止〈中华人民共和国营业税暂行条例〉和修改〈中华人民共和国增值税暂行条例〉的决定（草案）》，标志着实施 60 多年的营业税正式退出历史舞台。

“营改增”是指以前缴纳营业税的应税项目改成缴纳增值税。由于增值税只对产品或者服务的增值部分纳税，减少了重复纳税的环节，因此，“营改增”后减少了重复征税，可以促使社会形成更好的良性循环，有利于企业降低税负。“营改增”是党中央、国务院根据经济社会发展新形势，从深化改革的总体部署出发做出的重要决策，目的是加快财税体制改革、进一步减轻企业赋税，调动各方积极性，推动服务业尤其是科技等高端服务业的发展，促进产业和消费升级、培育新动能、深化供给侧结构性改革。

问题：“营改增”为什么能够降低企业税负？对于一个餐饮企业来说，缴纳营业税和增值税有什么区别？

2. 财产税

财产税是以财产为课税对象，向财产的所有者征收的一类税收。财产包括一切积累的劳动产品、生产资料（如厂房设备）、生活资料（如豪宅）、现金货币和国内外银行存款、自然资源（如土地、矿藏、森林等）和各种无形资产（如专利、商标权等）。大部分国家不对变现不稳定的无形资产征税。财产税属于对社会财富的存量征税，包括 10 个税种：（1）房产税；（2）城市房地产税；（3）城镇土地使用税；（4）车船使用税；（5）车船使用牌照税；（6）车辆购置税；（7）契税；（8）耕地占用税；（9）船舶吨税；（10）遗产税。

应用分析

揭秘国外慈善基金

西方大部分发达国家都征收遗产税。遗产税是对死者留下的遗产征税，国外有时称为“死亡税”。征收遗产税的初衷是通过对遗产和赠与财产的调节，防止贫富过分悬殊。从理论上讲，遗产税如果征收得当，对于调节社会成员的财富分配、增加政府和社会公益事业的财力有一定的意义；如果税率过低，就起不到调节收入的作用；如果税率过高，富人们就会纷纷想办法去规避遗产税，甚至直接移民到对遗产比较“友好”的国家或地区，导致资本外流，影响投资、就业乃至国内经济发展。那怎么解决这个问题呢？答案就是慈善基金。

西方慈善基金是家族财富世袭的避税手法。2000 年，全球首富、微软创始人比尔·盖茨（Bill Gates）及其妻子梅琳达·盖茨（Melinda Gates）创建比尔及梅琳达·盖茨基金会，将 580 亿美元资产全部捐给了慈善基金会。按照美国法律的规定，慈善基金会必须每年拨出账面资产的至少 5% 做慈善，才能保留免税待遇（如福特基金会基本每年在慈善事业上投入资金的比例都在基金总额的 5.5%～6%），且其他的资产可以由基金会和负责人自由支配。而美国富豪们只需要将慈善基金会的继承人和受益人确定为自己的合法继承人，然后基金会就会定期付给他们收益。这样不仅能确保财富传承，给他们过渡 95% 的财富，还能做到细水长流，远远比正规的继承方式更好。除此之外，基金会进行投资还可以赚钱。

那这不是政府变相地为富人设立避税的方法吗？其实，这是一种平衡，要想保证国家和社会相对稳定和可持续的发展进程，保持企业资产和财富的相对稳定性就显得极为重要，这也让家族的财富传承具有了重要意义。如何在保证遗产税所倡导的社会理念和企业财富传承之间保持平衡成为现实需要。

自从美国有税法开始，政府和纳税人之间的博弈就没有停止过。之所以会有慈善基金会这种机构存在，也是政府和纳税人之间博弈的结果。从政府的角度来说，如果真的征收非常高昂的遗产税，如美国的遗产税最高税率达到 40%，会引起富人们的集体反对，甚至导致严重的资本外流，这不是政府希望看到的结果。既然如此，政府不如通过慈善基金这种方式来鼓励富人更多地做慈善，更多地造福社会。从富人的角度来说，这是一个既能做善事、获得好名声，又能合理避税的好方法，还不用僵化与政府的关系，何乐而不为呢？

问题：“穷则独善其身，达则兼济天下。”做慈善是富人们的天性吗？为什么富人们那么喜欢做慈善？

3. 所得税

所得税是指以纳税人所得为课税对象而征收的一种税。我国的所得税包括3个税种：（1）企业所得税；（2）外商投资企业和外国企业所得税；（3）个人所得税。财产税与所得税由纳税人自己负担，不能转嫁给他人，因此又称为直接税。所得税是按照纳税人取得的利润或纯收入来征收的。

知识拓展：我国的个人所得税

4. 行为税

行为税是指以纳税人的某种行为作为课税对象而征收的一种税，其最大特点是征纳行为的发生具有偶然性或一次性。行为税包括8个税种：（1）城市维护建设税；（2）印花税；（3）固定资产投资方向调节税；（4）土地增值税；（5）屠宰税；（6）筵席税；（7）证券交易税；（8）燃油税。这些税种是对特定行为或为达到特定目的而征收的。

（二）公债

公债（Public Debt）是政府对公众的债务，或者说是公众对政府的债权。它是政府财政收入的另一组成部分。与税收不同，公债是政府运用信用形式筹集财政资金的特殊形式，它主要用来弥补财政赤字。因此，公债虽也属财政收入，但它与税收在本质上是不同的。公债包括中央政府的债务和地方政府的债务，一般把中央政府的债务称为国债。公债按偿还期可分为短期公债、中期公债和长期公债三种形式。短期公债是指期限在一年以内的公债，主要种类为国库券；中期公债是指期限在一年以上、五年以下的债券；长期公债是指期限在五年以上的债券。短期公债主要进入货币市场进行交易，中长期债券则进入资本市场进行交易，前者称为短期资金市场，后者称为长期资金市场。由此看来，发行公债不仅可以增加财政收入，而且公债进入金融市场还会对利率和货币的供求产生重要影响。由于财政收入的主要来源是税收，但税收收入不是想增加就能增加的，当收入小于支出时，就产生了财政赤字，这时候公债就派上用场了，政府可以通过发行公债向公众借钱来弥补财政赤字。

知识拓展：财政依存度

三、财政政策的类型

政府审时度势，根据经济形势的需要主动采取财政政策，变动支出水平或税收以稳定总需求水平，使之接近物价稳定的充分就业水平，就是相机抉择的财政政策，它包括扩张性财政政策和紧缩性财政政策。

（一）扩张性财政政策

当发生经济衰退时，政府通常采用扩张性财政政策（Expansionary Fiscal Policy），包括增加政府支出、减少税收，或者二者同时使用。增加政府支出包括增加政府购买和转移支付：政府购买的增加能够促进私人投资支出的增加；转移支付的增加可以增加个人收入从而刺激消费，这样就会使总需求增加。减少个人所得税可以使个人可支配收入增加，从而使消费增加；减少公司所得税可以使公司收入增加，从而使投资增加，也会增加总需求。

（二）紧缩性财政政策

当发生通货膨胀时，政府通常采用紧缩性财政政策（Contractionary Fiscal Policy），包括减少政府支出、增加税收，或者二者同时使用。政府购买的减少有利于抑制投资；转移支付的减少可以减少个人消费，这样就压缩了总需求。增加个人所得税可以使个人可支配收入减少，从而消费减少；对企业加税会使企业收入减少，利润下降，从而降低投资，也会减少总需求。

知识拓展：赤字财政政策

总而言之，政府运用财政政策进行宏观调控的总原则是逆经济风向行事，即发生通货膨胀时，采用紧缩性财政政策，抑制总需求；发生经济衰退时，采用扩张性财政政策，刺激总需求，从而使经济趋向于物价稳定的充分就业水平。

应用分析

各国政府债务占 GDP 的比重

年末债务余额与当年 GDP 的比率是衡量经济总规模对政府债务的承载能力或经济增长对政府举债依赖程度的指标。国际上通常以《马斯特里赫特条约》规定的 60% 负债率作为政府债务风险控制标准参考值。

根据国际货币基金组织数据，2022 年全球大多数国家的债务 /GDP 比率持续增加。日本继续蝉联榜首。日本政府债务占 GDP 比重全球最高，达到了 263.9%，也是目前唯一债务占比超过 GDP 两倍的国家。因为日本经济近 30 年来增长乏力，所以日本政府长期进行财政刺激，长期入不敷出。

表 11–1 列出了截至 2022 年 11 月国际货币基金组织给出的部分国家的政府债务占 GDP 的比重，西方发达国家基本上比重都比较高，这说明西方发达国家对经济的干预日

益加深，经济增长对政府干预的依赖性也在加强。

表 11-1　各国政府债务占 GDP 的比重

国家	日本	意大利	新加坡	美国	法国	加拿大
比重	263.9%	147.2%	126%	122.1%	111.8%	102.2%
国家	英国	印度	德国	埃及	中国	巴西
比重	87%	83.4%	71.1%	89.2%	76.9%	88.2%

问题：政府债务占 GDP 的比重是高好还是低好？为什么会产生如此高额的政府债务？

四、内在稳定器

内在稳定器又称为自动稳定器，是指经济体系本身存在的会自动减少各种干扰对国民经济的冲击的制度或政策。这些制度或政策不需要政府采取什么措施，就能够在经济繁荣时自动抑制膨胀，在经济衰退时期自动减轻萧条。经济体系内部自动稳定经济的功能主要通过以下三个方面得以发挥：

微课：内在稳定器

（一）税收的自动变化

当经济繁荣时，随着生产扩大，就业增加，工资提高，人们收入随之增加，所有的税收也都在增加，从而使家庭和企业的支出减少，也就限制了经济的过快扩张。特别是个人所得税税率是累进的，所征收的税额也自动地以更快的速度增加。税收以更快的速度增加意味着人们的可支配收入的增幅相对较小，从而使消费和总需求增幅也相对较小，起到抑制总需求扩张和经济过热的作用。

当经济衰退时，GDP 水平下降，个人收入和公司利润普遍下降，税收会自动减少，从而增加了家庭和企业的消费支出，缓解了经济收缩的压力。

因此，税收收入随经济周期自动地成同方向变化，税收的这种自动变化与政府在经济繁荣时期应当增税、在经济衰退时期应当减税的意图正相吻合，因而它是经济体系内有助于稳定经济的自动稳定因素。

（二）政府转移支付的自动变化

同税收的作用一样，政府转移支付有助于稳定可支配收入，从而有助于稳定消费支出。政府转移支付包括政府的失业救济和其他社会福利支出，按照失业救济制度，人们被解雇后，在没有找到工作以前可以领取一定期限的救济金，同时，政府会对贫困人口进行救济。当经济出现衰退与萧条时，由于失业人数增加，贫困人口增多，符合救济条件的人数增多，因此失业救济和其他社会福利支出就会相应增加，从而间接地抑制人们的可支配收入的下降，促进消费支出，进而增加总需求，减轻经济衰退；当经济繁荣时，由于失业人数减少和贫困人口的减少，因此福利支出额也自行减少，从而抑制可支配收入和消费的增长，抑制通货膨胀。

（三）农产品价格维持制度

当经济萧条时，GDP 水平下降，农产品价格下降，政府按支持价格收购农产品，可以使农民的收入和消费维持在一定水平上；当经济繁荣时，GDP 水平上升，农产品价格上涨，政府减少对农产品的收购并抛售农产品，限制农产品价格的过度上涨，也就抑制了农民收入的增长，从而也就减少了总需求的增加。这一制度实际上是政府以财政补贴这一转移支付形式，保证农民的可支配收入不低于一定水平，从而维持农民的消费水平。农产品价格维持制度有助于减轻经济波动，故被认为是内在稳定器之一。

总之，政府税收和转移支付的自动变化、农产品价格维持制度都是财政制度的内在稳定器，是政府稳定经济的第一道防线，它们在轻微的经济衰退和通货膨胀中往往起着良好的稳定作用。但是，当经济发生严重的萧条或通货膨胀时，它们不但不能使经济恢复到没有萧条或通货膨胀的充分就业状态，而且会起到阻碍作用。例如：当经济陷入严重萧条时，政府会采取措施促使经济回升，但是当国民收入增加时，税收增加，转移支付却减少，使经济回升的速度减缓，这时内在稳定器的变化与政府的需要背道而驰。因此，要确保经济稳定，实现宏观调控的政策目标，主要还是依靠政府的相机抉择政策。

五、财政政策的局限性

经济学家认为，财政政策尽管在调控经济中发挥着重要的作用，但在其具体实施时也存在一些困难和问题。

（一）时滞的不良影响

政府在实施财政政策的时候，会遇到时间选择的问题，称为时滞问题，包括认识时滞、实施时滞和反应时滞。

1. 认识时滞

认识时滞是指从经济出现衰退或通货膨胀开始，到政府通过经济指标的变化认识到其真正发生之间的这段时间。由于经济运行非常复杂，它并不是按照经济周期按部就班地缓慢运行的，甚至在经济运行良好的时候，也会穿插着经济放缓的阶段，这就给人们识别经济的衰退带来了困难。发生通货膨胀的时候也是一样，等到人们通过经济指标的变化确定通货膨胀确实正在发生的时候，通货膨胀必定已经发生很长一段时间了。同时，因为只有已经发生的变化才会在指标上反映出来，所以经济指标的计算本身就具有滞后性。

因此，经济实体通常会在相关数据报告的前 4～6 个月就已经进入衰退期或发生通货膨胀了。由于认识时滞的存在，经济下滑或通货膨胀的程度可能比该情况被发现而且采取应对措施时更加严重了。

2. 实施时滞

西方的民主制度使得政府的决策比较缓慢，在认识到需要采取财政行动到此行动真正被采取之间存在相当长的时滞。特别是多党执政的制度，执政党和在野党的博弈甚至会使得该时间无限延长。在 2001 年“9·11”事件之后，美国国会僵持了 5 个月的时间，才于 2002 年 3 月通过了一项折中的经济刺激法案。更值得一提的是，如果换一位总统，新任总统甚至会推翻前任总统的一些政策或方案。例如：特朗普上台后就推翻了奥巴马执政时期的一系列政策。

3. 反应时滞

从采取某项行动到该行动对实体经济产生现实影响也需要一段时间，这就是反应时滞。虽然税收的变化可能比较快地对现实产生影响，但政府的公共工程支出（如修建高铁、机场和公路等）需要很长的计划周期以及更长的建设周期。政府的政策只能在漫长的时间内一点点地发挥作用。

三种时滞的存在使得政府的财政政策有时候不但不能起到调控经济发展的作用，甚至还会雪上加霜、火上浇油，起到相反的作用。例如：当经济开始出现通货膨胀的时候，政府是认识不到的；等到政府通过经济指标的变化认识到通货膨胀存在的时候，可能已经是半年甚至一年之后的事情了；政府开始制定紧缩性财政政策以抑制通胀，又需要一段时间；政策制定之后实施，到政策真正对实体经济产生影响仍需要一段时间，这时候，可能已经是一年多甚至两年以后了，此时有可能经济体系自身已经从过度繁荣中走出，开始转向衰退了，但政府的紧缩性财政政策恰好才开始发挥作用，从而会起到雪上加霜的作用。同理，当经济出现衰退的时候，由于时滞的影响，政府的政策也可能起到相反的作用。

（二）挤出效应

挤出效应（Crowding-out Effect）是指政府支出增加所引起的私人消费或投资减少的现象。政府实施扩张性财政政策刺激总需求从而使 GDP 增加的时候，货币需求会因此增加，在货币供给不变的情况下，利率就会上升，使私人投资与消费下降，从而会削弱扩张性财政政策的刺激作用。由于投资对利率比较敏感，因此挤出效应主要表现在投资上。

挤出效应的强度如何还存在争议，但挤出效应的存在已经得到经济学家的一致认同。如果经济处在萧条期，挤出效应就不会有多大，因为这时候产品销售比较困难，大多数企业都会减产，从而剩余产能较多，它们不会再有动力去进行新的投资，所以，政府在这一时期进行投资，即使利率上涨，也不会挤占多少私人企业的投资机会，挤出效应比较小。

相反，如果经济处于繁荣期，需求旺盛，企业都在开足马力生产，各种生产资源利用得比较充分。这时候如果政府增加投资，只能抢占私人企业的生产资源，从而使挤出效应比较明显。另外，在经济繁荣时期，利率本来就比较高，政府支出的增加使得利率的上涨幅度比较大，由于投资对利率的敏感性，因此也会使投资减少较多。

尽管财政政策有着许多问题，但大部分经济学家认为，财政政策在政府的宏观经济“工具箱”里，仍然是一个重要的、有用的政策杠杆。他们认为，财政政策有助于“推动”经济向一个既定的方向前进，但不能将其“微调”到一个精确的宏观经济指标上来。也就是说，财政政策可以调控经济运行的大方向，而难以实现精确的经济指标控制。

第三节 货币政策

货币是经济生活中重要的组成部分，市场经济不但是产品经济，而且是货币经济。没有货币的出现，市场经济可能根本就不会出现，更不可能发展到如今的高度市场化的程度。只有发达的货币体系才能保持经济的正常运转。

一、货币的职能

货币之所以成为货币，是因为货币的职能。从这个意义上来说，任何能够执行货币职能的东西，都可以成为货币。那么，货币有什么职能呢？

货币有五大职能：价值尺度、流通手段、贮藏手段、支付手段和世界货币。

（1）价值尺度。即以货币作为尺度来表现和衡量其他一切商品价值的大小。

（2）流通手段。即在商品流通中，货币充当商品交换媒介的职能。

（3）贮藏手段。即把货币当作社会财富的代表贮藏起来。

（4）支付手段。即货币被用来清偿债务或支付赋税、租金、工资等。

（5）世界货币。即货币具有在世界市场充当一般等价物的职能。

二、货币的供给

任何可以被广泛接受作为交换媒介的东西都可以充当货币。在我国，人民币是法定货币，意思是说以人民币支付中华人民共和国境内的一切公共的和私人的债务，任何单位和个人不得拒收。

（一）国际货币基金组织的划分

货币的流动性是指各种货币转换为现金所需要的时间和成本。转换成现金的时间越短、成本越低，流动性就越强。在现代市场经济中，钞票和银行存款虽然都是货币，但它们的流动性有很大的不同。现钞直接就是现实的购买力，而银行存款则必须满足一定的条件才能变成购买力。为了测算、掌握流通中货币供应量的情况，更有效地调控货币供应量，国际货币基金组织（IMF）根据货币涵盖范围的大小和流动性的差别，把货币供应量划分成“三兄弟”，即 M0、M1 和 M2。

M0 又叫“现钞”，是指流通于银行体系以外的现钞，也就是居民和企业手中的现钞。M0 虽然是货币家族的“老幺”，但最“机灵”，流动性最强，具有最强的购买力。

M1 又叫“狭义货币”，由 M0 和银行的活期存款构成。其中，活期存款由于随时可以变现（提取），因此流动性和购买力不亚于现钞。M1 是货币家族的“老二”，代表了一国经济中的现实购买力，因此，对社会经济生活有着最广泛和最直接的影响。许多国家都把 M1 作为调控货币供应量的主要对象。

M2 又叫“广义货币”，由 M0、M1，再加上储蓄存款等构成。M2 是货币家族的“老大”，包括一切可能成为现实购买力的货币形式。因为储蓄存款等不能直接变现，所以不能立即转变成现实的购买力，但经过一定的时间和手续后，也能够转变为购买力，因此，又叫作“准货币”。由于 M2 对研究货币流通的整体状况有着重要意义，近年来，很多国家开始把货币供应量的调控目标转向 M2。

（二）我国的定义

目前中国人民银行公布的我国货币划分口径如下：

（1）M0，指流通中的现金，即在银行体系之外流通着的现金。又称为“通货”，包括流通中的纸币和硬币。

（2）M1，亦称“狭义货币供应量”。由 M0 以及机关、团体、企业、部队和事业单位在银行的活期存款、农村存款和个人持有的信用卡存款组成，不包括居民的储蓄存款。即 M1=M0 + 单位活期存款 + 农村存款 + 个人持有的信用卡存款。

（3）M2，亦称“广义货币供应量”。由 M0、M1 以及其他各类准货币组成，包括一切可能成为现实购买力的货币形式。即 M2=M1+ 准货币（居民储蓄存款 + 其他存款）。

2023 年 5 月，我国流通中的现金 M0 为 104 756.71 亿元，M1 为 675 252.98 亿元，M2 为 2 820 504.68 亿元。我们一般所说的货币，通常是指 M1。M1 的流动性居中，体现当前市场需求，最直接作用于当前的物价水平，是最直接的购买力。

知识拓展：各国的 M0、M1、M2 所代表的含义

三、中央银行和商业银行

在现实生活中，现金都是从银行取出来的，那么银行的钱是从哪里来的呢？是自己印的吗？当然不是。回答这些问题，就需要了解银行系统。银行系统主要由中央银行和商业银行组成。

（一）中央银行

中央银行是一国的最高金融当局，它统筹管理全国的金融活动，实施货币政策影响经济。当今世界的绝大多数国家和地区都设立了中央银行。大多数国家都只有一家中央银行，如英国的英格兰银行、德国的德意志联邦银行、法国的法兰西银行、日本的日本银

行、我国的中国人民银行等。但美国的中央银行比较特殊，名叫美国联邦储备系统，简称“美联储”，负责履行美国的中央银行的职责。美联储由位于华盛顿哥伦比亚特区的联邦储备委员会和 12 家分布于美国主要城市的地区性的联邦储备银行组成，它们的政策由联邦储备委员会统一进行协调。

一般认为，中央银行的主要职能有：

第一，作为发行的银行，发行国家的货币。

第二，作为银行的银行，为商业银行提供贷款，保管存款准备金，办理全国结算业务。

第三，作为国家的银行，代理国库，提供政府所需资金，代表政府与外国发生金融业务关系，执行货币政策，监督、管理全国金融活动。

（二）商业银行

商业银行是以营利为目的，主要以吸收存款和发放贷款的形式为工商企业提供融资服务并办理结算业务的金融企业。其职责是通过存款、贷款、汇兑、储蓄等业务，承担信用中介的作用。商业银行的主要业务是负债业务、资产业务和中间业务。负债业务主要是吸收公众存款，包括活期存款、定期存款等。负债业务是商业银行的生存之本。资产业务是发放贷款和投资同类业务。发放贷款是为工商企业和个人提供短期或长期贷款；投资同类业务就是购买有价证券以取得资本收益。中间业务是指代为客户办理支付事项和其他委托事项，从中收取代办费用的业务。

知识拓展：银行为什么叫商业银行

（三）准备金制度和货币创造

1. 准备金制度

商业银行资金的主要来源是客户存款，存款对于商业银行来说是负债，只有把存款资金贷放出去才能产生收益。但不管是什么存款，银行都有随时让客户提取的义务。即使是定期存款，客户也可以在一定条件下将其变为活期存款。为了应付存款客户随时取款的需要，确保银行信誉和银行体系的稳定，银行不能把全部存款都放出去，必须在审慎经营的原则上保留一部分现金，保留的这部分现金即为存款准备金。存款准备金占全部存款的比率就是准备金率。在现代银行制度中，这种准备金在存款中应占的最低比率是中央银行代表政府以法律的形式规定的，故称为法定准备金率，按照法定准备金率提取的准备金就是法定准备金。商业银行在吸收存款后，必须按照法定准备金率保留准备金，其余部分才可以作为贷款贷放出去。这种以较小比率的准备金来支持活期存款的能力，使得银行体系得以创造货币。

2. 货币创造

客户得到商业银行贷款后，一般不会取出现金，而是把得到的贷款存入同自己有业务往来的商业银行，以便随时取用。因此，银行贷款的增加，又意味着活期存款的增加和货币供给量的增加。这样，商业银行的存贷款活动就会创造货币，即在中央银行货币发行量并未增加的情况下，使流通中的货币量增加。商业银行创造货币的多少，取决于中央银行规定的法定准备金率。例如：假设法定准备金率为 20%，银行客户会将其一切货币收入以活期存款的形式存入银行。在这种情况下，最初某商业银行 A 所吸收的存款为 100 万元，该商业银行按照 20% 的法定准备金率留下 20 万元的准备金，发放贷款 80 万元；得到 80 万元贷款的客户把这笔贷款存入商业银行 B，B 银行留下 16 万元的准备金，又可以发放贷款 64 万元；得到 64 万元贷款的客户把这笔钱存入商业银行 C，C 银行又可以放款 51.2 万元……由此下去，各银行的存款总和是：$100+100\times0.8+100\times0.8^2+100\times0.8^3+\cdots+100\times0.8^{n-1}=100\times1/(1-0.8)=100\times1/0.2=500$（万元）。

如果以 R 表示原始存款，D 表示存款总额，即创造出的货币，r 表示法定准备金率，则银行体系能创造出的货币量的公式是：

$$D=R/r$$

可见，商业银行体系所能创造出来的货币与法定准备金率成反比，与原始存款成正比。货币创造乘数 $k=1/r$，也就是法定准备金率的倒数。法定准备金率越大，货币创造乘数越小；法定准备金率越小，则货币创造乘数越大。

四、货币政策及其工具

货币政策就是中央银行为实现既定的经济目标（充分就业、物价稳定、经济持续增长、国际收支平衡）运用各种工具调节货币供给以影响利率，并进而影响投资和宏观经济的方针和措施。与财政政策直接影响总需求、没有中间变量不同，货币政策通过利率这个中间变量对投资和总需求产生影响，从而其作用是间接的。

货币政策总的原则是逆经济风向行事。在经济萧条时期，采用扩张性货币政策，增加货币供给，使利率下降，投资增加，从而使总需求增加，促进经济增长；在通货膨胀时期，采用紧缩性货币政策，减少货币供给，使利率上升，投资减少，从而使总需求下降，抑制物价过快上涨。总之，经济萧条时期要“雪中送炭”，而不是“雪上加霜”；经济繁荣时期要“泼水降温”，而不是“火上浇油”。

中央银行主要运用三大工具来实施扩张性货币政策和紧缩性货币政策。

（一）调整法定准备金率

当经济萧条时，中央银行就可以调低法定准备金率，使商业银行的法定准备金减少，可贷金额增加，同时使货币乘数变大，从而派生出更多存款，增加货币供给量。例如：原来法定准备金率为20%，货币乘数为5，银行吸纳100万元存款必须保留20万元的准备金，可贷金额为 80 万元，从而派生存款 500 万元。若中央银行将法定准备金率调低到 10%，则银行吸纳 100 万元存款只需要保留 10 万元的准备金，可贷金额增加为 90 万元，货币乘数变为 10，派生存款 1 000 万元，从而使货币供给增加。

当经济发生通货膨胀时，中央银行就可以调高法定准备金率，使商业银行的法定准备金增加，可贷金额减少，同时使货币乘数变小，从而派生出的存款减少，使货币供给减少。

法定准备金率的变动针对所有银行，其作用十分猛烈，中央银行使用起来一般都比较慎重。

（二）调整再贴现率

贴现是指商业票据的持票人在票据到期日前为取得资金，贴付一定利息将票据转让给银行，银行给付现金的行为。商业银行缺乏准备金时也可以将未到期票据转让给中央银行进行再一次贴现，这就叫作再贴现。再贴现时中央银行收取的利率就是再贴现率。现在一般把中央银行对商业银行及其他金融机构的贷款利率称为再贴现率。中央银行通过调整再贴现率就可以影响商业银行的准备金，从而影响货币供给。

当经济萧条时，中央银行可以降低再贴现率来吸引商业银行向中央银行借款，商业银行准备金增加，从而货币供给量增加，利率下降，投资增加，总需求增加；当发生通货膨胀时，中央银行可以提高再贴现率，使商业银行对中央银行的借款减少，商业银行准备金减少，从而货币供给量减少，利率上升，投资下降，总需求下降。

一般而言，中央银行的贴现窗口主要用于满足商业银行的临时准备金不足，因而有贴现数量和次数的规定。商业银行一般也会尽量避免贴现，以免被误会财务存在问题而产生挤兑。另外，再贴现率政策对中央银行来说是一项被动政策，当商业银行准备金缺乏时，再贴现率再高，银行也会来借款；反过来，当经济萧条时，商业银行自身的准备金都用不完，再贴现率再低，也不会来找中央银行贴现。通过贴现率变动来控制银行准备金的效果也是相当有限的，现在通常把再贴现率政策作为补充手段和公开市场业务结合在一起执行。

（三）公开市场业务

中央银行在金融市场上公开买卖政府债券以调控货币供给和利率的政策行为就是公开市场业务。中央银行通过买卖政府债券，会扩大或收缩货币供给，也会引起债券市场上需求和供给的变动，进而影响债券价格和市场利率。

当经济萧条时，中央银行在公开市场上买进政府债券，相当于增加货币供给量，从而利率下降，需求增加；当经济发生通货膨胀时，中央银行在公开市场上卖出政府债券，相当于回收货币，减少货币供给量，从而利率上升，需求减少。

中央银行可以连续、灵活地进行公开市场操作，自由决定债券的数量、时间和方向，当出现政策失误时，也可以及时纠正，因此，公开市场业务是最主要的货币政策工具。

五、货币政策的局限性

货币政策的局限性主要表现在以下三个方面：

（1）在发生通货膨胀时实施紧缩性货币政策可能效果比较显著，但在经济衰退时期，实行扩张性货币政策效果就没有那么明显了。经济衰退时，人们对经济前景普遍预期悲观，即使中央银行增加货币供给，降低利率，人们也不敢轻易增加投资和消费，因此货币政策解决经济衰退效果较差。即使是控制通货膨胀，货币政策的作用也主要表现在抑制需求拉动型通货膨胀上，对于成本推动型通货膨胀作用较小。这是因为如果通货膨胀是由工资增长幅度超过劳动生产率增长幅度导致的，而不是需求的问题，减少货币供给控制需求就解决不了根本问题，所以调控效果较差。

（2）由于货币政策要通过利率这个中间变量起作用，因此如果增加或减少货币供给要影响利率，就必须以货币流通速度不变为前提。在经济繁荣时，货币流通速度会加快，从而导致中央银行减少货币供给时的效果打了折扣；而经济衰退时，货币流通速度会变慢，中央银行增加货币供给时的效果也会打折。可见，如果经济发生波动，货币流通速度发生变化，就会使货币政策效果打折。

（3）时滞的影响。虽然货币政策的制定与实施比较迅速，但仍然存在时滞。中央银行的货币政策，首先要影响商业银行的行为，才能影响货币供给量；然后影响利率，使利率变化影响企业的投资行为；企业投资也需要时间，最后才能影响需求。总之，货币政策的制定与实施可能时间很短，但其对经济影响的效果显现出来也需要一段时间，从而使其效果打了折扣。

本章小结

1. 宏观经济政策目标包括充分就业、物价稳定、经济持续增长和国际收支平衡。

2. 财政政策是政府为了实现宏观经济政策目标而对其收入和支出水平所做出的决策，包括财政支出和财政收入政策。其中，财政支出主要是政府购买和转移支付，财政收入主要是税收和公债。

3. 公债是政府对公众的债务，或者说是公众对政府的债权。

4. 经济衰退时，采用扩张性财政政策，增加政府支出和减少税收；通货膨胀时，采用紧缩性财政政策，减少政府支出和增加税收。

5. 内在稳定器是指经济体系本身存在的会自动减少各种干扰对国民经济的冲击的制度或政策，主要通过税收的自动变化、转移支付的自动变化和农产品价格维持制度起作用。

6. 财政政策的效果会受到时滞的影响，包括认识时滞、实施时滞和反应时滞。

7. 挤出效应是指政府支出增加所引起的私人消费或投资减少的现象。

8. 货币有五大职能：价值尺度、流通手段、贮藏手段、支付手段和世界货币。

9. 我国的货币供给分为 M0、M1 和 M2：M0 指流通中的现金；M1=M0+ 单位活期存款 + 农村存款 + 个人持有的信用卡存款；M2=M1+ 准货币。

10. 中央银行是一国的最高金融当局，它统筹管理全国的金融活动，实施货币政策影响经济。商业银行是以营利为目的，主要以吸收存款和发放贷款的形式为工商企业提供融资服务并办理结算业务的金融企业。

11. 准备金在存款中应占的最低比率是中央银行代表政府以法律的形式规定的，故称为法定准备金率，按照法定准备金率提取的准备金就是法定准备金。货币乘数是法定准备金率的倒数。

12. 货币政策工具包括调整法定准备金率、调整再贴现率和公开市场业务。经济衰退时，采用扩张性货币政策，央行调低法定准备金率和再贴现率，在公开市场上买进债券，增加货币供给量；通货膨胀时，采用紧缩性货币政策，央行提高法定准备金率和再贴现率，在公开市场上卖出债券，减少货币供给量。

能力训练

一、单项选择题

1. 政府进行宏观经济调控的首要目标，也是最重要目标，是（　　）。

A. 充分就业　　B. 物价稳定　　C. 经济增长　　D. 国际收支平衡

2. 如果法定准备率等于 20%，则货币创造乘数是（　　）。

A. 20　　B. 80　　C. 10　　D. 5

3. 当发生经济衰退时，通常采用扩张性财政政策。包括（　　），或者二者同时使用。

A. 增加政府支出、增加税收　　B. 增加政府支出、减少税收

C. 减少政府支出、增加税收　　D. 减少政府支出、减少税收

4. 内在稳定器又称为自动稳定器，是指经济系统本身存在的会自动减少各种干扰对国民经济的冲击的制度或政策。以下不属于内在稳定器的是（　　）。

A. 税收制度　　B. 政府转移支付制度

C. 农产品价格维持制度　　D. 政府采购制度

5. 在经济发生通货膨胀时，应该如何实施货币政策？（　　）

A. 提高法定准备率；提高再贴现率；在公开市场上卖出有价证券

B. 提高法定准备率；提高再贴现率；在公开市场上买进有价证券

C. 降低法定准备率；降低再贴现率；在公开市场上卖出有价证券

D. 降低法定准备率；降低再贴现率；在公开市场上买进有价证券

二、思考分析题

1. 宏观经济调控的目标是什么？为什么充分就业是首要目标？

2. 什么是财政政策？财政政策的主要工具有哪些？如何实施财政政策？

3. 什么是转移支付？政府购买支出增加 100 亿元和转移支付增加 100 亿元相比，哪个政策效果好？为什么？

4. 什么是内在稳定器？它如何发挥自动稳定经济的功能？

5. 什么是时滞？为什么财政政策的效果会受到时滞的影响？

6. 什么是挤出效应？为什么存在挤出效应？

7. 如果政府支出增加 100 亿元，支出乘数为 5，那么在不存在挤出效应的情况下，GDP 应增加多少？如果存在挤出效应，则情况又如何呢？

8. 什么是货币？“现金一旦被存入银行，就退出了流通领域，因此，货币供给 M1 就减少了。”你同意这种说法吗？请说明理由。

9. 各国的 M0、M1、M2 所代表的含义是一样的吗？请说明理由。

10. 商业银行的主要业务内容是什么？其主要资金来源是什么？

11. 什么是法定准备金率？为什么商业银行能够进行货币创造？如果法定准备金率是 20%，某人去银行存了 10 万元钱，最终会创造多少货币？

12. 货币政策的工具有哪些？当政府想要控制通货膨胀时，应该如何使用这些货币政策工具？

第十二章　国际贸易和汇率

◆ 知识目标

1. 掌握国际贸易理论
2. 掌握汇率的含义
3. 掌握升值与贬值的含义
4. 掌握汇率的标价方法

◆ 能力目标

1. 能够阐释国际贸易的原因
2. 能够阐释汇率的决定
3. 能够分析升值与贬值
4. 能够阐释汇率的影响因素

◆ 素养目标

1. 树立开放发展理念
2. 形成和而两利的双赢理念

【先贤哲言】

汉兴，海内为一，开关梁，弛山泽之禁，是以富商大贾周流天下，交易之物莫不通，得其所欲，而徙豪杰诸侯彊足于京师。

——《史记·货殖列传》

山川异域，风月同天。足不出户，人们也可以领略全球各地的风采：小刀是瑞士的，阿迪达斯运动鞋是德国的，衣服是韩国的，化妆品是日本的，可口可乐是美国的。这是一个全球化时代，国际贸易和全球经济每天都在影响我们。

第一节 国际贸易

国际贸易并不是自古以来就有的，而是随着生产力的发展、市场的扩大和国家之间的互通产生的。

一、国际贸易现状

国际贸易（International Trade）亦称“世界贸易”，泛指国际的商品和劳务（或货物、知识和服务）的交换，一般由进口贸易和出口贸易所组成，因此也可称为“进出口贸易”。当一国的进口大于出口时，就会出现贸易赤字；出口大于进口时，就会出现贸易盈余。随着经济的进一步全球化，世界各国经济联系日益紧密，国际贸易总额也在不断扩大。

（一）全球贸易状况

联合国贸易和发展会议（UNCTAD）数据显示，2022 年全球商品贸易额与服务贸易额分别达到 25 万亿美元和 7 万亿美元，比 2021 年分别增长约 10% 和 15%。2022 年全球商品贸易总额为 25 万亿美元，第四季度下降了 3%。但相比而言，服务贸易总额几乎保持不变，年底达到 7 万亿美元。从 2018—2022 年，全球货物贸易总额分别为 19.5 万亿美元、18.9 万亿美元、17.6 万亿美元、22.4 万亿美元、25 万亿美元；全球服务贸易额分别为 5.8 万亿美元、6.1 万亿美元、5 万亿美元、6.1 万亿美元、7 万亿美元。

从各国海关和经合组织公开的信息来看，2022 年全球前十大贸易国是中国、美国、德国、荷兰、日本、法国、韩国、意大利、比利时和英国。

我国 2022 全年的进出口商品总金额攀升至 6.31 万亿美元的高位，同比上涨 4.4%，继续在全球各国中位居榜首。其中，出口商品金额接近 3.594 万亿美元，同比上涨 7%，进口商品金额约为 2.716 万亿美元，仅小幅提升 1.1%——出口增长率再度超过了进口，这使得我国外贸顺差金额扩大至 8 776 亿美元，好于市场预期，创下历史新高。

采用经过日历与季节调整的标准，美国商品出口金额在 2022 年约为 3.277 万亿美元，进口商品金额接近 2.09 万亿美元——对外商品贸易逆差超过了 1.19 万亿美元，增幅再度达到两位数。

德国按美元计算的 2022 年进出口商品总金额在 3.228 万亿美元左右，同比提升 5.7%。其中，出口商品金额约为 1.656 万亿美元，增幅放缓至 1.5%。在能源和食品价格暴涨等因素影响下，德国进口商品金额扩大至 1.572 万亿美元，增速超过 10%——几乎是出口增长率的 8 倍，相差如此之大，这使得德国外贸顺差金额下滑至 846 亿美元，跌幅接近 60%。

（二）我国的贸易状况

党的二十大报告指出："推进高水平对外开放。依托我国超大规模市场优势，以国内大循环吸引全球资源要素，增强国内国际两个市场两种资源联动效应，提升贸易投资合作质量和水平。稳步扩大规则、规制、管理、标准等制度型开放。"

新时代十年，在以习近平同志为核心的党中央坚强领导下，我国实行更加积极主动的开放战略，坚持对内对外开放相互促进、"引进来"和"走出去"更好结合，构建互利共赢、多元平衡、安全高效的开放型经济体系，我国国际经济合作和竞争新优势不断增强。我国已成为 140 多个国家和地区的主要贸易伙伴，货物贸易总额居世界第一，吸引外资和对外投资居世界前列，形成更大范围、更宽领域、更深层次对外开放格局。

2005 年，我国外贸进出口总额首次超过 10 万亿元人民币；2010 年，超过 20 万亿元人民币；2018 年再创新高，超过 30 万亿元人民币；2020 年，我国货物和服务贸易总额达 36.72 万亿元人民币，成为全球第一贸易大国。2021 年，我国货物和服务贸易总额达 44.39 万亿元人民币，继续保持世界第一。2022 年我国商品进出口总额 420 678 亿元人民币，其中出口 239 654 亿元人民币，进口 181 024 亿元人民币，同比分别增长 7.7%、10.5% 和 4.3%。2022 年我国服务进出口总额 59 801.9 亿元人民币，同比增长 12.9%。其中服务出口 28 522.4 亿元人民币，同比增长 12.1%；进口 31 279.5 亿元人民币，同比增长 13.5%。2023 年前 4 个月，我国进出口总值 13.32 万亿元人民币，同比增长 5.8%。其中，出口 7.67 万亿元人民币，增长 10.6%；进口 5.65 万亿元人民币，增长 0.02%；贸易顺差 2.02 万亿元人民币，扩大 56.7%。从当月来看，4 月我国进出口 3.43 万亿元人民币，增长 8.9%。其中，出口 2.02 万亿元人民币，增长 16.8%；进口 1.41 万亿元人民币，下降 0.8%；贸易顺差 6 184.4 亿元人民币，扩大 96.5%。

外贸总量稳定增长的同时，出口结构也在持续优化。服装、家电、家具被称为外贸出口的"老三样"，如今，以电动载人汽车、太阳能电池、锂电池为代表的"新三样"海外走俏，成为外贸增长新动能。2021 年、2022 年我国汽车出口增量连续两年均在 100 万辆以上。2023 年 1—4 月，我国汽车出口 149.4 万辆，同比增长 76.5%，超过日本，成为全球出口汽车最多的国家；汽车出口至全球 200 多个国家和地区，其中向共建"一带一路"国家出口 136.4 亿美元，增长 1.2 倍，占比 45.9%；向发达经济体出口 124.1 亿美元，增长 1.2 倍，占比 41.83%。尤其让人关注的是，前 4 个月，新能源汽车出口占整体出口金额的比重提升至 42.9%，对汽车出口增长贡献率达到 51.6%。前 4 个月，我国出口机电产品 4.44 万亿元人民币，增长 10.5%，占出口总值的 57.9%。

全球贸易总额及其占全球 GDP 的比例日益增长，显示了国际贸易对全球经济的重要性日益提高。我国占全球贸易的比例不断提高，显示出我国与全球各国的联系也在同步加强，我国在全球的地位日益提高，对全球经济增长的贡献也在稳步提高。党的二十大报告指出："中国坚持对外开放的基本国策，坚定奉行互利共赢的开放战略，不断以中国新发展为世界提供新机遇，推动建设开放型世界经济，更好惠及各国人民。"我国始终以实际行动践行着自己的承诺。

二、国际贸易理论

国际贸易最开始也是不存在的，那么，为什么会产生国际贸易呢？经济学家对这个问题进行了探讨，形成了不同的国际贸易理论。这些理论无所谓对错，都是对一段时期内或者不同情况国际贸易现象的解释，都有其可取之处。

（一）绝对优势理论

绝对优势理论亦称“绝对成本理论”，是由亚当·斯密于1776年在其《国民财富的性质和原因的研究》一书中提出的。他认为，国际贸易的产生和裁缝不会自己制作鞋子、鞋匠不会自己缝衣服的道理是一样的。由于各个国家资源禀赋、生产技术、优势产业的不同，因此不同国家生产同一种产品的劳动生产率和成本是不同的。每个国家都生产自己擅长、生产成本低的产品，然后与别的国家交换，或者直接去购买自己不擅长生产、生产成本高的产品，就都能从中得到好处。

例如：A 国生产一辆汽车的成本为 5 万元，B 国生产一辆汽车的成本为 2.5 万元；A 国生产一辆自行车的成本为 100 元，B 国生产一辆自行车的成本为 200 元。B 国在生产汽车上处于绝对优势，A 国在生产自行车上具有绝对优势。那么，A 国和 B 国各投入 10 万元进行汽车和自行车的生产，我们可以用表 12–1 来表示这种情况。

表 12–1　绝对优势理论案例

阶段	国家	汽车产量（辆）	生产投入（万元）	自行车产量（辆）	生产投入（万元）
分工前	A 国	1	5	500	5
	B 国	2	5	250	5
	合计	3	10	750	10
分工后	A 国	—	—	1 000	10
	B 国	4	10	—	—
	合计	4	—	1 000	—

假设 10 万元的投入在两种产品上是平均分配的。在没有分工的时候，A 国投入 5 万元生产 1 辆汽车，投入 5 万元生产 500 辆自行车；B 国投入 5 万元生产 2 辆汽车，投入 5 万元生产 250 辆自行车。如果进行分工，A 国只生产自行车，投入 10 万元可以生产 1 000 辆；B 国只生产汽车，投入 10 万元可以生产 4 辆汽车。

从结果上来看，分工前合计产量为：汽车 3 辆，自行车 750 辆。分工后产量为：汽车 4 辆，自行车 1 000 辆。只是进行了简单的生产分工，在投入同样的情况下，总产量比分工前多了 1 辆汽车和 250 辆自行车。这时，A 国拿出 500 辆自行车与 B 国交换 2 辆汽车（具体交换比例可以谈判），从而每个国家都比分工前多获得了产品。

因此，绝对优势理论认为，各国存在的生产技术上的差别以及由此造成的劳动生产率和生产成本的绝对差别，是国际分工和贸易的基础。各国应该集中资源生产并出口其具有“绝对优势”的产品，进口其不具有“绝对优势”的产品，其结果比自己生产更为有利。

该理论解释了产生国际贸易的部分原因，但现实中有的国家在各种产品的生产上都具有绝对优势，却与在所有产品上都处于绝对劣势的国家之间进行贸易往来，绝对优势理论无法解释这种现象。

（二）比较优势理论

19 世纪初期，英国经济学家大卫·李嘉图（David Ricardo）发现，即使某个国家在所有的经济领域，比其潜在的贸易伙伴而言都具有更高的劳动生产率，从而成本更低，进行分工和贸易也是有利可图的。他认为，只要两个贸易伙伴之间的劳动生产率存在相对差别，使其具有比较优势，就能够参与国际分工与贸易。

例如：C 国和 D 国都生产电视机和冰箱。假设生产 1 台电视机，C 国需要投入 120 单位劳动，D 国需要投入 80 单位劳动；生产 1 台冰箱，C 国需要投入 100 单位劳动，D 国需要投入 90 单位劳动。这样，D 国在两种产品的生产上都具有绝对优势，C 国处在绝对劣势。但 C 国仍然能够与 D 国进行国际分工与贸易，原因就在于在两种产品的生产上 C 国的劣势是不一样的：生产 1 台电视机，C 国的成本是 D 国的 1.5 倍（=120/80），而生产 1 台冰箱，C 国的成本是 D 国的 1.1 倍（=100/90），在冰箱的生产上 C 国的劣势较小一些，就具有“比较优势”。可以用表 12–2 来说明。

由表 12–2 可知，分工前，C 国投入 220 单位劳动得到 1 台电视机和 1 台冰箱，D 国投入 170 单位劳动得到 1 台电视机和 1 台冰箱；分工后，C 国投入 220 单位劳动得到 2.2 台冰箱，D 国投入 170 单位劳动得到 2.125 台电视机。两种产品的产量都比分工前增加了。这时，C 国用冰箱交换 D 国的电视机，两个国家的产量都比分工前有所增加。

表 12–2　比较优势理论案例

阶段	国家	电视机（台）	劳动投入	冰箱（台）	劳动投入
分工前	C 国	1	120	1	100
	D 国	1	80	1	90
	合计	2	200	2	190
分工后	C 国	—	—	2.2	220
	D 国	2.125	170	—	—
	合计	2.125	170	2.2	220

上述案例清楚地阐明了比较优势理论，即如果每个国家都生产和出口本国具有比较优势的商品，则两国间的贸易使两国都受益。比较优势理论不仅在理论上更广泛地论证了国际贸易的基础，在实践上也部分地解释了先进国家与落后国家之间贸易的原因。

应用分析

二人行，必有吾助焉

《论语》有云："三人行，必有我师焉。择其善者而从之，其不善者而改之。"意思是说，三个人同行，其中必定有我的老师，我选择好的方面学习，看到不好的方面就对照并改正自己的缺点。

其实，从比较优势的观点来看，二人行，必有吾助焉。意思是说，两人合作做事，其中一人一定能够帮助到另一人。联系到现实生活之中，有可能在你周边有一些人什么都不如你，如学历没有你高、专业不如你好、家庭条件比你差、工作不如你等，但是他们之所以仍然可以给你助力，是因为他们可以使你解放出来，让你去从事自己最擅长的工作，从而提高你的效率。因此，为人处事不能自大。谦虚谨慎，以诚待人，方能成就一番事业。

问题：你有没有看不起过不如你的人？各方面都不如你的人有可能给你提供帮助吗？

（三）资源禀赋理论

要素禀赋理论又称赫克歇尔–俄林理论，是1919年由瑞典经济学家伊·菲·赫克歇尔（Eli F.Heckscher）和其学生贝蒂尔·俄林（Bertil Ohlin）提出的一种国际贸易理论模型。

赫克歇尔和俄林注意到，不同的产品生产需要不同的生产资源配置：有些产品的生产需要大量机器设备和资本投入，这种产品被称为资本密集型产品；有些产品的生产则需要大量劳动投入，这种产品被称为劳动密集型产品。同时，不同国家的生产资源丰富程度也是不同的：有的国家资本相对雄厚，有的国家劳动力相对充足。因此，产品生产的相对成本，不仅可以由技术差别决定，也可以由资源比例和稀缺程度的不同而决定。一般而言，劳动力相对充裕的国家，劳动的价格就便宜，劳动密集型的产品成本就会较低；资本丰富的国家，资本的价格就低，资本密集型产品的成本也会较低。

因此，根据资源禀赋理论，一国应该生产并出口能够充分使用该国相对充裕而便宜的生产资源的产品，而进口的应该是在生产上密集使用该国相对稀缺而昂贵的生产资源的产品。简而言之，劳动丰富的国家应出口劳动密集型产品，进口资本密集型产品；相反，资本丰富的国家应出口资本密集型产品，进口劳动密集型产品。

20世纪60年代以来，国际贸易出现了新倾向。首先，发达工业国家之间的贸易量大大增加；其次，同类产品之间的贸易量大大增加，许多国家不仅出口工业产品，也大量进口类似工业产品。这些新的情况的出现对资源禀赋理论提出了挑战，显然该理论是解释不了这些新的国际贸易情况的。

（四）规模经济理论

规模经济贸易理论是由美国经济学家保罗·克鲁格曼（Paul Krugman）在与以色列经

济学家埃尔赫南·赫尔普曼（Elhanan Helpman）合著的《市场结构和对外贸易》一书中提出的学说，用来解释相似资源储备国家之间和同类工业产品之间的双向贸易问题。

规模经济是指在企业生产扩张的开始阶段，企业由于扩大生产规模而使经济效益得到提高。传统贸易理论都建立在规模报酬不变的基础之上，规模经济理论认为这是有问题的。在现代化的大生产中，许多产品的生产具有规模经济的特点，即随着生产规模的扩大，单位投入的产出越来越多，单位产品的生产成本递减，生产的成本优势显著，由此导致专业化生产并出口这一产品，如表 12–3 所示。

表 12–3　某产品生产的规模经济

产出	劳动投入
5	10
10	15
15	20
20	25
25	30

在表 12–3 中，当投入 10 单位劳动时，某产品产量为 5，每个产品的成本为 2 单位劳动；投入 15 单位的劳动时，产量为 10，每个产品的成本为 1.5 单位劳动……生产成本在递减，存在规模经济。

假设没有分工和贸易，M 国和 N 国都生产该产品，分别投入 15 单位的劳动，各得到 10 个产品，共投入 30 单位劳动，得到 20 个产品；如果进行分工，M 国不再生产该产品，都交给 N 国来生产，N 国投入 30 单位的劳动，则可以得到 25 个产品。从世界范围来看，总投入没变，但产出增加了。当然，M 国和 N 国肯定不只生产这样一种产品，如果将所有具有规模经济的产品编上号：1，2，3……M 国和 N 国进行分工，M 国生产编号为单号的产品，N 国生产编号为双号的产品，每个国家的产量都会扩大，从而产生规模经济。之后，两个国家进行贸易，交换自己不生产的产品，这样，每个国家都能够获得没有分工和贸易之前更多的财富。国际贸易在这一过程中起到了重要的作用。它使各国既能利用规模经济来生产有限类别的产品，同时没有牺牲消费的多样性。

第二节　外汇市场

在市场交易中，无论是买方还是卖方，无论是个人还是企业或政府，都需要用货币来购买产品或支付资源使用费用。在一个经济体内部，交易用国内货币来完成，买方用本国货币来购买产品和服务。例如：在中国，买方拥有的人民币正是卖方所需要的货币，市场交易使双方各得其所。但进行国际贸易时就不一样了。国际市场上卖方根据自己的国内货币制定价格，但买方拥有的往往是不同的货币。需要多少人民币才能购买标价为 2 万美元的通用汽车、2 万日元的化妆品、5 万欧元的德国数控机床呢？美国、日本和德国的卖方分别希望得到美元、日元和欧元，这样他们就能够支付工资、利息、房租、水电费和税收。这就需要外汇市场了。

微课：汇率

外汇市场（Foreign Exchange Market）是指在国际上从事外汇买卖、调剂外汇供求的交易场所，即不同国家货币相互交换的市场。外汇市场上的均衡价格被称为汇率（Exchange Rate）。汇率是一国货币与另一国货币的交换比率，或者说是用一国货币表示的另一国货币的价格。表 12–4 显示的是 2023 年 7 月 10 日 1 元人民币的外币价格。

表 12–4　1 元人民币的外币价格

人民币	外币
1 元	0.137 81 美元
1 元	19.594 81 日元
1 元	173.310 21 韩元
1 元	0.125 21 欧元
1 元	11.481 11 印度卢比
1 元	3 225.806 41 越南盾

一、汇率的决定

汇率是如何决定的呢？让我们看一下人民币和美元的汇率形成过程。在图 12–1 中，纵轴表示 1 美元的人民币价格，横轴表示美元的数量，D 表示美元的需求曲线，S 表示美元的供给曲线。

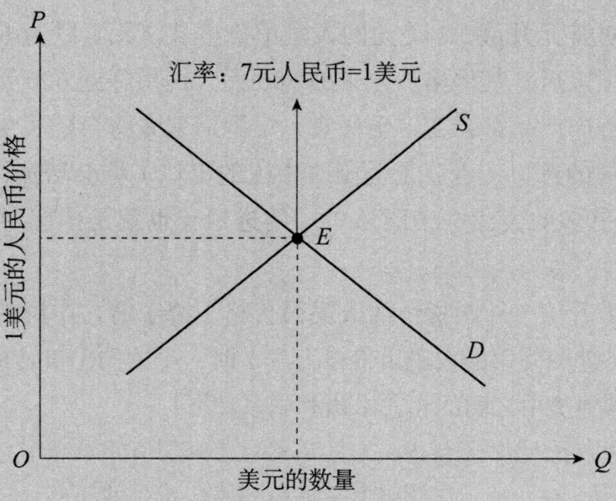

图 12–1　外汇市场

在外汇市场上，如果美元相对于人民币来说变得更便宜了，那么所有以美元标价的美国产品和服务对中国消费者来说都变得便宜了，中国消费者会购买更多的美国产品和服务，就需要更多的美元，因此对美元的需求会增加。也就是说，在较低的美元价格上，中国消费者能够用1元人民币换取更多的美元。为了购买那些便宜的美国产品和服务，中国消费者就会增加对美元的需求数量。因此，美元的需求曲线 D 是向右下方倾斜的。

当美元相对于人民币价格上升（即当人民币的美元价格下降）时，1美元可以换得更多的人民币，从而可以购买更多以人民币标价的产品和服务。因此，美国消费者对美元的供给将增加，即美元的供给曲线 S 是向右上方倾斜的。

供给曲线和需求曲线的交点 E 为外汇市场均衡点，决定了美元相对于人民币的价格。

在图12–1中，这个价格为1美元兑换7元人民币。在这个汇率水平上，美元的供给数量和需求数量是相等的，美元既不存在短缺也不存在盈余。

二、升值与贬值

当外汇市场上某一种货币的供给和需求发生变化的时候，汇率会随之发生变化。

当美元的人民币价格上升时，例如：从1美元=7元人民币上升为1美元=8元人民币时，人民币相对于美元来说就发生了贬值（美元相对于人民币发生了升值），即当一种货币（人民币）贬值时，意味着需要更多的该种货币（人民币）才能够购买一单位其他货币（美元）。

当美元的人民币价格下跌时，例如：从1美元=7元人民币下降为1美元=6元人民币时，人民币相对于美元来说就发生了升值（美元相对于人民币发生了贬值），即当一种货币（人民币）升值时，意味着只需要更少的该种货币（人民币）就可以购买一单位其他货币（美元）。

当汇率发生变化的时候，会导致货币的升值和贬值，影响产品和服务的相对价格，从而会对进出口产生影响。

例如：人民币对美元升值，1美元的人民币价格从7元下跌为6元，则100美元的美国产品进口到中国以后，其价格从原来的700元人民币降到600元人民币。因此，以人民币计价的所有美国产品都会变得更便宜，中国消费者将会购买更多的美国产品。一般而言，中国从美国的进口（也就是美国对中国的出口）将会增加，同时，由于购买1元人民币需要花费更多的美元，美国从中国的进口（也就是中国对美国的出口）将会下降。

因此，当人民币升值（外国货币的人民币价格下降）时，中国的出口减少，进口增加；当人民币贬值（外国货币的人民币价格上升）时，中国的出口增加，进口减少。通常情况下，人民币与其他货币之间的相关术语和联系如下：

外国货币的人民币价格上升≡人民币相对于外国货币贬值
≡人民币的外国货币价格下降
≡外国货币相对于人民币升值

外国货币的人民币价格下降≡人民币相对于外国货币升值
≡人民币的外国货币价格上升
≡外国货币相对于人民币贬值

这样表示确实有点复杂，那么，有没有比较简单点的表示货币之间汇率的方法呢？当然有了，这就涉及汇率的标价。

三、汇率的标价方法

确定汇率，首先要确定以哪个国家的货币为标准。由于标准不同，因此产生了几种不同的汇率标价方法。常用的标价方法包括直接标价法、间接标价法和美元标价法。

（一）直接标价法

直接标价法又称应付标价法，是以一单位的外国货币为标准，折算为一定数额的本国货币来表示汇率，相当于计算购买一单位外币应付多少本币。

在直接标价法下，若一单位的外币折合的本币数额增加，说明外币币值上升（外币升值）或本币币值下跌（本币贬值），这就是汇率上升。例如：1 美元 =7 元人民币增加为 1 美元 =8 元人民币，表示美元升值，人民币贬值。反之，如果用比原来较少的本币就可以兑换到一单位的外币，这说明外币币值下跌（外币贬值）或本币币值上升（本币升值），这就是汇率下跌。例如：1 美元 =7 元人民币下降为 1 美元 =6 元人民币，表示美元贬值，人民币升值。由此可见，在直接标价法中，外币的价值与汇率的涨跌成正比。直接标价法简单方便、一目了然，目前国际上大多数国家都采用直接标价法。我国采用的就是直接标价法。

（二）间接标价法

间接标价法又称应收标价法，是以一单位的本国货币为标准，折算为一定数额的外国货币来表示汇率，相当于计算购买一单位本币应收多少外币。在国际外汇市场上，欧元、英镑、澳大利亚元采用间接标价法，如 1 欧元 =1.084 3 美元。

在间接标价法中，本国货币的数额保持不变，外国货币的数额随着本国货币币值的对比变化而变动。如果一定数额的本币能兑换的外币数额减少，即汇率下降，表明外币升值，本币贬值；反之，如果一定数额的本币能兑换的外币数额增加，即汇率上升，说明外币贬值、本币升值，即外币的价值和汇率的涨跌成反比。

（三）美元标价法

美元标价法是以一单位的美元为标准来计算应兑换多少其他货币的汇率表示方法。随着经济的发展，国与国之间的贸易往来越来越频繁，国际金融市场之间外汇交易量猛增，考虑到美元在世界货币体系中的地位，以美元作为基准货币来表示汇率，可以便利国际间的外汇交易。由此，美国在 1978 年制定并执行美元标价法，这种汇率表示方法有利于简化报价并广泛地比较各种货币的汇价，目前各大国际金融中心已普遍使用。

应用分析

全球去美元化加速

美国之所以能够在全球呼风唤雨，由其三大霸权支撑：一是科技霸权，二是军事霸权，三是美元霸权。三大优势互为犄角，叠加支撑，共同构成美国世界霸主地位的基础。

近年来，随着科技优势逐步丧失和军事优势日益缩小，美国越来越依赖美元霸权来支撑其霸主地位。但现在，其美元霸权也越来越弱，甚至有摇摇欲坠之危。这一切都因为美国一系列不合理的操作。

2008 年发生的次贷危机，是对美元霸权的第一次冲击。次贷危机后，为了解决经济增长不力的问题，美联储开始疯狂地实施量化宽松政策，走上了举债扩张的道路。2008 年前，美国国债只有 9 万亿美元，2019 年已经达到 23 万亿美元。

2020 年，突如其来的疫情让美国被迫进一步疯狂举债。仅 3 月到 4 月，美国就增加了 2 万亿美元的负债，总额超过 25 万亿美元。在 2021 年特朗普下台的时候，美国国债到达了 27.8 万亿美元的高峰。为了促进疫情之后的经济增长，美联储启动“超级量化宽松”的无底线操作，直接开启了暴躁印钞之路，印发大量的美元，使美国的国债迅速贬值。到 2023 年 1 月 18 日，美国联邦政府债务规模已突破 31.4 万亿美元的法定限额，政府停摆、债务违约的风险近在眼前。巨量的美元支撑起资本市场的巨大泡沫，并形成堰塞湖效应，直接威胁国际金融市场和汇率市场稳定，并给国际经济秩序埋下巨大隐患。

世界各国苦美元久矣。现在，各国都看到了美元潜在的巨大风险，纷纷走上了“去美元化”的康庄大道。

全球各国目前都在“去美元化”，中国和俄罗斯、沙特阿拉伯、巴西等资源国家，推出了人民币结算的双边贸易机制。

根据国家外汇管理局发布的数据，2023 年 3 月，人民币在我国银行代客涉外收支中的占比从 2010 年近乎为零的水平上升至 48%，刷新逾 13 年历史新高，而同期美元份额从 83% 降至 47%，创历史新低。人民币在中国跨境交易中的使用首次超过美元。

2023 年 3 月 28 日，中国海油和法国道达尔能源达成首单以人民币结算的进口液化天然气采购交易。

3 月 29 日，巴西政府表示，巴西已与中国达成协议，不再使用美元作为中间货币，而是以本币进行贸易结算。巴西总统卢拉随后则公开呼吁，金砖国家用本币结算，“我知道大家都习惯了使用美元，但 21 世纪我们可以做做不同的事”。

4 月 26 日，阿根廷经济部长马萨召开新闻发布会，宣布阿根廷将停止使用美元来支付从中国进口的商品，转而使用人民币结算。

据泰国《曼谷邮报》网站 4 月 27 日报道，在美元持续波动的情况下，泰国银行正与中国央行讨论，支持使用人民币－泰铢结算来减少外汇风险。

4 月份，中俄贸易本币结算率超过 70%。5 月 24 日，俄罗斯副总理奥维尔丘克在欧亚经济联盟第二届欧亚经济论坛上表示，欧亚经济联盟成员国商品贸易已基本实现本币结算，3 月份本币结算率达 90%。

东盟和南美洲国家联盟，都有意建立自己的本币结算体制，摆脱美元依赖。

即使是美国人自己，也担心美元的巨额债务风险。2023 年以来，美国已经有 10 个联邦州，开始讨论或已经试水把金币或银币，作为它们的法定货币，并在商业交易中进行支付。而自 2010 年以来，要求把金、银币作为法定货币的所有联邦州加起来，数量则达到了惊人的 23 个。这 23 个联邦州还要求美国财政部必须接受它们用金银币支付国税，并用来偿还债务。在这些州内，企业和消费者可以选择用金、银币，或与金、银币挂钩的数字货币支付，不一定使用美元。从某种意义上来说，这就是美国国内版的“去美元化”。

2023 年 6 月 11 日的西班牙《起义报》评价说：“美元使美国获得了一种寄生经济，它用这种经济来资助其军事基地和情报活动，从而使它在过去 80 年里保持了几乎绝对的统治地位。针对这种荒谬的局面，俄罗斯和中国推动了金砖国家合作机制的建立。金砖国家有一个关于国际贸易体系和多边合作的共同愿景，旨在维护共同利益。金砖国家将成为一个更公平、更公正的新世界秩序的中心，这将给全球生产带来稳定。而美国担心的是，一个多极化的世界将终结美元的霸权。”

问题：为什么全球越来越多的国家在“去美元化”？

四、影响汇率的因素

汇率形成之后并不是一成不变的，例如：美元对人民币的汇率在 2020 年的 1 月 20 日为 1 美元 =6.866 4 元人民币，2020 年 2 月 21 日则变为 1 美元 =7.021 0 元人民币。那么，是哪些因素影响了汇率呢？

（一）消费者偏好

消费者对国外商品偏好的任何变化都可以改变对该国商品的需求，从而改变对该国货币的需求，进而改变两国货币的汇率。如果技术进步和生产效率的提高使中国生产的手机对美国消费者更具有吸引力，那么美国在外汇市场上就会提供更多的美元以购买更多的中国生产的手机。这将使美元的供给曲线向右移动，导致美元可兑换的人民币价格下降，美元贬值，人民币升值。

相反，如果美国的汽车在中国变得更加受欢迎，中国就需要更多的美元来购买更多的美国产汽车，那么中国对美元的需求会增加，美元的需求曲线将向右移动，导致美元可兑换的人民币价格上升，美元升值，人民币贬值。

（二）相对收入

人们在收入增加的时候会增加对商品的购买，包括国内商品和国外商品，因此，进口会随着收入的增加而增加。如果一个国家的国民收入相对于其他国家的国民收入增长得更快，则该国的进口增长得更快，需要更多的外国货币来增加进口，即对外国货币的需求增加，外国货币的本国货币价格将上升，从而外币升值，本币贬值。例如：如果中国的经济迅速增长，美国的经济停滞不前，中国从美国进口的产品将会增加，从而中国对美元的需求上升。这将使美元相对于人民币价格上升，美元升值，人民币贬值。

（三）相对通货膨胀

在其他条件相同时，两个国家相对通货膨胀的程度会改变两国之间的相对价格水平，以及两国之间的汇率。如果一个国家的通货膨胀程度更高（价格水平以更快的速度上升），其货币倾向于贬值。例如：假设美国的通货膨胀率为 6%，中国的通货膨胀率为 0%。那么，美国的所有商品的平均价格水平都会上涨 6%，而中国商品的平均价格水平不变。中国的消费者将会减少购买相对昂贵的美国商品，因此会减少对美元的需求；美国的消费者将会购买更多的相对便宜的中国商品，因此增加了美元的供给。美元的供给增加，且同时美元的需求减少，这将导致美元相对于人民币价格下降，美元贬值，人民币升值。

（四）相对利率水平

利率代表着货币的收益，两国货币之间的相对利率的不同会使其收益不同，从而影响货币的供求，改变货币之间的汇率。例如：中国的实际利率上升，但美国的实际利率不变，这时，美国人会发现，直接贷款给中国或者通过购买中国债券的形式间接贷款给中国，其收益比贷款给美国更具有吸引力。为了能够贷款给中国，他们必须在外汇市场上提供美元以换取人民币，从而增加了美元的供给。美元供给的增加导致了美元的贬值和人民币的升值。

（五）相对收益水平

国际投资的范围很广，除了购买外国债券外，还包括在股票、房地产以及购买外国工厂和生产设备等方面的国际投资。在其他条件相同的情况下，国外投资的项目取决于相对收益水平，如果在国外投资的收益水平超过国内，投资就会转移到国外。为了成功地进行国外投资，一国的投资者必须出售本币来购买因对外投资所需要的外国货币。

例如：假设美国投资者对中国的股票、房地产和生产设备等方面的投资收益有更加积极的预期，则在中国的美国投资就会变得旺盛起来。美国投资者将会出售美国资产以购买更多的中国资产。美国的资产以美元出售，这些美元会被带到外汇市场来购买人民币，再购买中国资产，从而导致美元的供给增加，这将导致美元贬值，人民币升值。

（六）货币投机

外国市场上从来不缺乏货币投机者，他们先买进或卖出货币，然后将这些货币卖出或买进，期望通过低买高卖来赚取利润。假设投机者预计美元将升值而人民币将贬值，那么持有人民币的投机者将会努力把人民币换成美元。这种做法将增加对美元的需求，导致美元相对于人民币价格上升，即美元升值，人民币贬值。这样一来，自我实现的目标就出现了：由于投机者预期将来美元会升值和人民币会贬值，并根据这种预期采取行动，这种行动真的促成了变化的发生，促进了目标的实现。通过这种方式，货币投机行动将会导致汇率的变化。

本章小结

1. 绝对优势理论是指各国应该生产并出口具有绝对优势（即生产成本低）的产品，进口不具有绝对优势（即生产成本高）的产品。

2. 比较优势理论认为每个国家都生产和出口本国具有比较优势的产品，两国间的分工与贸易使两国都受益。

3. 要素禀赋理论是指一国应该生产并出口能够充分使用该国相对充裕而便宜的生产资源的产品，而进口的应该是在生产上密集使用该国相对稀缺而昂贵的生产资源的产品。

4. 规模经济理论是指国家之间进行分工，生产规模扩大使生产成本得以降低，此时进行国际贸易，各国都能从中受益。

5. 外汇市场是指在国际上从事外汇买卖、调剂外汇供求的交易场所。

6. 汇率是一国货币与另一国货币的交换比率。汇率的标价方法包括直接标价法、间接标价法和美元标价法。

7. 汇率受到许多因素的影响。如果一个国家相对于另一个国家来说，本国消费者对外国商品的偏好增加，本国相对收入水平增长得较快，本国的通货膨胀相对较高，相对利率水平较低，相对收益水平较低，那么该国货币将趋于贬值。另外，货币投机行为也会影响汇率。

能力训练

一、单项选择题

1. 直接标价法下，当汇率下跌时，表示本币____，从而导致出口____。（　　）

A. 贬值；减少　　B. 贬值；增加　　C. 升值；减少　　D. 升值；增加

2.（　　）发生时，会导致美元升值。

A. 美国遭遇严重的经济衰退

B. 中国产品在美国更受消费者欢迎

C. 中国到美国的旅游人数下降

D. 中国制定优惠措施吸引美国投资

3.（　　）是指用一单位的外国货币作为标准，折算为一定数额的本国货币来表示汇率。

A. 直接标价法　　B. 间接标价法　　C. 美元标价法　　D. 国际标价法

4. 尽管甲国在 A、B 两种产品的生产上都比乙国的生产成本高，但生产 A 产品的成本甲国是乙国的 2 倍，生产 B 产品的成本甲国是乙国的 1.5 倍。根据比较优势理论，甲国应该生产____，乙国应该生产____，然后两个国家进行交换。（　　）

A. A 产品；B 产品　　B. A 产品；A 产品

C. B 产品；A 产品　　D. B 产品；B 产品

5. 当一国的进口大于出口时，就会出现（　　）。

A. 贸易盈余　　B. 贸易赤字　　C. 贸易平衡　　D. 国际贸易

二、思考分析题

1. 与国际贸易对其他国家的重要性相比，其对中国的重要性如何？

2. 为什么有的国家与它的贸易伙伴相比生产的所有产品的成本都比较高，但仍然能够与贸易伙伴进行分工与贸易？

3. 发展中国家一般劳动力资源比较丰富，发达工业国家一般资本、技术资源比较丰富，根据要素禀赋理论，它们应该分别生产和出口什么样的产品？

4. 为什么两个国家之间会进行类似产品的贸易，既向对方出口一种产品，又从对方进口类似产品？

5. 请解释为什么中国对美元的需求曲线向右下方倾斜，而对中国的美元供给曲线却向右上方倾斜。

6. 当下列各事项发生时，请说明将导致美元升值还是贬值。

（1）美国遭遇严重的通货膨胀。

（2）中国单方面降低对美国的关税。

（3）中国到美国的旅游人数下降。

（4）美国遭遇严重的经济衰退。

（5）中国商品在美国更受消费者欢迎。

（6）中国的经济增长速度快于美国。

（7）中国制定优惠措施吸引美国投资。

7. 如果在外汇市场上，欧元相对于人民币贬值，那么意大利在中国销售酒类商品是更容易还是更困难？如果你计划去欧洲旅游，欧元贬值会对这次旅行的费用产生什么影响？

8. 直接标价法下，当汇率下降时，本币升值还是贬值？为什么？

9. 为什么本币贬值会促进出口、抑制进口？

REFERENCE

参考文献

[1] 保罗·萨缪尔森，威廉·诺德豪斯.微观经济学：第19版[M].萧琛，译.北京：人民邮电出版社，2012.

[2] 哈尔·R范里安.微观经济学：现代观点：第8版[M].费方域，等译.上海：格致出版社，2011.

[3] 鲁迪格·多恩布什，斯坦利·费希尔，理查德·斯塔兹.宏观经济学：第12版[M].王志伟，译.北京：中国人民大学出版社，2017.

[4] 斯坦利·L布鲁伊，坎贝尔·R麦克康奈尔，肖恩·M弗林.经济学精要：第3版[M].蒲艳，译.北京：中国人民大学出版社，2016.

[5] 高鸿业.西方经济学(微观部分)[M].7版.北京：中国人民大学出版社，2018.

[6] 高鸿业.西方经济学(宏观部分)[M].7版.北京：中国人民大学出版社，2018.

[7] 斯蒂芬·罗宾斯，玛丽·库尔特.管理学：第13版[M].刘刚，译.北京：中国人民大学出版社，2017.

[8] 罗伯特·S平狄克，丹尼尔·L鲁宾费尔德.微观经济学：第8版[M].李彬，高远，等译.北京：中国人民大学出版社，2013.

[9] 约瑟夫·E斯蒂格利茨，卡尔·E沃尔什.经济学：第4版[M].黄险峰，张帆，译.北京：中国人民大学出版社，2013.

[10] 缪代文.西方经济学[M].3版.北京：中国人民大学出版社，2011.